近代アメリカの公共圏と市民

デモクラシーの政治文化史

遠藤泰生［編］

東京大学出版会

To David Jaffee

The Public Sphere and Citizens
in the 18th- and 19th- Century United States
Yasuo Endo, Editor
University of Tokyo Press, 2017
ISBN 978-4-13-026153-1

近代アメリカの公共圏と市民——デモクラシーの政治文化史・目次

目　次

目　次

目次

目次

目　次

目次

序章

アメリカ近代史研究における公共性あるいは公共圏への関心と日本におけるその希薄

遠藤泰生

一　はじめに

アメリカ（アメリカ合衆国のこと、本章では以下アメリカと略記）近代史研究ならびにアメリカ地域研究の動向に関心を寄せる研究者、学生を、主たる読者に本章は想定している。それらの読者へ問いかける形で議論を進めたい。そのため、政治学や社会学、西欧史学全般に関心を寄せてきた研究者、学生には、旧聞に属す話が以下の文章に含まれることを最初にお断りしておかねばならない。

ドイツの社会哲学者であるユルゲン・ハーバーマスが旧西ドイツで一九六二年に『公共性の構造転換』を刊行して以来、公共性（publics）、公共圏（public sphere）といった言葉、あるいはそれらの言葉が指し示す制度、概念を、数多くの研究者が議論してきた。著書が刊行された直後こそ公共性、公共圏への関心はまだ十分に高まっていなかったかもしれない。しかし七〇年代からはそれらへの関心がはっきりと現れ、八〇年代に入ると、ハーバーマスが強い関心を寄せた政治学、社会学、哲学のほか、法学、歴史学、文学など、人文社会諸科学のほとんど全ての分野で公共性、公共圏の問題に触れる議論が盛んになされるようになった。一九八九年の冷戦の終焉とその後の中東欧における旧社会主義諸体制の崩壊は、この勢いに拍車をかけた。ハーバーマスの取り上げた公共圏の構造転換という主題が、民主主義的な言説空間が持つ政治の可能性や限界をあらためて人びとに想起させたからである。[1] 同年には、英語圏に対しては短評が一九七九年に刊行されただけであった『公共性の構造転換』の全文英訳が刊行され、とくにアメリカの研究者の間で公共性、公共圏の研究を加速させることになった。その頃まだ東部ジョンズ・ホプキンズ大学で博士論文を書き終えたばかりであった若きアメリカ文学研究者マイケル・ウォーナーの『共和国の文学――一八世紀アメリカにおける出版と公共圏』が一九九〇年に刊行され、初期アメリカ研究の専門学術雑誌である『ウィリアム・アンド・メアリー・クォータリー』の書評欄冒頭で、「共和主義と印刷文化の歴史研究にきわめて独創的で持続的な影響を与える重要な貢献をなした」と激賞されたのが翌九一年のことである。[2]

戦後の日本でも一九六〇年代から公共性、公共圏への関心が高まった。もっとも日本の場合、民主的な言説空間を有する近代市民社会の我が国における可能性を問うというかたちで、その問題は主に議論されたと言った方がよいかもしれない。戦前から続く市民社会論を引き継ぎながら、政治に対しもっぱら受け身の姿勢を保つ受動的市民から、公の社会問題に積極的に関わる能動的市民へと日本の市民が変わり得るかを、政治学や社会学の専門家が頻りに問うたのである。六〇年代に大きく浮上した安保や公害の問題がそれらの議論を後押しした。ただ、日本の政治学や社会学における市民社会論の変遷をたどることが本章の目的ではない。ひとまずここでは、六〇年代以降、市民運動論やメディア論の文脈で、自立的な政治判断を下す（と期待される）市民が構成する政治空間の成熟を、ハーバーマスらが俎上に載せた公共圏の成立と重ね合わせて議論する流れが日本でも続いたことを確認すればよい。加えて、冷戦終焉後の一九九五年一月に起きた阪神淡路大震災や、二〇一一年三月の東日本大震災の復興事業の主体をめぐる諸議論が、その後の公共圏、市民社会への関心を深化させたことも、日本独自の文脈として記憶しておきたい。[3] 現在では、公共性、公共圏という概念が、少なくとも教育ある人々の間にはある程度普及していると理解してよいのではないだろうか。例えば二〇一五年、国立大学法人東京大学学内校友会誌は、文芸公共圏や政治公共圏などの概念を援用しながら二一世紀日本社会の知的状況を問う、政治学者三谷太一郎の講演内容を掲載している。そこで三谷が講演の聴衆に想定したのは、研究者だけではなく、学部学生を含めた大学関係者全般であった。政府内閣府からも、その記述内容の正確な理解がひろく社会に共有され得ているか否かは定かでないものの、「「新しい公共」に関する取り組みについて」といった題名の公式文書が社会全般に向けネット上で配信されている。(4)

実社会での公共、公共性への関心と併行し、学術の世界でも公共に関するさまざまの議論が今日の日本ではなされている。例えば、井上達夫や斎藤純一、山脇直司らの政治哲学、社会哲学に関する研究をその例に挙げることができる。歴史学においても、ハーバーマスが分析した一八世紀から一九世紀にかけての西洋市民社会の変遷を取りあげた学会企画などに、「公共」の文字を掲げたものが目立つ。例えば、二〇〇三年歴史学研究会は五月の全国大会で「公共性再考――グローバリゼーションとナショナリズム」と題したシンポジウムを開催し、国際政治社会と公共圏の関係、言語で分節される対抗公共圏の構造と役割などを議論した。二〇〇五年西洋史学会も同じく全国大会で「近代イギリスにおける公共圏」をテーマとするパネルを組み、漠然とした公共、公共性の概念ではなく、工芸振興協会や美術館を含む具体的な場における公共規範の機能を集中して議論している。

公共性、公共圏をめぐる議論の出版も活発で、右に触れた政治哲学者、社会哲学者らの著作はもとより、国内外の研究者を集めた共同研究の成果を含め数多くの成果が刊行されている。歴史学とその近接分野に限っても、安藤隆穂編『フランス革命と公共性』(二〇〇三年)、三谷博編『東アジアの公論形成』(二〇〇四年)、大野誠編『近代イギリスと公共圏』(二〇〇九年)などの成果が公にされている。このうち三谷が編んだ論集は、リベラルデモクラシーを標榜することなく富の追求(富到)に成功を収めつつある東アジア諸国の事例と比較しながら、ハーバーマスらが定式化した欧米の公共圏の概念を相対化する性格を持つ。リベラルデモクラシーを達成している例えば日本のような国々に生きる者にとって、共産党の一党独裁が維持されたまま経済大国に成長した隣国中国の政治編成原理はたしかに大きな関心事たらざるを得ない。公共性あるいは公共圏の問題が欧米だけの問題に限られないことをこの事例は示す。三谷の企画に参加した韓国の政治哲学者金泰昌が『シリーズ　公共哲学』(東京大学出版会、二〇〇一年より刊行)の編集刊行にも携わったことは、公共性あるいは公共圏の問題が洋の東西を問わず喫緊の政治課題と現代世界で認識されていることの何よりの証左であった(5)。中東イスラム世界における公共圏、公共性の問題も現在では盛んに議論されている(6)。

それでは、本章が主たる読者に想定する、アメリカ近代史研究、アメリカ地域研究に関心を寄せる研究者、学生のあいだにおいて、公共性、公共圏への関心はどの程度共有されてきたのであろうか。そう問うた時、興味深いことに、この問題への関心が日本のそれらの研究者の間では予想外に薄いことに気付かされる。例えば、一九九九年に国立民族学博物館とアメリカ学会が共催で、“The Public and the Private in the United States”と題した国際シンポジウムを開いている。国内外の研究者が集まってたしかに活発な議論がこのシンポジウムでは展開された。しかし、「アメリカ社会の基本的な価値体系を反映する」と同シンポジウムが規定した「公」と「私」との関係に、日本の他の学術分野で湧き上がったほどの強い関心を日本のアメリカ研究者が寄せた様子はその後見られなかった(7)。行政学的な意味での「公」と「私」の境界以外にアメリカ研究者が公共性や公共圏に関して興味を抱くことが少なかったと考えられる。アメリカ学会では一九九九年のこの企画を引き継ぎ、二〇〇七年六月の全国大会で再び「アメリカにおける「公」を問い直す」というシンポジウムを開催している。しかし、民間軍事企業の安全保障への関与を切り口に合衆国における「公」の変容を問い直す報告や、貧困救済へ向けた連邦政策の後退に市場原理に対抗する「公」の力の退潮を読み取る報告がなされはしたが、学会員の多くが公共性や公共圏への関心を共有している様子をうかがわせる内容のシンポジウムには必ずしもならなかった。分野横断的に学際的な議論を交わすことを旨とする地域研究の学会で

は、「公」の多義性が議論を逆に拡散してしまう恐れがあることを示してシンポジウムが締めくくられた印象すら残る。(8)

アメリカ史学の専門学会である日本アメリカ史学会が公共性や公共圏をテーマに企画を組んだことも管見の限りまだない。出版刊行の分野においても、さきほど紹介した政治学、哲学、西欧史学などの分野にみられるほどの研究の成果は、先の民博でのシンポジウムの成果以外、日本のアメリカ近代史研究、アメリカ地域研究の分野では見あたらない。あとでもう少し踏み込んで議論することになるが、公共性、公共圏の研究は、歴史学研究と文学研究の融合を促す性格を持つ。少なくともアメリカにおいては両者の間で多くの対話がなされてきた。(9) 日本の場合も、例えば、親密圏と公共圏との不用意な接続を批判する視点からフェミニズム文学の可能性を指摘するアメリカ文学の研究がなされているが、歴史学研究と文学研究の豊かな交わりが学界のそこかしこに見られる状況は生まれていない。その可能性を控えめに示唆する論文が学会誌に散発的に掲載されるのが現状である。(10) もちろんテーマによっては公共性、公共圏が頻繁に言及される分野もある。例えば、多文化社会といわれるアメリカで公の秩序維持に大きな働きを持つとされるものの一つに宗教がある。一九世紀にフランスのアレクシス・ド・トックヴィルがこの点に着目して以来、多元社会における連帯の資源としての宗教の役割がアメリカ国内外で繰り返し議論されてきた。日本でもアメリカにおける宗教と公共空間の関係を歴史的に問う研究は比較的豊かで、近年に限ってもその成果を幾つか挙げることができる。(11) しかし、それ以外の分野においては、やはり公共性、公共圏への関心はアメリカ近代史研究、アメリカ地域研究を行っている研究者の間では薄い。日本におけるアメリカ史研究への関心の広がりを知る一つの手掛かりとして、研究テーマごとのヒストリオグラフィーを詳細に整理した『アメリカ史研究入門』などの書物を挙げることができる。しかし、そのような書物でも、公共性、公共圏への言及はきわめて限られている。(12) いったい何故なのであろうか。

日本のアメリカ近代史研究やアメリカ地域研究において公共性、公共圏への関心がそれほど高まらない原因は幾つか推測できる。やや安易な印象の次元から始めれば、アメリカの政治や思想を貫くのは自由主義であり公共への関心ではないとする、アメリカ例外論に沿う理解をその原因の一つに挙げることができる。例えば、アメリカ例外論の代表的著作の一つでその著者シーモア・M・リプセットはアメリカ的信条の基本要素を以下のように言いまとめている。「アメリカ的信条（クリード）は五つの言葉で説明できる。自由、平等主義、個人主義、ポピュリズム（人民主義）、レッセフェール（自由放任主義）である」と。[13] ここに並べられた五つの要素は、自己の権利を前面に打ち出す個人主義、自由主義を支える価値にどれも読める。他者への配慮を前提に自己の権利の承認を求める態度、言い換えれば、公共性への傾斜を感じさせる姿勢や価値はここでは強調されていない。実際、自由、平等の希求とその陰画としての挫折、差別の物語こそが、アメリカ近代史、アメリカ地域研究に関心を寄せる日本の研究者の主要な関心事であったし、今もそう見える。けれども、そうしたいわゆる自由主義の伝統への裏表の関心だけで、日本のアメリカ近代史研究やアメリカ地域研究における公共性、公共圏への関心の希薄を説明し尽くせるとも思えない。より大きな原因はもう少し違うところにあるのではないか。これからの議論を先取りして手短に述べれば、アメリカ地域研究が求めてきた説明の型なり体系が、公共性、公共圏の問題への関心を日本の研究者の間に積極的に育ててこなかったのではないかと考えられる。その点を検討するための予備作業として、公共性や公共圏に関する概念理解を少し整理しておくことが必要であろう。

二　公共性あるいは公共圏に関する若干の概念的整理

多くの研究者がすでに試みてはいるが、公共性、公共圏に関する概念を厳密に整理することはおよそ不可能に見える。[14] ハーバーマス自身、『公共性の構造変換』の一九六二年版序論冒頭で、公共、公共性、あるいは公共圏といった言葉が、個別の歴史的文脈に由来する幾多の語義を備えており、時空の制約を無視してそれらの語義を共時的、通時的に比較しても、議論が混乱するばかりで得るものは少ないと指摘している[15]。問題意識を掘り下げる際にハーバーマスが取り上げた最初の検討対象はおそらくドイツ社会であっただろう。そのドイツに一八世紀末までに生まれたと彼が述べる公共圏の定義をひとまず借りるとすれば、それは、「小さいが、批判的に討議をおこなう」場ということになる[16]。もちろんこれはあくまで最小限の定義であって、例えば、自由主義的な民主主義の萌芽空間とそれを少し膨らませて言い換えることができるし、さらに幾つかの言葉を補いながら、多くの意見を異にする者から構成される集団が、より良く生きる場を築くのに選択しなければならない問題を確認し合い語り合う政治空間、などと言い換えることもできる。要は、その政治空間が、できるだけ多くの人が参加でき、互いに等しい条件のもとで、合理的に意見を主張し合える場だということであろう。あらためて述べれば、公開性、平等性、合理性などの諸原理がそこでは求められる。ただ、そう言う端から、それでは、この場合の「できるだけ多くの人」とは誰であり、「等しい条件」の内訳は何であり、「合理的に意見を主張」し合うとはいかなる行為なのかといった、明確に答えるのが難しい新たな問いへと定義そのものが次々と開かれていくのがわかる。「公共性」や「公共圏」は「階級」や「性（ジェンダー）」などの語と同様、定義の確定にあまりに多くの時間を費やすよりは分析概念として思い切ってそれを議論に導入し、取り上げている問題群のひろがりを摑むのに努める方が生産的な言葉に思われる。アメリカの建国史家ルース・ブロックが、公共性、公共圏の概念が有する融通無碍の特徴を可鍛性（malleable）という語で言い表しその導入を積極的に推奨しているのは、その意味で、正鵠を射ている[17]。

それでも、公共性や公共圏の意味をもう少し正確に把握したいという思いは残る。その場合は、その内容を網羅的に記述し、加え算的にその全体像を把握しようと努めるより、そのような性質なり場なりを措定する要請が何処から生まれるのかを考えてみる方が有効かもしれない。公共性や公共圏の構造を裏側から把握する作業にそれはなる。以下、多くの研究書が説く西欧において公共性や公共圏が生まれた歴史経緯を素描してみる。主としてドイツ、フランスやイギリスを対象に析出された概念ではあるが、アメリカ近代史、アメリカ地域研究に関心を寄せる者にも同時代のアメリカ政治のかたちを考えるうえで、その歴史理解は有用と思われる。

例えば、一般的な意味での国家とか社会を想像してみることから素描を始めることができる。そこでは、たいていの場合、幾種類もの異なる集団、組織に属しながら人びとが生を営んでいると想定される。そのような集団、組織の中には、例えば、人間社会の最小の経済単位といわれる家族があり、信仰を共有する宗教団体があり、職能を共有する組合、歴史経験を共有する民族、統治組織を共有する国家などがある。どの時代のどこの地にも、幾重にも重なり合うこのような組織の束が存在し、人はそうした複数の組織が構成する重合的な社会空間で生きている。良き生を営む条件の整備をめぐり異なる帰属組織間で軋轢が生じることも時にはあるかもしれない。そのような場合、それぞれの組織の主張を勘案し、利害の調整を図り、言い争いの落としどころを人は探らなければならない。近代以前のとくに西欧世界であれば、その調整の尺度に、例えば宗教、キリスト教の教えが用いられたであろうし、あるいは絶対的な権力を持つ統治者、君主の判断が尊重されたかもしれない。要するに、宗教世界の中枢を担う一握りの人間、あるいは君主とそれを支える一部の貴族をのぞけば、多くの人は所与のものとして与えられた価値観、価値の参照枠にしたがって互いの利害調整を図ることをなかば強制されていたと考えられるのである。

ところが、一八世紀近代と呼ばれる時期に入ると、例えば農産物の生育に条件の良い土地に住まう者や手工業品の生産技術に優れた者が現れ、狭い共同体の枠を超えて余剰物を取引する商活動を展開し始めた結果、中には、所与の価値観に縛られたのでは自己の良き生を追求し切れないと感じる者が出始めた。それらの人間は、仕来たりに縛られるのを嫌い、宗教の権威に服することも絶対君主の恣意に従って生きることも潔しとしなくなった。ある意味、自己の欲望に忠実で自らが求める個人的な喜びの追求に素直な人間とそれらの人々を概括することができる。一七世紀に主に活躍した英国の政治哲学者、トマス・ホッブスやジョン・ロックらが説いた人間の原型をそこに見いだしてもよい。古典古代の都市国家を生きた市民と異なり、近代を生きる市民が公を生きるだけでは己の幸福感を充足できなくなったという話は、多くの研究者が指摘するとおりである。[18]いずれにせよ、やがてそれらの人々は、既存のいずれの集団からも空間的にも理念的にも離れた場所に自発的に集まり、従来の社会規範に疑義を表明し、新しい社会秩序の可能性を議論するようになった。このような動きが積み重なって、ブルジョア的市民の討議空間である公共圏が誕生した。そのように捉えなければ、聖職者や貴族、君主の権威に挑戦する自由主義的な民主政治の芽生えが説明しにくいと考えればよい。自由主義的な民主政治の揺籃の地とみなすべき公共圏、すなわち「小さいが批判的に討議を行う」場とハーバーマスが定義した政治空間が、ここでようやく歴史的な文脈に位置づけられたことになる。

けれども、そうした自由主義的な民主政治の揺籃として立ち現れた公共圏は、後にその質を変容させていくことになる。言うまでもなく、『公共圏の構造転換』はそれを辿った研究である。まず、「小さいが批判的に討議を行う」場は、英独仏であれば、都市のカフェ、街の集会所、貴族のサロンなどで文芸公共圏の機能をひとまず帯びたとされる。一八世紀に入って急増した印刷出版物はそうした場で議論するのに相応しい資質を読書する有産市民の間に培い、それ以前は所与の価値に照らして処置されていたさまざまの問題をより普遍性の高い合理的な言葉、語彙を用いて熟議する下地をつくった。ここで注目されるのが、政治パンフレット、新聞、小説等々が、文芸公共圏で流通する政治規範を社会に浸透させ、市民を内面から鍛えていった点であろう。字が読めて合理的に討議ができることがこの空間に参入する必須の条件であり、また、私利私欲に捕らわれずに社会全体の幸福に目配りできることが討議に参画する人間の資質となった。[19]そして、文芸公共圏の主たる構成員となったこの合理的政治規範を身につけた近代人たち――ベンジャミン・フランクリンはアメリカにおけるその代表例とされる[20]――が自らの幸福の追求に引きつけて都市や国の政治を議論し始めた時、文芸公共圏は政治公共圏へとさらなる変貌を遂げることになる。政治制度の変化がその変貌を裏付けた。例えば、政治公共圏で討議された市民の声に耳を傾け判断を下すことが代表議会や裁判所には期待され、選挙や陪審員制がその判断を下す者に市民の声を伝える制度として整備された。一八世紀の英米仏で革命を含む過激な政治改革の動きがこれらの空間から生まれたことはひろく知られるとおりである。もちろん、文芸公共圏、政治公共圏とよばれる場で生成される言説がそうした改革の力、政治性を時空の限定無しにどの地でも無条件に帯びるわけではなかった。英仏を例にとっても、前者の方が当初は文芸公共圏の政治性が高く、後者のそれが権力への批判力を帯びるのに遅れを取った理由を歴史家は問い続けている[21]。しかしそれらの個別の経緯はひとまずおき、文芸公共圏が政治公共圏へと段階的成長を遂げた概略を、ここで確認したことにしたい。むしろ言い加えておくべきは、こうして立ち上がった政治公共圏もまた、さらなる質的変容を遂げ現代に至っているとハーバーマスが考えていることであろう。

ハーバーマスは政治公共圏のその後の変質を次のように描いている。すなわち、一九世紀中盤までに形を整えた政治公共圏は、その名に相応しい政治への批判力を次第に減退させ、とくに一九世紀の末以降、市民の自立的判断より資本や消費の原理が優位に立つ大衆政治の場に変質していったと。こうした見方は若きハーバーマスに学術的な鍛錬を施したフランクフルト学派が共有する見方でもあった。敢えて言い添えれば、フランクフルト学派とは、第二次世界大戦前のフランクフルトに民間資本で設立された研究所に集まっていた人びとを総称する言葉で、哲学、社会学、心理学、文化批評などの専門家がその中に含まれた。ユダヤ系研究者が多くを占めたこの研究所は、ナチズムの台頭とともに最初はジュネーブに、続いてアメリカへと所在を移し研究を続けた。ハーバーマスはこの学派の研究者と多くの知見を共有し、とくに第二次大戦中にアメリカに亡命していた社会哲学者マックス・ホルクハイマーやテオドール・アドルノの大衆社会理解を受け継いだと言われる。ホルクハイマーやアドルノは、ハリウッドの映画会社や大衆新聞が象徴する巨大な文化産業が、宣伝、広告で大衆の欲求をも操作し、人間本来の幸福に根差した生活意識を摩耗させる資本主義社会をアメリカに見いだした。そのアメリカ体験が彼らの大衆社会理解の核となった[22]。少し議論が飛躍するが、乱暴なまとめをすれば、一九世紀中盤以降、普通選挙制度等で政治空間の大衆化が進んだのちの政治公共圏は、社会全体の幸福と大衆全員の幸福の均衡を図るという難しい問題に立ち向わねばならなくなっていた。教養ある有産市民だけが構成したかつての閉じられた討議空間を一般大衆に開いた時、社会全体の幸福よりは、己の幸福の追求に忙しい大衆一人一人の希望を汲み取ることに民主主義の目的が移行したのである。政治公共圏の変質を厳密に捉える英国史学界においては、一八五〇年代以降の同国の政治討議空間を言い表すのに公共圏という言葉を用いる例がほとんどないという歴史家の指摘も、この移行を念頭におけば、十分に理解できる[23]。大衆の希望こそが重視される新たな政治制度の命運を、二〇世紀転換期にアメリカに確立した大衆消費社会の行く末に読み取るのが、同時代の西欧知識人にひろく認められる姿勢であった。ハーバーマスは、そうした西欧知識人の躊躇いを含む民主主義理解を受け継ぐ研究者なのである。その理解は当のハーバーマスを通してアメリカでもひろく受け継がれ、一九六〇年代以降のアメリカの市民社会論の多くに流れ込んでいる[24]。

議論をもとに戻そう。二〇世紀における大衆社会論までを視野に入れると、近代西欧に成立したとされる公共圏が象徴する政治討議空間に多くの問題が潜むことは否定しようがない。その悲観的見通しのもとに公共性あるいは公共圏に関する議論が停滞してしまうのであれば、その概念がアメリカ近代史研究、アメリカ地域研究に与えた影響に敢えて注意を払う必要もない。しかし、『公共性の構造変換』以降、とくに今ひとつの主著とされる『事実性と妥当性』の刊行を経て、公共性あるいは公共圏のとらえ方をハーバーマス自身が洗練させ、民主主義的討議空間の可能性を説き続けている点は理解しておくべきであろう[25]。もはや詳述はしないが、合理的討議空間としていったん析出した公共圏の機能を、そこで展開される討議の合理性よりコミュニケーションの実践に比重を移してハーバーマスは理解するようになった。異なる意見の間の妥当性を求めて調整を繰り返すそのコミュニケーション行為こそが近代的世俗社会の秩序の要であり、民主主義社会に社会的結合を生み出す政治資源だと考えるようにハーバーマスはなったのである。ここで言う社会的結合とは、例えば市場経済や政治行政の合理的規範に従って形成される単元的なものではない。それは、よりトータルな存在である人間の存在全体に関わる相互承認に根差すものとされ、異なる組織や集団に重合的に帰属する人びとが合意を形成するのに必要な価値基準が、「生活世界」とハーバーマスが総称する領域から動員され形成される、複元的なものとされる。この生活世界は社会の文化的な紐帯、別の言葉に言い換えると、行為者が同意を形成するのに必要な象徴や物語が貯蔵される世界で、人の行為に文脈を提供するものとされる。生活世界が疲弊すると、人びとの間に共有される背景的知識や価値基準が細り、人と人との間の社会的絆が腐食する。その結果、各種の組織や集団への人びとの帰属意識が弱体化し、当然、公の事柄への市民の責任感も希薄化する。そのような事態が起こらぬよう、この生活世界を出来る限り豊かに維持し、各組織間で競合する意見の調整を図り続けることが民主主義社会の要であり、そこに公共圏の存在意義が存するとハーバーマスは考えるのである(26)。

やや急いだが右のまとめからも推察されるとおり、後年のハーバーマスが思い描いた政治討議空間は、その初期のものに比べると、議論の調整や妥協を多く含むより複雑で陰影に富むものとなった。そもそも政治討議に参加する市民の間には実態上さまざまな文化的差異が存在する。そのような文化的に異質な者から構成される近代社会において対立を調整し社会秩序を維持しようとするならば、議会における討議や裁判における判決だけでなく、例えば、決定を下すことを必ずしも最終目的としない話合いが必要になる。そして、そうした話合いには、良い意味での曖昧な余白——異なる意見の間の緩衝地にあたる部分——が求められる。市民が日々の営為を積み上げる生活世界はそうした余白を支える価値や伝統が蓄えられる場ということになろうか。ハーバーマスは、政治討議空間を公式と非公式の二つの領域に分け、前者を議会、議員団、政党、裁判所などが代表する領域、後者をボランティア組織、政治結社、家族、メディアなどが代表する領域とし、諸価値の源泉が衝突や妥協を際限なく繰り返す市民空間（後者）が整然と制度化された政治空間（前者）を取り囲む世界を近代的な政治空間とみなす姿勢を後年強めた。その二つの領域は相互補完的で、政治がうまく機能するということは、意志決定を行う形ある政治組織が市民社会からのインプットを受け入れる正しい制度、装置を備え、アウトプットとしての政策や法に世論に象徴される市民の声を的確に反映させられることだとした。開かれた政治空間において形成される安定した政治秩序と自己の利益を闇雲に追求しがちな市民大衆の期待との間には、先に触れたホルクハイマーやアドルノらが危惧したように、一定の緊張関係が存在する。その緊張関係をコミュニケーションにより緩和し、価値が均質でない複数の集団の間に合意に根ざす秩序を生み出すこと、その努力を続けることが現代における公共圏の積極的意義だとハーバーマスは捉えるのである。ハーバーマス自身、コミュニケーションにおける合理性を政治討議が成立する絶対条件とする気味がたしかにある。一方、市民大衆が形成する世論には不合理な情動的側面も時に含まれる。しかしこの理論上の緊張を認めつつ、政治行政権力の決定に身を委ねるだけの消極的な市民に堕すことなく、政治共同体の構成員として自覚的に討議を行いさまざまの決定に関与することを、ハーバーマスは市民に期待し続ける。アメリカ近代史研究、アメリカ地域研究がハーバーマスの説く公共性、公共圏の議論から有用な示唆を得るとするならば、そうした積極的な市民社会像に基礎をおく民主政治への視座ということになろう(27)。

三　アメリカ近代史研究への公共性あるいは公共圏概念の導入

ハーバーマスの析出した公共性、公共圏の概念が、冷戦終焉後の学術の世界であらためて関心を呼んだことは本章の冒頭で指摘したとおりである。ただ、実際のところは、民主的討議空間が有する可能性を積極的に評価する立場だけでなく、その限界を検証する立場からもハーバーマスへの論及が続いた(28)。それらの流れの中、アメリカ近代史研究へのハーバーマスの議論の導入は、『公共性の構造転換』でハーバーマスが試みたような、ブルジョア的政治討議空間の形成をより直截に描く作業にまず結実した。本章の冒頭で触れたマイケル・ウォーナーの『共和国の文学――一八世紀アメリカにおける出版と公共圏』がそれである。以下、アメリカ近代史研究へハーバーマスの公共圏の概念を援用した代表的成果を幾つか取りあげ、それらに共通する性格と不足を検討したい。日本のアメリカ近代史研究ならびにアメリカ地域研究に公共性や公共圏への関心が高まらない理由を考えるのに、その性格と不足への理解が不可欠と思われるからである。

あらためて、ウォーナーの研究の検討から始めたい。政治討議空間に限るならば、一八世紀以前の北米英領植民地にもその類例はあった。例えば、ニューイングランドの教会にその類例を認めることができる。しかし、教会を含むそうした場で行われたのは、聖書に記された言葉の語彙、語義を共有する信者の間の話合いであり、神の摂理を究めそれを社会秩序の根底に敷くことがそこでの話合いの目的であった。近代社会でよりひろく通用する抽象性、普遍性を備えた言葉で政治を議論するのがハーバーマス的な公共圏であるとすれば、そのような公共圏が北米英領植民地で明確な形を現したのは、やはり一七六五年以降のことであった。具体的に言えば、印紙税法の制定をきっかけに英本国と植民地との関係を植民地人が熱心に議論し始めてから後のことになる。ウォーナーによれば、そうした公共圏の形成には、政治問題の共通理解を人びとにもたらす印刷文化の発達が不可欠であったという。礼儀正しさや無私、あるいは公共善の価値を伝える言葉が綴られた出版物が社会に浸透してはじめて、時空の制限を越えた政治原理の理解が共有され、植民地独立の可能性も議論されるようになったと考えられるからである。植民地横断的に通用するこの印刷文化が社会に浸透する経緯を、植民地諸都市で発行された新聞や雑誌、小説等の言説にウォーナーは追う。その分析は新鮮で、とくに、字義を伝えるだけの媒体に言語がとどまらず、その語彙を理解し使いこなすことが一定の価値観を共有する市民であることの証となったという指摘は、この時代の市民の外形を理解するうえで示唆に富む。(29)

ウォーナーと同じく、一群の言葉の使用が集団の紐帯として機能する点に着目し、北米英領植民地に形成された知的サークルの存在を明らかにした研究に、デイヴィッド・シールズの『礼儀正しい言葉遣い――北米英領植民地にみる上品な文学』がある。この研究でシールズは、革命を鼓舞する言葉や植民地の俗語とは真逆の礼儀正しく上品な言葉が交わされる非公式の空間、例えば都市の知識人と貿易商人が交友を結ぶクラブや富裕層の女性たちが会話を楽しむ茶話会に着目し、そこで交わされる言葉の綾が縁取る文芸公共圏の存在を描いてみせた。既存のアメリカ文学史では忘れ去られがちであったエベネザー・クックやサーラ・ケンブル・ナイトらの著作には、共和主義の美徳を称揚する政治文書にはないユーモアや諧謔が多く含まれる。教育ある植民地市民は各種の社交の場でそうした上品な文学が用いる言葉遣いや語彙を習得し、文芸公共圏の構成員に相応しい知の作法を磨いたとシールズは考えるのである(30)。ウォーナーの先の研究も指摘するとおり、イギリス帝国の周縁に位置するからこそなおのこと、本国の政治思想や行儀作法を象徴する言葉の習熟に植民地人は力を注ぐ傾向があった。その努力が植民地固有の文芸公共圏、政治公共圏を築いたのである。ウォーナーやシールズの研究はその植民地文化史上の特色に着目し、言葉を紐帯とする想像の共同体を抽出してみせたと言えよう。加えて、礼儀正しい言葉遣いや洗練されたユーモアの使用に理性を越える感性の力を見出した点でも、シールズの研究は刮目に価する。政治に対する賛同や不満を伝える機能を、冷静で理性的な言葉遣いだけでなく、諧謔や言葉遊びをも含む言語パフォーマンス全般に認める彼の主張は、言語態論としても非常に興味深い。理性的で合理的な言葉の習得が参入の必須条件とされた堅い討議空間の外側に、感情や笑いを介した意見の交換がなされる柔らかな公共圏が穏やかにひろがっていた可能性を、それは強く示唆するからである(31)。

ところで、討議空間における情報伝達の手段を理性的で合理的な言葉の使用に限らなければ、狭義の公共圏とその外側の世界を隔てる垣はより低くなる。したがって、討議空間をシールズよりさらにひろく捉えることが可能となる。政治的主張を発信する手段が言語パフォーマンス以外に数限りなく存在することを想起すれば、それはただちに了解されよう。例えば、教会での説教や演劇の口演、詩の朗読、小説の読書などの言語を介する行為はもとより、カーニヴァルや祭日のお祭り騒ぎ、音楽の演奏、路上の騒擾までもがそこには含まれる。事実、言語学や心理学、文化人類学の知見を動員してハーバーマスの公共圏の概念を批判的に検討し、建国期のアメリカに成立した政治討議空間をより複眼的な視点から描出する優れた文化史研究が近年幾つも刊行されている。デイヴィッド・ヴァルドストライカーの『祝祭のただ中で——アメリカのナショナリズムの形成』やサイモン・ニューマンの『パレードと街頭政治——初期共和国における祝祭文化』などがその先駆的研究となる。建国初期のアメリカでは、独立記念日やジョージ・ワシントンの誕生日に各地で祝典が催され、多くの市民がそれに参加した。独立革命とフランス革命をまとめて祝うのに相応しいラファイエット侯爵のような人物がアメリカを訪れれば、そうした祝典はいっそうの熱気を帯びた。多くの者が街頭でパレードを繰り広げ、祝宴で酒杯を重ねる一方、それらのお祭り騒ぎを観客として見守り、声に出して祝い、あるいはまたそこから疎外されていることに異議を申し立て、共和国の政治の縁に自らが立つことを演劇的に顕示する者も現れた。ハーバーマスが初期に想定した合理的討議空間からは排除されていた女性や未成年者、自由黒人らがそれらの者に含まれる。ハーバーマスが析出した公共圏の概念を大きく拡張させることで、建国期における政治文化の構造をより包摂的に描き出すことにこれらの研究は成功している(32)。

ハーバーマスの諸概念を援用した優れた研究成果を上げているアメリカ近代史家の一人にジョン・L・ブルックがいる。二〇〇四年に刊行した史学史論文において彼は、ハーバーマスの諸概念を大枠で受け入れつつ、理性的な合理主義が支配する公式の政治空間と情動や共感が働く余地を残す非公式な政治空間が、建国期のアメリカ市民社会を同心円的に構成した可能性を以下のように述べている。彼が想定するその市民社会では、議会や裁判所がまず核となる狭義の公共圏を構成し、その周囲を合法的と彼が称する市民社会が取り囲む。狭義の公共圏を構成するのは成年白人男子であり、彼らは投票権や議員への被選挙権などを有する。一方、合法的市民社会を構成するのは参政権や財産権を持たない女性や未成年男子、移民、自由黒人らで、それらの人々は、例えば選挙政治に直接携わることが出来なくとも、狭義の公共圏に向かって自らの政治判断を伝えるさまざまの行動を起こすことが出来る。街頭での示威行動や請願活動、教会を通じた慈善活動や道徳改革運動などがその例となる。それらの行動が伝える政治判断を議会や裁判所で形成される明示的（explicit）な合意とは異なる暗示的（tacit）な合意とブルックは捉える。さらに、この合法的市民社会の周囲には、非合法な社会空間、例えば黒人奴隷や先住民が生きる社会空間がひろがる。そして、反乱や戦いが象徴する直接的な暴力の行使により、黒人奴隷や先住民すらも狭義の公共圏に向け政治的要請を発信することが出来たという。感覚の裏打ちの弱い信念は積極的な政治行為に繋がらないという推測から、政治における情動や共感の働きに研究者は近年強い関心を寄せている(33)。政治をもっぱら合理的なものと捉えるハーバーマス的な解釈の限界を克服する試みとこれを理解することもできよう。既に再三述べてきたとおり、討議における合理性を厳格に求めるハーバーマスの公共圏の概念には、その合理性を実践できない（とされる）人々を政治の世界から排除する限界がたしかに存在する。これに対し、文化人類学や心理学、言語学の知見を動員しその限界を克服しようと努めるブルックらの示す市民社会像は、より接続的で包摂的なものになっている(34)。この市民社会像を下敷きに、ニューヨーク州北部ハドソン川流域に建国後組織されたコロンビア郡の政治文化史をブルックは二〇一〇年に刊行した。エリートの寡頭勢力と民衆的な革命諸勢力がさまざまの手段で政治交渉を繰り返す市民社会の創成を分析したこの浩瀚な研究は、一九世紀初頭のアメリカに形成された自由主義的な公共圏のひろがりを克明に描出し、この時代を研究する者にとって必読の文献となっている(35)。

あらためて確認したい。互いが違うことを前提とする多元社会での利害調整の契機をコミュニケーション行為に探る性格が現在の公共圏の研究にはある(36)。そして、その行為が醸成する社会的結合を民主主義社会の基盤とハーバーマスは捉える。であるならば、公共性や公共圏の概念をアメリカ近代史研究に導入することですぐれた政治文化史が生まれたのはある意味当然なことであった。そもそも文化史研究は、言語行為、集団行動、身振り、事物に付与された象徴などを手がかりに、世代を越えて継承される文化価値や多数派と少数派を結びつける共役的文化規範を析出することを得手とする学術であろう。それはまた、茶化しやパロディを通して民衆が欲望を発散させる生活世界と理性や秩序が象徴する公的政治世界との繋がりを探る学術でもある。ウォーナー、シールズ、ウァルドストライカー、ニューマンらの研究が行ったのは、まさにその繋がりの検出ではなかったか。そのような視点からなされる研究は、狭義の公共圏で形成される政治判断もしくは合意を、それに承認を与える市民社会を遠景に収めつつ、構造的かつ広角的に捉える性格を持つ。この点は公共圏の研究が現在目指す要であり、十分に強調するに価する。そして、そのことを理解すると、日本におけるアメリカ近代史研究、アメリカ地域研究が、公共性や公共圏に強い関心を寄せてこなかった理由も自ずと見えてくる。というのも、共和主義や自由主義のイデオロギーに着目し、革命の諸局面で政治判断を規定した思想の系譜をたどることに日本のアメリカ近代史研究は主たる関心をおいてきたと、自戒を含め、思われるからである。公共圏の概念を援用することで強化される接続的、遠心的な分析視角がそこには弱い。したがって、思想の系譜研究が見落としがちであった社会構成員相互の闘争の過程や交渉の経緯を、合法的なものから非合法なものまで含め、連動させて捉えることを日本のアメリカ近代史研究は不得手としてきた。異論はあろうが、そのことをここではあらためて指摘してみたい。かつて、細分化の進んだアメリカ社会史研究を「全体と部分」の類比を用いて統合する必要を説いたアメリカ人史家にトマス・ベンダーがいる。地域ごと、あるいはエスニック集団ごとに展開される政治社会史を再統合する巨視的視点を、アメリカ史学界では一九八〇年代の半ばまでひろく注目されなかったハーバーマスの研究にベンダーは実は学んでいた。個別の政治運動を接続的、包摂的、そして構造的に把握し直すのがベンダーの議論の要であった。ハーバーマスの研究の勘所を押さえたその眼力は今も説得力を持つ(37)。

ただしかし、たとえ構造的な分析視点をハーバーマスから汲み取ったとしても、まだなおハーバーマスの研究とは裾を分かつ性格がアメリカ近代史研究全般にあることを最後に指摘しておきたい。日本におけるアメリカ近代史研究ならびにアメリカ地域研究が公共性、公共圏への関心を強くは育んでこなかったもう一つの理由がそこにあると考えられるからである。

ここであらためて『公共圏の構造転換』刊行以来ハーバーマスが提起し続けた公共圏の基本的性格の一つに目を向ける必要がある。すなわち、そもそもハーバーマスが公共圏の概念を抽出した西欧近代においては、絶対君主やそれを取り巻く貴族、教会が構成する公権力と公共圏とが分離していると考えられていた点である。言葉を換えて言えば、公共圏は公共の利害関心を話し合う私的人格の集合体であり、公的人格なり肩書きなりを有する人が集まって権力のなす事にお墨付きを与える場ではなかったということである。むしろ、公権力と距離をとってその活動を監視し、開かれた討議の場で世論として形成された意見を政治に公式に反映させる役割が公共圏には求められた。公共性という言葉は、その過程に誰もが参入できる状況を言い表す言葉にほかならなかった。要するに、世論形成の場としてのひろい市民社会と政治決定の場としての政府とが健全な距離をおく分離自立の関係にあることが、ハーバーマスが公共圏の議論をたちあげる際の大前提だったと思われる。国の公権力を監視する非政府的な討議の集合体である以上、政治決定に対し批判的な論評をなすことを公共圏は要請される。現代の民主主義的政治討議にハーバーマスの理念をどのように継承すべきかを検討する研究者たちも、この基本性格から彼の説くブルジョア的公共圏の可能性と限界を論じるのが常套となっている。(38)

右の理解をアメリカ近代史研究に導入した場合、どのような説得力のある公共圏研究が生まれるであろうか。例えば独立革命の折には、本国の王権ないし英国議会を批判する世論が植民地公共圏で醸成されたという比較的すっきりした説明ができる。再三紹介してきたウォーナーの研究のほか、古くはジェイ・フリーゲルマン、キャシー・デイヴィッドソンらが行った文芸思潮に関する研究もその図式に沿ったものと理解できる。(39) しかしひとたび独立が成った後に浮上したはずである。新しく誕生した国家に統治の正当性を付与する問題とそれを言い換えてもよい。興味深いことに、その新たな権力の創出とナショナルな公共圏の創出とを重ね合わせて討議するのがアメリカ近代史研究に顕著な特徴となってきた。公権力を監視し抑制する機能が近代西欧の公共圏に求められたとすれば、近代アメリカの公共圏には、公権力としての正当性を速やかに帯びることが逆に求められた。前者の課題は権力の監視と抑制であり、後者の課題は権力の創成とそれへの参入であったと言っては言い過ぎであろうか。しかし、独立建国という歴史的事業が一九世紀前半のアメリカの市民に課したそれが最大の政治課題であったことは間違いない。当然のことながら、そこには幾つかの問題が孕まれ得た。例えば、国民の主権を代替する連邦議会が公共圏の中枢を担うならば、ハーバーマスが想定したような対抗権力を持たない、強い公共圏の創出をそれは意味した。もちろん、そのような強い公共圏の創出が直接民主主義に近い参加型政治の一つの理想を示すものである可能性は否定できない。しかし、権力を監視する自立性を公共圏に期待するハーバーマスの議論とは位相の異なる権力論、政治制度論がそこでは展開されざるを得ない。アメリカの近代をめぐる歴史研究において、ハーバーマスの措定した公共圏が西欧近代史研究におけるほどの訴求力を持たなかったのは、独立建国というこのアメリカ固有の政治史上の要請に大きな原因がやはりあったのではないだろうか。少し視点をずらして言えば、次のようにも言える。すなわち、独立直後の北米旧英領植民地では、監視抑制すべき権力は旧植民地内にこそ存在したのであり、地理的には周縁に位置するその地方権力を抑え束ねる機能が中央に新たに創出される公共圏に期待されたと。革命の第一原理とも言うべき国民主権に貫かれた政治主体の成立とナショナルな公共圏の成立とを同一の問題に捉える傾向がアメリカ近代史家の間に根強いのは、まさにこのことによる。例えば、ウァルドストライカーの建国の文化史が公共圏の概念を援用したものであることは既に触れた。その研究が「アメリカのナショナリズムの形成」という副題を備えていることの理由をこの文脈で説明することができる。先行する州権力を抑制する中央権力の創成およびそれへの参入に比重を置いた強い公共圏の創出とアメリカのナショナリズムの成熟とを彼は重ね見たのである。中央権力と公共圏とは、分離自立とは異なる不即不離の関係をアメリカの建国期に構築した。彼の研究をそうした角度から読み直すと、アメリカにおけるナショナリズムと権力の関係を構造的に捉える一助にもなる。

さて、権力との隔たりよりは権力への接近もしくは参入こそがアメリカ近代史研究における公共圏をめぐる重要検討課題であるとすれば、公共圏からの女性、労働者、移民、そして黒人らの排除に研究者が最大の注意を払ってきたことも納得できる。その視点に立てば、排除された人びとがその排除と闘い公共圏に接近する過程こそがアメリカの民主主義の最も重要な物語と考えられるからである。そうした物語の細部を追った研究はたしかに枚挙に暇がない(40)。ここではその詳細はもう追わない。しかし、それと同じく精緻に問うべきは、実態における国民主権のそうした限界ばかりではなく、女性、労働者、移民、黒人らが構成する対抗的で分節的な公共圏と白人成年男子が構成したブルジョア的な公共圏との競合関係であり、鬩ぎ合うそれら複数の公共圏との関係を調整しながら、自らを取り囲む市民社会に討議政治上の説明責任を果たすため核となる公共圏が整備した制度構築の歴史かもしれない(41)。だが、管見の限り、そうした複数の公共圏の存在を視野におさめその間の調整を図る制度の成長を歴史学的に問う姿勢は、例えば三権分立の形をとった権力の分権論を別にすれば、日本のアメリカ近代史研究には弱い。言葉を換えれば、女性や労働者、移民、黒人らが形成した対抗公共圏と核となった公共圏との間でインターアクティブに練りあげられる言説をよりひろい政治史の文脈に関連づけ捉え直す姿勢が、アメリカにおけるアメリカ近代史研究に比べまだ弱い。先に紹介したジョン・ブルックの浩瀚な政治文化史研究が重要な意味を帯びるのは、まさにこの研究史上の陥穽を視野に入れた時であろう。また、一九世紀諸都市に展開した社会規範の形成をめぐる異なる政治主体間の交渉過程を追うメアリー・ライアンの一連の研究も、この文脈において初めて意味を増す。運動の理念と政治組織の両面からデモクラシーのひろがりを捉える姿勢がライアンの研究では目立つ[42]。

少し角度を変えて現代にまで右の議論を引き延ばすとすれば次のような議論も可能かもしれない。例えば、納税者意識という言葉に象徴される国民の主権を至上視するアメリカは、連邦議会に積み上げられる国内世論を絶対視するあまり、国際世論が代表する超国家的もしくは脱国家的思潮を汲み取る姿勢に欠けるという議論がある。アメリカの政治外交に見られるユニラテラルズムへの批判はその一例であろう。しかし、そうした複数の主権の相対性や複数の公共世論の存在を連邦がどのように調整してきたのか、近代以来の経験知を歴史家が十分に提供できなければ、アメリカ民主主義の可能性と限界に関する知見を現代史研究に受け渡すこともできない。例えば、アメリカ連邦最高裁判所の建国期以来の機能を雛形に国際紛争裁判所の編成を説く政治家が二〇世紀のアメリカに複数いたことを指摘する研究がある[43]。しかし、一八、一九世紀のアメリカにおける歴史経験との単純な類比から二〇世紀における国際政治の構造を議論する適不適を、近代史の研究者が吟味した形跡は今のところまだない。アメリカ近代史研究に携わる研究者の洞察が求められるところであろう。複数公共圏の外形的理解だけでは捉え切れない接続的で包摂的な政治参加の構造を理論化する、ポスト公共圏の研究が求められる所以である。既存の公共圏概念の十分な咀嚼がそれに先立ち求められることはあらためて指摘するまでもない[44]。

四　本書の構成

本書は以上のような研究史の俯瞰のもとにまとめられた書である。前節までにまとめた研究史上の問題点全てに執筆者全員が意見を共有し得ているわけではないが、公共性や公共圏、あるいはそれを構成する市民を分析概念に展開する研究の可能性と限界が素直に現れた論文集ということができる。時代的には一八世紀ならびに一九世紀前半を中心とする時代とその前後を検討の対象とする。以下、本書の構成を簡潔に書き留めておく。細部については各論文に当たられたい。

第Ⅰ部「選良と代理代表」は、独立革命の第一原理であった主権在民の制度化の過程が、誕生しつつあった、あるいは誕生したばかりの公共圏の変質ないし再定義を同時進行的に要請せざるを得なかった歴史を検討する。連邦あるいは州における憲法の解釈がそれぞれの歴史の最大の争点となる。

まず第一章「『ザ・フェデラリスト』を読む——国家形成とデモクラシー」(中野勝郎)は、「フェデラリスト第一〇編」に合衆国連邦憲法の役割を象徴的に付託する教科書的な解釈を退け、国家の存続維持に必要な選良の判断に基づく政治運営を説いた文書と同憲法を位置づける。とくに、外交安全保障の文脈で国家理性の問題を強調する時この憲法解釈は説得力を増し、逆に、今日的な民主主義の淵源をそれではアメリカ政治史のどこに求めるべきかを問う形で論文が締めくくられる。一九世紀の公共圏の拡大とその変質の中味が読者に問い返されていると言えよう。

その変質の一つのもしくは最大の契機として一七九五年ジェイ条約の締結をめぐる政争をとりあげたのが、第二章「代表制と公共圏——被治者の同意から主権者市民へ」(金井光太朗)である。著者によれば、一九世紀アメリカにおける公共圏の形成は前世紀以来の君主的な統合を解体し新たな統治原理を打ち立てる作業を伴ったという。公共圏を形成する市民が真の主権者になるのはその作業を終えてからということになる。ウィスキーの反乱やジェイ条約をめぐる民衆行動はその作業の一端にほかならなかった。

一方、第三章「公定教会制と公共圏・序説——一七八〇年マサチューセッツ憲法典を読む」(佐々木弘通)は、第二章が説く新たに主権者となった市民の民意をみずからの形を模索する国家が汲み取る際の緊張を、公定教会制を規定する州憲法の記述の異動に読み取ろうとする。社会の側の公共圏が国家の側の公共圏に組み込まれる瞬間とそれを捉える著者の分析は、各植民地、各州における公定教会制をめぐる政治討議の積み重ねが連邦大の政教分離と公共圏の成立をもたらした歴史をあらためて教示する。

第Ⅱ部「人種・ジェンダー・エスニシティ」は、第Ⅰ部がクローズアップした新しい市民の外形を人種、ジェンダー、エスニシティの視点から検討する。本章第三節で論じたとおり、新たな市民の公共圏への参入をめぐる研究は日本でも蓄積が豊富で、ここに並んだ四本の論文の内容もその意味で親しみ深いものとなっている。

建国期に限らず植民地時代から社会構成員の外形がアメリカで議論され続けたことも市民の境界を人種やジェンダーから議論することに我々が慣れ親しんでいる理由の一つであろう。例えば、第四章「植民地フロンティアの変容と「公民」の創出――ヴァジニア植民地の入植地構想」(森丈夫)は、一八世紀ヴァジニア植民地に抱懐された空間編成の想像力を分析の俎上に載せ、英帝国全体を見渡した防衛構想においては協力者の位置付けをかつてされた先住インディアンが、植民地社会の成熟とともにやがて他者に位置付け直され排斥されていった過程を詳述する。時と場所に応じて市民の外形は描き直されるわけで、時空を異にする公共圏においてどのような編成因子がいかなる意味を持つのか、注意深く研究者は見極めねばならない。例えば、全ての人間は平等に造られていると独立宣言がうたった一七七〇年代は、アフリカ系居住者の資質に対する本質主義的な偏見が逆説的に強化され始めた時代としても知られる。しかし、その強化の経緯は決して単線的ではなく、矛盾と錯誤を伴う複雑なものであった。実際、アフリカ系女流詩人として名を馳せたフィリス・ホイートリーを白人の詩人を評価するのと同じ視点から称揚したのでは、人種をめぐる既成概念に矛盾をきたす恐れがあった。第五章「奴隷制の時代における天分《ジニアス》の問題」(ジョイス・E・チャプリン/橋川健竜訳)は、そのディレンマに搦め取られた白人側の理解の混乱を丁寧に跡づける。

一方、第六章「参政権なき女性の政治参加――一八四〇年代マサチューセッツ州における一〇時間労働運動」(久田由佳子)は、投票権を持たないためハーバーマス流の狭義の公共圏からは疎外されていたとされる一九世紀前半の女性労働者たちが、請願活動を主たる手段に広義の公共圏で政治活動を展開したマサチューセッツ州の事例を、公文書館での堅実な史料調査に基づき、綴る。本章第三節で紹介したジョン・L・ブルックが説く公共圏の構造を検証した鮮やかな論考と言えよう。ところで、公共圏への参入をめぐるポリティクスは、新たな参入者に対する既成市民からの包摂と排斥の動き以外に、参入を希望する集団からの侵入と離脱の動きをも伴った。事実、建国期以来「部族インディアン」という特異な法的地位を与えられた先住インディアンは、それに付随する特権を維持するために、連邦政府からの市民権付与の申し出を無条件には受け入れないことがあった。

第七章「交錯する市民権概念と先住民政策――一九二四年市民権法の歴史的意義」（中野由美子）は、市民権の取得をめぐる先住インディアンの躊躇い、葛藤が、イギリスの社会学者T・H・マーシャルやデレク・ヒーターが定式化した市民権の歴史とは合致しないことを示し興味深い。あらためて述べれば、市民の外形は時と場所に応じて不断に変成され得る。公共圏における市民の外形とて例外ではない。公共圏は個別の歴史の文脈にそってその具体的なかたちを模索すべきものだという第Ⅲ部第九章の主張が説得力を持つ所以である。

その第Ⅲ部「メディアとコミュニケーション」は、公共圏の研究で近年大きな関心を呼んできた、討議手段の多様性とその文化的ひろがりを検証する。具体的に言えば、情報媒体としての通常の活字印刷出版物に加え、手稿出版や図像プリントが押し広げる公共圏のひろがりを各論文が検証する。

まず第八章「公共圏以前――近世イングランドおよび北米ニューイングランド植民地における異議申し立てと討議」（デイヴィッド・D・ホール／遠藤泰生訳）は、チューダー・スチュアート朝期のイングランドおよび北米ニューイングランド植民地で請願や手稿出版を通した市民の政治活動が盛んに行われた例を挙げつつ、ニューイングランド史の泰斗ペリー・ミラーが指摘した静謐で抑圧的ですらあるピューリタン社会の政治統治像を刷新する必要を説く。ただし、その請願や手稿出版に公共圏の黎明を性急に読み取ることは厳に戒める。初期アメリカの公共圏の歴史を近代英国の政治史に接続しながらも、植民地市民の政治実践とその意味を書物の歴史などを動員しながら丁寧に読み解く必要を著者は強調する。

第九章「建国期フィラデルフィアにおける印刷文化、人種、公共空間」（肥後本芳男）では、一転、建国期フィラデルフィアの印刷業界に深く関わった二人の人物に焦点が当てられる。そして、アフリカ系住民の資質に相対立する見方を提示したその二人の言葉を対比させながら、建国期アメリカにおける市民変成原理に人種偏見が根深く埋め込まれていった過程を掘り下げる。大西洋世界にハイチの革命が巻き起こした不安などを補助線に立てながら、ナショナルな政治空間の成熟と公共圏の成立とがともに本質主義的な人種観を梃子に推し進められた歴史を著者は浮き彫りにする。その筆致はトランスナショナル・ヒストリーを標榜する近年の合衆国史研究の流れと共振する。

トランスナショナル・ヒストリーに意識を向けてみる時、第Ⅲ部に収めた論考のどれもが北米大陸を越えるメディアの歴史を捉えながら北アメリカの地における公共圏の広がりに分析を加える試みであることに気付く。公共圏の成立が地域を越えた情報、知見の流通あるいは交換を前提にする以上、これは当然のことなのかもしれない。第八章が、請願や手稿出版の歴史に眼を向けながら、近世イングランドと北米ニューイングランド植民地における政治討議の伝統を接続させる試みであることは右に述べたとおりである。第一〇章「ニューイングランドの出版文化と公共倫理――プロテスタント・ヴァナキュラー文化の継承と変容」（増井志津代）も、宗教改革以来の西欧に育った、公共の利益と道徳および信仰を育むプロテスタントの文書活動に光を当て、その系譜を一九世紀アメリカ文学にたどる。民主主義的で自己主張の強い個人の描出に比重を置く古典的なアメリカ文学史の記述から距離をとる本章の議論は、公民の教育に力を注ぐ共和主義の浸透に調和的な文学の潮流を描き出すという意味で、独創性が高い。公共圏の研究が歴史学研究と文学研究との往還を促した好個の事例と言えよう。ところで、公共圏において公民の資質を育むのに大きな力となったのはウォーナー他の研究者が説いた活字出版物ばかりではなかったと推測される。例えば、第一一章「都市をまなざす――ブロードウェイと一九世紀ニューヨークにおける視覚の文化」（デイヴィッド・ジャフィー／橋川健竜訳）は、図像を媒体とした空間認識の共有が一九世紀に勃興した市民社会を縁取る可能性を示唆する。著者が主に取り上げるのは「帝都（エンパイア・シティ）」として政治文化に確固たる地位を築き始めた一九世紀ニューヨークのパノラマ図で、大西洋を横断する最新の印刷技術を土台に刷り出されたアクアチントやリトグラフが、一九世紀アメリカの市民に相応しいヴィジュアル・リテラシーを育んだ軌跡を一連の図像に読者は読み取ることができる。眼差しの訓練を受けることで新たな市民は新生国家アメリカの国民に相応しい空間意識を内面化していったのではないだろうか。ナショナルな公共圏の変容と拡大は、合理的な討議を通してだけでなく、異なるメディアが配信する視覚や聴覚を通しても進められた可能性をこの論文から学ぶことができる。

以上、第Ⅰ部から第Ⅲ部までの本書の構成とそこに収めた論文の概要を記してみた。各論文の主旨を理解する一助になれば幸いである。公共性、公共圏の概念を導入することでアメリカ近代史研究により広角な視野を開くことは十分に可能なはずである。本書の各論文がその可能性を少しでも提示できていれば、本書刊行の目的は達成されたと考えたい。

（1）ユルゲン・ハーバーマス「一九九〇年版への序言」、ハーバーマス著／細谷貞雄・山田正行訳『公共性の構造転換——市民社会の一カテゴリーについての探究』（未来社、初版一九七三年、第二版一九九四年）、i－ii頁（Jürgen Habermas, *Strukturwandel der Öffentlichkeit* (Frankfurt am Main; Suhrkamp, 1990)、クレイグ・キャルホーン「序論　ハーバマスと公共圏」、同編／山本啓・新田滋訳『ハーバマスと公共圏』（未来社、一九九九年）、一一－一八頁。

（2）“The Public Sphere: An Encyclopedia Article,” *New German Critique* 5 (1974): 49–55; Jürgen Habermas, translated by Thomas Burger, *The Structural Transformation of the Public Sphere: An Inquiry into a Category of Bourgeois Society* (London: Blackwell Publishers Inc., 1989); Michael Warner, *The Letters of the Republic: Publication and the*

Public Sphere in Eighteenth-Century America (Cambridge, MA: Harvard University Press, 1990); Charles E. Clark, review of *The Letters of the Republic* (1990) by Michael Warner, *William and Mary Quarterly, 3rd Series*, 48, no. 2 (Apr., 1991): 311–313.

（3）植村邦彦『市民社会とは何か』（平凡社新書、二〇一〇年）、一三四–一四二頁、山脇直司『公共哲学とは何か』（ちくま新書、二〇〇四年）、一一〇–一一四頁、権安里「ハンナ・アレントとポスト・ハーバーマス的公共論——社会学におけるアーレント公共空間論の受容をめぐって」『ソシオサイエンス』一二号、二〇〇六年三月、三一–三二頁、似貝田香門「市民の複数制」地域社会学会編『市民と地域——自己決定・協同、その主体』（ハーベスト社、二〇〇一年）。

（4）「学びの場——①時代と向き合い、良く生きるために／「学び続ける」シリーズ報告」『東大校友会ニュース』二八号（二〇一五年三月）、七頁。この文章がとりあげている東京大学名誉教授三谷太一郎の講演内容を教育ある東京大学の学生が等しく理解するか否かという問題はここでは問わない。内閣府「「新しい公共」に関する取り組みについて」二〇一二年九月六日、http://www5.cao.go.jp/npc/pdf/torikumi0906.pdf, 二〇一五年三月二三日取得。

（5）一部の例でしかないが、例えば、井上達夫『他者への自由——公共性の哲学としてのリベラリズム』（木鐸社、一九九九年）、斎藤純一『公共性』（岩波書店、二〇〇〇年）、同『政治と複数性——民主的な公共性にむけて』（岩波書店、二〇〇八年）、山脇直司『公共哲学とは何か』（ちくま新書、二〇〇四年）、安藤隆穂『フランス革命と公共性』（名古屋大学出版会、二〇〇三年）、三谷博編『東アジアの公論形成』（東京大学出版会、二〇〇四年）、大野誠編『近代イギリスと公共圏』（昭和堂、二〇〇九年）、佐々木毅・金泰昌他編『シリーズ　公共哲学』（東京大学出版会、二〇〇一年より刊行）。

（6）例えば、Salvatore Amando, *The Public Sphere: Liberal Modernity, Catholicism, Islam* (New York: Palgrave Macmillan, 2007); 保坂修司『サイバー・イスラーム——越境する公共圏』（山川出版社、二〇一四年）; Marc Lynch, "The Rise and Fall of the New Arab Public Sphere," *Current History* 114, no. 772 (December 2015): 331-336. なお同誌は「公共圏」を共通テーマに世界各国の政治分析を連続して掲載している。

（7）Hitoshi Abe, Hiroko Sato, Chieko Kitagawa Otsuru. Eds., *International Area Studies Conference V: The Public and the Private in the United States* (Osaka: The Japan Center for Area Studies, National Museum of Ethnology, 1999).

（8）大津留（北川）智恵子、年次大会シンポジウム報告「アメリカにおける『公』を問い直す」『アメリカ研究』四二号（二〇〇八年）、二〇三－二〇五頁。

（9）例えば、Christopher Looby, "Introduction," *William and Mary Quarterly* 3rd Series, 62, no. 1 (January 2005): 3–8; Eric Slauter, "History, Literature, and the Atlantic World," *William and Mary Quarterly*, 3rd Series, 65, no. 1 (January 2008): 135–166; Sandra M. Gustafson, "American Literature and the Public Sphere," *American Literary History*, 20, no. 3 (Fall 2008): 465–478.

（10）例えば、新田啓子「親密圏をマッピングすること――私と公の攻防」『アメリカ文学のカルトグラフィ――批評による認知地図の試み』（研究社、二〇一二年）、一一六－一三七頁、鰐淵秀一「商業社会の倫理と社会関係資本主義の精神――『フランクリン自伝』における礼節と社交」『アメリカ研究』四五号（二〇一一年）、一五七－一七六頁、同「フィラデルフィア・アカデミーの創設――一八世紀植民地都市における公共性の生成に関する一考察」『アメリカ太平洋研究』一五号（二〇一五年）、二一八－二三四頁。

（11）例えば、藤本龍児『アメリカの公共宗教』（NTT出版、二〇〇九年）、森本あんり『アメリカ的理念の身体――寛容と良心・政教分離・信教の自由をめぐる歴史的実験の軌跡』（創元社、二〇一二年）、島薗進・磯前順一編『宗教と公共空間』（東京大学出版会、二〇一四年）。森本の著書に関しては、東京大学アメリカ太平洋地域研究センターの研究紀要が書評フォーラムを設け、アメリカにおける宗教と公共、公共と自由、公共と政治権威の創出などの諸問題を議論している。「書評フォーラム　森本あんり著『アメリカ的理念の身体』をめぐって」『アメリカ太平洋研究』一四号（二〇一四年）、一二九－一五四頁。

（12）有賀夏紀・紀平英作・油井大三郎編『アメリカ史研究入門』（山川出版社、二〇〇九年）。同書では、第二章の田中きく代「独立戦争から南北戦争へ　一七七〇年代～一八六五年」に「マイノリティの政治参加と公共圏」といった項目がわずかに設けられている、同書六三－六四頁。

（13） S・M・リプセット著／上坂昇・金重紘訳『アメリカ例外論――日欧とも異質な超大国の論理とは』（明石書店、一九九九年）、一八頁。
（14） 例えば、斎藤純一『公共性』前掲、viii－ix頁、ジョン・ブルーア著／近藤和彦編『スキャンダルと公共圏』（山川出版社、二〇〇六年）三一－三二頁。その他日本語の辞書や英語の辞典も幾つかの定義を挙げている。ちなみに『広辞苑』が掲げる「公共」の意味は「社会一般。おおやけ。」、「公共圏」の意味は「共通の関心を持つ人々が、社会のあり方や社会的利益について討議する場。ハーバーマスの用語。各種の会議のほか、放送・新聞・雑誌・インターネットなど」である。
（15） ハーバーマス、前掲書、一一頁。
（16） 同上、「一九九〇年版序論」、iii頁。
（17） Ruth H. Bloch, "Inside and Outside the Public Sphere," *William and Mary Quarterly*, 3rd Series, 62, no. 1 (January 2005): 99–100.
（18） 安藤、前掲書、一一－一三頁、ジョアンナ・イニス「イギリス史研究における公共圏概念の登場」、大野編、前掲書、七頁。
（19） 例えば、Warner, *The Letters of the Republic*, 39–42.
（20） *Ibid.*, Chap. 3, "Franklin : The Representational Politics of the Man of Letters"; 鰐淵、前掲論文。
（21） 安藤、前掲書、一八－一九頁。
（22） ジェームズ・ゴードン・フィンリースン著／村岡晋一訳『ハーバーマス』（岩波書店、二〇〇五年）一一－一六頁。
（23） イニス、前掲論文、二〇頁。
（24） アンドルー・アレイト&ジーン・コーヘン「市民社会と社会理論」、マーティン・ジェイ編／竹内真澄監訳『ハーバーマスとアメリカ・フランクフルト学派』（青木書店、一九九七年）、五一－八〇頁。
（25） Jürgen Habermas, *Faktizität und Geltung : Beiträge zur Diskurstheorie des Rechts und des demokratischen Rechtsstaats* (Frankfurt am Main: Suhrkamp, 1992)、ユルゲン・ハーバーマス著／川上倫逸・耳野健二訳『事実性と妥当

性——法と民主的法治国家の討議倫理にかんする研究』上・下（未來社、二〇〇二－〇三年）。

(26) フィンリースン、前掲書、第四章「社会理論のプログラム」、とくに七五－七七、八二－八三、八八－八九頁。

(27) 同掲書、第八章「政治、民主主義、法」、とくに一五七－一五八、一六五－一六六、一七〇－一七二頁。

(28) 例えば、Charles Taylor, "Modes of Civil Society," *Public Culture*, 3 (1990): 95–118; Michael Walzer, "The Idea of Civil Society: A Path to Social Reconstruction," *Dissent*, 38 (1991): 3–20; キャルホーン編、前掲書、に収められた諸論。

(29) Warner, *The Letters of the Republic*, x–xiii, 121–3, 16–17, 126–128.

(30) David S. Shields, *Civil Tongues and Polite Letters in British America* (Chapel Hill, NC: University of North Carolina Press, 1997), xx–xxii.

(31) *Ibid.*, xv–xvi.

(32) David Waldstreicher, *In the Midst of Perpetual Fetes: The Making of American Nationalism* (Chapel Hill, NC: University of North Carolina Press, 1977); Simon P. Newman, *Parades and Politics of the Streets: Festive Culture in the Early Republic* (Chapel Hill, PA: University of Pennsylvania Press, 1997); なお本節で取り上げている著作の史学史的意義について、以下から多くを学んでいる。John L. Brooke, "Reason and Passion in the Public Sphere: Habermas and the Cultural Historians," *Journal of Interdisciplinary History*, 29 (Summer 1998): 43–67; Gustafson, "American Literature and the Public Sphere."

(33) 例えば、斎藤純一「政治空間における理由と情念」『思想』一〇三三号（二〇一〇年五月）、一四－一九頁、リン・ハント著／松浦義弘訳『人権を創造する』（岩波書店、二〇一一年）、一六－二四頁。情念や感情の次元にまで分析をひろげた近年のアメリカ政治史研究の興味深い例に以下がある。Nicole Eustace, *1812 : War and the Passions of Patriotism* (Philadelphia, PA: University of Pennsylvania Press, 2012).

(34) John L. Brooke, "Consent, Civil Society, and the Public Sphere in the Age of Revolution and the Early American Republic," in *Beyond the Founders: New Approaches to the Political History of the Early American Republic*, ed.

Jeffrey L. Pasley, Andrew W. Robertson, and David Waldstreicher (Chapel Hill, NC: University of North Carolina Press, 2004), 207–250.

（35） 詳しくは肥後本芳男の以下の書評を参照されたい。肥後本「John L. Brooke, *Columbia Rising: Civil Life on the Upper Hudson from the Revolution to the Age of Jackson* (Chapel Hill, NC: University of North Carolina Press, 2010)」『アメリカ太平洋研究』一四号（二〇一四年三月）、一六一－一七六頁。

（36） 例えば Tina Askanius and Liv Stubbe Østergaard, eds., *Reclaiming the Public Sphere: Communication, Power and Social Change* (New York: Palgrave Macmillan, 2014).

（37） Thomas Bender, "Wholes and Parts: The Need for Synthesis in American History," *Journal of American History*, 73 (June 1986): 120–36; *idem*, "Wholes and Parts: Continuing the Conversation," *Journal of American History*, 74 (June 1987): 123–30; ベンダーが議論した視点に関しては拙稿「新たな政治史の胎動」、金井光太朗・遠藤泰生他著『常識のアメリカ・歴史のアメリカ』（木鐸社、一九九三年）一四－一六頁。

（38） ナンシー・フレイザー「公共圏の再考：既存の民主主義の批判のために」、キャルホーン編、前掲書、一一七－一五九頁。

（39） Jay Fliegelman, *Declaring Independence: Jefferson, Natural Language, and the Culture of Performance* (Stanford: Stanford University Press, 1993); Cathy N. Davidson, *Revolution and the Word: The Rise of the Novel in America* (New York: Oxford University Press, 1986).

（40） 例えば、Mary Beth Norton, *Liberty's Daughters: The Revolutionary Experience of American Women, 1750–1800* (Ithaca, NY: Cornell University Press, 1996); Eric Foner, *Tom Paine and Revolutionary America* (New York: Oxford University Press, 1976); Gary B. Nash, *Forging Freedom: The Formation of Philadelphia's Black Community, 1720–1840* (Cambridge, MA: Harvard University Press, 1991).

（41） フレイザー、前掲論文、一五二－一五七頁。

（42） Brooke, *Columbia Rising*, *op. cit.*; Mary P. Ryan, *Women in Public: Between Banners and Ballots, 1825–1880*

(Baltimore, MD: Johns Hopkins University Press, 1990); *idem*, *Civic Wars: Democracy and Public Life in American City during the Nineteenth Century* (Berkeley, CA: University of California Press, 1997); また、黒人が構成する対抗公共圏を論じたものに Joanna Brooks, "The Early American Public Sphere and the Emergence of a Black Print Counter-public," *William and Mary Quarterly*, 3rd Ser., 62, no. 1 (January 2005): 67–92 など。なお、異なる公共圏に属す市民が、市民としての権利を互いに抑圧し合うような事例も建国期には見られたという。詳しくは以下を参照。Rosemarie Zagarri, *Revolutionary Backlash: Women and Politics in the Early American Republic* (Philadelphia, PA: University of Pennsylvania Press, 2007).

(43) 三牧聖子『戦争違法化運動の時代――「危機の二〇年」のアメリカ国際関係思想』(名古屋大学出版会、二〇一四年)、四〇－四八頁。

(44) マイケル・シュドソン「かつて公共圏は存在したのか？存在したとすればいつなのか？――アメリカの事例の考察」、キャルホーン編、前掲書、一六〇－一八九頁。

第Ⅰ部　選良と代理代表

第一章

『ザ・フェデラリスト』を読む――国家形成とデモクラシー

中野勝郎

はじめに

連邦憲法第一条第八節では第一項から第一八項において連邦議会についての権限が定められている。さらに、一七八九年の第一回連邦議会で付加された修正第一〇条には、「この憲法によって合衆国に委任されず、また邦に対して禁止していない権限は、それぞれの邦または人民に留保される」と記されている。政治権力を明文で制限した連邦憲法は、近代立憲主義の始まりとして理解されている。また、連邦憲法は、連邦制と三権分立制により権力を多元化した政治体制を作り上げるとともに、共和制を代議制デモクラシーとして定着させたとも説かれている。権力にたいする不信感（イングランドの議会主権、議院内閣制は、権力への信頼を前提にしている）ゆえに権力を制度によって統御可能にすることがめざされ、その結果、すべての権力を民意に基礎を置く代議制デモクラシー（representative democracy）ができたと論じられる。

しかし、二〇世紀後半以降のアメリカ政治を一瞥するだけでも、連邦憲法のもとで、デモクラシーを危機に陥れるほど権力は肥大化してきたことがわかる。本章は、この点を念頭におきつつ、上述のような理念や制度を定着させるための議論が展開されている文書であると理解されてきた『ザ・フェデラリスト』を、立憲主義とデモクラシーの観点から再考察してみたい。考察の焦点は「共通の防衛」、すなわち、国防《セキュリティ》（安全）に当てられる。『ザ・フェデラリスト』の著者であるアレグザンダー・ハミルトン（Alexander Hamilton）は、国防の問題において権力の本質が現われるという認識をもっていたし、同書の共同執筆者の一人であるジェイムズ・マディソン（James Madison）の共和制論（代議制論）は、ハミルトンの権力論と整合的であった。したがって、権力を抑制する原理であり理念であると理解されていた立憲主義とデモクラシーとを国防という視点から読み解くことで、建国者たちのあいだで共有されていた政治観の一側面をあきらかにできるのではないだろうか。

連邦憲法は、植民地時代に蓄積されていた政治的な叡智が反映されているともいえるが、同時に、制定に際して「デモクラシーの行き過ぎ」が唱えられていたことからもわかるように、独立宣言後の各邦において展開されていた民主政治《ポピュラー・ガバメント》を抑制するための政治体制を構築することをめざした文書でもあった。また、独立達成後の邦間の対立の解消や西半球に植民地をもつヨーロッパの諸強国への備えも、連邦政府の設立には期待されていた。連邦憲法は新興独立国であるアメリカ諸邦連合《ユナイテイド・ステイツ・オブ・アメリカ》のめざすべき国家像の表現だったのである。

『ザ・フェデラリスト』は、諸邦連合が追求すべき国家像を連邦憲法案の各条文の解釈のなかに織り込みながら提示している。そこでは、じつは、権力は本質的に制約しえないものであること、代議制デモクラシーは、権力を民意に委ねる装置ではなく、そのような本性をもつ権力の行使を連邦政府に委ねる装置であることが説かれている。ハミルトンとマディソンが執筆した『ザ・フェデラリスト』の論考を読むかぎり、連邦憲法は、権力を制約したというよりも、あるいは、植民地時代のデモクラシーの伝統を制度化したというよりも、権力を拡大し、植民地時代とは異なるデモクラシーの伝統を創りだそうとした文書だったのである。

もとより、『ザ・フェデラリスト』において表明された権力観が当時において支配的であったとは言えない。連邦憲法案の批准においては四割以上の反対があった。また、ハミルトンとマディソンとは、前者による連邦政府の運営・施策をめぐって対立し、後者は、一七九〇年代になるとトマス・ジェファソン（Thomas Jefferson）とともに、連邦政府に反対する党派である共和派（Republicans）を結成していく。そうして、一八〇〇年の大統領選挙で共和派が勝利したのちは、反ハミルトン的な政治観が支配的になっていく。しかし、歴史的にはそのようなことがいえるとしても、『ザ・フェデラリスト』で説かれた権力的モメントは連邦憲法に内在しつづけた。一九世紀前半の思潮となっていく共和派的な政治観は、「フェデラリスト・モメント」との対抗で形成されたのである。したがって、『ザ・フェデラリスト』を考察することは、間接的にではあるが、一九世紀の政治文化の理解につながるはずである。

本章では、まず、ハミルトンの権力観を国家建設という視点から捉え、次いで、そのような権力観が形成された理由を国防に求めていく。そのあと、マディソンの論考に焦点を当て、ハミルトンの権力観を支えるようなデモクラシー観をかれが説いていたことをあきらかにしたい。

一七八七年に起草された連邦憲法案について、フィラデルフィア会議《コンヴェンション》に参加していた五五名のなかで、憲法案に署名しなかった人たちがいる。そのなかでもっとも有名なのがヴァジニア邦代表のジョージ・メイソン（George Mason）である。かれは、フィラデルフィアを去る際に発表した『憲法案にたいする反対論』において、「中央政府の法律が各邦の法律および憲法に優位しているがゆえに、各邦の権利の宣言は保障されないことになる」と論じ、さらには、ヴァジニア邦連邦憲法批准会議でも、この憲法によって設立される政府は「国家的《ナショナル》政府であって、もはや連合ではない……わたしのおもな反対理由は、連合が統一中央集権的政府になった点である」とのべている(1)。

マディソンが起草してフィラデルフィア会議に提出されたヴァジニア案では、設立される政府について全国的《ナショナル》という言葉が使われており、また、邦が制定するすべての法律について全国的《ナショナル》議会が拒否権を行使できるとなっていた(2)。

しかし、審議の過程で「ナショナル（national）」という言葉は使われなくなり、代わって、「フェデラル（federal）」という言葉が用いられるようになった。そうして、九月に審議を終えて各邦の批准へと委ねられた憲法案は、「フェデラル・コンスティテューション（federal constitution）」として提案されている。メイソンが恐れたような「統一的中央集権的政府（one general consolidated government）」は設立されなかったようにみえる。

マディソンは、『ザ・フェデラリスト』第三九篇において、連邦憲法によってできる体制は、ナショナルでもありフェデラルでもあると説明している。かれは、憲法制定の手続き、連邦政府の権限の由来、政府の作用につづいて、政府の権限という観点からアメリカ諸邦連合の性質を論じる。かれによれば、「国家的政府という観念は、中央政府がたんに個々の市民にたいして直接権能をもつというだけでなく、いっさいの人間および事物にたいして、それが合法的な統治の対象であるかぎり、無制限の最高権をもつものであるということを含んでいる」。その点からみれば、「新政治機構案は国家的な政府とみなされるべきではない」。なぜなら、「中央政府の管轄権は、憲法に列挙された一定の目的にのみ及び、そのほかのすべての目的については侵すべからざる潜在的主権を各邦に残しているからである」(3)。

マディソンは、分割されえないと考えられていた主権を連邦憲法では機能的に立法・行政・司法と分け、さらには、連邦政府と邦政府とに分割したとのべている。しかし、それによって連邦政府が憲法によって枠づけられて、「自由の擁護のために不可欠の予防措置」(4)である権力分立に適った存在になったといえるだろうか。

一　国家

国家（state）は、対外的な安全と対内的な秩序を保障する権力装置として作り上げられる。しかし、アメリカにおいて連邦憲法の制定によって設立されたのは、憲法で列挙された権限しかもたず、憲法でその権力を枠づけることができる政府であり、強大な権力をもつ国家は創設されなかったと考えられてきた。実際、『ザ・フェデラリスト』においては、全国的（国家的）《ナショナル》政府については論じられていても、国家という言葉はほとんど用いられてはいない。反英抗争、独立運動、邦憲法の制定のみならず、連邦憲法制定に際しても、権力の抑制が権力をめぐる議論の支配的な見解であった。『ザ・フェデラリスト』の共著者の一人であるマディソンは、基本的には権力の集中を警戒し、権力の抑制を試みた。そうして連邦憲法では、たしかに、連邦政府が行使できる一七の権限が列挙されている。

それにたいして、おなじく共著者であるハミルトンは、権限が不十分であるために政治権力が政治権力たりえないとのべる。連邦憲法案の擁護を始めるに際して、かれが強調するのは、「政府の活力」である。(5) とりわけ、「国民の安全の任務を委ねられている権能に、憲法上の制約を設けることは賢明」ではないと論じているように、(6) かれは、国防にかんする権力を憲法の制約の枠外におく。

もとより、中央政府の専制に反発して独立を選択したアメリカにおいて、政治権力は不信感をもたれていた。連邦憲法に先立って連合規約が制定され、諸邦間の協議および決定機関として大陸会議が設立されていたが、邦政府を超えた権力を創出することのないように、連合規約はアメリカ諸邦連合を統合体としてではなく連合体として捉えていたし、大陸会議は各邦民への直接統治権を掌握してはいなかった。それらは、ハミルトンからみれば、「独立国家としての誇りを傷つけ、その品位を貶め」ている欠陥であった。(7) かれは、連合規約のもとでの諸邦連合は「条約」にもとづく「同盟」であり、大陸会議は「政府という概念とはあきらかに相容れない」機構であると断じる。(8)

連邦憲法案では「より完全な連合」を形成することが謳われており、中央政府の設立がめざされている。それは、フィラデルフィアに集まった五五名の代議員たちの共通の意思であった。にもかかわらず、『ザ・フェデラリスト』における中央政府についてのハミルトンの主張は、列挙された権限しかもたない権力を抑制された政府というイメージからはほど遠い。かれは、「共通の事柄について自由裁量権をもつ統轄者」として中央政府を捉えている。[9] その中央政府と邦政府との関係は、中央政府と邦政府という二つの「異なった政府がそれぞれ相手方を抑制」すると論じる『ザ・フェデラリスト』第五一篇のマディソンの主張とは異なっている。[10] ハミルトンは、邦政府について、「主権は本質的に、その執行を委ねられた人びとが、行使にあたって外部から抑制されたり指図されたりするのを邪悪な目で見がちになるというように、統制されることへの憎悪を含んでいる」とのべる。したがって、邦が主権をもつかぎり、アメリカ諸邦全体のための諸方策は、「正当な判断に不可欠な全体の状況と国家理性とについての認識を欠」く邦政府によって誤った方向へ導かれる。[11] このような弊害を克服するためには、中央政府を抑制する権力として邦政府を位置づけるのではなく、「連邦の中央権力に完全に服する」ように邦政府を連邦へと組み入れ、他方、「連邦権力の範囲、限定、対象」は、中央政府の「裁量」に委ねるようにすべきである。連邦制をこのように捉えるならば、連邦政府は、抑制均衡の機制に組み込まれている一権力ではなく、無制限の権力を行使しうる機構としての相貌を帯びる。そのような権力は、政府ではなく国家と呼ぶほうがふさわしい。そうして、その国家との関係では、憲法は権力を抑制する規範ではなく、むしろ、無制限の権力の行使を正当化する根拠となる。

マディソンもまた、そのような国家の建設を「必然性」・「法則」という言葉で正当化する。連合規約の改正に必要とされていた全邦一致の原則に違背して、連邦憲法の成立は九邦の同意で足りるとしたのは、「事態の絶対的必然性、自己保存の法則、あるいは、社会の安全と幸福とは、あらゆる政治制度が目的とする対象であって、その目的のためには、すべての政治制度は犠牲にされなければならないと宣言する自然と自然の神の超越的法則に立ち戻」らなければならないからであるとマディソンはのべる。[12] そうして、連合規約の改正版である連邦憲法には、第一条第八節で列挙された一七の権限につづいて、「上記の権限、およびこの憲法により、連邦政府またはその各省もしくは官吏にたいし与えられたほかのいっさいの権限を執行するために、必要にして適当なすべての法律を制定する」権限を付与すると定められていた。その後のアメリカ史――とりわけ、ニューディール期以降のアメリカ史――が示すように、この権限を一つの根拠にして、連邦政府は巨大な国家への歩みを進めていく。

二　国防

マキアヴェッリは、『君主論』において、対外的な安全と対内的な秩序を保障する権力装置として国家を製作することを説いている。『ザ・フェデラリスト』において、この課題との関連で議論を行なっているのはハミルトンである。かれの国防論の前提にあるのは、第一に、合衆国を海洋国家・通商国家として発展させようという構想である。「通商の観点からみた連邦《ユニオン》の重要性は、異論を差し挟む余地がほとんど」ないとハミルトンは主張する。そして、そうであるがゆえに、かれにとって、ヨーロッパとアメリカとのあいだにある大西洋は、無償の安全保障《フリー・セキュリティ》を提供する空間ではなく、アメリカとヨーロッパ諸国との紛争・対立が発生しうる空間である。ハミルトンは、「アメリカの商業的性格を際立たせている冒険的精神が、すでに、ヨーロッパのいくつかの海運国に不安感を掻き立てているとみて十分にさしつかえないだけの兆候がある」とのべる。さらに、大西洋上での交易を発展させるための「強力な海軍を創設する」環境が整っているとみなされているアメリカは、北アメリカ大陸にアメリカと隣接して植民地を所有している諸国に、「自分たちの植民地が脅かされている」という認識をもたせている。(13)

第二の前提は、アメリカ諸邦連合は、反乱すなわち物理的暴力の行使の危険性に直面しつづけるという認識である。ハミルトンは、「騒擾や反乱は、……潰瘍や発疹が人体につきものであるのとおなじように、政治体が免れることのできない病弊」(14)であり、「中央政府が武力への訴えを余儀なくされるかもしれない事態が起こりうることは否定できない」とのべる。ハミルトンは、共和政体を支持する人びとのなかには「法」が「強制力」をもつと論じる者がいるが、それは「空想のなかにだけ存在する」考え方であると批判している。[15] マサチューセッツ邦で発生したシェイズの乱は、フィラデルフィア会議が開催された直接的な理由の一つであった。また、ハミルトンは、各邦が「その権力欲」にもとづいて、連邦政府と争うこともありうると説いている。[16]

これらの前提と合わせて考慮しなければならないのは、民兵制度である。市民は武装の権利をもっていたし、その武装した市民・民兵を指揮する権限は邦にあった。ハミルトンは、軍事力が一元化されず遍在しており、しかも、民兵制度の背景にある根強い反常備軍思想（民兵制度）が共有されている社会において、国防論を展開しなければならなかった。

ハミルトンは、『ザ・フェデラリスト』第一篇の冒頭で、「偶然と力」に委ねることなく、「熟慮と選択をつうじて良き政府」を樹立すべきであると主張している。そうして、同書の最終篇である第八五篇の末尾では、「全国的政府をもたない国家など凄惨な光景である」とのべている。[17] たしかに、フィラデルフィア会議は熟慮の場であったし、連邦憲法で設立されることになる連邦議会についても、ハミルトンはそこが熟慮の機関となるよう説いている。しかし、「共同の防衛」を担当する執行権の行使について、かれが強調するのは「必要性」である。ハミルトンによれば、「共同防衛」のためには、連邦政府が、「陸軍兵の募集、艦隊の建設と装備、陸海軍管理規則の制定、陸海軍の統帥、陸海軍維持のための財政措置」にかんする権限が必要である。しかも、これらの権限は、「なんらの制限なしに与えられるべきである」。なぜなら、「国家存亡の危機について、その範囲や種類をあらかじめ予測し定義することは不可能であり、かつまた、危機を克服するのに必要と思われる手段について、そのしかるべき範囲や種類をあらかじめ予測し定義しておくことは不可能である」からである[18]［傍点——筆者。以下も同様］。「社会の防衛と保護のための権能については、その有効適切な措置に必要ないっさいの事柄——国家的軍隊の建設・統帥・維持に必要ないっさいの事柄——にかんしては、制約があってはならない」ともかれは主張する。

ハミルトンのこのような主張には、憲法が権力の行使を制約する規範であるという認識はみられない。さらには、憲法の制約を受けていない権力が危険であるという認識もない。むしろ、すでにのべたように、かれは、権限が不十分であることのほうを問題にする。国防という目的のために、権限を集中させ、かつ、制約をもたないものが政治権力たりうる。ハミルトンは、「国家の防衛を管轄し、内外の暴力的反抗にたいして公共の平和を維持する義務」を負った権力（執行権）が行使する権限には、「国家の緊急の度合いと社会の財源の限度以外、なんら顧慮すべき」ものがない。その権力には「無条件の権限」を与えられるべきである[19]。

運営を委ねられている目的について権力は無制限でなければならないとハミルトンが主張するのは、そうでなければ、アメリカ諸邦連合を待っているのは無秩序だからである。邦が主権をもったまま連合すれば、その連合に「付随もしくは従属している惑星群には機動を逸脱する傾向がみられ、その運動により、それぞれの惑星が中心から飛びだそうとする恒常的な作用をもつようになる[20]」。それは「連邦の終わり」をもたらす[21]。ハミルトンは権力の集中よりも無秩序を恐れている。無秩序を回避することが無制限の権力を正当化する。

さらに、ハミルトンは、憲法反対派がモンテスキューを引用して広い空間には専制が生まれると主張したのにたいし、広さと専制とは無関係であると理解している。よくしられているように、「広い共和国」はマディソンが、『ザ・フェデラリスト』第一〇篇において正当化を試みている。ただし、マディソンは、そこで、多数の専制を生みださないために、すなわち、権力（立法権）を制限するために、広大な領土であることの利点を説いた。それにたいして、ハミルトンはつぎのようにのべる。「国の広さからくる困難そのものが、じつは強力な政府の必要を説く有力な根拠となることに疑いはない。というのは、かくも広大な版図をもつ連邦を維持できる政府は、強力な政府をおいてはありえないことはたしかだからである[22]」。ハミルトンにおいては、広さは、むしろ強力な国家を正当化するための根拠となっている。

では、制約のない裁量権をもつ政治権力と恣意的な権力・専制との違いはどこにあるのだろうか。権力が正当に行使されていると判断される基準は何なのだろうか。

ハミルトンは、『ザ・フェデラリスト』第九篇において、権力分立、均衡抑制、終身制の判事、代議制が、古代共和制の欠陥と専制の危険から近代の共和制を遠ざける手段であるとのべている。かれは、権限を限定することによってではなく、統治機構の設計によって専制は防げると考えている。

しかし、それらの制度が執行権の十分な抑制になるとハミルトンが確信していたかどうかについては疑いが残る。かれは、なぜ下院が外交にかんする権限を共有すべきではないのかについて、「外国の政治についての正確で包括的な理解、ぐらつくことなく一貫しておなじ見解をもちつづけること、国の名誉にたいする洗練され、かつ変わることのない感覚」が下院には期待できないとのべている。[23] したがって、下院は国防に関わることから遠ざけられるべきである。そもそも、ハミルトンは、権力の分立は、権力の独立、とりわけ、執行権の独立を保障するための制度であると捉えている。「法律に服従することと、立法機関に依存することとはまったく別のことである。法律への服従は、良き政府の基本原理と合致するが、立法機関への依存は、その基本原理に反するものであり、その憲法の形態がいかなるものであれ、すべての権力を一つの掌中に結集してしまうであろう」。[24] 憲法もまた、公共の安全のまえには口を閉ざすべきである。「紙の上の規定など、公共の必要には匹敵しえない」。[25] ハミルトンにおいて、権力の行使に際して準拠すべきは、憲法ではなく、「国家理性」[26] である。国家理性に準拠するとは、国家の存立・発展を唯一の行動規範として権力を行使することであり、その権力の行使にはそれが合法的か否かという手続き的な責任ではなく、それが権力の行使目的を達成したか否かという結果にたいする責任が問われる。この結果にたいする倫理的責任こそが権力の恣意的な行使を抑制する。

ハミルトンは、統治機構の改善に加えて「軌道の拡大」も専制を防ぐ原則となると論じている。[27] すでにのべたように、広大な領土は強力な国家を正当化する。それが専制にならないのは、かれが恐れているのが無秩序だからである。ここには、一見すると、論理のすり替えがある。ハミルトンは、専制を防ぐ装置として強力な政府を提案する。かれによれば、広大な領土に権力を制限されない政府が設立されなければ、諸邦連合に訪れるのは無秩序であり、それから内戦が始まり、それは連邦の解体か力の支配という意味での専制で終わる。[28] 強力な国家はこのようにして生まれる専制を防ぐためにこそ必要とされる。

強力な国家とは、端的にのべれば、執行権を指す。ハミルトンは、国防については執行権が担うべきだと考えていた。そうして、かれは「活力的な政府であること」が「良き政府の本質」であるとのべる。[29] ここには、政府を一般意思との関係で捉える発想（フランス革命）も、正義の実現との関係で捉える発想（マディソン）も、自由との関係で捉える発想（ジェファソン）もない。憲法が権力を制限する規範ではなく、無制約の権力を正当化する根拠として理解されていることを合わせて考えるならば、ハミルトンの説く権力は、力の支配ではないとしても、当時の人びとに受け入れられていた共和制観から承認される範囲をはるかに超えている。

ハミルトンは、権力にたいする承認について、人民の「政府にたいする信頼および服従は、通常、その執政の良し悪しに応じているというのが、一般的法則として定立できる」とのべる。[30] しかし、かれは、人民主権に連邦政府を基礎づけているが、人民主権を行政の活力、合理性、あるいは効率性の良し悪しを判断する問題に還元している。しかも、人民は自分たちの福利が実現されることを意図しているが、それを実現する方法・手段について「正しい考え」を抱いているということはない。[31] 他方、国防を担当する執行権は、「全体を代表するものとして、各部分の保全にもっとも深い関心を」もち、「みずからに託されている義務にともなう責任からして、その機能を適正に行使する必要をもっともよく弁えている」。[32] かくして、国家は、国民やその代表である議会の意思に反しても、結果として諸邦連合に安全を保障することができるならば、その方策は正当化される。その運営にあたって、国家の統治を委ねられた人びとがしたがうべき規範があるとすれば、それは、地方的利害にとらわれず「公共の利益と人民の感覚」のみを考慮する無私の精神であり、「手段は目的に釣り合っていなければならない」という「倫理学や政治学の定理」である。[33] 専制は、目的合理性を貫徹することを告げる「大いなる進歩」を遂げた「政治の科学」によっても避けられる。[34]

さて、このような集権的な政府、権力の集中を論じるハミルトンが、遠心力をもつ邦連合的な連邦制にたいして否定的な見解をもっていたのは、当然であった。それは、たんに、軍事力が分散化されることを恐れていたからではない。たしかに、内戦や反乱に満ちた古典古代やイングランドの歴史と対話しながら国家建設を構想していたハミルトンにとって、外敵と同様、内部から生じる安全への脅威は深刻に受け止められていた。実際、一三の邦のなかでもっとも安定した政体であると考えられていたマサチューセッツで一七八六年に起こったシェイズの乱は、その脅威が実際に存在する実例であった。

しかし、ハミルトンは、そのような武力の遍在だけでなく、連邦制が邦の自律性を高め、人びとの愛着の多元化をもたらし、それが中央権力の脆弱性を招くことをも恐れいていた。「多からなる一つ（E Pluribus Unum）」は国璽となるが、かれは、多元的な統合は秩序の安定した国を実現させはしないと考えていた。諸邦連合が一元化され一様になってこそ、秩序を安定させる強力な政府は可能となる。ハミルトンは、「全国的《ナショナル》（国民的）」という観念が当時の人びとのあいだに形成されていないにもかかわらず、「国民的利益」という言葉を用いている。一体性が先取されていたのである。また、かれは、「邦の権限を弱めることなく連邦の権限を増加させること」は矛盾し調和しがたい事柄であると論じる。[35]

他方、ハミルトンは、多様性・差異は権力と相容れない属性であると捉えている。それは、権力の脆弱さを招く。連合規約のもとでの連合会議（中央政府）が弱体であり、活力を欠いていたのは、邦の自律性を前提とする同盟であったからである。同盟と政府との違いは、多様性を認めるかどうか、一体性を確保するかどうかの違いである。いうまでもなく、安全の確保のためには、多様性・差異をなくしていくこと、「軌道」からの「逸脱」が生じないようにすることが必要となる。具体的には、各邦が指揮権をもつ民兵制度に依存しない軍隊の設立、邦間および地域間の利害の違いを解消していくような通商・財政政策などである。つまり、国防の問題は、たんに軍事装置の整備だけではなく、一様性・画一性を達成するための内政政策とも密接に結びついていたのである。ハミルトンは、内政における連邦政府の役割について、つぎのようにのべている。

中央の権威の作用が政府の通常の活動に混じり合うようになるにつれて、市民は政治生活のありふれた日常的出来事のなかでその権威と触れ合うことにますます慣れるようになり、中央の権威が市民の目や感覚に馴染むようになるにつれて、その権威は、もっとも敏感な琴線に触れ、人間の心のなかのもっとも活気に満ちた源泉を鼓動させる対象へとどんどん入り込んでいくであろうし、その権威が社会からの敬意と愛着とを勝ち得る可能性はますます大きくなるだろう。……連邦の権威およびそれにたいする人民の愛着は、内政といわれているものにまでその権威が広がることによって強められこそすれ、弱められはしない。(36)

国防のために強力な国家の必要を説き、強力な国家の建設のためには多様性や差異が障害となることを説いたハミルトンは、多様性や差異を諸邦連合から消滅させるためには、人びとの日常生活——とりわけ、経済活動——に影響を及ぼす事柄についても連邦政府が直接権限を行使する必要があることを示唆している。

冒頭で紹介したメイソンは、諸邦連合について「かくも多様な風土を擁し、その様式、習慣、習俗においてかくも異なる住民を内包する、かくも広大な国土」と特徴づけ、そこに一つの国家的政府を建設することは「人民の自由を破壊」することになると論じている。(37)強大な権限をもつ連邦政府のもとで諸邦連合の一元化が進行していくのはニューディール期以降である。メイソンは、ハミルトンが表明した連邦憲法に含まれるそのような集権化の性質をみごとに理解していたといえよう。

三　デモクラシー

政治権力がこのように構築されるならば、当然のことながら、デモクラシーはそれに適合的な鋳型へと溶かし込まれていく。『ザ・フェデラリスト』におけるデモクラシー論を特徴づけるならば、多様性・差異が政治に反映されることを防ぎ、他方で、一体性・一様性を確保するという観点からデモクラシーが捉えられていることである。『ザ・フェデラリスト』第二篇において、さらにもう一人の共著者であるジョン・ジェイは、「摂理は、この一体となった国を統一された民に、すなわち、同一の祖先をもち、同一の言語を話し、同一の宗教を信仰し、同一の統治原理に愛着をいだき、風習や慣習においてきわめて共通する民に与えることに満足している」とのべている[38]。この記述は、当時のアメリカ社会の現実を表現していない。ハミルトンは、代表と人民との関係について論じた『ザ・フェデラリスト』第六〇篇において、「連邦の各地域の人民のあいだには、社会の異なる階層や境遇にたいする人民の代表の対応にさまざまな違いを生みだすのに十分なほど、財産、才能、習慣、および習俗の差がある」ことを認めている[39]。アメリカ社会の現実についてのハミルトンの認識を踏まえつつも、どのようにしてジェイの説く統一体へと諸邦連合を変えていくのかが、『ザ・フェデラリスト』において代表制についての議論を担当したマディソンの意図であった。

マディソンが著した第一〇篇は、政治学者ロバート・ダールも取り上げているように、多元性を認める政治理論を提示しているといわれる[40]。たしかに、マディソンは、広い共和国を正当化するために、規模が広ければ広いほど利害は多様化し、多数の専制は生まれないとのべている。しかし、かれは、多様性をそのまま放置しようとしていない。マディソンの議論を再検討してみよう。

マディソンは、デモクラシー（直接民主制）と共和制とを区別している。かれは、デモクラシーでは党派の弊害、少数者を抑圧する多数の支配が生まれるという。しかし、デモクラシーは、トマス・ペイン的に考えれば、各人が各人であるままに――各人の利害、思惑、意見をもって――決定に参加する方法である。そこでは、多様性・差異がもっとも確保される。それにたいして、マディソンは、デモクラシーでは、「ある共通の感情あるいは利益が、ほとんどあらゆる場合に全員の過半数のものの共鳴するところとなる」とのべる。(41) しかし、歴史的にそういう事象が起こったことがあったとしても、論理的にかならずそうなるというわけではない。集会や会議での決定が多数決で行なわれるとしても、そこにいたる過程で熟議がなされる可能性はある。実際、ハミルトンによれば、立法部は「熟議と分別にもっとも適している」。(42) また、マディソンも、『ザ・フェデラリスト』第六二篇と第六三篇において上院の属性として説いているのは熟議が行なわれる可能性である。では、なぜそれがデモクラシーでは起こらないのか。その理由を求めるとすれば、議会に選ばれる代表とは異なり、一般の人びとは、「賢明さ」をもたず、「真の利益をもっともよく認識」することがなく、「一時的あるいは偏狭な思惑によって……真の利益を犠牲にする」からである。(43)「真の利益」を一般意思として理解するかどうかはともかくとして、「真の利益」との関係で、多様性・差異は排除されているといえるだろう。

多様性・差異は、自由な社会の特質としてマディソンは擁護しているようにみえる。かれは、「すべての市民に同一の見解、同一の感情、そして同一の利害を与えること」は、「政治生活にとって不可欠な自由を……廃棄してしまう」ことに等しいと論じている。また、「人間の多様な才能を保護することこそ、なによりも政府の目的なのである」ともかれはのべる。(44) しかし、人間の本性は社会に多様性・差異をもたらし、したがって、現実の社会に「さまざまな利益群と党派」が生まれるとしても、マディソンは、その状態が政治に反映されるのを望んだのではなく、その弊害を匡正することをめざした。そうして、その匡正策は、多元主義的政治学の理解とは異なり、多数派の形成を妨げる多元的利益の共存というかたちでの解決をめざしてはいない。

マディソンはデモクラシーに対置される共和制を代表制とよぶ。『ザ・フェデラリスト』においては、人民の選択に基づいているという意味で、それは「民主政治（popular government）」と言い換えられているが、マディソンが説く代表制は、ペインが説く代表制とは異なる。代表制は各人が直接決定に参加できない場合の代替策である。ペインはつぎのようにのべる。

全体から選ばれた代表たちは、かれらを選んだ人たちとおなじ利害関係をもっているとみなされ、それらの人たちが全員参加していたら取るであろう行動とおなじように行動するだろう……。植民地のすべての部分の利害が関心を払われるようにするには、全体を便宜的にいくつかの部分に分けることが……最良のやり方である。(45)

ペインは、代表を代理として捉え、そうであることによって社会の多様性・差異が維持されたまま決定が行なわれると説いている。実際にも、この代理的代表の考え方は、当時のアメリカ社会に定着していた。たとえば、大陸（連合）会議に派遣されていた各植民地（邦）の代表は、みずからが代表する邦からの訓令がなければ投票はできなかった。一七七六年七月四日の独立宣言への署名に、ニューヨークの代表が加わっていないのは、署名の訓令を邦から得ていなかったことによる。このような代表観は独立後も維持され、連邦議会の議員たちは、一九世紀前半までは、選挙区の訓令を得て投票を行なっていた。

これにたいし、マディソンの代表制は、ペインが説くような反映（reflection）ではなく、いわば濾過の機制をもつ（フランス共和制とは異なり、透明（transparency）はまったく問題にならない）。かれは、「世論が、選ばれた一団の市民たちの手を経ることによって洗練され、かつ、その視野が広げられる」。代表は、「賢明」であり、「真の利益」をもっともよく認識している。(46) そのような代表制は「公共の善」を実現するのに適したやり方である。

多様性・差異が保障される決め方をデモクラシーと呼ぶなら、マディソンの代表制はデモクラシーではない。かれにおいて、代表制は異質性を排除し同質性・画一性を調達し確保していくための手段である。マディソンによれば、

「自分の選挙区の利害や実情」などの「地元についての知識」についての「細々とした個々の事柄を知らなくても」、代表は立法を行なうことができる[47]。そうして、「各邦のあいだの交流が緊密になれば、各邦の習慣や法律は、ひとつに融合していく[48]」。そうなると、各邦から選ばれる代表がそれぞれの邦の特殊な利害を代弁することはなくなるだろう。そうして、そのような各邦のあいだの交流の緊密さを生みだしていくのが、すなわち、各邦間の同質性・画一性を作りだしていくのが、ハミルトン的な国家である。マディソンの代表制はハミルトンの国家を前提としている。

多様性・差異を消滅させていく装置としての代表制にたいするマディソンの考察は、上院にかんする論考においてより明快になっている。『ザ・フェデラリスト』第六二篇において、マディソンは、元老院《セネット》の必要性を説くために、選挙区の利害が反映されやすい代議院についてつぎのようにのべている。

大部分は私的な欲求を追求するために招集され、短期間その職にあり、公務と公務のあいだの時間を自国の法律、情勢、および全体の利益の考察に費やそうという持続的な動機によっては動かされない人びとからなる議院は、すべてがかれらに委ねられれば、立法についての信託を履行するに際して、さまざまな重大な過ちを免れるわけにはいかないであろう[49]。

では、元老院はどうか。マディソンは、邦の立法部によって任命される元老院議員は、「邦政府の権威を確保し、邦政府と連邦政府との便利な連絡役となる代理人」でありうると論じる[50]。しかし、元老院は、人民の直接の選択によって選ばれないように設計されているために、「人民自身の一時的な過ちや錯覚」の影響を受けることがない。そうして、そうであるがゆえに、元老院は「公共善」の実現をめざして「冷静で慎重な判断力」を行使することができる[51]。マディソンにおいて、元老院は、「全国的政策を実現する安定した仕組み[52]」となることによって、デモクラシーがもたらす多様性・差異を抑制することが期待されていたのである。

ところで、メイソンのようなアンティ・フェデラリストが連邦憲法に反対した大きな理由の一つは、習俗の異なる空間に統一的な政府・法制度をもち込もうとしている点にあった。習俗の異なる空間に成立する権力は専制である。

メイソンが恐れたのはその点であった。これについては、ハミルトンもマディソンも意識していた。諸邦連合を統一性のある空間とみなしたとしても、そこには、習俗の共通性はない。そこに樹立される権力は正統性をもちにくい。ハミルトン自身、そのことを認めている。「人は、近隣よりも自分の家族にたいし、社会一般よりも自分の近隣にたいし、いっそうの親しみを覚える。……つねに遠方に位置し、見えない場所にある政府は、人民の関心をそそることなどとても期待できない」(53)。そうであるからこそ、民衆《ピープル》を土地に根ざした具体的な属性のもとに捉えたメイソンとは異なり、ハミルトンとマディソンは、人民《ピープル》を抽象化しなければならなかった。専制に陥らないためには、なんらかの一体性を社会に作りださなければならない。良き政府、活力ある政府の直接の働きかけ――課税であれ法律の適用であれ――の対象として、また、その受益者として市民（国民）を作り上げる必要があった。多様性・差異が障害とされたのは、諸邦連合には、邦とは異なり、歴史によって作られる同質的な政治文化がまったく形成されていなかったからである。

マディソンが、代表制は広大な空間に適用可能である、代表制を採用するかぎり空間を拡大することができると主張したのは、無限の党派に分かれる具体的な民衆がそこにいると考えたからではなく、人民を選挙によって権力に同意を与える存在として抽象化することができたからであった。

おわりに

これまでの考察から、連邦憲法を立憲主義とデモクラシーを体現した文書としてのみ理解することはできないことがあきらかである。むしろ、立憲主義と対立する国家理性的な契機を内在し、デモクラシーを否定する代表制を機能させながら今日までつづいてきているのが連邦憲法である。したがって、安全保障の要求が高まってくるとき、憲法はじつは権力の肥大化・暴走を抑えることができない。議会制・代表制もそれを抑止することはできない。これは実際、二〇〇一年の九・一一テロ後のアメリカに起こったことである。

しかし、他方、デモクラシーの伝統は連邦憲法の制定によって失われたのではない。多様性・差異を維持しようとしたメイソン的な態度、各人が自己決定する領域の問題としてデモクラシーを捉えたペイン的な態度は、アメリカ社会において継受されてきた。とりわけ、一九世紀は、むしろ、そのようなデモクラシー観が支配的であったといってもよい。自由とデモクラシーがアメリカを語る重要な鍵概念であるかぎり、その伝統は掘り起こされなければならない。

（1）Robert A. Rutland, ed., *The Papers of George Mason, 1725–1792, 3 vols.* (Chapel Hill, NC: University of North Carolina Press: 1970), 3: 991, 1050.
（2）Max Farrand, ed., *The Records of the Federal Convention of 1787*, vol.1, 22–24.
（3）James Madison, Alexander Hamilton and John Jay, *The Federalist Papers*, edited by Issac Kramnick (New York: Penguin Books, 1987)（以下、*The Federalist* と表記）, no.39, especially 258. なお、本書については、全訳として、齋藤眞・武則忠見訳『ザ・フェデラリスト』（福村出版、一九九一年）、抄訳として、斎藤眞・中野勝郎訳『ザ・フェデラリスト』（岩波書店、一九九九年）がある。本章では、これらの訳を適宜改訳して用いている。
（4）*The Federalist*, no. 47, 303.
（5）*The Federalist*, no. 1, 89.
（6）*The Federalist*, no. 23, 185.
（7）*The Federalist*, no. 15, 146.
（8）*The Federalist*, no. 15, 148–149.

（9）*The Federalist*, no. 15, 148.
（10）*The Federalist*, no. 51, 321.
（11）*The Federalist*, no. 15, 150.
（12）*The Federalist*, no. 15, 285.
（13）*The Federalist*, no. 11, 129.
（14）*The Federalist*, no. 28, 201.
（15）*The Federalist*, no. 28, 201.
（16）*The Federalist*, no. 25, 193.
（17）*The Federalist*, no. 1, 87; no. 85, 487.
（18）*The Federalist*, no. 23, 184–185.
（19）*The Federalist*, no. 31, 218.
（20）*The Federalist*, no. 15, 150.
（21）*The Federalist*, no. 8, 118.
（22）*The Federalist*, no. 23, 188.
（23）*The Federalist*, no. 75, 426.
（24）*The Federalist*, no. 71, 410.
（25）*The Federalist*, no. 25, 195.
（26）『ザ・フェデラリスト』、第一五篇、九九頁。
（27）*The Federalist*, no. 9, 119.
（28）*The Federalist*, no. 16, 152–153.
（29）*The Federalist*, no. 70, 402.

（30）　*The Federalist*, no. 27, 201.
（31）　*The Federalist*, no. 71, 410.
（32）　*The Federalist*, no. 23, 186.
（33）　*The Federalist*, no. 31, 218, 216.
（34）　*The Federalist*, no. 9, 119.
（35）　*The Federalist*, no. 15, 147.
（36）　*The Federalist*, no. 27, 202–203.
（37）　*Papers of George Mason*, 3: 1050, 1053.
（38）　*The Federalist*, no. 2, 91.
（39）　*The Federalist*, no. 60, 357.
（40）　Robert A. Dahl, *The Preface to Democratic Theory*（Chicago, IL: University of Chicago Press. 1956).
（41）　*The Federalist*, no. 10, 126.
（42）　*The Federalist*, no. 70, 402.
（43）　*The Federalist*, no. 10, 126.
（44）　*The Federalist*, no. 10, 123–124.
（45）　Thomas Paine, *Common Sense*（1776). 同書からの引用は、以下のサイトによる。http://xroads.virginia.edu/~hyper/Paine/commonII.html, 二〇一六年一月三日取得。小松春夫訳『コモン・センス、他三編』（岩波書店、一九七六年）、一二〇頁。
（46）　*The Federalist*, no. 10, 126.
（47）　*The Federalist Papers*, no. 56, 340.
（48）　*The Federalist*, no. 53, 329.
（49）　*The Federalist*, no. 62, 367.

(50) *The Federalist*, no. 62, 364–365.

(51) *The Federalist*, no. 63, 371, 375.

(52) *The Federalist*, no. 62, 368.

(53) *The Federalist*, no. 27, 203.

第二章

代表制と公共圏——被治者の同意から主権者市民へ

金井光太朗

はじめに

独立革命は、アメリカ植民地が「同意なき課税」を非難し「代表なければ課税なし」と本国議会の植民地に対する立法権限の正当性を否定することによって始まった。被治者の同意に基づかない統治は、いかに賢明な君主によるものであったとしても、正当性を失くしたのであった。イギリス臣民の伝統的特権を主張して本国支配の強化に抵抗していたアメリカ人は、最終的に自然権に訴えて代表制に基づく共和国を創設したのであった。トマス・ペインが君主による支配を否定し、法による統治、コモンズによる共和政治こそが自由を保障することができると主張した『コモン・センス』(1)を歴史的ベストセラーとしてアメリカ人は「常識」を変え、人民の同意に基づく統治を構築することが歴史的課題となったのである。

アメリカ合衆国建国にあたっては、七年戦争に勝利した世界最強国の一つであるイギリス帝国との長期にわたる戦争、フランスとの同盟、そして独立後の国際的な義務履行の必要などの要因によって、一三州全体を大きく一つにまとめた連邦共和国が創建された。これは当時の常識に大きく反するものであり、合衆国は内外双方から解体が危惧されたのであった。ギリシア・ローマの古典古代の例を見ても、また同時代のヨーロッパでの現実に照らしてみても、共和国は都市国家に適した国制とされていた。国土の規模が小さく人口も少なくて、大きな利害対立のない国において初めて可能な体制と考えられていた。ところが、アメリカの一三州は北から南までの広大な領域に広がり、諸州設立の時代・経緯を異にし、主要な産業、人口構成に大きな多様性を抱えながら一つの国家を形成した。人口規模も三〇〇万人をこえて年々急速に増大を続けており、さらに西方の広大な領地が開拓を待っているのであった。人民の同意をどのようにすれば代表（represent）させることが可能であろうか。実際、代表による同意は決して人民自身による同意ではない。両者のずれ、乖離が大きくなれば危機となろう。

共和国初期、合衆国はいくつかの武力反乱を経験した。利害対立が激しくなる中、国富発展のため政策を選択する。その同意をどう確認するのか。ここで人民の間に一致した同意など可能であろうか。そもそも、これだけ多様な人々をいかにすれば遠く離れた国政の議場に忠実に代表させることができようか。人民の同意を代表の同意にうまく再現（re-present）できるのであろうか。こうしたことから州政府ならびに連邦政府は、公職者を人民の代表として選出していたにもかかわらず、武力反乱を招いてしまうのであった。同意と代表をめぐる問題から革命を成功させたアメリカ人は、その直後から広大な共和国でいかに人民を代表させ、同意を獲得してゆくか、大きな課題を背負うことになった。

たとえ社会を正確に反映した似姿として代表議会を構成できたとしても、人民の同意は公式の代表選出という形に尽きるものであろうか。選挙は人民が同意を表明する公式の場であり、市民が全国一斉に同意に基づく統治実現を目的として投票し、厳格なルールのもとに票が集計され代表が決まる。しかし、そうした代表が一堂に会して討議、決定したことは、当然に人民の同意に基づくものとなるのか。合衆国憲法による連邦政府設立当初、ワシントン大統領をはじめ政権指導者は、当然同意に基づいていると考えていた。彼らにとって、人民主権を基本的政治原理とするとはいえ、統治者と被治者は別個の存在とされた。同意は被治者人民の同意であり、統治そのものは公式の負託を受けた統治者に任せ、次の公式選挙が審判の場となる。しかし、連邦政府の政策をめぐってはすぐに批判や反対が起こり、政府に対する反対派が形成された。彼らからすると、ルソーが『社会契約論』で指摘したように、「イギリス人民が自由なのは、議員を選挙する間だけのことで、議員が選ばれるやいなや、彼らは奴隷となり、無に帰してしまう(2)」ということであってはならない。人民自身が主権者なのであって、統治の上で問題が生ずれば議論を交わし意見を表明する、政府に請願し政策の変更を迫るのも主権者の権利である。そうした主権者市民が交流し、情報を共有し、討論や意見を表明する場が公共圏なのであった。そこでの議論はただの私的集まり、私的意見とは違った公的な性質を持ち、対立する代表の多数派と少数派を妥協へと誘導するものとなった。

さらに、広大な共和国に広がる諸地域に暮らす人々が地元の関心をはるかにこえて国家公共の問題を自己の問題と受け止めるようになるには、選挙や新聞、公共圏の討論だけでは大きな困難があった。独立革命が植民地時代の君主政的儀礼とシンボルを徹底的に破壊したものの、それに代わる儀礼によって共和国の統合を演出する必要もあったのである。連邦政府が樹立されると、大統領に選ばれたワシントンは、英国国王の戴冠式に倣った就任式を挙行し、国内各地を巡行して回った。さらに、ワシントン大統領誕生日や独立記念日など全国的な記念日には、都市部を中心に広い範囲で祝祭、行進、宴会といった街頭活動がさかんに催されるようになった。そうした祝祭に男女階級人種にかかわらず幅広い民衆が参加することは、全国政府に対する支持表明となり、投票者市民に限らず、幅広い人民が統治を承認していることの演出となる。特に、フェデラリスト派は、国王然としたワシントンを戴くことで、諸利害に超然とした政府の権威を主張しようとした。しかし、そうした祭典参加を通じて参加者各層は、統治者の狙いとは違って独自の主張や党派的見解を表明することができた。そうした政治的立場のせめぎ合いが、公共圏の外にも全国的な民衆的政治文化を形成したのである。

合衆国共和政の初期、人民の同意を「被治者の同意」から「主権者の同意」として位置づけ、公共圏の役割および全国的な民衆的政治文化を発展させるきっかけとなったのが、ジェイ条約批准をめぐる激しい論戦であった。本章では、アメリカ革命による混乱から共和政治を構築しようとする努力の中で、公共圏が拡がり、活発化し、さらに全国的な民衆的政治文化を発展させて君主政的統合装置を解体していった過程を追跡する。それによって受動的な市民観から主権者人民の理念が確立していった様子を、ジェイ条約論争に焦点をあててみてゆきたい。

一　人民と代表の歪みと大きな共和国

タウン・ミーティングの場にタウン民が自ら現れ（present）、意見を表明し、議論を戦わせ、投票に直接参加するタウンであれば、re-present の問題は生じない。たとえ結果的に自分は少数派となったとしても、討論を尽くした上で明らかとなったミーティングの意志に同意しないわけにいかなかったであろう。Re-present の問題がない以上決定は正に自分たちの決定なのであり、自らの同意は含まれていると納得するしかない。そもそも、「平和な王国」、peaceable kingdoms とも呼ばれたタウンの場合、タウン政府による調整や配分の必要ないことが理想であった。[3] もしどうしても必要の生じたときでも、決定はタウン民全員の了解のもとに進めることになっていた。

しかし、州ですら数万人から数十万人の規模であり、人民が直接集まって討議して同意を自ら表明することは不可能であり、植民地時代から代表制による議会が招集されていた。そうであれば、ただちに代表されるべき市民は誰か、包摂と排除が問題となる。諸州での州憲法制定過程では、同意表明の投票ができる主体をめぐって当然ながら激しい議論があった。女性を含めるべきか、アフリカ系自由市民を含めるべきか、先住民を含めるべきか、むしろなぜ含めないでもよいのか正当な理由を問い、追求したのであった。さらには、財産と教育が問題となった。成人白人男子であっても、統治の問題で同意を与える投票にふさわしい資質を問うものである。公共の利益に関する決定に対する同意は気分や感情に流されてはならないのであって、そうした過ちを回避するためには、投票者が共同体と強い利害の絆を有し、それゆえ強い責任感を持つことが必要だと考えられた。つまり、財産がないため失うものを持たない者による同意は必要ないどころか、無責任な判断で愚かな決定に陥る危険さえある。大きな財産を持つ市民と一般の財産しか持たない市民の間で格差は必要なのではないのか、という考えである。(4) 結局、諸州の多くで上下両院の二院制議会となり、上院の定数割当を当該割当地区の土地財産額に応じたものとした。

さらに問題となるのは、こうして選挙され構成された代表議会の同意を、ただちに被治者の同意とすることができるのであろうかという点である。代表されていない市民もたくさんおり、また投票資格があっても実際に投票に行かない有権者も非常に多かった。その上、州議会選挙でも一年に一度であり、連邦の場合には下院でも二年に一度、上院であれば六年に一度の選挙で選ばれた代表が、どの程度忠実に全人民を代表し、代弁するのであろうか。選挙期間が空けば人民と代表との乖離は大きくなるであろう。代表が極めて遠くの首都に赴く場合、選挙民が監視しコントロールすることは難しくなる。選挙民が代表に指示書を起草して渡し、予定されている政策に対する態度を詳しく拘束しようとすることがある一方で、賢者たる代表自身の判断で行動することも正当性があるとの考えもあった。(5)

一三州が独立してそれぞれで代表制を通じての同意が立法を正当化するようになると、独立州議会では人口に比例する代表定数是正がただちに行われた。かつて、例えばマサチューセッツでは植民地時代、実際上は、人口の大小にかかわらずほとんど各タウン一名の代表が割り当てられていた。しかも、多くのタウンはその負担を嫌い、代表派遣の免責を願い出ていた。しかし、独立後の州議会の下では、大きなタウンは人口に比例した代表定数の割当を要求し、実際に定数通りの代表を送るタウンが一気に増大した。(6) ところが、社会を映し出すはずの代表が集まる立法府の構成には、実際には大きな偏りがあった。人口が多く、かつ首都に近いタウンは代表を送るのが容易であり、定数上代表数が多いだけでなく、実際の議場においては過大な代表が出席できることとなった。その結果、東部沿岸地域の利害に有利な税制、財政政策が実行されて、発展途上の西部地域の利害は無視されてしまいがちであった。新生共和国は被治者の同意による統治のはずであったが、現実にある少数の強い異論を無視した形で「人民の同意」があったことになっていた。一七八六年には被治者の同意による統治を行っているはずの共和国で暴力に訴える反乱が勃発する。

それが有名なシェイズの乱である。彼ら、人口の少ないマサチューセッツ西部地域の人民は、代表議会では自らの声を届ける術を持たずに一方的に不利な政策を押しつけられているにもかかわらず、それは自分たちも含めての人民の同意に基づくものとされることには納得できなかった。現実の諸政策が同意の上とは決して言えないことを訴えるには、体制の外から暴力行為で表明する以外に手段がなかった。反乱といっても、憲法の正当性と体制を全面的に否定し覆すものではなく、自分たちの納得できない一方的な法律の執行を妨害する行為にすぎないものであった(7)。

しかし、独立建国の指導者たちは問題点の本質を感じ取り、アレグザンダー・ハミルトンを中心に、弱い国家連合にすぎなかったアメリカ合衆国を一つのまとまった連邦国家に革命的に改編した。多様な利害を持つ諸集団を含む広大な共和国とすることで、被治者の同意に大きな偏りのない状態で統治を行う体制を構築したのであった。各州という小さな政治共同体では、ごく一部の投票者から選ばれた代表が多数決で非常に一方的な政策を決定しやすかったのに対して、広大な共和国であれば、諸利害が多数を獲得するためにはいくつかの利害をまとめて狭く偏るのではなく、広く公共性のある決定に導かれる可能性があった(8)。一七八八年に合衆国憲法が成立発効し、翌年から連邦政府の統治が始まる。

広大な共和国において代表制である以上、人民の生の声とずれが大きくなるのは当然のことであり、それゆえ、いったん合法的な選挙によって選ばれた政府およびその決定に対して人民は従わなければならないのであった。自ら選んだ代表による決定に従わないのは理に反する。しかし、制度と現実とにずれがあっても、人民が政府の正統性をいかにすれば承認するか、政府の権威をいかにして確立するか、混合政体の中でイギリス国王が築いてきた国民的信認は大いに参考になるものであった。国王は儀礼を通じて臣民と頻繁に接触し、一般民衆は儀礼に参加し王室の誕生日や王朝の記念日に集会、行進、窓辺の点灯、乾杯などで祝賀の意を表現することで、国王に対する忠誠を表明したのであった。そうした祝祭には、北米植民地でも海港の都市を中心に民衆が参加していた。混合政体という抽象的制度に忠誠を誓うことは難しいのに対して、身体を持つ国王が国家の制度体制を体現するものとして儀礼を執り行うことは可能である。代表的具現である。共和国アメリカも、当初の国家的権威はワシントン大統領の身体を通じた演出によって確立することが期待された(9)。

他方、連邦共和国が創設され、ワシントン大統領を頂点とする連邦政府が発足するに伴って、革命を推進し激化させるのに貢献した一般民衆の街頭活動が、再び全国政治をめぐる活動を中心として活発になった。革命期には君主政シンボルを破壊し愛国的な記念日に集会し、行進し、宴会を開き、乾杯でアメリカの主張を発信した。主催し幹事役となって企画し実行するのは地元のエリートだとしても、イベントである以上、階層の上下ともに多様な民衆の参加で大いに盛り上がらなければ、意思の表明に失敗したしるしとなってしまう(10)。独立戦争が終了するとともに、街頭活動も地元の記念日祝祭が主要な場となっていたのに対して、一七九〇年代には、ワシントン大統領の誕生日を祝賀して式典を行い、ワシントンの訪問を歓迎し祝宴で乾杯することが、国内全土に広く浸透していった。そういう形で政治に参加することは、君主政的な忠誠を表すだけでなく、参加した際に諸階層の民衆が自己の政治主張を盛り込んだりする機会なのであった。言論活動や選挙での投票には関わりを持たない民衆であっても、街頭活動で大きな力を発揮することで民衆的政治文化を醸成していった。ワシントン誕生日の祝典、七月四日独立記念日の祝祭に多くの民衆が参加し、その盛大な様子が各地の新聞で報道されることによって、全国的な民衆的政治文化が成立したのであった。

連邦政府ですぐに鋭い対立を始める党派的活動も、代表による議事、投票だけでなく、街頭活動でそれぞれの党派的な意味を込めたシンボルを利用したり祝賀を演出したりして民衆参加を競うことで、政治闘争を行っていたのであった。[11] 一七九〇年代の党派的な連邦政治は、議会での討論、新聞等公共圏での論戦、そして街頭での民衆参加の相互作用の結果として動いていったのである。

二　革命の後始末と公共圏の拡大

イギリス本国の植民地支配強化に反対して始まった反英運動は、現地植民地政府の正統性を否定し、革命・独立運動に発展した。その過程で植民地時代の階層的共同体秩序が流動化し、崩壊してしまった。共同体の支配階層の中でイギリスを支持した者はその地位を失い、外に逃れた者も少なからずいた。他方、小共同体をこえたネットワークに参加し行動をともにするためには、新たな組織と指導者が必要となった。独立戦争が終わると、州政府ならびに連邦政府という新しい政治共同体のもと、かつて争いもあった新旧の指導層を再編し、安定した秩序作りが課題となった。[12]

革命期には各地で通信連絡委員会、保安委員会など新しい指導組織ができたことで、それまで積極的に指導の役割を担うことができなかった階層の人々が数多く政治に参加するようになった。本国の諸政策に対して抗議し本国への請願を送り、本国を支持する親英派の人々を監視し拘束することもあった。本国製品に対するボイコットを組織的に展開する活動も活発であった。独立戦争が始まると、民兵隊の再編、幹部士官の交替もあり、活力ある指導を行う人物が多数登場した。さらに、戦争は足かけ八年にわたり、その間に指導者は兵員、物資、資金を地元民に割当調達してゆく重い責務を果たしていった。[13]

地元共同体内部においても、戦争中であれば敵の存在の前に団結し相互の信頼を得ることが可能だったとしても、戦争の終結とともに激動の中で大きく変容した共同体の秩序をどう立て直すか、立て直せるかが、大きな課題であった。追放されていた親英派の人々の中には再び地元に戻って保守的な指導層の一員となるものもあった。革命期に活躍し政治的地位を築いた指導者も残っている。戦後の州議会は戦時公債の償還や紙幣の兌換、そのための財源、税制をめぐって鋭い利害対立が起こっていた(14)。革命が目指した被治者の同意による共和政治は、現実にどのように展開するものなのか模索が始まった。

そうだとすると、代表制議会の多数決で決まった立法、諸政策に十分な被治者の同意があるといえるのであろうか。完璧に忠実な同意の再現は不可能だとしても、大体の同意の一致はいかにして可能であろうか。そこで登場してきたのが公共圏という場である。市民が政治について多くの正確な情報を知り、それをめぐって討論を交わし、大きな意見の方向性が世論として形成される場である。新聞やパンフレットが刊行され市民の間で重要な情報が共有された。公的な諸目的で団体結社が組織され、そこに集まった市民が関連する政治を論じ請願などの行動を起こした(15)。こうした公共圏を構成する市民の活動が各地で展開されていた。こうした活発な活動から生まれた世論があって、代表が伝達し政策を決めてゆくとしたら、数年に一度の選挙を経ただけであるとしても、代表を通じての同意が被治者の同意と大きく乖離することはないと期待できよう。

革命前にはボストンやフィラデルフィアのような大都市以外では目立たなかった公共圏での活動が、一三州全体に広がっていった事実が注目される。一七八〇年代には大都市以外でも新聞創刊が相次いだ。地元の新聞を通じて市民の間に地元のニュースだけでなく、州レベル、全米レベル、そして国際ニュースまで伝えた。たとえば、奴隷制廃止問題などに関しても、市民の活動と大きな世界の動きを仲介したのであった。新聞に加えて、地方中核の町には公益目的の団体、結社が結成されて、多くの市民が参加し、外部とネットワークを築き議論を交わしながら公益のメッセージを発信し、地元に必要な施設を作り運営していった。奴隷制廃止を議論し、図書館、消防隊、学校などの設立、運営に協力した。メンバーがその過程で認識した公的問題を議会に伝達し、立法につながることもあった(16)。

こうした活動、議論、意見形成から党派の違いも現れた。選挙に際して、意見を共にするグループが諸公職の候補者リストを作成、提示して投票を呼びかけるようになった。そうしたリストは新聞に掲載され「公知」された。さらには、候補者をリストに指名する集会が新聞に告知され同調する人々が集まって、指名を公的性格のあるものにしようとした。こうしたリストを作ったグループが政策方針を打ち出して支持を集めるのであった。そうした主張は州内のネットワークを通じて政策意見を党派的に集約し、市民の意見の変化は政権を担当するグループの交替も引き起こした(17)。たとえば、ニューヨーク州ではジョージ・クリントン知事に対して保守エリートのフェデラリスト、ジョン・ジェイが対抗し、激しい選挙戦を繰り広げた。

一七九二年のクリントン対ジェイの選挙戦は、一部の開票プロセスに異例の事態が生じて大きな紛争となった。その抗争と解決を通して被治者の同意を投票で制度化するルールが創られていった。州知事選ではオツェゴ地区の票、一〇〇〇票ほどを、法の定めたシェリフが管理送付するのではなく、別の複数の人間が開票所に持ち込んでしまった。開票責任者はこの一〇〇〇票を無効票と宣言し、いずれの得票としても参入することをしなかった。その結果、クリントンがわずか一〇〇票余りの差で当選と決まったのであった。これには当然ジェイ派が激しく反発し、ジェイ判事を迎えて大いに気勢を盛り上げたものであった。しかし、選挙管理という基本的な制度とルールの正当性を厳しく守らないとすれば、同意による統治は意味をなさない。投票のプロセスおよび集計の結果に関して、全ての市民がルールを厳正に遵守しない限り市民間の信頼が保てないものとなり、共和政治の根本が損なわれてしまう。ニューヨーク州では敗者の側も非正規の住民集会など革命的な手段に訴えることを控え、オツェゴの法定外の集票が無効であると受け入れることで、投票による同意表明という公式がかろうじて維持できたのであった(18)。

三　ウィスキーの反乱と人民の同意

連邦レベルで公権力と公共圏との緊張関係が露わになったのが、一七九四年のウィスキーの反乱であった(19)。連邦政府は、成立するとただちに諸州の戦時公債を引き受け、全てを額面通りの価額で償還することを決定した。財務長官、アレグザンダー・ハミルトンが主導し、合衆国の公信用を確立する重要な政策であった。その莫大な償還資金を賄うために税収を増やす必要があった。そこで連邦政府はウィスキーに対する消費税を新たに課すことにした。ウィスキーは生活必需品ではなく贅沢品であり、人民が無駄遣いしないように、課税により負担を重くする利点も考えられた。ところが、人口がまばらで交通路の不便な西部地域の農民にとって、ウィスキーは便利な換金商品であった。重くかさばる農作物をはるばる市場まで運び換金するのは至難であった。穀物をウィスキーにすればさほどかさばることはなく、市場に運んで必要な現金を得ることができた。そうした日常的必要に応じた取引であるにもかかわらず「贅沢品」に対する消費税が徴収されるのは不合理であった。さらに、消費税課税に対応するためには、きちんとした近代的な帳簿類を作成して税務査察を受けなければならなかった。西部の奥地で必要に応じてウィスキーを醸造し適当に売却していた農民にとって、詳細で正確な書類作成の要求は煩瑣な手間であり、過大な公権力の干渉であると映った。

ペンシルヴェニア州西部地域の農民にとって、この連邦法は正義に反するものと感じられ、とても被治者の同意に基づく法として受け入れることができなかった。さらに、その当時の状況として、西部農民が強く求める西部領地への入植が強勢な先住民の活発な攻勢で容易に進まなかった。そこにあるイギリス軍の砦を撤収退去させるために必要な条約上の義務遂行をアメリカ側が果たしていないからであった。また、西部物流の大動脈、ミシシッピー川航行権交渉の停滞もあった。連邦政府は自分たちの期待する政策はないがしろにしておきながら、東部資本家を利する政策を自分たちの負担によって実現するものと不満が広まったのである。そうした事情があるために当地では、ウィスキー消費税が始まって以来すぐに徴税には極めて非協力的であり、徴税人とのトラブルが相次いだ。それを通じて制度の問題点も明らかとなり、その点は連邦政府の方も理解を示し、ハミルトン財務長官はいくつかの改正で歩み寄ることはしている。例えば、九二年改正法で税率を低減し徴収期日を季節性に適ったものに変更し、さらに九四年改正法では違反者の裁判を遠く離れた連邦裁判所ではなく、地元の裁判所において審理することにした[20]。被治者の同意に基づく共和政であれば、立法の執行で実情を把握して不満に対応して改正するのは誠に望ましいこととなろう。しかし、そうした歩み寄りで被治者の同意を十分に確保することはできなかった。

一七九四年夏、民兵隊の訓練に参加した農民たちがウィスキー消費税査定監督官の自宅を包囲し銃撃を交わした事件に続く騒乱状態が、ウィスキーの反乱と呼ばれるものであった。連邦政府にとってこの事件は決して見逃すことができない事態であった。連邦議会が正式に議決した法に対して、いかなる理由があるにせよ暴力による異議申立を正当化してしまえば、合法政府、公権力は存立が危機にさらされてしまう。法に基づく選挙で代表に選ばれた者が憲法規定に則り立法した政策が改めて正当性を問われるとしたら、被治者の同意をどこに求めることができるであろうか。代表制共和政治の根本を問うケースとなった[21]。

ワシントン大統領は、合衆国軍の最高司令官としてただちに州兵を編入して連邦軍を編成し、一万人をこえる兵力の先頭に立ち、ミフリン州知事を始め近隣の知事ならびに要人を従えてペンシルヴェニア西部に進軍した。それまで強硬に抵抗しようとしていた指導者も既に逃げ去っており、わずか数人を逮捕してフィラデルフィアに移送しただけで反乱をただちに鎮圧したのであった[22]。「名目なき課税」に対する反乱はアメリカ革命と同一であり、ウィスキー税反対運動・反乱参加者の中にもそうした意識があった。しかし、そうした反乱がいとも簡単に鎮圧されたのは、被治者の同意という共和政原理が秩序形成に有効であることを示すものであった。この消費税法は被治者人民の同意を得た立法であり、ワシントン大統領の行動は憲法に基づく全く共和的で、合法的なものであったからである。

大統領が法律違反に対して実力を行使しても断固とした行動をとったことに、世論の高い評価が寄せられていた。まず、ワシントンが民兵諸部隊に呼びかけ招集したのに対して、すぐに数多くの隊員が集まったのである。野党の立場にあったボルティモア民主共和協会でも、以下のように決議している。「交渉によって融和的な解決を試みた後、極めて危険な精神を抑えるために民兵を招集しており、合衆国大統領の行動は賢明で思慮深く憲法に適うものである」[23]。連邦議会の立法、合衆国大統領の行動は合衆国人民の同意に基礎があり、それによる支配はもはや単なる専制ではありえなかった。やはりニューアーク民主共和協会が決議で宣言している。

共和政政府には本質とする要素がある。多数決の声に従うことである。この原則から逸脱すれば、多数の意思に少数者の意思の対抗を許すことで、あらゆる自由のあり方を脅かすことになる。隣の州のいくつかの郡で市民諸君が行っていることは、この重要な原理をひどく踏みにじるものであるといわざるをえない。彼らが遵守できないとしている法は、人民代表の多数決で憲法に従って制定されているのである[24]。

『フェデラリストの時代』でエルキンズとマッキトリックは、その時のワシントン大統領は人民代表の声を忠実に執行する共和政体における「愛国者の王」という神話的存在を体現していたのであったと解釈している。ワシントンは人民主権そのものであり、その観念を現実化している存在であった。彼は既に始まっていた激しい党派対立から超然として無私公正な存在として国家を導く偉大な存在であり、合衆国がいかに公平な国家であるかは彼を見れば分かるのであった。反乱を支持する側にいたウィリアム・フィンドレイも「彼は流血を避けることに懸命であり、しかし同時にしかるべき法は断固守らせたのであった」と評価している。一部の被治者が法によらずに不満を表明したとき、彼は人民主権を体現する者として、人民全体が認めた力をふるって法秩序回復に最善を尽くしたのであった[25]。

しかし、問題を根本的に解決するためには、西部農民の利害をどうすればよいのか課題が残る。このまま、一部少数者の利害が一方的に不利を被るだけの多数決なら国家公共の利益であるとは言えないであろう。反対派の利害や主張をどのように多数決の正当性に取り込んでゆくか、少数者の利害も事情が変化すれば多数派の政策・利害と妥協する可能性があるかどうかが試された。ジェームズ・マディソンが『ザ・フェデラリスト』第一〇篇で主張したように、大きな共和国では、小さな諸利害が利益実現のために妥協し多数派を形成することで専制支配が抑制されるといえるのか。西部ペンシルヴェニアの場合、実際に、地域の住民はウィスキー税と別の問題で多数派に参加し利益実現に成功するのであった。ウェイン将軍のフォーレン・ティンバースの勝利に続き、先住民との条約締結でオハイオ入植の可能性が大いに開けてきた。それにはイギリスとのジェイ条約締結が大いに貢献した。独立で認められた合衆国西部領土内に駐留を続けたイギリス軍の撤退が実現しアメリカ側の要塞となったことで、西部地域での先住民との戦争が合衆国に有利となったことが大きかった。また、ジェイ条約に続いて合衆国はスペインとピンクニー条約を結び、ミシシッピー河の航行権確保に見通しが立った。後に見るように、ジェイ条約の成立は連邦議会での激しい政治闘争となり、極めてわずかな票差の多数決で承認されたのである。これに対して、強い反対運動が民衆行動を巻き起こしながら続いていた。その際、『ピッツバーグ・ガゼット』紙は、主権者人民として憲法手続きに従って正当に承認された条約に反対することはやめるように主張したのであった(26)。

被治者の同意と乖離した立法が一方的なものとなって危機を引き起こさないようにするには、議場での妥協が必要なのであった。ただ、妥協が公正なものとなるようにするには、公共圏での討論と意見の表明が不可欠となる。選挙で選ばれた代表の間だけで手を打ち、取引するのでは済まないのであった。公的な意見の形成とそれを見据えた妥協と決定が、投票による同意に加えて人民の同意を保証することになる。公共圏の拡大を通じて、意見の集約と集約された党派的意見の対立は連邦レベルでも大きなものとなっていった。そうした対立を一気に深刻なものとし、野党反対派の意見にどのように対応すべきなのかを問題としたのがジェイ条約論争であった。政府公権力と公共圏との相互関係がいかにあるべきなのか。与党、野党の党派による激しい論戦、反対行動の中から市民の同意とはどのような枠組みの上で納得できるものとするのか、大きな試練となったのが、ジェイ条約批准をめぐる論争と抗議行動であった。

四　ジェイ条約論争と公共圏

ジェイ条約をめぐる論争の意義は、アメリカ合衆国において、市民が自らの政見を表明する公共圏がはっきりとした形をとって全土に展開し活発に討論を重ねるようになったことである。それまで共和国政治の基本体制では、憲法に則り人民の選出したワシントン大統領を中心とする政府が人民の信頼・同意を獲得していた。しかし、一七九五年締結のジェイ条約に関しては、世論は政府を黙って信頼し同意するとはいかなかった。政権としては、必要な条約で十分に国益に資するつもりであり、憲法に定める政府の外交権に対する人民の信頼を求めた。反対派はそもそも条約文といった政策に関する基本情報が開示されていなかったことを非難し、アメリカ側が一方的な譲歩を強いられたものと激しく攻撃した。数年に一度の選挙でその後の会期における政策全てに同意があったとするのは大きな無理があろう。情報に基づいて人民から反対の議論があれば、それを表明し政府・代表に届けるのは当然であろう。他方、合法政府の側も自らの政策を支持する人民の意見表明を歓迎し、その圧力で代表が態度を決めるように努めた。この時の論戦を通じて、公共圏の論理と了解、つまり情報の公開と主権者としての市民参加、および党派政治に関する共通理解が深まった。

英仏間の戦争における中立の権利をめぐって緊張関係にあったイギリスと独立条約上の義務履行を果たすことで関係改善を図り、一七九五年に連邦政府が結んだジェイ条約[27]は、国内で活発な批判、反対の議論を巻き起こした。条約の批准、発効、実施の各段階でそれを阻止すべく、アメリカ全体でさかんな抗議、集会、請願活動が展開された。条約の内容が詳細に明らかになり、利点・問題点をめぐって賛否双方の議論を戦わせることで条約の理解が深まり、主権者市民の同意が醸成されていったともいえる状況となった。

当初、外交交渉である以上、条約内容の詳細は伝わらないまま条約は調印され、連邦議会上院での批准手続に回され、六月二四日、二〇対一〇の憲法規定上ぎりぎりの票差で承認されたのであった。政府に反対するフィラデルフィア『オーロラ』紙のベンジャミン・フランクリン・ベイチは、この批准に次のような危機感を募らせている。「これで明らかであろう。人民から遠くかけ離れた代表の必要多数にすぎない者が、議事手続きを秘密にしておきながら、憲法よりも拘束力が強く、いかなる法律よりも影響力の甚大な法を可決してしまった。かの栄光ある抑制均衡の制度といっても、こんなところが落ちだ(28)」。この時にまず真正面から議論となった問題は、公的に選挙された代表と人民の同意との関係なのであった。

一般の公衆には詳細な条文案さえ明かされることなく、上院議員の間だけの議論、判断で、重大な国益に関する方向が決まってしまうことに、ベイチら反対派は抗議の声を上げた。彼はまず条約文の公表を求め、独自に入手することに手を尽くした。政権の方でも条約文の公表に向けて手続を進めていたとき、上院の批准直後の六月末にベイチは『オーロラ』のスクープ記事として詳細な条約内容の概要を発表し、メイソン上院議員を通じて入手した条約文を印刷して頒布すると広告した。その日は朝から昼まで市民が並んで「何よりもまるで市のときのような賑わいで」買い求めていった。ボストンやニューヨークでも人気で、合計三万部は売ったといわれる。これ以後、条約を無効とすべきだとして市民の間で活発な議論が交わされ、討論、請願、抗議表明など熱心な運動を展開してゆくのであった(29)。

二〇対一〇の最小僅差で上院が条約を批准したとの報を受けてレパブリカン派の人々は反対運動を活発化させるに至った。ナサニエル・フィッシャー医師は、こんなことは「これまでの長い間にあったことの中でもアメリカ人の気持を最もひどく侮辱するものである」と日記に記している。また、七月四日のこととして、フィラデルフィアでは独立記念日にジェイのわら人形と条約文書の写しを焼いて祝賀したことを記している。(30) すぐにボストンではタウン・ミーティングが開催された。政府支持の市民が「政府のしかるべき担当部署が……その持てる最高の根拠に基づいて合衆国の国益のために行動したものである」と考えるべきではないかと、集会そのものに反対したのに対して、政府反対派はただちに、人民には「自らの利益に関わるいかなる問題についても」自分たちの所信を表明する権利があると主張した。ミーティングは決議文起草委員を任命して条約に反対する決議を全会一致でもって採択した。決議では、ジェイ条約によって新たに負担を負うのはアメリカ側だけであり、中立の権利侵害を繰り返す強国イギリスに是正を迫ることもできず、相手の要求を一方的にのまされたにすぎないと強く反発した。引き続きニューヨーク市でも大きな集会が開かれ、そこには条約を推進するフェデラリストの大物、アレグザンダー・ハミルトンも参加して激しく論戦し、「憲法規定により、上院の協力のもとに本問題の決定権限を保有する合衆国大統領の智恵と公徳心に市民は全幅の信頼を寄せるものである以上」このミーティングは不要のものであると動議を提出し否決された。ニューヨーク市の集会も条約の非難を決議した。その他にもアメリカ各地の町で集会が開かれ、条約非難・反対の決議を採択した。(31)

条約を支持する側もこうした状況を危惧して、対抗する論説で世論の流れを変えようとするようになった。ハミルトンを先頭に政府を支持する議論を展開した。彼は「カミラス」の筆名で、九五年七月から翌年一月まで六ヶ月間三八篇の論説シリーズ「擁護論」で論陣をはった。一時の興奮が収まって冷静に条約の利害を検討するようになればアメリカ市民は受け入れるはずだと期待していたものの、今や反対派が「歪んだ性格の上に浅薄な知識で考えた検討結果に基づいて、この問題で市民の皆さんの指南役となろうとしている」以上、何か対抗策を講じなければならないのであった。彼はミーティングの党派性についても糾弾している。招集が急ででたらめなために「貿易商人層など非常に思慮深い市民の大多数が参加できなくなったのであり」、その場にいた者は「一団のお定まりの政府反対派」に仕切られることになったのである。「条約文をその場で読むことさえなく、まともな討論もなく、反対声明が出された」。

そのような集会は「党派的な扇動がかき立てた群衆感情の突発的なほとばしりに他ならない」のであった。そこでハミルトンは条約交渉が憲法上の権限に基づく正当な行為であったことを確認して、条約の内容を詳しく検討し、現実の国際情勢からしてアメリカにとって最善の条件であり、それを拒否すれば戦争に巻き込まれる可能性が小さくないこと、批判には合理的根拠がないことを説明した。[32]

新聞論説による反論だけでなく、フェデラリスト派も積極的に条約支持の集会を開き決議声明を行うことで、レパブリカン派に対抗するのであった。ニューヨーク市では、商工会議所の会員七〇名以上を含む「これまでで最も錚々たる顔ぶれの集会」が開かれ、条約の利点と政府に対する信頼を主張した。前述の条約反対派集会に対抗して独自に見解を表明するために、ボストンでも有力商人を中心に商工会議所を会場に、やはり「錚々たる顔ぶれの集まり」が開かれた。フィラデルフィアでも有力貿易商および商人が集まって条約支持を謳い上げた。いずれも自らの選んだ政府が法に基づいて決定したことには信頼すべきことを強調している。[33]それゆえ本来自分たちが何か見解を表明するつもりはないにしても、条約反対派が集会し反対意見を表明している状況で「黙っていればそうした意見に文句なく従うものと受け止められないように」見解を述べたと弁明している。ワシントン自身「カミラス」の弁論を評価して以下のように述べた。

秩序あるよき統治を支持する者と敵対する者、両者の行動で際立って違いがあるのは次の点である。後者は、毒をまき散らそうとまるで蜂のごとく常に活動しており、他方前者の方は多くの場合に、人民が良識と善良性によって納得に至るものと信頼を置きすぎ、それを待ち続けてしまって働きかけることをしないのである。[34]

野党レパブリカン派が活発化させた運動が強い刺激となって、政府・代表に対する恭順を信条とするフェデラリスト派も、条約実現を目指して自分たちの政治的信条に反する、レパブリカンの政治手法である党派運動をすることもやむを得ないとするに至った。市民の諸活動が代表を鼓舞し決意を導くことを認めたことは、結局個別の政策論議をこえて新たな党派政治の正当性を承認することに発展する。条約に対する支持に勇気づけられてワシントンは、九五年八月批准された条約に署名を果たした。

こうした激しい論争の過程で注目すべきことは、共和国の代表的具現たる存在、ジョージ・ワシントン大統領に対する明らかな個人攻撃が見られるようになったことであった。そもそもイギリス帝国の複合国家体制の中にあって相互に結びつける絆を持っていたわけではない一三州のユニオンを、一つの連邦国家としてまとめ上げるには偉大な指導者のカリスマに頼るほかになかった。ワシントン大統領は独立戦争で強い指導力を見せ、高い威信と大きな敬愛をアメリカ人全体から受けていた。当初の連邦政治の要は、ワシントン大統領が各地を巡行しそこで祝賀歓迎を受けて、新生共和国の創造を演出することだったのである。合衆国憲法の大統領に関する規定は、ワシントンが就任することを前提に構想されたともいわれている。いわば、君主政における王の身体に相当するような存在であり、ワシントンは一般社会の毀誉褒貶の上に超然とそびえ立つ存在とされてきた[35]。しかし、人民の同意に基づく共和国の体制のもとでは、全てに対して人民が同意するか否かの判断を下すことになる。一つ一つの政策をめぐって賛否があり、さらには政策体系を支持する与党か批判する野党か党派対立が鮮明になってくるにつれて、最高執行権者に対する批判、反対が現実の問題となってこざるを得ない。もはやフェデラリストの理想とする指導者に対する恭順的政治は影を潜め[36]、市民は厳しく監視の目を光らせ自らの意思を政府に届けようとした。ジェイ条約の賛否をめぐる激しい抗争の中で、野党レパブリカン系の新聞、フィラデルフィア『オーロラ』紙は、発行人のベンジャミン・フランクリン・ベイチを中心にワシントン大統領も遠慮なく批判の俎上にのせ、厳しい個人攻撃まで行った。条約批准にあたってワシントンがとった態度が人民を馬鹿にするものであったとしてベイチは次のように非難した。「彼はわれわれを見下した以上、もはや自分のことも聖人のように見なしてもらえると期待してはならない。言葉でわれわれの気持ちを傷つけた以上、もはや自分の意思に黙って忠誠を尽くしてもらえると期待してはならない」。共和国には批判を超えた聖なる存在があってはならず、全てが公共圏での論議、精査を免れることはできないのであった[37]。

大統領への攻撃は条約反対運動の重要な要素となった。フェデラリストは、条約を冷静に検討してみれば人民も内容を理解し支持するに違いないのであり、レパブリカンがその中身もわからないうちから激しく攻撃したのは感情を煽るだけで、正に党派心の表れであると非難した。あるレパブリカンの新聞記事は、そうした非難を皮肉りながら双方ともに党派性に変わりがないことを指摘している。自らレパブリカンの「忌まわしき党派性」を認めて、一〇項目にわたって明らかな正当理由があってこそ「我らは忌まわしき党派なのだ」と末尾の決め台詞でたたみかけてゆく。

第二、我らは、この不名誉な約束事からアメリカ側が得られる利点を何一つあげることができない。だから、我らは忌まわしき党派なのだ。第三、我らは、条約批准がこれまでのところただ一方の党の力だけで実現したにすぎないと信ずる。だから、我らは……。第四、我らは、やむにやまれず自分の考える意見を表明し、そしてそれを手続に則り合衆国大統領にお伝えした。だから、我らは……。第九、我らは、しつこく監視を怠らず我らのすばらしき憲法に対する政府の侵害にはどんなものでも共和的自由の精神で反対する。だから、我らは……[38]。

ジェイ条約をめぐる激しい論争は条約の功罪をはるかにこえて、共和政治における政治の枠組みを揺るがし、党派政治の正当化に発展していったのである。

五　主権者人民の政治

条約そのものの批准は六月に成立し、八月大統領の署名を経て発効する。その結果、世論も落ち着き条約に対する民衆の態度は支持の側に傾いたようであった。しかし、九六年の春には条約執行に伴う予算措置の承認を獲得するために、政府は連邦議会下院での審議に臨まなければならなかった。条約に対する一般の支持は強まったものの、議会の勢力は野党のレパブリカンが優勢であり、予断を許さないものがあった。ふたたび条約をめぐる賛成、反対の運動が盛んになった。新聞紙上の論戦が激しく展開され、各地での集会が開かれ数多くの声明請願が寄せられた。この時はフェデラリストが積極的に市民の活動を推進したことが注目される。そのことで市民の意見、行動と代表との関係が改めて問い直されることとなった。

一七九六年二月、ワシントン大統領はいよいよ条約の発効を宣言し、条約履行に必要な予算案を下院に送付した。その翌日に、下院では、交渉にあたって与えたジェイに対する指示の全てと、その他条約に関連する文書および書簡類を下院に開示することを大統領に要求する決議案が提案された。このような要求は極めて異例であり、また連邦議会下院に条約の適否を判断する憲法上の権限があると主張する意味合いも生じてしまう。条約反対のレパブリカン指導者であり、憲法の父と呼ばれるジェイムズ・マディソンまでもが、極めて問題性のある決議案でかえって反対運動に悪影響を及ぼしかねないと心配した。憲法上の疑義を含む問題ある提案であったにもかかわらず、下院は六二対三七の票差で大統領に文書を要求する決議を可決してしまった。当然ながら、ワシントンはこれを議会による越権行為であり、外交取引の過程を包み隠さず公開してしまえば今後の交渉に障害をもたらすものであるとして、断固として拒絶したのであった。しかし、政府は下院での審議に大きな不安を持たざるを得なかった(39)。

レパブリカンは、市民が議会に予算案反対を働きかけるよう呼びかけ、議会には市民の監視の目が鋭く注がれていると警告した。ベンジャミン・フランクリン・ベイチは予算案反対の先頭に立ち、予算を通過させた場合、議会に市民の厳しい咎めが及ぶであろうと叱咤した。もし「臆病風に吹かれあるいは大統領に対する慎みから不適切な予算措置を通してしまったら絶好の機会が失われ、議会下院は自由暗殺の共犯者となってしまうであろう。本当の問題は合衆国の主権者が人民なのか、それとも大統領なのかということである」とベイチは問いかけた(40)。議会における代表の行動に対しては当然ながら次の選挙で人民の診断が下されると常に意識することを求めた。投票者の意思は選挙で表明されるだけではなく、選出された後も代表を監視し、代表がその時々の意思をいかに間違いなく読み取りそれに従っているか、点検を怠ってはならないのであった。

しかし、世論はもはや成立した条約に対して、むしろ支持を表明する傾向が顕著になってきた。ニューヨーク市での条約支持集会では、貿易商人と商人が中心となって穏やかに幅広くコンセンサスを探って請願文を起草した。条約の賛否に、独立国の威信や戦争といった問題だけでなく、繁栄をもたらすか否かといった経済的利害に関わる観点からの議論も盛んになってきた。ボストン、フィラデルフィアをはじめ、全米の各地で集会が開催され、多くの市民が署名した請願書が議会に寄せられていった。レパブリカン側の論調は、条約が一部の利益にしかならないとして特権階級対民衆の戦いとする対立軸に訴えるだけで、大きな支持のうねりは起きにくかった。集会も集まりが悪く不活発でおとなしいものとなっていた。フェデラリスト側は数的にいっても明らかに優勢で、条約賛成を表明する請願は六四件に達し署名者数は一万二〇〇名を数えた。それに対して、条約に反対する請願は四〇件であり、署名者数は七二〇〇名にすぎなかった。マサチューセッツのフェデラリスト系新聞は「自由な市民の大きな声が届かないはずはなく、注意を引かないこともない。これほど大勢の愛国心情、これはマサチューセッツにおけるまごう方なきフェデラリズムの大きさの証拠である」(41)と書いている。フェデラリストは、来るべき議会の投票でも勝利を楽観するようになり、自信を見せるようになった。

他方、レパブリカンからは悲観的観測も出るようになった。下院での票決が近づくと票読みが行われ、選挙民から強い支持を得られていなかった議員に動揺が見られることが懸念された。レパブリカンの幹部、ベックレイはニューヨーク州選出のデ・ウィット・クリントン議員に手紙を書いて、ぎりぎりになってニューヨーク州選出の下院議員何人かについて反対の立場を堅持できるか不安を表明していた。「前の選挙は僅差だったし、お宅の州の現下の状況を踏まえれば次の選挙では政治的読みがどう働くのか分からないところでしょう。多分彼らは再選が第一でその確実な路線を取りたいのでしょう。よくあることで仕方のないことですがね、お互いに。自分のことが大事で、公益の配慮は二の次です」。そうだとすれば、共和政治の理念は別として、最近の世論の流れに危機感を覚えて条約に対する自己の信念による判断ではなく、地元選挙民の大勢を見極めそれに合わせることも十分に起こりうることであった。実際に、レパブリカンの議員で態度を変えたヴァン・コートランドは、地元選挙民に向けて世論と判断するものに従ったと次のように説明している。「議会での議事の間に声明文その他の情報から北部東部諸州の人民全体の要望が分かってきました。それは実現させるべきものです。そして現下の諸情勢全般を見渡しまして、本件におきまして賛成とすることが望ましいと思慮するに至った次第です[42]」。人民に選ばれた代表は選挙での信託に甘んずることなく、世論の動きを見極めて態度を決めることが正当なことと考えられるようになったといえよう。

一七九六年四月二九日、連邦議会下院で条約関連予算の採決が行われた。結果は、全議員構成の委員会で四九対四九の可否同数となり委員長票決でかろうじて五〇対四九の賛成となった。本会議でも五一対四八の僅差で可決成立した。条約に反対した議員何人かが態度を変えたのである[43]。フェデラリストは条約に対する世論が強い反対から穏やかな支持へ傾いたことを積極的に活用して、議員たちに圧力となるよう新聞の論調を高め、集会を数多く開き、署名を集めて請願声明を届けた。それは大きな成果を上げたと評価できよう。レパブリカンはワシントンの意向に反して交渉過程の文書を要求するときに大差で可決し、反対派の力を見せつけることに成功していた。ところがフェデラリストの盛んな働きかけで民衆が動いたことで最終的に賛成票が増え、条約執行予算を通過させるのに成功したのである。

フェデラリストの運動が大きな成果を上げたことは確かであろう。しかし、そうした党派運動を用いる政治手法はジェイ条約締結の頃のフェデラリストが否定していたものであり、そうした政治手法をとるレパブリカンに対して、ジャコバンとの非難まで浴びせていたのである。条約をめぐる論戦を通じてフェデラリストもレパブリカンの手法を認め、採用し、成果を収めるまでになったのであった。フェデラリストの中には、やむ得ないことであったとしても民衆に働きかけたことを嘆かわしいものとする者があった。ただし、ニューヨークの新聞編集者、ローリング・アンドリューズが指摘するように、「一般的に言ってこのような問題に民衆の介入があってはならない。しかし、党派連中が始めてしまったからには、悪魔と戦うのに向こうの武器を使うのが疑いもなく最上の方法である」[44]。フェデラリストは自らの政治秩序観を否定し、最上の武器、民衆参加を働きかけざるを得なくなった。アメリカ政治はそれ以降レパブリカン的政治手法が両派ともに共通のものとなったのである。

そのことを一番明瞭に自覚し、そのジレンマに誰よりも苦悩したのはフェデラリストの日刊新聞『ミネルヴァ』発行人、ノア・ウェブスターであった。

憲法の支持勢力による民衆への働きかけがつい先頃にあった。それはこの国の正規の法律を尊重するがゆえにまだましな働きかけではあったが、本来のあり方からはずれているのである。何とも不適切なことである。それは正規の政治手続とは関わりのない異質の働きである。誤って危険な目的に使われたり、さらに悪用されたりする恐れもある。それに加えて、そのような民衆への訴えかけは法律および憲法の働きを弱めてしまう。[45]諸外国や自国の市民の政府に対する信頼を損なってしまう。つまり、わが国の政治制度をばかげた光線にさらしてしまうのである。

フェデラリストであれば本来民衆の節度と判断力を信頼して、賢明で正当な政府が決定した政策への支持が自ずと高まるものとしていた。民衆への働きかけが迫られるとすれば極めて不適切な事態であろう。しかし、やむを得ないのであった。

彼は新しい時代に政治を動かす本質を鋭く見抜き、その害悪を徹底的に理解しながらももはや選択肢はないことを十分に見通していた。それは主権者人民という存在であった。彼らは公職者を常に厳しく監視し、欠点を探し見つけては騒いでその地位から引きずり下ろそうとしている。それを繰り返す。しかしそれはいつも良質の交替になるとは限らない。彼の洞察は深い。

民衆政治は草むしりをやめない。その他のやり方はない。独裁支配で土壌を不毛にしておくか、それとも自由で豊穣にしておくかである。不毛であれば雑草が枯れてしまうにしても果樹も枯れてしまうであろう。豊穣であればまず先に伸びるのはいつでも雑草なのである。政治で言うと、こうした連中は野心家のデマゴーグである。彼らは民衆の集まりで自己の愛国心を説き聞かせる。草むらでもよくあるように彼らは頭を人の上に突き出しておこうとし、やがて自分から倒れてしまったり正義の鎌で切り倒されたりすることになる。(46)

このように、彼は「民の声は神の声」というスローガンに素直には共感できなかった。ジェイ条約では野党の伸びていた草を主権者人民がむしり取ることになったとしても、すぐにフェデラリストの果樹も倒れてしまうかもしれない。それにしても独裁の不毛はもはやありえない。民衆の最終判断は大体においてよい結果に落ち着くのかもしれないが保証のかぎりではなかった。しかし、主権者人民の政治はフェデラリストに止めようがないほどに動き始めていたのであった。一八〇〇年の選挙ではレパブリカンへの与野党政権交替が実現し、以後フェデラリストは衰退の一途をたどる。その後も安定した政権継承を繰り返していた政治は、二四年に激しい競争選挙となり、その後主権者人民の投票参加は大きく拡大した。フェデラリスト系だったジャーナリストが「キング・モブ」と揶揄する時代に至る。主権者人民が人種問題を中心に扇動者を歓迎し雑草をはびこらせながらも、危機の時代にはリンカンのようなすばらしい果樹を選ぶ民主政治の基礎は、ジェイ条約論争を経て確立したのであった。

おわりに

市民が被治者であるのか主権者であるのか、共和国初期合衆国の政治は、この問題を現実政治の運営を通して試行錯誤の上で解決を模索していた。市民が被治者であるとしても、政府に対して利害の衝突はあり、それが切実なものと実感すれば反乱を起こすことにもなる。君主政の統治と同様である。数年に一度だけの選挙以外に政府決定に関与できないのであれば、被治者市民は政治過程の外で意思を表明し実力で政府に見直しを迫る。ウィスキーの反乱はこのような構成の中で生じたものであった。他方、ジェイ条約をめぐる論争、公共圏での活発な政治活動の展開は、市民が主権者であるはずだと自覚して各自の見解を表明しまとめ、政府、代表に働きかけたものである。そのために必要な情報は市民が貪欲に探求し新聞紙上に公表していった。市民が主権者であれば身近な自己利益も、それを外なる統治者にぶつけてゆくのでは済まない。自己の利益を国家公共の利益の中で位置づけ、できる限り妥協しながら主張してゆくことが必要となり可能となる。主権者であれば、公共圏での訴えかけ、討論を通じて世論、政府の理解を得た上で自己の主張の実現をはかる。そうしたプロセスを経た政府決定に対して暴力による否定はありえない。主権者市民が自ら参加して政府決定ができあがったのである。その当事者が反対し、暴力に訴えることは全く正当性を欠くことであろう。

市民を主権者として位置づけ、選挙以外でも活発な意思表明の場を設け討論を重ねて、政府もその動向に従うようにはかるとすれば、ウェブスターの危惧した問題をはらむ。主権者も誤った見解で煽動されてしまう恐れは十分にある。他方、そのようにして主権者が決めた政策には暴力的な反抗、反乱は起こらなくなろう。主権者市民が決めたことに対する反対は、公共圏を通じて世論を変えることにしか正当性はないからである。ジェイ条約をめぐる激しい政治運動の攻防は、市民を被治者から主権者に転換して公共圏を活性化するものだったといえよう。

（1）トーマス・ペイン、小松春雄訳『コモン・センス　他三篇』（岩波文庫、二〇〇五年）。
（2）ジャン・ジャック・ルソー、桑原武夫、前川貞次郎訳『社会契約論』（岩波文庫、一九五四年）、一三三頁。
（3）Michael Zuckerman, *Peaceable Kingdoms: New England Towns in the Eighteenth Century* (New York: W. W.

Norton, 1970）は、植民地時代、ニューイングランドの諸タウンが階層的で争いのない共同体であったことを指摘した。タウン・ミーティングでは、紛争が生じてしまえば解決できないメカニズムであったことについて、金井光太朗『アメリカにおける公共性・革命・国家――タウン・ミーティングと人民主権との間』木鐸社、一九九五年、二四－六八頁参照。

（4）市民として女性や黒人も認めるべきか否かをめぐって議論があったことは、アメリカ学会編訳『原典アメリカ史』社会史史料集、岩波書店、二〇〇六年、七七頁および七九頁、八一－八二頁。財産と市民としての責任観念に関しては、Edmund S. Morgan, *Inventing of the People: The Rise of Popular Sovereignty in England and America*（New York: W. W. Norton, 1988）.

（5）ジェイ条約論争でも改めて市民と代表との関係が問い直された。そのことに関して、Todd Estes, *The Jay Treaty Debate, Public Opinion, and the Evolution of Early American Political Culture*（Amherst, MA: University of Massatusetts Press, 1980, 2005, 127–132）.

（6）植民地時代の代表派遣を負担としていたことについて、J. R. Pole, *Political Representation in England and the Origins of the American Republic*（London: Macmillan, 1966）, 58–59を参照。独立後に人口に比例した代表を求めたことは、金井（一九九五）参照。

（7）シェイズの反乱については、例えば、David P. Szatmary, *Shays' Rebellion: The Making of an Agrarian Insurrection*（Amherst, MA: University of Massatusetts Press, 1980）.

（8）そうした見方から大きな共和国の利点を説いたのが、ジェームズ・マディソンの『ザ・フェデラリスト』第一〇篇であった。A・ハミルトン、ジョン・ジェイ、マディソン／斎藤眞・中野勝郎訳『ザ・フェデラリスト』（岩波文庫、一九九九年）。

（9）植民地での国王儀礼に関して、Simon P. Newman, *Parades and the Politics of the Street: Festive Culture in the Early American Republic*（Amherst, MA: University of Massatusetts Press, 1997）, 11–19. ワシントンの儀礼については、David Waldstreicher, *In the Midst of Perpetual Fetes: The Making of American Nationalism, 1776–1820*（Chapel Hill, NC: University of North Carolina Press, 1997）, 117–126.

（10）　Newman, *Parades and the Politics of the Street*, op. cit., 46–47.

（11）　Ibid., 46–53, 59–68.

（12）　John L. Brooke, *Columbia Rising: Civil Life on the Upper Hudson from the Revolution to the Age of Jackson*（Chapel Hill, NC: University of North Carolina Press, 2010）, 20–39, 30–42.

（13）　ロバート・A・グロス／宇田佳正・大山綱雄訳『ミニットマンの世界――アメリカ独立革命民衆史』北海道大学出版会、一九八〇年。

（14）　Brooke, *Columbia Rising*, op. cit., 39–43, 54–56.

（15）　Ibid., 46–53, 56–62.

（16）　Waldstreicher, *In the Midst of Perpetual Fetes*, op. cit., 89–114 および、Brooke, *Columbia Rising*, op. cit., 48–56, 72–82.

（17）　Ibid., 96–102, 107–109.

（18）　Ibid., 110–113.

（19）　ウィスキーの反乱全般に関しては、Thomas P. Slaughter, *The Whiskey Rebellion: Frontier Epilogue to the American Revolution*（Oxford University Press, 1986）が詳しい。

（20）　Stanley Elkins and Eric McKitrick, *The Age of Federalism: The Early American Republic, 1788–1800*（Oxford University Press, 1993）, 462–463, 471–474.

（21）　Ibid., 466–467, 475–480.

（22）　Ibid., 481–484.

（23）　Ibid., 481.

（24）　Ibid., 482. また、同じような考え方が、Estes, *The Jay Treaty Debate*, op. cit., 65 にも紹介されている。

（25）　Elkins and McKitrick, *The Age of Federalism*, op. cit., 483, 482.

（26）Ibid., 483.

（27）ジェイ条約は、当時のヨーロッパ国際法秩序の中でアメリカ合衆国が条約で約束したことを間違いなく履行できるのか否かが問われ、義務の履行を確認したものであった。一七八三年のパリ条約でイギリスからの独立を認められたアメリカ合衆国が条約上の取り決めを連邦政府の責任で確実に実行することを約束した。独立に反対して国外に逃れたイギリス臣民の財産で州政府に没収された分を連邦政府が責任を持って賠償することを約し、他方イギリス側はアメリカに割譲した北西部の領土に駐留を続ける軍の撤兵を実行するとした。今日の国際法理解からすれば、米英双方にとって一方的な有利、不利があるわけではないとされている。この結果、責任ある条約締結相手としてアメリカ合衆国が認知されたというメリットもある条約であった。金井光太朗「アメリカン・システムのマニフェスト――ヨーロッパ公法秩序とモンロー・ドクトリン」『アメリカ研究』四九号（二〇一五年）、八－九頁、参照。

（28）*Aurora*, June 26, 27, 1795, quoted in James Tagg, *Benjamin Franklin Bache and the Philadelphia* Aurora (Philadelphia, PA: University of Pennsilvania Press, 1991), 246, 242–246.

（29）Ibid., 246–247.

（30）Estes, *The Jay Treaty Debate*, op. cit., 74–75. その他独立喪失の追悼など民衆行動の様子については、Waldstreicher, *In the Midst of Perpetual Fetes*, op. cit., 138–140, 142–145.

（31）Estes, *The Jay Treaty Debate*, op. cit., 74–76 および、Tagg, *Benjamin Franklin Bache*, op. cit., 248–250.

（32）Estes, *The Jay Treaty Debate*, op. cit., 81–84.

（33）Ibid., 89–91.

（34）Ibid., 98.

（35）Waldstreicher, *In the Midst of Perpetual Fetes*, op. cit., 111–126および、Newman, *Parades and the Politics of the Street*, op. cit., 46–51.

（36）Estes, *The Jay Treaty Debate*, 130.

(37) Tagg, *Benjamin Franklin Bache*, op. cit., 220 および、Estes, *The Jay Treaty Debate*, op. cit., 81–84, 99, 108–111.
(38) Ibid., 118.
(39) Ibid., 154–156.
(40) Ibid., 158–159.
(41) Ibid., 163–181.
(42) ベックレイの引用は、Ibid. 175 また、コートランドの引用は、Ibid., 180–181.
(43) Ibid., 182–187.
(44) Ibid., 204, and also 202–205.
(45) *American Minerva*, May 3, 1796, quoted in Estes, *The Jay Treaty Debate*, op. cit., 206.
(46) *Herald*, June 1, 1796, quoted in Estes, *The Jay Treaty Debate*, op. cit., 208.

第三章

公定教会制と公共圏・序説——一七八〇年マサチューセッツ憲法典を読む

佐々木弘通

はじめに

本章の課題は、アメリカ合衆国の独立一三植民地(ないしステイツ)の一つであるマサチューセッツが、独立戦争(一七七五〜八三年)のさなかの一七八〇年に制定した憲法の、公定教会制に関する二つの条文を、読むことである。マサチューセッツにおいて、植民地時代の公定教会制ないし教会-国家関係が、独立以後の時代のその社会の基本的枠組みを定めた一七八〇年憲法に、どのように継承されあるいは断絶されたかを、その憲法テクストに即して読み取ることを目標とする。

筆者の主たる研究関心は、アメリカ合衆国における憲法上の政教分離原則の規範内容の「近代型」を究明することにある。本章のはじめに、まず、筆者の主たる研究関心にとって、マサチューセッツの一七八〇年憲法の教会-国家関係に関するテクストを読むことにどんな意義があるのかを、一方で、同時代の合衆国全体における教会-国家関係という横軸との関係で、他方で、マサチューセッツにおける植民地創設以来の教会-国家関係の歴史という縦軸との関係で、簡単に述べておこう。それを述べ終えた後、本書全体を通じた、〈「公共圏」に着目したアメリカ近代史研究の可能性〉という問題提起[1]に対して、本章の研究がどんな意義を持ちうるかについて、これまた簡単に述べることにしたい。

まず、横軸との関係。――独立建国期のアメリカ全体における教会‐国家関係は、どのようなものだったであろうか。一九世紀前半へのアメリカ史の流れを枠づける、同時代の大きな政治的出来事に、アメリカを諸ステイツの国家連合から一つの連邦国家へと質的に変化させた、一七八八年の合衆国憲法の制定がある。その直後に制定された一七九一年権利章典は、この憲法に一〇ヶ条の修正条項を付加したものであるが、「連邦議会は、宗教の公定制に関する……法律を定めてはならない」（修正第一条）という規定を含んでいた（国教禁止条項）。そこで、合衆国憲法が教会‐国家関係をどう定めたかが問題となる[2]。この点、合衆国憲法は、連邦と州の権限分配として、宗教の問題に関与する権限を各州政府に配分し、連邦政府は、同権限を持たず、したがって各州における教会‐国家関係に介入する権限を持たないものとした。そして、国教禁止条項は、そのような連邦と州の権限分担構想を前提としながら、連邦政府に到底できるはずのないこと――連邦大の宗教公定制の構築――を、改めて「できない」と確認した規定であった。そうすると、この時期とそれ以降のアメリカ全体の教会‐国家関係を把握するためには、まず一方で、連邦政府には宗教に関与する権限が不在であることを了解し、次に他方で、州レベルで各州の憲法・法律がどんな教会‐国家関係を定めたかを一つ一つ把握した上で、連邦と諸州を総合した全体像を把握する、という手順を踏む必要がある。マサチューセッツの一七八〇年憲法テクストを読む仕事は、その必要に応じた作業の一つという意義をもつ。

一七九一年の時点で合衆国を構成していた一四州を、公定教会制（＝課税により教会を支持する法制度）の存否という標識により概観すると、三つのグループに分けることができる[3]。第一のグループは、革命以前から公定教会制が存在しなかった、主に中部の四州である。第二のグループは、革命以前にアングリカン（英国教会）の公定教会制が存在した、主に南部の六州であり、その内の二州は、革命期に制定した憲法がそれを廃止し、一州は、革命期に制定した憲法は明確な態度決定を行わなかったがその後の法律制定によりその存立余地をなくした（一七八六年ヴァジニア信教自由法）。また一州では（サウス・カロライナ）、革命期に制定した憲法で公定教会制を廃止したものの公定制の建前は掲げた上で、さらに二州では、革命期に制定した憲法では公定教会制を立法する余地を認めたもののその実現を見ないまま、一七九〇年から一八一〇年の間に順次、当該憲法規定を削除した。第三のグループは、革命以前に会衆派(Congregationalists）の公定教会制が存在していた、北部（ニュー・イングランド）の四州であり、ここでは公定教会制が革命期以後も現実に存続した。マサチューセッツはこの第三グループに属し、その公定教会制を一八三三年まで、合衆国の諸州の中でいちばん最後まで維持した。このように、革命期を跨いで公定教会制が現実に存続したのは、ピューリタンの伝統を持つ北部諸州だけだったという事実は、興味深い。いずれにせよアメリカは、一八三三年をもってその全土から公定教会制がなくなり、その意味での政教分離社会となったのである。

次に、縦軸との関係。——マサチューセッツにおいて会衆派の公定教会制が、どう成立し、その後どう変容し、最終的にどう廃棄されたかを素描しよう。一六二九年勅許状に基づく自治植民地マサチューセッツで、植民地の本格的な建設が始まったのは、一六三〇年に、英国教会体制（イギリス国教会を公定教会とする体制）を採る英本国において少数派だったピューリタンの一派である会衆派の人々が、大挙して同植民地に移住してからである。彼らは新天地にて会衆派の公定教会制を樹立し、それは一七世紀半ばに最盛期を迎えた（「一六四八年体制」）[4]。マサチューセッツはその後、一六八四年に前記勅許状が英本国により撤回されて、一時的に「ニューイングランド統治領」の一部として英本国派遣の総督による広域統治に服するが、英本国での名誉革命と連動した政治的動きのなかで、一六九一年勅許状に基づき新たに王領植民地として再出発した。この新勅許状の下で可能な最大限、従前の公定教会制を再現すべく確立させた公定教会制が、「一六九五年体制」である[5]。一八世紀に入ると、植民地内の主要な三つの反対教派（クェイカー、洗礼派、アングリカン）それぞれに対して宗教課税についての例外扱いを認める「一七三五年体制」が成立した。さらにその後マサチューセッツは、一七四〇年代の大覚醒運動と呼ばれる信仰復興運動を経て、一七七五年からの独立戦争を遂行することで、もはや英国の植民地ではない独立した共和国として自己同定を行った。その正当性根拠となったのが一七八〇年に制定されたマサチューセッツ憲法である。公定教会制は、この一七八〇年憲法によって新たにその基本枠組みを定め直された（「一七八〇年体制」）。その後、これが維持しえなくなって、一八三三年の憲法改正により公定教会制が廃棄されるのである。

この縦軸との関係において、公定教会制について定めた一七八〇年憲法のテクストを読む仕事の意義は何か。第一に、この仕事は、一七八〇年体制のありようを解明するために、当然ながら不可欠である。だがそれは、到底その全てではなく、いわば最初の一歩であるにすぎない。この点は第三節でもう少し立ち入って検討する。第二に、この仕事は、一七八〇年体制の下で公定教会制をめぐる動きがどう展開し、やがて同体制が一八三三年にどう廃棄されるのかを解明する上でも意義を持つ。一八三三年に至る過程の様々な場面で、公定教会制に関わる憲法テクストの解釈が争われることになるからである。その時々に、公共圏を含む制度的・非制度的な様々な議論の場において、同一の憲法テクストをめぐる、相互に対立する複数の解釈が争われるのだが、そこではその憲法テクストが、争いの当事者相互間の共通の土俵を構成していることになる。なお、一八三三年の公定教会制の廃棄は、裏返して言うと政教分離体制の成立であるが、ここにも、公定教会制に関する一七八〇年憲法テクストに対して本章が向けるのと同じ、「継承と断絶」の問いが、差し向けられて然るべきであろう。なぜ公定教会制は廃棄されたか、それはいかに廃棄されたか。そのことの解明は、一八三三年にマサチューセッツで成立した政教分離体制の解明に直結するし、延いては、同時にアメリカ全土で成立した、アメリカ型政教分離体制の解明につながるのである。

以上、筆者の主たる研究関心にとって本章の研究が持つ意義について略述した。続いて、〈「公共圏」に着目したアメリカ近代史研究の可能性〉という問題提起に対して本章の研究が持ちうる意義について論じる。その意義を一言で言えば、「公共圏と宗教」という視角から右の研究可能性を追求する場合に視野に入れておくべき重要な知見を、本章の研究が提供する、ということになる。

今日、「宗教と公共圏との間の複雑な関わり合い方」に関する社会的・学問的な関心が高まっており、公共圏において宗教をどのように位置づけるべきかに関する規範的な議論が盛んである。例えばこの論点をテーマとして二〇〇九年に開催されたシンポジウムにおいて、一方のハーバーマスは、「諸々の宗教伝統による倫理的な洞察」が、公共圏における議論に供される場合には、「世俗的な語彙と『普遍的にアクセス可能な言語』に翻訳」されることが重要である、と論じた。それに対して他方のチャールズ・テイラーは、「国家の中立性の観念が、〈宗教的な諸立場だけでなく、それらと非宗教的な諸立場をも合わせた上での多様性〉に対する応答である」以上、公共圏における宗教的な観点・語彙による議論を、特別に排斥する理由はないのだと論じた(6)。こういう今日的な実践的問題関心を背景としつつ(7)、「公共圏と宗教」という視角から、だがあくまで歴史実証的に、前記の研究可能性を追求することは――典型的には、対象社会の公共圏において現に宗教がどう位置づけられていたかを突き止め、またその歴史的変化の軌跡を辿ることにより――、大いにありうる。

さて、ハーバーマスによれば、市民（ブルジョア）的公共圏とは「公衆として集まった私人たちの圏域」であり、国家（「公権力圏」）と社会（「私的領域」）の二元論の枠組みにおいては、それはあくまで社会の側に位置づけられる(8)。理念的には、公共圏において私人たちは、万人の利益のために実践的に何が必要かをめぐって批判的な公的討議を行い、そこで得られた洞察の圧倒的説得力のみを根拠にして一定の合意に達するが、それを世論という(9)。近代初期の政治的課題は、この世論が正当化する諸規範（＝法律）の体系に、あらゆる国家活動を従わせることにあった（「法治国家の市民的観念(10)」）。市民階級は、国民代表議員により構成される議会に立法権を掌握させる政治体制を築くことで、法律と世論との接続を制度的に確保し、この課題を果たした。[11] このような統治機構を確立した政治的出来事が、近代的憲法典の制定である。この近代的憲法典はさらに、一方の基本権保障を通じて、公共圏において批判的討議に携わる私人の活動（出版・言論・集会・結社の諸自由等）を保障するとともに、公共圏における私人たちに政治的権限（請願権・投票権等）を与え、また他方の統治機構の組織化に際して、公開性＝公共性をその組織化原理とし、この原理を議会の会議や裁判の対審に対して及ぼした。[12]

こうして、近代的憲法典の制定により樹立された市民的な法治国家＝立憲国家において、法律と世論との接続が一定程度確保されたことは確かである。だが、上記意味での世論は、「意」でなく「理」に関わることをその本質としており、ゆえに本来的に権力とは水と油の関係にあり、むしろ世論の支配は支配そのものの解消を志向するというものであるため、世論による立法「権」の行使という観念には本来的な矛盾がある。議会に立法権を掌握させるための憲法典制定そのことが、激しい権力闘争の末であったことは周知の事実である。[13] また、議会での法律制定に向けた政治プロセスは、国家と社会の二元論の枠組みでは当然に国家の側に属するが、この国家の側にある公共圏をそのまま、元来は社会の側に属した公共圏を国家の中に制度的に組み込んだものである、と留保なく言うことも難しい。万人がアクセスできるのでなければそもそも公共圏ではないはずだが、国民代表議員選挙における教養と財産による有権者資格の制限は、公共圏たるためのこの最低条件に悖る疑いがある。もっとも、国家の側における公共圏のありようには、憲法典制定により作り出された面だけでなく、憲法典制定以前から存在した社会の側の公共圏のありようの反映である面がある。[14] そのことが、この点を評価するに際しては十分に踏まえられねばならない。

以上は、一八～一九世紀に制定された近代憲法典と公共圏との関係に関わる、ハーバーマスの議論の素描である。この議論は、アメリカ史にまで及ばないヨーロッパ史を専ら土台として組み立てられた。そうではあるが、本章が研究対象とするマサチューセッツの一七八〇年憲法は、歴史的類型としては、前記の近代憲法典の一つに属する。ゆえにこの憲法典もまた、前記の「法治国家の市民的観念」の実現という政治的課題を遂行すべく制定されたものだ、と捉えうる。そう捉えるならば、この憲法典は、英本国による支配を放逐した上で、公共圏から現れた世論のみに基づいて政治を行っていくための――別言すれば、元来は社会の側に属した公共圏を国家の中に制度的に組み込むことを志向する――、国（＝マサチューセッツというステイト）の基本法だ、ということになる。そして、既に示唆したように、憲法典が基礎づけた市民的な立憲国家のありようには、憲法典以前から存在した社会の側の公共圏のありようが反映する。それだけでなく、憲法典制定後の、市民的な立憲国家のありようと社会の側の公共圏のありようとの間には、相互に影響を与え合いながら、それぞれに変化していく、という関係があると考えられる。――もちろん、このようにハーバーマスの議論の枠組みに沿ってマサチューセッツ（およびアメリカ全体）の近代憲法典の制定と公共圏との関係を捉えることに、はたして、またどこまで、歴史的裏づけがあるかが、まずもって問われるのであるが。

本章の研究は、一七八〇年憲法の全体ではなくその公定教会制に関わる規定を対象とするに留まるが、それは、この時期のマサチューセッツの公共圏のありようを「公共圏と宗教」という視角から歴史的に解明する試みにとって、重要な通過点となると考えられる。一方で、この憲法典に公定教会制に関わる規定が設けられた事実は、憲法典制定以前から社会の側に存在した公共圏のどんな構成や、そこでのどんな議論のありように発したのか。他方でまた、公定教会制が憲法上の制度として存在するという事実は、憲法典制定以後の、社会の側における公共圏の構成や議論のありように、どんな影響を与えたか。特に、正に公定教会制そのものの是非を主題とする場面と、直接には宗教に関わらない主題を中心とする場面とで、その影響のありようには、どんな違いが認められるか。さらに、一三ないし一四のステイツにより構成される、この時期のアメリカ全体という次元に目を向けるならば、この次元における社会の側の公共圏の構成や議論のありようは、その構成ステイツの中に公定教会制を制度的に維持するものとしないものの双方を擁した事実から、どんな影響を受けたか。――こうした様々な問いを、本章の研究は、前記の歴史的解明の試みに対して、提起することになろう。

以下、本論に入る。まず第一節で、一七八〇年憲法の制定過程を概観する。次に第二節で、公定教会制について規定する同憲法のテクストを提示する。続く第三節で、テクスト読解の方法に関する考察を行った後、第四〜六節で、それ以前の公定教会制のありようとの「継承と断絶」という観点から、テクスト読解を試みる。

一　一七八〇年憲法の制定過程

アメリカ独立戦争は、一七七五年四月、マサチューセッツ内のレキシントンとコンコードにおける英軍と民兵隊との衝突を契機に、開始した。翌七六年七月、大陸会議は独立宣言を採択し、アメリカの植民地連合が「自由で独立したステイツ」であり英本国との政治的結合から完全に解消されることを宣言した。そして一七七六年から一七八〇年までの間に、一一のステイツはそれぞれ、国（ステイト）の基本法としての憲法典を制定していった（ロード・アイランドとコネティカットは自治植民地としての勅許状をそのまま国の基本法とした）[15]。

マサチューセッツでは、成典憲法の制定に向けた複数の動きが実を結ばずに終わったあと、ようやく一七八〇年に憲法が制定されるという経過を辿った[16]。その最初の動きは、一七七六年九月一七日に、代議会（House of Representatives）が、代議会議員（＝代議員）選挙の有権者である自由土地保有者に対して、自ら憲法を制定する許可を求める旨の決議を行ったことである。しかしこの決議に応じて同年秋に寄せられた諸タウンからの回答の多数は、その許可の付与を拒絶するものであった。拒絶の主たる理由は、第一に、戦時という非常時に、かつ、多くの有権者が大陸軍の一員として不在である時に、憲法を制定するのは時期尚早であること、第二に、制定後の憲法の下で活動すべき総会議（General Court）[17]が、その憲法を制定するのは不適切であること、であった。憲法制定に向けた二番目の動きは、一七七七年五月五日に総会議が、来たる代議員選挙[18]においてその代議員に憲法制定権限を与えることを各タウンに対して求める決議を行ったことを受けて、同選挙を経て構成された新たな総会議が、同年六月一五日に、自らを憲法制定会議とする旨の決議を行ったことから生じた。翌七八年二月二八日、総会議は憲法案を各タウンに向けて発議した。七七年五月五日付け決議によると、三分の二の有権者が同案を是認した場合には、総会議＝憲法制定会議が最終的に同案の承認を行う、という手順となっていた。しかし有権者は、ほぼ五対一の割合で、この一七七八年憲法案を否認した。否認の主たる理由としては、七六年のときの拒絶理由二点のほか、憲法案の具体的中味に関する種々の反対理由があった（権利章典の不在、立法部下院への代表方法、統治機構の仕組み方、などに向けられた反対）。

憲法制定に向けた三番目の動きが、一七八〇年憲法の制定へと結実した。まず一七七九年二月二〇日に総会議は、有権者に対して二点の問いを提起し回答を求めた。一つは、今この時期に憲法制定を必要と考えるか否か。もう一つは、必要と考える場合には、次期の代議員に憲法制定会議を招集する権限を与えるか否か、である。タウンごとに寄せられた有権者の回答の集計は、この二点をともに是認した。これを受けて、同年六月二一日、総会議は憲法制定会議を同年九月一日に招集する決議を行った。憲法制定会議は、各タウンが選出した議員により構成され[19]、同年九月一日から活動を開始した。そして翌一七八〇年三月二日に、有権者による是認（approval）または否認、及び場合によっては修正提案、を求めて、確定した憲法案を各タウンに送付した[20]。憲法制定会議が定めた憲法制定手続によると、一つひとつの条文について投票者の三分の二の是認が必要であり、必要数の是認を得ない条文については、必要数を充たすべく、タウンからの修正提案を織り込んだ修正を憲法制定会議が加えたうえで、最終的には憲法制定会議が憲法案の承認（ratification）[21]を行うことになっていた。憲法制定会議は、全ての条文が投票者の三分の二の是認を得たとし、同年六月一五日に、原案通りの憲法を承認・制定した。その施行は同年一〇月二五日からとされた[22]。

二　一七八〇年憲法第一部第二条・第三条のテクスト

一七八〇年憲法は、前文と、権利章典に当たる第一部と、統治機構について定める第二部の、三部構成となっている。第一部には第一条から第三〇条までの条文がある。第二部は六つの章から構成され、第一章には三つの節が、第二章には四つの節が、第五章には二つの節があり、節ごとに（節のない章では章ごとに）、第一条から始まる条文が配置されている。

この憲法において、公定教会制に直接に関わるのは第一部第三条であるが、そのすぐ前に置かれた第一部第二条は信教の自由を保障する規定であり、その内容上この二つの条文は密接な関連を持つので、以下ではこの二つの条文を全訳して示す[23]（ゴシック部分は原文が大文字で記された箇所である。また第一部第三条の①〜⑤の記号は、叙述の便宜のため段落ごとに訳者が付した。さらに第一部第三条①にある［　］内の記述は、読者の理解の便宜のために訳者が補った）。

第一部第二条　公的に、かつ所定の機会に、この世界の偉大なる創造者にして保護者であるところの**至高の存在**を礼拝する（worship）ことは、社会（society）の全ての人々（all men）にとっての権利であると同時に義務である。いかなる人（subject）も、自らの良心（conscience）の命令にもっとも適った方法と機会により**神**を礼拝することのゆえをもって、自身の身体、自由又は財産について侵害、あるいは自らの宗教的な告白（profession）ないし情意（sentiments）のゆえをもって、妨害又は制限されない。ただしその者が、公の平穏を乱す場合及び他人の宗教上の礼拝を妨げる場合は、この限りでない。

第一部第三条　①　人民の幸福と、市民政府（civil government）の善き秩序及び維持は、本質的に敬神、宗教及び道徳（piety, religion, and morality）に依拠しており、かつ、これら［＝敬神、宗教及び道徳］が地域社会（community）のなかに広く普及されうるのは、**神**の公的礼拝を行いかつ敬神、宗教及び道徳に関する公的な指導（instructions）に携わる組織（institution）によるほかないものであるから、したがって、自らの幸福を促進し、自らの政府の善き秩序と維持を確保するために、この共和国（Commonwealth）の人民は、自らの立法部に対して、以下の権能を授ける権利を有しており、立法部は、折々に以下の権能を行使するものとする。それはすなわち、各タウン、教会区（parishes）、教区（precincts）及びその他の公共団体（bodies-politic）、又は宗教的社団（religious societies）に対して、次のこと——神の公的礼拝を行う組織のために、並びに敬神、宗教及び道徳に関する教育を行う公的なプロテスタントの教師の支持及び扶助（support and maintenance）のために、相応の支給（suitable provision）が自発的にはなされない場合には須らく、その相応の支給を、自らの費用により行うこと——を権威づけると同時に要求する、という権能である。

②　さらに、この共和国の人民はまた、自らの立法部に対して、以下の権威を授ける権利を有しており、現に授けている。それはすなわち、全ての人に対して——自らの良心に従って（conscientiously）、かつ、通える距離内の場所において（conveniently）、その教師の指導に出席することができる、そのような前記の公的教師が存在する場合には須らく——、前記の公的教師による指導に、定められた時と機会に、出席することを命じる、という権威である。

③　但し、各タウン、教会区、教区及びその他の公共団体、又は宗教的社団は、自らの公的教師を選定し、かつ、その公的教師との間で彼らの支持と扶助のための契約を締結する、排他的権利を常に持つものとする。

④　また、公的礼拝と前記の公的教師を支持するために人が支払った全ての金員は、その人がそれを要求する場合には、その人自身の宗教的な教団又は教派（religious sect or denomination）の公的教師を支持することにその全額が当てられなければならない。但しそれは、その教師の指導にその人が現に出席している、そのような前記の公的教師が存在する場合に限られる。そうでない場合には、前記金員が調達された所在地の教会区又は教区にとっての教師を支持することに向けて、その金員は支払われるものとする。

⑤　また、キリスト教徒の全ての教派で、平穏に、かつ善き共和国民として、身を処しているものは、平等に法の保護の下にあるのでなければならない。また、一つの教団又は教派の、別の教団又は教派に対する従属（subordination）を、法はけっして定めてはならない。

三　テクスト読解のための方法

以下では、以上に示した二つの憲法条文を読む作業を行う。その場合に、どのような方法でこれら憲法条文を読むのかが問題となる。言うまでもなく筆者は、これら二つの憲法条文が現に効力を持った法解釈共同体からは、時間的にも空間的にも隔たった地平にいる。それゆえ筆者には、「法の解釈」の仕事——当該共同体の構成員がその共同体をよりよきものへと構成すべく一定の実践的立場から「〜すべし」の規範をこれらの条文から読み取るという仕事——に携わることは原理的に不可能である。筆者が携わることのできるのは、「法の科学」の仕事——当該共同体の構成員が各条文から現にどのような「〜すべし」の規範を読み取ったかを客観的に記述するという仕事——に限られる。[24]

しかし、「法の科学」の対象となる「憲法」にもいくつかの異なる次元のものがある。一つ目は「制定憲法」であり、これは憲法制定者がその制定時点において各憲法条文に託した意味内容である。二つ目は「実効憲法」であり、これは憲法制定後の任意の時点において公権力担当機関（立法部・行政部・司法部）が現に通用力あるものとして各憲法条文を解釈・適用しているところの意味内容である。三つ目は「憲法意識」であり、これは憲法制定後の任意の時点において公権力担当機関以外の各主体（市民や学者など）が各憲法条文を解釈しているところの意味内容である。[25]

一七八〇年体制とその展開のありようの解明という課題は、これら全ての次元に目配りをしながら通時的にその展開を記述することを要請するのだが、本章においてそれを行うことは到底できない。本章では、一七八〇年当時にマサチューセッツ社会において圧倒的に多数者であった公定教会＝会衆派の人々が、従来の公定教会制のあり方をこの憲法制定によって大幅には変更しない、という頭で前記の二つの憲法条文を読むと、どういう意味内容のものだと理[26]

解するのが自然だと思われるかという、その読み方を提示するに止まる。これは、一七八〇年憲法の法解釈共同体の内的視点に立って一つの標準的な読み方を提示する試みであり、その意味で「法の科学」としての営みである。[27] ただ、そのようにして示された規範内容は、それ自体としては、「法の科学」の対象として前記した三つの次元の「憲法」の、いずれのものにも当たらない。一七八〇年憲法の法解釈共同体を「法の科学」の認識対象とするとき、その対象は三つの次元の「憲法」へと分析されるのだが、本章の作業は、その法解釈共同体の内部を生きて「法の解釈」の実践に携わる標準的な（多数派に属する）主体をいわば歴史学的観点から再構成して、その主体による憲法テクストの読み方を仮説的に提示するものである（それは、自らの価値的立場に基づく実践的な「法の解釈」の営みとは、質的に区別される）。この標準的な読み方は、「法の科学」の営みに携わる観察者が、そこからさらに進んで三つの次元の「憲法」それぞれの観察作業に取り組もうとする場合の、物差しともなるものである。

四　第一部第二条のテクストの読解――「礼拝の自由」（「良心の自由」）保障

「礼拝の自由」を保障する第一部第二条を、この憲法制定に先立つ植民地時代の公定教会制に関する法制と比べたときの、そのいちばんの特色は、それが「人」を主語とする個人的自由の保障規定となっていることである。植民地時代には、個人ではなくあくまで（公定）教会が、宗教的な「自由と特権」の主体であった。[28]

第一部第二条は、その第一文において、神を「公的に、かつ所定の機会に……礼拝すること」が万人にとっての「権利であると同時に義務である」とする。ここにおける「公的礼拝」の観念は、第一部第三条にも数箇所にわたり登場している（①に二箇所、④に一箇所）。これは、人々が安息日ごとに教会に集まって行う礼拝行為を中核的な内容とする観念であると考えられる。そのような礼拝行為の遂行を、第一部第二条第一文は、「権利であると同時に義務である」と規定する。

まず、「義務」のほうから検討する。この言葉には、当時の社会に神が確固として存在していたことを反映して、神に対する義務という意味合いが当然に含まれていたと思われる。だが純粋にその次元に止まるのではなく、この憲法は、そのように規定する以上、公的礼拝を行わない自由を認めないという建前に立つのだと考えられる。そこから、第一部第三条②は、この義務を教会出席義務へと具体化している。

では、礼拝行為の遂行はどのような意味で「権利」なのであろうか。その点に関わるのが、第一部第二条の第二文・第三文[29]である。この規定は、どのような「方法と機会により」礼拝を行うかに関して多様性を承認している。具体的には、公定教会の会衆派とは異なる信仰に基づく教会による礼拝活動も、公然と行うことを承認している。この点は、既に一六九一年勅許状が、「ローマカトリック教徒を除く全キリスト教徒に神の礼拝において良心の自由が許されるべきこと」を要請していたところである。その後九〇年近くの間にさらに進行した宗教的多様性の現実に応じて、一七八〇年時点の憲法による「礼拝の自由」保障は、基本的には「ローマカトリック教徒を除く」という限定を除去していたと考えられる[30]。

このように、「礼拝の自由」を保障する憲法規定としての第一部第二条は、公的礼拝を行わない自由を包含せず、公的礼拝を行う自由のみを認めるのだが、どの教派の信仰にしたがって公的礼拝を行うかの自由を広く認めている。この自由の保障のありようを、その規定ぶりに即してさらに辿っておこう。第一部第二条の第一文は、公的礼拝という外部的行為の自由を「権利」として強く保障している。この自由は、第一部第二条の第三文に規定された、「公の平穏を乱す場合」と「他人の宗教上の礼拝を妨げる場合」の二つの場合に限って、制限されうる。第一部第二条の第二文は、公的礼拝行為それ自体を禁止・制限することだけでなく、公的礼拝行為のありようや「告白」から明らかになったその人の内心の「良心」や「情意」を理由にその人を不利益に処遇することも、憲法上許されない旨、規定している。

五　第一部第三条のテクストの読解――従前の公定教会制からの連続的側面

さて、植民当初以来マサチューセッツにおいて公定教会制のベースにあるのは、（「世俗の論理」と区別された）会衆派の「教会の論理」である。〈各個教会の聖職者を誰が選定すべきか〉、また〈その聖職者を誰が経済的に支えるべきか〉、という問題について、この「教会の論理」は、次のように答える。すなわち、まず、回心体験を有する「聖徒」が集まって、会衆団体ないし教会を形成する（以後、彼ら「聖徒」はその教会員となる）。次に、その会衆団体＝教会が、自らの聖職者を決める。最後に、その教会に通う全住民（教会員と非教会員とから成る）が、その教会の聖職者を経済的に支える、と。このような「教会の論理」を基礎に、最盛期の会衆派の公定教会制である「一六四八年体制」は築かれた。一つの教会に通う全住民は、すぐに後述する「タウン」・「教会区」・「教区」などの統治単位ないし行政単位を構成する。大多数の地域では、これらの単位ごとにその構成員に対して目的税を課するという方法で、各教会の聖職者を経済的に支えるための費用（これを「聖職者支持費（maintenance）」と呼ぶ[31]）は賄われた。またこの「一六四八年体制」を継承しつつも一六九一年勅許状の下で必要な調整を行うかたちで、「一六九五年体制」は築かれた。この「一六九五年体制」の基本的骨格を維持しつつ三つの反対教派それぞれに対して宗教課税についての例外扱いを認める体制が「一七三五年体制」である。この「一七三五年体制」が大体において、一七八〇年憲法の制定前の公定教会制に関する法的枠組みであった。

植民当初以来のマサチューセッツにおける公定教会制において、各タウンの歴史は、一つのタウンに一つの教会（＝会衆派の教会＝公定教会）が存在する、というところから出発してきた。その場合にはタウンの全住民がその教会に通うことになる。このときには「タウン」という統治単位が全住民に課税を行うことによって聖職者支持費を賄う。「タウン」は様々な統治機能を営むが、教会に関わる統治機能（その代表的なものが聖職者支持費のための課税機能）に特化してこの統治単位を捉えるときにこれを「教会区」と呼ぶ語法があった。やがて、タウン人口の増加などの事情により、一つのタウンに二つ以上の教会が形成されるようになる。その場合には、それぞれの教会に通う住民の居住地に応じて、区画の地理的線引きがタウン内においてなされる。各教会に対応した地理的区画ないし統治単位を、「教区」または「教会区」という。「タウン」・「教会区」・「教区」はいずれも統治単位であるから「公共団体」である。また伝統的に、教会それ自体を専ら霊的事項（信仰に直接関わる、教義、礼拝、教会規律、等の事項）に関わるものと捉え、教会に関わる現世的事項（財産所有、契約締結、訴訟遂行、等の事項）を世俗法の平面において行う主体を、教会とは別に「宗教的社団」として観念する、という発想が存在した。植民地時代の会衆派の諸教会は基本的に、自教会に対応する「タウン」・「教会区」・「教区」――法人格を有する――を、自らの現世的側面たる「宗教的社団」だと捉えた。(32)

第一部第三条①のいう「各タウン、教会区、教区およびその他の公共団体、または宗教的社団」とは、従来のそうした制度的枠組みを受けたものである。また、そこにいう「神の公的礼拝を行いかつ敬神、宗教及び道徳に関する公的な指導に携わる組織」ないし「神の公的礼拝を行う組織」とは、教会（基本的には従来の公定教会＝会衆派教会）のことである。さらに、その教会の牧師＝公定牧師のことを、この規定は「公的なプロテスタントの教師」と表現している。

そして第一部第三条①は、各タウン等が、自らの公定教会の牧師＝公定牧師を「支持及び扶助」するための「相応の支給」を、基本的には「自らの費用により行う」べきである、としている。既に述べたように、従前から各タウン等は、この「費用」を調達するために、その住民（当該タウン等の教会に通う全ての人々）に対して目的税を課する方法を採ってきた。ただし、唯一ボストン（という名のタウン）では例外的に、植民地時代を一貫して、課税によらず信者の自発的献金によって、各教会の牧師を支持・扶助するための費用を調達してきた。本規定中の「相応の支給が自発的にはなされない場合には」という部分は、ボストンの実例（＝相応の支給が自発的になされる例）を意識した一節である。そうだとすると、本規定中の「自らの費用により行う」という部分も、その「費用」調達方法として主に課税を念頭に置くものだと考えられる。本規定はこのように、聖職者支持費を、各タウン等を単位とするその住民に対する目的税の課税によって調達する、という従来のやり方を維持すべきことを、憲法規範として方向づけたうえで、そのための具体的な制度化を、共和国立法部の立法に委ねているのである。

六　第一部第三条のテクストの読解――従前の公定教会制からの断絶的側面

以上は、従前の公定教会制からの連続的側面として、〈各個教会の聖職者を誰が経済的に支えるべきか〉、という点に焦点を当てて、憲法テクストを読んできた。以下ではそれとは反対に、従前の公定教会制からの断絶的側面として、三点について、この憲法テクストを読んでいくことにしよう。

第一に、第一部第三条①はその前半部分において、聖職者支持費を各タウン等の単位による課税によって調達する制度を設けることを正当化する論理を提示している。いわく、それは「人民の幸福」の「促進」と、「市民政府の善き秩序及び維持」の「確保」を目的としている。これらは人々ないし社会における「敬神、宗教及び道徳」にかかっており、その「敬神、宗教及び道徳」を社会に広く普及させることができる唯一の機関ないし団体として、教会は課税による支持に値する、というのである。ここでは教会は、このような意味で公共的機能を担うものと見られている。

しかしこのような正当化論理は、「一六四八年体制」の基礎にあった考え方からは全く容認しえないものであった。

そこではむしろ、「教会面における統治の正当な形態」である会衆制の教会秩序を保護するためにこそ、世俗政府(civil government) が存在した。[33] 世俗的な秩序を維持するための手段的存在として教会を位置づけることは、本末転倒であった。だがそうした植民第一世代の考え方は、「一六九五年体制」を経て、一七八〇年当時にはもはや支配的でなくなっていた。ゆえにこの点は、「一七八〇年体制」にとって、直近の体制からの断絶だとはいえないが、その出発点としての「一六四八年体制」からの乖離には当たることを看過してはならない。時の経過のなかで、何のための公定教会制であるかが変わってしまっているからである。

第二に、第一部第三条③は、〈各個教会の聖職者を誰が選定すべきか〉、という問題について、それは「各タウン、教会区、教区及びその他の公共団体、又は宗教的社団」(以下、「各タウン等」と略記) である、と答えている。この点は、少なくともその文面において、直近の体制から断絶している。「教会の論理」によれば、各個教会の聖職者を選定するのは、当該教会 (＝教会員の集合) である。それは、教会員のみならず非教会員も含む、当該教会に通う人々全ての集合 (＝「各タウン等」) ではありえない。「一六四八年体制」は、実質的にこの「教会の論理」通りの制度を築いていた。そして「一六九五年体制」は、教会による聖職者の選定に対して、非教会員を含む「各タウン等」に同意権を認めたが、「各タウン等」が教会による聖職者選定を不同意とするときには、三つから五つの近隣諸教会の牧師からなる委員会が審査し、同委員会が教会による聖職者選定を是とする場合には、「各タウン等」による不同意を乗り越えて当該聖職者が公定牧師に就任するものとされていた。ここでは各個教会の聖職者の選定について、ある程度、「各タウン等」の意見を反映させるルートを開きつつも、世俗側ではなく教会側の判断が優位する構造が確保されていた。[34] それが、第一部第三条③では、「各タウン等」に公定牧師を選定する「排他的権利」を承認する、という書き方になっているのである。この点、同時代の言説には、そのほうが民主主義に適っているから望ましい、という趣旨のものが存在する。[35] しかし会衆派の「教会の論理」からは大いに問題であり、やがてこの点が一八三三年の公定教会制の廃止をもたらす要因ともなる。

第三に、第一部第三条④である。この規定は、第一部第三条③が公定教会である会衆派にとって不都合をもたらしたのと対照的に、「一七三五年体制」下で宗教課税についての例外扱いを認められていた反対教派（クェイカー、洗礼派、アングリカン）にとって、従前の公定教会制のありようを不都合な内容に変更するものであった。この規定において、会衆派ではない反対教派は、「宗教的な教団又は教派」と表現されている。「各タウン等」の徴税機構によって公定牧師のための聖職者支持費として徴収された、反対教派の信者の税金は、その反対教派が教会としての活動を現実に行っており、その人がその活動に加わっていると認められる場合には、その信者がそう要求すればそれに応じて、その反対教派の牧師の支持費へと振り向けられなければならない、というのがこの規定の趣旨である。この仕組みは、「一七三五年体制」においてアングリカンが受けていた、宗教課税からの例外扱いの仕組みとほぼ同じである。ゆえにこの規定は、アングリカンについては、従前の公定教会制からの違いをもたらすものではない。しかし、クェイカーと洗礼派はいずれも、自分の教会の牧師を支持・扶助するための費用を、自発的献金ではなく世俗権力の強制機構によって集めることに、原理的に反対していた。それに応じて「一七三五年体制」においてこの両反対教派は、単純に宗教課税から免除されるという扱いを基本的には受けていたのである。それゆえ、クェイカーと洗礼派の宗教的自由にとっては、この規定は、従前の公定教会制における扱いからの後退をもたらすものであった。

むすびに代えて

一七七五年から一七八〇年にわたる憲法制定過程において、課税により聖職者支持費を調達する方法を維持するのかどうかは、主要争点の一つであった[36]。第一部第三条は、一七八〇年憲法案のなかでもっとも不人気な条文であり、少なくともこの条文（ともう一つの条文）については、実は投票者の三分の二の是認を得ていなかった（過半数の是認は得ていたものの）と見られる、という、一九一七年のある研究の示した見解が、今日では広い支持を得ている。[37] そういう状況において、教派間の平等を保障し教派間における従属を禁止する第一部第三条⑤は、憲法制定過程においては、反対教派の人々に対して、課税による聖職者支持費の調達を定める第一部第三条①・④が成立しても、彼らに不利益が及ぶわけではないと思わせる効果を期待されていたと言える。

本章では、一七八〇年憲法の第一部第二条と第一部第三条の、制定時における標準的な読み方と筆者が考えるものを提示した。しかし制定後は、各人各様の実践的立場から望ましい帰結を導き出すための「法の解釈」が、各規定に加えられることになる。同一のテクストの解釈として、本章が論じてきた内容の公定教会制とは異なる規範内容や、それを掘り崩すような規範内容を導き出すことは、いくつもの仕方で可能であるし、現にそうした解釈論が様々な機会に主張された。共和国立法部は、憲法制定後六年も経ってからようやく、課税による聖職者支持費の調達方法について定める新たな法律を制定したが、そこにもなお不明確な点が多く残されていた。タウンごとに多様な行政実例が現れ、裁判例における法律解釈・憲法解釈も一様ではなかった。本章は、史実に即してそうした展開を跡づけるための、準備作業にすぎない。

（1）本書の序章、遠藤泰生「アメリカ近代史研究における公共性あるいは公共圏への関心と日本におけるその希薄」を参照。
（2）詳しくは、拙稿「合衆国憲法の政教分離条項――その近代的成立と現代的展開――」『成城法学』六四号（二〇〇一年）七九頁以下、を参照。
（3）佐々木（二〇〇一）、八八－八九頁。サウス・カロライナに関する説明を、前稿のものから本文のように改める。
（4）拙稿「一七世紀中葉マサチューセッツ湾植民地における教会－国家関係」『東洋学術研究』三六巻二号（一九九七年）一

三一頁以下。

（5）拙稿「一八世紀初頭の王領植民地マサチューセッツにおける教会－国家関係」大西直樹・千葉眞編『歴史のなかの政教分離――英米におけるその起源と展開』（彩流社、二〇〇六年）、一〇三頁以下。

（6）Judith Butler, et al., *The Power of Religion in the Public Sphere* (New York: Columbia University Press, 2011), ユルゲン・ハーバーマスほか（箱田徹・金城美幸訳）『公共圏に挑戦する宗教』（岩波書店、二〇一四年）を参照。本文中の引用（訳書に拠らず拙訳）は、Eduardo Mendieta and Jonathan Vanantwerpen, "Introduction: The Power of Religion in the Public Sphere," ibid. から、順に、pp. 2, 4, 5, 6.

（7）日本の憲法学においてこの問題を受け止めて論じる論考として、毛利透『表現の自由』（岩波書店、二〇〇八年）第一章、愛敬浩二『立憲主義の復権と憲法理論』（日本評論社、二〇一二年）第六章Ⅲ、を参照。

（8）Jürgen Habermas, *The Structural Transformation of the Public Sphere: An Inquiry into a Category of Bourgeois Society*, trans. Thomas Burger, with the assistance of Frederick Lawrence (Cambridge, MA: MIT Press, 1989), 27, 30. ユルゲン・ハーバーマス（細谷貞雄・山田正行訳）『公共性の構造転換〔第二版〕』（未來社、一九九四年）四六、四九－五〇頁。本文中の引用は邦訳書に拠らず英訳書からの拙訳（以下同じ）。本文で「公権力圏」と訳出したのは、原書の「Sphäre d. öffentl. Gewalt」である（英訳書では「Sphere of Public Authority」となっているものの）（独文・英文の下線はいずれも引用者）。

（9）Habermas, *The Structural Transformation*, op. cit., 82, 83, 88.

（10）Ibid., 82.

（11）Ibid., 81.

（12）Ibid., 83-84.

（13）Ibid., 82. 本文で「法治国家＝立憲国家」と記したのは、原書の「Rechtsstaat」に対して、英訳書が「Constitutional State」を基本的な訳語としている点に鑑みている。

（14）Ibid., 85–86.

（15）有賀貞『アメリカ革命』（東京大学出版会、一九八八年）一八五－一八六頁、に各ステイト憲法の制定日の一覧がある。それによると一七七六年一月五日制定のニュー・ハンプシャー憲法が最初であり、一七八〇年三月制定のマサチューセッツ憲法が最後である。また一七七六年のうちに八ステイツが憲法制定を行っている。

（16）以下の叙述は、Ronald M. Peters, Jr., *The Massachusetts Constitution of 1780: A Social Compact* (Amherst, MA: University of Massachusetts Press, 1974), 16–23; Robert J. Taylor, ed., *Massachusetts, Colony to Commonwealth: Documents on the Formation of Its Constitution, 1775–1780* (Chapel Hill: University of North Carolina Press, 1961)；に主として依拠し、Samuel E. Morison, "The Struggle over the Adoption of the Constitution of Massachusetts, 1780", Proceedings of the Massachusetts Historical Society 50 (1917), 353–411; William G. McLoughlin, *New England Dissent, 1630–1833: The Baptists and the Separation of Church and State* (2 vols., Cambridge, MA: Harvard University Press, 1971), vol.I, 591–612; Richard D. Brown and Jack Tager, *Massachusetts: A Concise History* (Amherst, MA: University of Massachusetts Press, 2000), 92–98, に補助的に拠った。なお、阿部斉『民主主義と公共の概念　アメリカ民主主義の史的展開』（勁草書房、一九六六年）第三章（一五三－二三六頁）は、「アメリカ民主主義の特質を構造的に理解する」（同書一五五頁）ために、一七八〇年マサチューセッツ憲法の制定過程を考察対象としている。

（17）一七七五年七月から一七八〇年一〇月までの総会議は、代議会（＝下院）と、代議会が選出する二八名の評議員からなる評議会（＝上院）とにより構成された。これは一六九一年勅許状に基づく統治機構のうち、英国王任命の総督の任務を、評議会が遂行するという体制を採ったことに由来する（同勅許状では、総督も代議会・評議会と並んで総会議の一角を構成する）。Peters, Jr., *The Massachusetts Constitution of 1780*, op. cit., 17–18.

（18）毎年五月に総会議が招集されるのに合わせて、代議員選挙が基本的にはタウン単位で行われた。

（19）McLoughlin, *New England Dissent*, op. cit., vol.I, 599.

（20）Ibid., 607.

（21）この日付は、Morison, "The Struggle," 399–400, に拠る。同趣旨、後掲注（22）に示すマサチューセッツ州議会のサイトの"Note"欄。但し、Mary Newman and Robert Faulkner, "The Making of the Constitution," in *The Constitution of the Commonwealth of Massachusets*（1984, published by Michael J. Connolly, Massachusetts Secretary of State), ix–xiii, xi; Taylor, ed., *Massachusetts, Colony to Commonwealth*, 114, では、その日付が六月一六日になっている。

（22）この憲法は、合衆国憲法と同様の追補方式による一二〇ヶ条の修正条項を持ちながら、現在も効力を持つ、世界最古の憲法典である。"Constitution of the Commonwealth of Massachusetts," The General Court of the Commonwealth of Massachusetts, http://www.malegislature.gov/Laws/Constitution（accessed August 3, 2015), を参照。

（23）この憲法の第一部の、第二条の全訳と第三条の抄訳として参照、中屋健一「マサチュセッツ憲法」アメリカ学会編『原典アメリカ史　第二巻』（岩波書店、一九五一年）二〇三頁以下、二〇七－二〇八頁。

（24）第一部第二条は現行法であるが、第一部第三条は、一八三三年制定の修正第一一条により廃棄された。

（25）「法の解釈」と「法の科学」の二分論、および「法の科学」の対象としての「憲法」の三類型、について、樋口陽一『比較憲法　全訂第三版』（青林書院、一九九二年）三－六頁、二八－二九頁、を参照。

（26）McLoughlin, *New England Dissent*, op. cit., vol.I, 592.

（27）「内的視点からの記述」が「法の科学」の不可欠の構成要素である点について、長谷部恭男『権力への懐疑――憲法学のメタ理論』（日本評論社、一九九一年）一六一－一六三頁、を参照。

（28）佐々木（二〇〇六）、一一四、一二二－一二三頁。

（29）訳文における第二文と第三文は、原文ではセミコロンで区切られるに止まる単一の文として、本条の第二文に当たる。同様の事態は第一部第三条についても生じているが、以下ではいちいち断らずに、訳文の構造に即して〈第〇文〉という指示の仕方を行う。

（30）本章では検討対象としないが、一七八〇年憲法は、「礼拝の自由」保障とは別の文脈に関する規定として、第二部第二章第一節第二条が、知事の資格要件の一つに、自らがキリスト教徒であると明言することを規定し、また、第二部第六章第一条が、知事・副知事・参事・上院議員・下院議員が就任に際して行うべき服務宣誓の中に、キリスト教を信仰する旨の一節を規定していた。いずれも「キリスト教（christian religion）」という規定の仕方をとっている。その文言を「プロテスタント」と修正すべきだ（これは「ローマカトリック教徒を除く」という限定をかけるのと同じ意味を持つ）という反対論ないし修正意見が憲法制定過程で表明されていた点について、Morison, "The Struggle," 381–382.

なお、本章の検討対象である第一部第三条①には、公定牧師について「プロテスタントの」という限定がかかっているが、これは公定教会制という別の文脈に関する。

(31) 佐々木（二〇〇六）、一一三―一一四頁。

(32) 用語説明について、Morison, "The Struggle," 370, n.1. See also Susan M. Reed, *Church and State in Massachusetts 1691–1740* (Urbana, IL: University of Illinois Press, 1914), 52, n.2, 54, n.7. 特に「宗教的社団」について、教会それ自体が法人格を持たないことの不都合が一八世紀後半以降に顕在化してきたことと併せて参照、Alliman Kirk Gilbert, "The Incorporation of Massachusetts Congregational Churches, 1692–1833: The Preservation of Religious Autonomy," Ph. D. diss., University of Iowa, 1970, esp. 64–81, 149–150, 171–180.

(33) 佐々木（二〇〇六）、一〇六頁。

(34) 「一六四八年体制」について、佐々木（二〇〇六）、一一五頁。「一六九五年体制」について、佐々木（二〇〇六）、一一八―一一九頁。

(35) Jacob C. Meyer, *Church and State in Massachusetts: From 1740 to 1833* (Cleveland, OH: Western Reserve University Press, 1930), 118–121.

(36) Peters, Jr., *The Massachusetts Constitution of 1780*, op. cit., 31–39.

(37) Morison, "The Struggle," op. cit., 400, 410–411. 第一部第三条についてモリソンと同じ見解を示すものとして、Taylor, ed., *Massachusetts, Colony to Commonwealth*, op. cit., 113; McLoughlin, *New England Dissent*, op. cit., vol.I, 631–632; Peters, Jr., *The Massachusetts Constitution of 1780*, 22–23.

第Ⅱ部　人種・ジェンダー・エスニシティ

第四章

植民地フロンティアの変容と「公民」の創出

――ヴァジニア植民地の入植地構想

森　丈夫

はじめに

周知のように、独立後のアメリカでは内陸フロンティアを新たな社会空間として編成し、国家の重要な要素として位置づける構想が広く検討された。広大な西部に独立自営農民を「市民」とする自治共和国を拡大し、連邦共和国を安定的に発展させようとするトマス・ジェファソンの「自由の帝国」構想はわが国でもよく知られている。一方、連合会議は一七八五年の公有地法において、連邦の西部領土を方形に区分された入植地として配分することを定めたが、このことは、建国後の政策立案者には、フロンティアを秩序だった入植地へと再編成するという認識が共有されていたことを示していよう。しかしながら、北米のフロンティアの空間編成に関する構想は、決して建国直後に始められたわけではない。事実、C・ウォズニアックは、一八世紀初頭から行われたフロンティア入植地構想を検討し、植民地時代に積み重ねられたアイデアが、独立後のフロンティアに関する思考の枠組みを定めていたことを明らかにしている。したがって、フロンティアという観点からすれば、建国期アメリカの「市民社会」の特質の理解を進めるには、独立革命のもたらした変容だけでなく、社会空間の想像力に関する植民地時代からの連続性を考慮する必要があるといえよう(1)。

むろん、植民地時代のフロンティア入植地構想は、共和制国家の建設などの体系的な政治思想に根差していたわけではない。では、いかなる背景から植民地時代にフロンティア入植地構想は提起され、いかなる点が継承されていくのであろうか。確かに、一七五〇年代にコネチカット植民地が計画したサスケハナ会社に見られるように、植民地時代の構想では沿岸部の入植地の人口増加の解消や土地投機など社会経済的動機が強く働いていた。しかしそれだけでは、なぜ多くの構想で共通して「プロテスタント」の「農民家族」といった入植者の要件が定められていたのかを説明しない。また、一七五六年のトマス・ポーナルの構想が「バリア植民地」との名称を持つように、多くのフロンティア入植地構想は内陸の敵国フランスに対する東部地域の防衛という目的も掲げていた。だがそれでもなお、なぜ防衛拠点が「自営農民の入植地」という形態を取るのかという疑問は残る(2)。

そこで本章は、一八世紀前半に提起されたフロンティア入植地構想の成立背景を検討し、いかなる歴史的文脈において「独立自営農民」の入植地をフロンティアに形成することが構想され始めたのかを検討する。この問いに対して参考になるのは、相対的にヨーロッパ諸国の力が弱く、インディアンを含めた複数の勢力が拮抗する「境界地帯《ボーダーランド》」として北米の内陸を捉える、近年のフロンティア研究の議論である。例えば、G・ノブルズは、一八世紀のフロンティア入植地構想は、「境界地帯」特有の戦争や暴力が多発する無秩序な状態を抑制するために、フロンティアに秩序だった社会空間を生み出す試みであったと指摘する(3)。

さらに同じ立場から、ヴァジニア植民地を考察対象として、より具体的にフロンティア入植地構想の起源を論じたのが、W・ホフストラの研究である。一八世紀初頭、主要輸出産品タバコ生産の増大に伴って、開拓地と黒人奴隷数が拡大するヴァジニアでは、インディアンの戦争行動、ルイジアナ植民地建設によって勢力を拡大するフランス、さらに逃亡奴隷などの治安上の脅威が、内陸フロンティアに集中的に現れると理解されていた。ホフストラは、このような状況に対して植民地総督が行った一連の防衛政策に着目した。一七一〇年代初頭からアレグザンダー・スポッツウッド総督は、人口希薄なフロンティアへのインディアンの侵入を抑止するための防衛政策に着手していたが、一七二〇年には、その主導下で、アパラチア山脈の回廊にまたがる緩衝地帯となる入植地建設を目的とする新郡を設置する法が制定された。ウィリアム・グーチなど後の総督の政策では、逃亡奴隷の山間部侵入を防ぐ目的も加わり、明確に自己防衛の意思を持つ移住民を主体とする入植地の建設が試みられた。ホフストラは「独立自営農民の入植地」とは、こうした課題に答えるために提起された一つの社会モデルであり、ヴァジニアの試みを先駆として、この時期から植民地政策を担う本国政府や植民地官僚、植民事業家に受容されていくという(4)。

本章は、スポッツウッドの入植地構想を主題にしながら、ホフストラの研究では十分に扱われていない問題に着目し、上記の歴史像に一定の修正を加えることを試みたい。それは、一七二〇年の入植地政策に先行して、スポッツウッドが「インディアン」をフロンティアに入植させることを構想した意味である。なぜフロンティア防衛のために「インディアンの入植地」が重視されたのか、またその後に、自営農民が入植者として想定されたのはどのように説明されるのであろうか。この課題は「独立自営農民」を主体とするフロンティアの入植地構想の成立が、ヨーロッパ人による北米大陸の支配領域拡張という単線的な理解によって捉えられないことを示している。事実、J・メレルに代表される近年のインディアン―白人関係史研究の成果は、条約、儀礼、通商、人的結合といった交流・交渉を介して、従来の見解よりもはるかにフロンティアにおいて植民地人とインディアンは密接な関係を保っていたことを指摘している(5)。インディアンの入植地を創設するという発想の由来を解明するには、このような視点を用いてインディアンと植民地の関係を詳しく考察する必要があろう。

以下、第一節では、スポッツウッドがどのような問題に対処しようとしていたのかを理解するために、先行するヴァジニアの内陸フロンティアの治安問題の性格とヴァジニア政府の対応を探る。続く第二節では、スポッツウッドのインディアン入植地政策の成立背景とその内容を考察し、最後に第三節で、一七二〇年にヨーロッパ系移住民の入植地が緩衝地帯として新たに選択された背景を分析する。

一　一七世紀末から一八世紀初頭ヴァジニア植民地におけるインディアン問題

（1）「見知らぬインディアン」の脅威

まず、スポッツウッド総督が着任するまでの期間におけるヴァジニアの内陸フロンティアの治安問題の特質を把握してみよう。表1は、一六九〇年から一七一〇年までの二〇年間におけるヴァジニア参事会記録、代議会議事録、また本国政府への総督の報告において、内陸フロンティア地域に関わる軍事上・治安上の脅威として報告された事例を網羅的に取り上げたものである。[6]まずここから、ヨーロッパ諸外国の軍事的脅威の不在を指摘できよう。一六八九年から英仏戦争が始まり、北米植民地各地ではフランスやスペインによるフロンティアへの侵略が脅威として盛んに論じられていたが、ヴァジニアでは、同等の脅威は感じられていなかったのである。仮に言及されたとしても、「フランスがニューヨークのイロコイ五部族連合を味方につけると」など、あくまで仮定として語られていたにすぎなかった。

一方、明瞭に観察できるのは、「見知らぬインディアン（Strange Indian）」または「外国インディアン（Foreign Indian）」が毎年のようにフロンティアに出没し、ヴァジニア植民地の脅威として把握されていたことである。後述するように、これらは植民地が自らの主権下に服属する「貢納インディアン（Tributary Indian）」と区別し、植民地に帰属しない外部のインディアンを指すために用いた呼称であった。当該時期、こうした外部のインディアンの報告は

表1　ヴァジニアの軍事・治安問題

年	軍事・治安上の脅威として報告された例	不平請願数(貢納)
1690	・「外国インディアン」の攻撃の警告 ・「見知らぬインディアン」情報（北部）	0
91	・インディアンによる殺人（南部） ・6人の「見知らぬインディアン逮捕」，イロコイか（北部） ・メリーランドインディアンの下に「見知らぬインディアン」	0
92	・ポトマック川に「見知らぬインディアン」（北部） ・ピスカタウェイがポトマックにいて怖い（上と同じ？）	0
93	・「見知らぬインディアン」（北部）	0
94	・ポトマック川で「見知らぬインディアン」が攻撃（北部） ・ジェイムズ川奥地で「見知らぬインディアン」が攻撃（南部）	0
95	・ポトマック川に「見知らぬインディアン」（北部） ・ジェイムズ川奥地で「見知らぬインディアン」（南部） ・ラパハノック川上流でインディアンが殺人（北部）	0
96	・メリーランドインディアンが侵入（狩猟）	0
97	・スタフォード郡でピスカタウェイが攻撃・逮捕（北部） ・アポマトックス川でインディアンに撃たれる。 ・ジェイムズ川で「見知らぬインディアン」による殺害	0
98	・なし	0
99	・「見知らぬインディアン」が大量にフロンティアに ・「ピスカタウェイが犯人渡さず」，戦争も	4
1700	・ポトマック川で「見知らぬインディアン」の殺人（北部） ・ピスカタウェイとの交渉不調に	0
01	・2人の「見知らぬインディアン」を収監	1
02	・なし	7
03	・貢納インディアンよりイロコイのスパイ情報（南部） ・「見知らぬインディアン」が貢納インディアンを殺害（南部） ・「見知らぬインディアン」がタスカローラを殺害（南部） ・「見知らぬインディアン」の目撃 ・タスカローラがポトマックに，何もせずに帰る	1
04	・「見知らぬインディアン」が黒人を連れ去る ・「見知らぬインディアン」が貢納インディアンの王を連行（南部） ・貢納インディアンの殺人（ナンシアティコ） ・「見知らぬインディアン」情報，「スペインインディアン」か ・スタフォード郡でインディアンによる殺人と捕囚，軍出動（北部） ・二つのインディアン部隊が北から来る噂（北部）	3
05	・なし	2
06	・メリーランドに20人のインディアン，対タスカローラ	6
07	・タスカローラがフロンティアで殺人（南部）	0
08	・タスカローラの逃亡インディアンが殺人（南部） ・キングアンドクイーン郡で殺人（北部）	1
09	・サリー郡で黒人奴隷とインディアンの蜂起の陰謀（南部）	2
10	・奴隷反乱の陰謀	1

資料は注⑥を参照。

多岐にわたり、インディアンによる殺人事件の後、スタフォード郡の地元兵の進軍を総督が止めた一七〇四年の事例のように、大きな緊張が走ったケースも存在する。報告の大半は目撃情報であるが、このことは、政府とフロンティア住民の間にいかに「見知らぬインディアン」への警戒が高かったかを示唆しよう。(7) 地域全体を巻き込む大規模なインディアン討伐戦争となった一六七六年のベーコンの反乱終結後、植民地内部のインディアンからの直接的な軍事上・治安上の問題は激減したものの、一方で、外部のインディアンの活動による不安は存在し続けたのである。実際、一七一〇年に総督に着任したスポッツウッドのヴァジニアに関する印象は、「人々は遠方から来るインディアンを恐れている」というものであった。(8)

表1に見られるように、一七〇五年以降には「見知らぬインディアン」の報告は減り、一七〇七年に参事会議長のジェニングスは本国政府に「平穏な状態」との報告を行っている。だが、同じ報告で殺人行為が報告されているように、同時期にはノースカロライナのタスカローラに関する情報は増え、また後述するように一七一〇年代にはニューヨークの強力なイロコイ五部族連合の侵入も活発化した。したがって、少なくとも当該期間においては、外部のインディアンがヴァジニアに侵入する状況は持続していたといえよう。一方、これらの実体が判明する部族の動きから、外部のインディアンのヴァジニア侵入は、インディアンの政治的意図を伴う軍事活動や生存活動の一環であったことが理解できる。イロコイの場合、これまでの多くの研究により、一七〇一年のフランス領カナダ政府との講和後、影響力拡大や捕虜獲得などを目的に南部に軍事遠征先を転換したことが明らかになっており、ヴァジニアへの侵入も、彼らの軍事—政治戦略の一部であったと思われる。他方、J・メレルは、狩猟資源の枯渇、土地の喪失、戦争と疫病による人口減少などの苦境を打開するため、北米中南部の多くのインディアンは、イギリス人の入植が進む一七世紀後半から激しく内陸地帯の移動を行うようになったことを明らかにしている。一六九九年、ヴァジニア南部にタバコを作りに来たタスカローラに対して、住民から「イギリス人の中に来させないように」との要望が出されているが、

こうしたインディアンの生存活動がヴァジニアでは脅威と捉えられたのである(9)。

では、このような外部のインディアンの動きは、なぜ深刻な脅威として捉えられたのであろうか。まず正体不明な勢力への不安という一般的な理由に加え、仮に実体が判明しても、植民地のコントロールが及ばない状況が挙げられよう。例えば一六九五年ごろから、メリーランドに服属するピスカタウェイがヴァジニア北西部ポトマック川奥地に移動し、住民には不安が広がった。殺人の疑いも出たことから、ヴァジニア政府は彼らにたびたびメリーランドに帰るよう説得したものの、それに応じる気配はなかった。一六九九年には、ヴァジニアの使節が部族の王に対して首府ジェイムズタウンで総督に面会するよう要望したにもかかわらず、「総督が来るなら面会をする」と使節を冷遇したのである。外部のインディアンは、形式的に特定の植民地に服属していても、イギリス人の定めた境界線や移動許可などのルールに従わずに行動しており、入植者にとっては、そのことが彼らを脅威と感じられる理由の一つだったといえよう。事実、一六九三年、ヴァジニア代議会はフロンティアの入植者に危害を加えるとしてイロコイ五部族連合を批判するが、批判の理由の一つは、彼らが「(一六八六年に)和平条約を結んでいるのに」遵守しないことであった(10)。

しかしながら、より根本的な問題は、ヴァジニアの防衛体制の不十分さ、さらにはその原因となるヴァジニア社会の発展の特質にあったように思われる。この点、一六八九年の英仏戦争開始後、北米植民地全体の防衛上の要衝とされたニューヨークへの防衛支援の是非をめぐって、本国政府・総督と植民地議会の間で起こった論争が参考となる。一七〇一年、代議会は国王への請願の中で、プランテーションが「互いに広く分散しているので、敵に対してむき出しで、防衛が欠如」しており、「南部や西部の大きなインディアン部族が、日々遮るところのないフロンティアに攻撃をしかける」と防衛問題を総括している。一方、同年、総督ニコルソンは植民地議会への演説において、住民が「町に住まず」、「分散して」いることは、軍の召集上の問題があると指摘した。居住地の間には「大小のいくつも河川」があるにもかかわらず移動手段が十分でなく、敵の侵入を食い止めるために住民が集まる前に、「数日間も必要

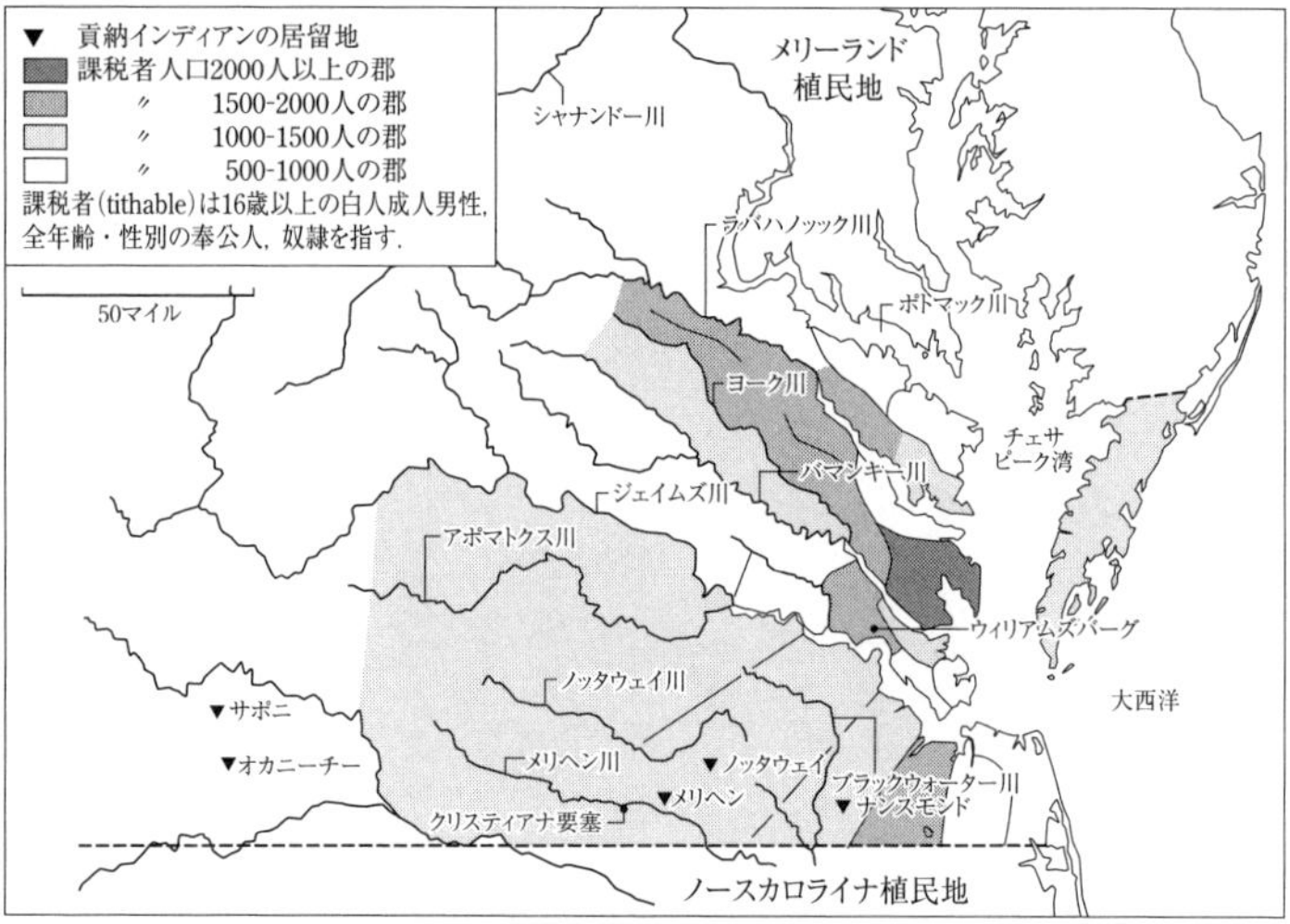

図1 ヴァジニア植民地（1714年）

Gerald W. Mullin, *Fright and Rebellion, Slave Resistance in Eighteenth Century Virginia* (New York, Oxford University Press, 1972); Evarts B. Greene and Virginia D. Harrington, eds., *American Population Before the Federal Census of 1790* (New York, Columbia University Press, 1932), 145–151; Merrell, *The Indians's New World*, 4 より作成.

とする」。代議会はニューヨークへの支援によって植民地防衛が手薄になることを危惧し、一方、総督はヴァジニアへの脅威を未然に防ぐためにもニューヨークへの支援が必要であるという正反対の論理を展開するが、両者は、分散した入植状況によって植民地防衛が脆弱となっている現状を共通認識としたのである（図1）。従来の研究が明らかにしてきたように、入植以来、ヴァジニアでは輸出作物タバコの生産のため、入植者が個人所有のプランテーションを求めて分散型の入植地が展開し、町や村落などの集住地の発展は極端に遅れた。また大プランターによる土地投機が盛んに行われ、一七世紀後半には、平均付与地規模が約六七〇エーカーとなるほど大土地所有が浸透したことも居住地の分散に拍車をかけた。ヴァジニアのタバコ生産体制は植民地の経済発展を進める一方で、防衛面の脆弱さを生み出していたのだといえよう[11]。

また分散した入植状況は、フロンティア防衛の選択肢が制限されてしまう問題も起こしていた。ヴァジニア政府はフロンティア防衛の要衝とするために、一六四五年に主要四河川の上流に要塞の建設を行った。だが、一七世紀後半には費用面からも有効性という点からも存在が疑問視され（一六七六年のベーコンの反乱における総督派とベーコン派の主要対立要因でもあった）、最終的に議会は一七〇二年に要塞維持を完全に断念した。そのかわり重視されるようになったのがレンジャー活動であった。一六八〇年に外部のインディアン対策として設置されたレンジャー部隊は、フロンティアを抱える郡の民兵中尉が一一人の隊員を引率し、週に数日、河川の上流部を見回る制度であった。一六九五年に代議会が、「フロンティアがオープンなために兵士を配備している」と国王への請願でいうように、入植地が分散した状況では、移動性の高いレンジャーが有用とされたのである。だが、レンジャーも十分な制度ではなかった。早くも一六九一年には、参事会がレンジャー部隊の給与支出が政府に「大きな負担」となっていると指摘し、その後もたびたび隊から給与未払が訴えられるなど、レンジャー部隊は費用問題を抱え続けたのである。そのためレンジャー部隊の常設には反対が多く、必要に応じて総督が辞令を出し、住民の要望があれば植民地議会が継続法を制定するなど、レンジャーは一貫して臨時の制度に留まっていたのであった[12]。

一七〇三年に、参事会は総督への答弁において、植民地防衛の問題として、「この国が守らねばならない、大きく、オープンなフロンティア」、「防衛の際に信頼のおける自由人の少なさ」、「互いの居住地の遠さ」、「奉公人や奴隷の蜂起の恐怖」を挙げている[13]。この答弁はヴァジニア植民地の防衛問題が諸状況の複合的な作用によって生まれていることを端的に物語っていよう。さらに深刻であったのは、「信頼のおける自由人の少なさ」という言葉が示すように、ヴァジニア植民地が社会の内部にも不安定な要因を抱えていたことであった。

(2) 貢納インディアンとヴァジニア社会

さて一方、ヴァジニア植民地の防衛問題において、植民地に服属する貢納インディアンはどのように位置づけられるのであろうか。確かにヴァジニアに居住するインディアンは一七世紀後半には人口が激減して、一七〇〇年ごろには約一〇部族一九〇〇人程度になっており、軍事勢力としての存在感は喪失していた。ところが、一七〇五年には植民地議会が「貢納インディアンとイギリス人臣民の間の誤解を防止する法」を制定しているように、特別な法的措置を必要とするほど、両者の間には緊迫した状況も存在したのである。(14)

もとより、大きな勢力を誇ったポウハタンが制圧された一六四六年に本格的に始まるインディアンの貢納制度は、ヴァジニア政府がインディアンを支配しつつ、下位集団として一定の地位と権利を与え、彼らとの和平を確立・維持する狙いに基づいていた。とりわけ本章の扱う時期における貢納インディアンの地位を定めたのは、ベーコンの反乱後の一六七七年、植民地政府が領内の一九部族と結んだ講和条約である。同条約では、インディアンはイギリス王に「臣従」し、以後毎年の一定額の貢納を支払うことと引き換えに、領土と狩猟権を付与された。さらに条約では「互いの不和と不平」を防ぐために、植民地人のインディアン領への侵入・入植、奴隷化を含む人身・財産の侵害などが禁じられ、植民地人からの権利侵害があれば、総督への不平請願の権利も認められている。さらに条約後も植民地議会は毎年、貢納インディアンとの通訳に公費支出を行うなど、彼らとの和平の維持に配慮した。ただし同条約において、貢納インディアンが「外国インディアン」を見た場合に通報すること、また「外国インディアン」との戦争の際には軍に加わることが要請されているように、植民地は貢納インディアンに対して、単なる友好関係ではなく、外部のインディアンとの関係を切断し、植民地の利害と一体化することを求めたのである。(15)

貢納インディアンと植民地の関係については研究が少なく、不明な点も多い。ただし参事会や代議会の史料からは、上記の条約後、両者の間では、とりわけインディアンが得意とする分野において協力関係が築かれ、しばしば公的に制度化されたことがうかがえる。例えば、貢納インディアンが狩猟したオオカミに対する報奨金の公的支出を求める住民の要望は強く、一六九六年には同内容の法が制定されている。なかでも貢納インディアンが必要とされたのは、レンジャー活動であった。一六九〇年以後、政府はレンジャー部隊がフロンティアを見回る際には、二人の貢納インディアンを同行させる規定を設け、実際にインディアンが同行した記録も存在する。一六九五年、レンジャー部隊が「外国インディアン」を見逃した後、ウィリアム・バードが「森に熟達したインディアンが加わることが必要だった」というように、インディアンにはフロンティア状況における植民地人の軍事能力の欠点を補うことが期待されていたのである。一六九七年にアンドロス総督は「議会が不要としたので、インディアンはレンジャーには加わっていない」と本国政府に報告するように、彼らのレンジャー部隊への参加は減少したが、地方レベルでは継続していた可能性は高い。こうしてヴァジニア植民地は、貢納インディアンを社会の下位集団として受け入れつつ、リスクの高い任務を負わせるという関係のあり方を構築していたのである[16]。

しかしながら、参事会記録を考察すると、一七世紀末には植民地人と貢納インディアンとの関係には緊張が生まれていたことも観察できる。まず確実に言えるのは、貢納インディアンが植民地社会に大きな不満を抱くようになったことである。表1に貢納インディアンが総督に申請した不平請願数の変遷を記載したが、一六九九年からはコンスタントに不平が寄せられるようになったことが見て取れよう。彼らの不満は多岐にわたるものの、その大半は土地問題であった。一六九九年にオカハノックが「自領に入植を許可した結果、土地がなくなり、貧困に苦しんでいる」と請願するように、貢納インディアンは、自らの領土や生活圏に植民地人が急速に侵入することに大きな不満を抱くようになったのである。

A・ペアレントの研究によれば、パマンキー、ノッタウェイ、メヘリンといった主要な貢納インディアンの領土が位置したヴァジニア南部地域（ブラックウォーター川）と中部地域（パマンキー川）の未入植地域に対しては、一六八〇年代後半から急速に土地需要が高まっていた（図1）。詐欺による不正な土地取得が横行したことからも、本国政府はこれらの地域の土地付与を停止した。しかしながら、植民地議会からの開放圧力は高まり、一六九六年にアンドロス総督は土地付与の許可を出す決断を下した。その結果、権利を持った入植者や不法入植者（スクォッター）がインディアン領内にまで殺到した。是正を訴えるインディアンの要請に応じ、一七〇一年に植民地議会は、条約で定められた各領土を測量して正式に各貢納インディアンに付与し、インディアン領への入植を改めて禁じた。しかし不正な侵入は後を絶たず、また入植者の増大によって、「日々イギリス人が彼らの集落近くの土地を取得し、居住することで、すぐに放牧地や狩猟地がなくなる」（ノッタウェイ、一七〇二年）という生存環境の激変も起こった。インディアンの不満が解消されなかったことは、表1においてこの時期に不平請願が増大していることからも明らかであろう。

一方、パマンキーが領土の確定を政府に依頼したところ、人口比で土地の量が多すぎるとして領土を削減されたように、仮に領土を確保しても、貢納インディアンには領土削減の圧力から逃れる術はなかった。一七〇二年に再度ニコルソン総督が南部地域への入植を禁じ、一七〇六年に本国政府が入植許可を出した際も入植条件を厳しくしたが、状況は変わらなかった。一七〇八年、インディアン交渉人のベンジャミン・ハリソンが「私はイギリス人がインディアンよりも非難されるべきだと思う。人々は勝手に土地を占拠し、それが紛争になっている」と述べていることが事態を表していよう。(17)

上記のように、こうした貢納インディアンの不満に対して、植民地政府は権利の再承認などの対応を行い、インディアンの信頼回復に努めた。一七〇五年の「誤解を防止する法」は貢納インディアンの不満を和らげるために、一六七七年の条約の再確認に加え、土地や酒の売買を禁じたものであった。ところが、同法の名称が示すように、並行して植民地人の側にも貢納インディアンに対する疑念や反感が広がっていたように思われる。例えば、一七〇四年にナンシアティコが植民地人を殺害する事件が起こると、裁判では事態が終息せず、議会で部族全体の処遇が審議され、子どもを除く部族全員が海外に送致されるという徹底的な排除措置が取られた。参事会が事件を「ヴァジニア全体の危険」と呼んで、裁判にメヘリン、パマンキー、ノッタウェイなど主要な貢納インディアンの指導者を召喚して「犯罪に対する公平な裁判」を見せるなど、政府レベルでも貢納インディアンの反抗に対しては疑念が広がっていた。こうした疑念や反感の背景は複雑だが、少なくとも植民地人の間には、不平を持ち始めた貢納インディアンが、外部のインディアンにも影響されながら、植民地への「忠誠」を喪失しつつあるとする観念が共有されていたように思われる。例えば、一七〇六年にはノッタウェイが「横柄」で「計画」を練っているとする情報、翌年には彼らが殺人を行ったタスカローラを隠匿したという情報が参事会に寄せられている。[18]

以上のように、一七一〇年にスポッツウッドが総督に着任した際、ヴァジニアの内陸フロンティア問題は外部のインディアンの行動に留まらない複雑さを持っていたといえよう。例えば、一七一一年に参事会は「放浪インディアン」と区別するために、貢納インディアンは住民に近づく際には銅製バッジをつけること、バッジの一年に一度の検査、さらに紛失した場合には「外国インディアンに取られていないか」との質問に答えることを命じている。[19] ヴァジニアの植民地人には、次第に外部と内部のインディンは重なり合うように見えたのである。

二　スポッツウッド総督の「インディアン」フロンティア入植地政策

本節では、スポッツウッド総督のフロンティア入植地政策の考察を行うが、まずは彼が政策を開始するまでの経緯を確認しておこう。スポッツウッドは、モロッコにおいて一七世紀後半に一時的にイギリスの植民地となっていたタンジール出身の軍人で、一七歳からヨーロッパ戦線に赴き、スペイン継承戦争中には、マールバラ公の下で主計総監として勤務した経歴を持っていた。ヴァジニア総督の職は軍人への恩給としての人事であったが、スポッツウッドは着任当初から精力的に行政に取り組んだ。なかでも強い関心を示したのが、植民地防衛の強化である。一七一〇年一一月には、植民地議会に対して、内陸部からの外敵の侵入に対する防衛を行う現行法が「暫定的」であることを問題点として指摘し、兵の給与固定などの改革を提言している(20)。

スポッツウッドがフロンティア入植地政策を考案する契機となったのは、一七一一年以降、内陸フロンティア防衛に対する危機感が急速に高まったことにあった。なかでもヴァジニア植民地社会に大きな衝撃を与えたのは、一七一一年九月、隣接するノースカロライナ植民地で起こったタスカローラ戦争である。この戦争は、入植地拡大によって苦境に陥っていた同植民地の沿岸小部族の反乱をきっかけに、狩猟資源の枯渇などへの不満を抱いていたタスカローラが植民地社会に対して起こした軍事行動であった。タスカローラが二〇〇〇人以上の兵士を擁する大きな勢力であり、さらにイロコイ五部族連合の加担が噂されたことからも、ヴァジニア政府は戦争の影響が波及することを強く恐れた。例えば、失敗に終わったものの、同年一〇月には「平和を保ち、インディアンの侵入を防ぐため」、ヴァジニア政府は、戦争に加担していない北部タスカローラ八集落と交渉し、中立、そして戦争を行う南部タスカローラへの攻撃を約束させようとするなど、早い段階で対策を講じている。結局、ヴァジニアの関与はノースカロライナへの資金と物資の供与のみとなったが、戦争はヴァジニア全体に大きな不安を与え続けていた(21)。

一七一三年には、タスカローラ戦争の余波がヴァジニアにも及び、スポッツウッドに従来の防衛政策を大きく転換させる直接的な動機を与えた。同年夏にサウスカロライナ軍によってノースカロライナを追われたタスカローラは、ヴァジニア南部ロアノーク川周辺に移動し、近隣の貢納インディアンが誘拐されるなどの事件が起こったことからも、住民の間に不安が高まった。だが民兵隊やレンジャーはタスカローラを退去させられず、スポッツウッドは自ら貢納インディアン五〇人を含む部隊を率いて対処することを余儀なくされた（講和条約を結ぶ）。こうしてタスカローラ戦争は、従来からのヴァジニアのフロンティア防衛の欠点をクローズアップする役割を果たしたのである。実際、同年一一月、スポッツウッドが植民地議会に対して貢納インディアンをフロンティアに入植させる案を提起した際にも、レンジャー部隊が外部のインディアンの侵入に役に立たず、一方で「トラブルと支出が多い」問題を解消するためという理由を上げている。(22)

では、スポッツウッドのフロンティア入植地政策はどのような内容を持ち、またどのような狙いがあったのであろうか。入植地政策を制度的に裏づけた一七一四年の「インディアン取引法」に加え、一七一三年一一月から一七一五年の一月にかけてスポッツウッドが参事会・代議会、また本国政府に行った説明からは、以下のような全体像が浮かび上がる。まず、ヴァジニア政府とすべての貢納インディアンが条約を結び、北部、中部、南部の各主要河川上流に設定した六マイル四方の居留地に移住させる（実際の条約は一部の部族と一七一四年三月に締結）。中部のラパハノック川―ジェイズム川間には、講和したタスカローラを配置することが予定された。入植地には要塞を置き、そこに植民地人の兵士を常駐させ、貢納インディアンとともにフロンティアの巡回を行って、外部のインディアンの侵入をブロックする。要塞にはインディアンの教育を目的とする学校を設立し、彼らがキリスト教や「文明的生活様式」を身に着けることが期待された。また入植地政策には、「インディアン取引法」によって設立が定められた「ヴァジニアインディアン会社」を入植地の運営と連動させる仕組みが導入された。同社は立法によってヴァジニアの全インディアン貿易の二〇年間の独占権を与えられており、同社が遠方のインディアンと行う貿易から上がる利益から、要塞と学校の費用が拠出されることが計画されたのであった。このようにスポッツウッドの提案した新たなフロンティア入植地政策は、彼が「忠実」と呼ぶ貢納インディアンをフロンティア防衛体制の軸に据え、従来の植民地人によるレンジャー活動よりも効果的に、なおかつ費用を削減しつつ、植民地防衛を行うことを目的としていたのである。(23)

一方、スポッツウッドの考えでは、貢納インディアンのフロンティア移住には、彼らの利益に資するという目的も存在した。ノッタウェイが条約の際、「現在は住民に囲まれて狩猟ができない」と主張したように、前節で見たような土地問題に苦悩する貢納インディアンは、入植地政策の下、フロンティアに広い土地を得ることができる。また入植地内に建設する要塞には公設市場が設けられ、植民地人との商取引を限定することが予定された。従来から、植民地人との自由な商取引は不正や過度の酒売買を招いてインディアンの不満の一因となっており、両者の取引自体を厳しい管理の下に置くことで、紛争の発生を抑止することが想定されたのである。(24)

以上のように、スポッツウッドの構想は、外部のインディアンの侵入に対するヴァジニアの防衛上の欠点を、「貢納インディアンの入植地」によって克服しようとするものであった。緩衝地帯の設置や防衛費の削減といった計画が斬新な策であったことは、代議会が同案に全面的に賛成したことからもうかがえよう。しかしながら、スポッツウッドの案は新機軸ばかりではなく、その発想の中核においては、既存の手法に依拠していることにも注意せねばならない。貢納インディアンのレンジャー部隊への活用に加え、彼らを配した緩衝入植地という発想も、スポッツウッド着任前からヴァジニアに存在していた。例えば、一七〇八年、ヴァジニア南部フロンティアを転々と移住していたサポニがヴァジニア政府に服属を求めた際、タスカローラへの防衛のために、政府は南部メヘリン川沿いに土地を与えている。スポッツウッドは貢納インディアンを「役に立つ隣人にする」と述べているが、彼の発想は、インディアンを社会の下位集団として活用する従来の植民地の慣例に立脚していたといえよう。(25)

しかしながら、スポッツウッドの構想を検討してみると、貢納インディアンのフロンティア移住政策には、もう一つ見逃せない新たな目的が存在することが判明する。例えば、一七一六年にスポッツウッドは通商拓務院への説明で、事業目的の一つを「(インディアンを)住民から引き離す」と述べており、また別の個所でも「インディアンをイギリス人の中にふらつかせない」といった表現を用いている。すなわち、スポッツウッドは貢納インディアンと植民地人の物理的な分離も政策の目的として想定していたと考えられるのである。彼が分離政策を重視したことは、入植地政策の評価をめぐる本国政府とのやり取りからも明らかとなろう。一七一六年にスポッツウッドのフロンティア入植地政策を検討した通商拓務院は、政策全体を評価したが、「友好インディアン」がイギリス人の入植地に近づくことを禁止した点を厳しく批判した。その根拠は、フランスの北米植民地では入植者がインディアン社会に居住し、通婚を行うことで、インディアンとの強固な関係を築いているという情報であった。しかし、スポッツウッドはこれに強く反論した。ヴァジニアでは、劣悪なモラルの「フロンティア人」がインディアンに酒を売り、暴力をふるい、深刻な対立を招いている。その結果、互いの接触を嫌がり、長い歴史があるのに「フランスのような結婚による友好の例は存在しない」ではないか、と。(26)

このようにスポッツウッドが構想に組み込んだ分離政策の意図は、基本的には貢納インディアンと植民地人の対立の回避による両者の安全の確保であったといえよう。だが、スポッツウッドが意図したのが、あくまで「インディアンの隔離」であったことは、彼の構想が単なる相互の安全確保をこえた意味を持っていたことを示している。例えば、スポッツウッドは一七一六年の通商拓務院への報告において、一七一五年にサウスカロライナで起こった大規模なインディアン戦争であるヤマシー戦争について、植民地人がヤマシーを「臣従している」と信頼して、自由に移動させ、戦争に参加させたことが「反乱」を容易にしたと指摘する。そして、こうした事態を避けるにはインディアンを「近くに来させない」ことが必要だと主張する。このようにスポッツウッドの分離政策には、本質的に忠誠心を疑われるインディアンが、植民地人の「隣人として」存在すること自体を解消しようとする狙いも存在したのである。スポッツウッドの貢納インディアンの「忠誠」への不信は、移住後に進めようとしたキリスト教化の目的を「政府への友好の確保」とロンドン主教に説明していることからも明らかであろう。(27)

このスポッツウッドの発想には、従来からくすぶっていた植民地人の貢納インディアンへの不信に加え、タスカローラ戦争の経験が大きく寄与したと思われる。この戦争は貢納インディアンと外部のインディアンの同盟に対する、従来のヴァジニア社会の不安を爆発的に増加させたからである。実際、戦争勃発直後から、貢納インディアンがタスカローラと同盟するという噂がヴァジニア政府には次々に寄せられた。一七一一年一一月には、ナンスモンド郡の士官から、殺害されたドイツ人の服がメヘリンの集落から発見されたという情報が寄せられ、一二月には、ある黒人奴隷はノッタウェイがイロコイとタスカローラと組んでヴァジニア人を殺す計画を立てていると証言した。ヴァジニア政府も、貢納インディアンに対する信頼を失った。一七一二年四月、参事会はノースカロライナからの兵の拠出要請に対して貢納インディアンを一〇〇人送ろうとするが、その理由は、タスカローラと密通していると信じられた彼らを参戦させることで、「敵のインディアンとの密通と同盟を断ち切る」ためであった。スポッツウッド自身、タスカローラと交渉するたびに約束が履行されないことから（入植の条約も履行せず、ノースカロライナへ帰った）、「インディアン」全体の「忠誠」への不信を高めていた。スポッツウッドは、一七一一年一二月に全貢納インディアンに子どもを二人ずつ人質として出させたのを皮切りに、「忠誠を得る最良の手段」として、人質をインディアンとの条約の際の慣例としたのである。(28)

以上見たように、スポッツウッドのフロンティア入植地政策は、従来の植民地―貢納インディアン関係に立脚しつつも、その根本的な再編を企図したものであったといえよう。スポッツウッドは再編による両者の利益の創出を強調するが、忠誠心が不安視される貢納インディアンの隔離など、むしろ植民地社会の安全と利益をより拡充する意図に基づいていたことは間違いない。事実、貢納インディアンのフロンティア移住政策では、土地需要という従来の植民地社会の物質的利益に寄与することも副次的に想定されていた。例えば、移住を取り決めた貢納インディアンの条約には、フロンティアの安全が確立し、「植民地人の入植地が近くまで迫った」場合、インディアンが「さらに遠くの土地」へと再移住することが取り決められている。そもそも最初の移住についても、インディアンが明け渡した土地の確保が見込まれていた。一七一七年の参事会においてスポッツウッドは、フロンティア入植地に移住したサポニが居留した土地の売却を報告し、翌年にも多数の付与地の申請があったと報告している。もっとも、スポッツウッドは土地売却の収益は要塞建設に回されると述べており、構想の中では、あくまで排除すら貢納インディアンの利益に資すると考えられていたのである。(29)

三　新たなフロンティア入植地構想の成立

では、スポッツウッドのフロンティア入植地政策はどのように展開し、また彼はいかなる文脈で一七二〇年にフロンティアに新たな郡（スポッツシルヴァニアおよびブランズウィック）を設置し、入植地を拡大する案を提起したのであろうか。一七一五年一月には南部メヘリン川の上流にクリスティアナ要塞が建設され（図1参照）、貢納インディアンの移住が着手されるなど、実際に事業は開始された。サポニが同要塞近くに居住し、学校の運営も行われたことは考古学調査によって発見された遺物を含む複数の史料から確認されている。また保護を求めてカトーバの一部がクリスティアナ要塞に移住を申請するなど、近隣のインディアンの中でも入植地は一定の評判を得ていた。ところがその他の面では事業は困難を抱えており、一七一八年六月には、スポッツウッドが「すべての防衛プロジェクトが覆った」と本国の通商拓務院に報告するなど、わずかな期間で頓挫したのである。(30)

政策失敗の直接的な原因は、入植地の財政面の運営を担う「ヴァジニアインディアン会社」の設立を定めたインディアン取引法が一七一七年六月に本国政府によって却下され、会社のインディアン貿易独占権が廃止されたことであった。A・オルソンによれば、この措置はインディアン会社の独占権に反発したヴァジニアの有力インディアン商人グループによる、本国政府へのロビー活動の結果であった。彼らの代表であったウィリアム・バードは、植民地議会選出の代理人としてロンドンに滞在している間、ヴァジニアと通商関係を持つイギリス商人に依頼し、政府へのインディアン会社反対請願の提出や、通商拓務院の公聴会における反対証言を引き受けてもらっていた。スポッツウッドは通商拓務院に弁明を試みるも、対抗しうるコネクションはなく、あえなく敗北に終ったのである[31]。

とはいえ、有力インディアン商人のみならず、植民地内の様々な勢力が政策の実行と継続を阻んだことも重視されよう。最も強力な反対を行ったのは代議会である。インディアン取引法の却下によって会社が財政破綻を余儀なくさされると、スポッツウッドと参事会は、一七一八年にフロンティア入植地政策の継続のため、財政権を握る代議会に要塞の維持など入植地に関わる費用の支出を求めた。ところが当初は計画に賛同していた代議会は、その要求をほぼすべて却下したのである。もともと大プランターを兼ねる有力インディアン商人だけでなく、インディアンとの取引を望むヴァジニア南部の住民からもインディアン会社の独占権には反対請願が寄せられており、また「常備軍」とされた要塞の維持を目的とする課税への反対意見も強かった。スポッツウッドが「無学な連中によって圧力を受けた」と本国政府に報告するように、代議会が選挙民の意見に配慮した可能性は高い[32]。

さらに代議会の決断に確実な根拠を与えたのは、インディアンである。スポッツウッドが代議会への報告で明確に認めたように、ヴァジニア政府と条約を結んだ貢納インディアン三部族のうち、条約を履行したのはサポニだけであった。タスカローラが条約を無視してノースカロライナに帰ったことに加え、ノッタウェイについて次のような事実が判明する。ノッタウェイは条約を結んだ直後から「サポニと近隣になること」に不満を述べ、移住を渋っていた。彼らは、政府による説得と脅迫にも応じず、「人質を出さない」という強い抵抗を行い、さらに一七一五年八月には代議会に救済を請願する手段を取っている。その際に述べた理由は「かつての権利と特権を再び得て、自らの土地に留まりたい」というものであった。インディアンによる移住政策の否定や代議会への請願は、スポッツウッドおよび参事会に大きな「当惑」を与えた。同月、参事会はノッタウェイの指導者を召喚して尋問し、そこでも彼らが拒否すると、指導者を「総督の意向通りに」鉄鎖につなぐ命令を下したのであった。このような貢納インディアンの断固とした拒否は、サポニしか入植しないという結果を生み出し、代議会の意見に「たった一つの部族のみに要塞維持費を拠出するのは不合理」という論拠を与えたのである。[33]

以上のように、フロンティア入植地政策の失敗は、スポッツウッドという本国官僚が政府の権威を用いて効率的に帝国行政を運営できると考えつつも、現実の帝国を構成する多様な集団の意思や実力に対して無理解であったことから生じたといえよう。もっとも、外部のインディアンの脅威は終息したわけではなく、一七一七年以降には、イロコイ五部族連合が本格的に北米南部への軍事遠征を再開し、ヴァジニアのフロンティアでは殺人や誘拐事件が発生していた。スポッツウッドにはフロンティア住民や貢納インディアンから頻繁に請願が届き、ニューヨーク政府にイロコイへの勧告を要請するなど、暫定的な対策を講じている。とはいえ、その効果は「信じる」しかなく、さらにスポッツウッドは一七一八年にイロコイとの直接交渉による解決を目指したものの、参事会と代議会はイロコイが条約を守らないとの不信感から、交渉にも許可を与えなかった。スポッツウッドは、このような状況を前提に、新たな防衛政策を考案せねばならなかったのである。[34]

一七二〇年にスポッツウッドがフロンティアに新たな防衛入植地を建設する構想を代議会に提起したのは、以上のような文脈において捉えることができよう。一七一九年六月に参事会とイロコイへの対応を協議した際、「議会によって何年も実行してきた方法が否定された」というように、スポッツウッドは貢納インディアンのフロンティア入植地という方法を防衛政策の前提にしつつ、新たな政策を考案することを望んでいた。実際、制定されたフロンティアに二郡を設置する法（以下、二郡設置法）には、「インディアンに対して無防備な状況において」、北と南のフロンティア（「アパラチア山脈の回廊」）に入植地と要塞を建設して「バリアにする」という、頓挫したインディアン入植地の中心的な要素が引き継がれている。とはいえ、スポッツウッドが新たに重視したのは、いっそう植民地人の秩序意識と利益に寄り添う形で政策を立案することであった。例えば、二郡設置法では、「外国人プロテスタント」の入植が奨励され、入植者への一〇年間の免税と自らの教派の教区設置、牧師の維持費付与などの特権が規定されている。こうした規定には、ドイツ人とスイス人に代表される「外国人プロテスタント」が信仰面からも忠実とされ、また移住によって人口増大が見込まれており、従来から植民地人に歓迎されていたことが寄与していたと考えられよう。加えて、この規定は、新設郡に入植した場合、植民地人も免税特権を受けることができることも意味しており、入植地拡大という植民地人の利益にも合致していたのである。(35)

他方、ホフストラもいうように、新政策の大きな特徴は、従来とは異なり、フランスの脅威への対抗策として、すなわちイギリス帝国の政策として位置づけられたことであった。例えば一七二〇年には、植民地議会が国王に「野蛮なインディアンと危険なフランスの侵入を食い止め」、フランスの「北米全植民地への進入路となる」アパラチア山脈の回廊に入植を進めるための支援を請願している。ヨーロッパで迫害された「外国人プロテスタント」の入植は、反フランス＝カトリックという点からも重視されたのである。だが、こうした主張は現実というより（スポッツウッド自身、一七一八年の本国への報告書で「ヴァジニアにはフランスの情報がない」と述べている）、一七一七年にフランス勢力伸長の情報を得て、本国政府が対仏防衛政策を考案するよう全北米植民地の官僚に要請するなど、本国の北米植民地政策が変化した状況に対応したものであった。スポッツウッドは、イギリス帝国の政策としてヴァジニアのフロンティア防衛を設定することによって、本国からより強力な防衛支援と植民地の利益を引き出そうとしたと思われる。例えば、植民地議会は上記の請願において、本国の費用で要塞建設と軍の駐屯を求めるなど、従来ヴァジニアでは財政上の理由から断念されていた防衛手法を実現しようとしている。他方、同じ請願では、免役地代と土地取得手数料（いずれも本国の歳入）の免除も要望しており、新政策が土地投機を行う大プランター層の利益に大きく配慮したものであったことを示していよう。事実、一七二一年五月の参事会だけでも、実体のない新設郡に一六件計七万五二〇〇エーカーの土地付与――偽名を使ったスポッツウッドの権利も含む――が申請され、すべて認可されたのであった。(36)

おわりに

さて、従来から本国政府内には植民地人の土地投機に対して反対意見が強く、上記の植民地議会の請願は全面的には認められなかった（免役地代免除期間を七年に縮小。また要塞は不許可）。とはいえ、通商拓務院がヴァジニア植民地議会の請願を「アメリカにおける陛下の帝国」を発展させるための北米植民地全体の「手本」と評価したように、すでに北米植民地の内陸フロンティアの位置づけは大きく変わっていた。例えば、一七二四年に約八万エーカーに上る不正な土地取得で告発されたスポッツウッドは、本国政府への弁明において、有益な入植者を誘致し（スポッツウッドは自費でドイツ人を入植させた）、「強靭な入植地」を建設すれば、多少の不正があってもフロンティアの土地取得は許されるべきだと主張した。それに対して、政府（枢密院）も「開拓を考慮する」などと述べ、その弁明を受け入れたのである。こうしてヴァジニアのフロンティアは、植民地の不安定な外延から、「イギリス帝国の利益」に関わる空間へと大きく転化した。本章が示すのは、スポッツウッドの考案した「インディアンの」フロンティア入植地政策は、こうした転換を促す否定的媒介の一つとなったことであろう[37]。

また、この転換は、北米の内陸フロンティアにおける社会空間と人種関係に関わる想像力のより大きな転換の一部であったと思われる。一七世紀後半から一八世紀初頭には、ヤマシーをはじめ、「周辺インディアンによる防衛ネットワーク」（オーティス）を構築したサウスカロライナはもとより、各地で戦争や土地の喪失によって移住を余儀なくされたインディアンを受け入れ、外敵への緩衝地帯とする防衛政策が試みられていた。一七〇〇年、同盟したインディアンがフロンティアに居を定めたことを「理由に」、レンジャー部隊と要塞を廃止するとしたメリーランド議会の決議は、同時代の人種関係の思考方法をよく示していよう[38]。一七一三年のスポッツウッドの構想はこれらと同じ発想に由来し、なおかつその最後の試みとなったのである。確かにその後も北米植民地では、対外戦略や領土拡大のためインディアンとの同盟や友好関係は重視されるが、従来とは大きく関係の質を異にした。一七五〇年代までに北米各植民地では、対仏防衛のため、入植地建設を軸とするフロンティア防衛政策が試みられたものの、そこで入植を奨励されたのは、――しばしば「白人」とも呼ばれた――「外国人プロテスタント」であり、インディアンは一切対象とならなかった。その理由は、ヤマシー戦争（同盟インディアン最大の反乱）後の一七一七年にロバート・モンゴメリーが計画した、ヨーロッパ人移民主体のフロンティア植民地「アジリア」の宣伝文書に書かれた「危険なインディアンと黒人の助けを借りない」という言葉が示していよう。本章でも見たように、植民地社会が従来「助け」を求めてきたインディアンであっても、頻発する戦争を通じて、「危険な」存在という認知へと次第に変容していた。一八世紀前半の北米植民地においては、自らの社会空間における「信頼のおける」構成員に関する想定が確実に転換しつつあったのである。[39] 建国期の政治指導者に顕著に見られる、独立自営農民を合衆国の有力な「公民」とする発想は、仮に共和主義的政治思想に根差すとしても、その前提には、このような植民地社会の構成員に関する認識上の転換が存在したのである。

（1）新しい成果としては、肥後本芳男「環大西洋革命とジェファソンの「自由の帝国」」常松洋他編『アメリカ合衆国の形成と政治文化』（昭和堂、二〇一〇年）、Chad J. Wozniak, "The New Western Colony Schemes: A Preview of the United States Territorial System," *Indiana Magazine of History*, 68, 1972, 283–306.

（2）Richard Buel Jr., *Dear Liberty, Connecticut Mobilization for the Revolutionary War* (Middletown, CT., 1980). またベンジャミン・フランクリンの植民地計画についてはBernard Bailyn, *Voyagers to the West: A Passage in the Peopling of America on the Eve of the Revolution* (New York: Vintage Books, 1988), 29–57を参照。

（3）Gregory H. Nobles, *American Frontiers: Cultural Encounters and Continental Conquest* (New York: Hill & Wang, 1997), chap. 2. またグールドは、七年戦争後、イギリス政府が戦争を抑制するために境界地帯を直接統治しようとしたと指摘する。Eliga H. Gould, *Among the Power of the Earth: The American Revolution and the Making of a New World Empire* (Cambridge, MA: Harvard University Press, 2012),（イリジャ・H・グールド、森丈夫監訳『アメリカ帝国の胎動―ヨーロッパ国際秩序とアメリカ独立』（彩流社、二〇一六）chap. 3.

（4）Warren R Hofstra, "'The Extension of His Majesties Dominions': The Virginia Backcountry and Reconfiguration of Imperial Frontiers," *The Journal of American History*, 84, 1998, 1281–1312（以下、*JAH*); Idem, *The Planting of New Virginia, Settlement and Landscape in the Shenandoah Valley*, (Baltimore, MD: Johns Hopkins University Press, 2004). ヴァジニアのフロンティア観と入植政策については、Scott. L. Philyaw, *Virginia's Western Visions: Political and Cultural Expansion on an Early American Frontier* (Knoxville, TN: University of Tennessee Press, 2004)も参照。

（5）James H. Merrell, *Into the American Woods: Negotiators on the Pennsylvania Frontier* (New York: Norton, 1999); Idem, "Indian History During the English Colonial Era," Daniel Vickers, ed., *A Companion to Colonial America*, (Oxford: Blackwell, 2003), 118–137. この点に関する研究は数多いが、以下の論文集が最も有益。Andrew R. L. Cayton and Fredrika J. Toute, eds., *Contact Points: American Frontiers from the Mohowk Valley to the Mississippi, 1750–1830*, (Chapel Hill, NC: North Carolina University Press, 1998); Peter C. Mancall and James H. Merrll eds., *American Encounters: Natives and Newcomers from European Contact to Indian Removal*, (New York: Routledge, 2000).

（6）ここでは用いた史料は以下である。J. P. Kennedy and H. R. McIlwaine, eds., *Journal of the House of Burgess of Virginia*, (Richmond, Va., 1905–15), Vols. 2–5（以下、*JHB*); H. R. McIlwaine, ed., *Executive Journal of the Council of Colonial Virginia*, (Richmond, VA., 1905–15), Vols. 1–3（以下、*EJC*); W. P. Palmer, ed., *Calendar of Virginia State Papers and other Manuscripts, 1652–1781*, (Richmond, Va., 1875), Vol. 1–2（以下、*CVSP*); J. W. Fortescue, Cecil Headlam, and K. G. Davis, eds., *Calendar of State Papers, Colonial Series, America and West Indies*, (Nendeln: Kraus

Print, 1964), Vols. 13–26（以下、*CSPC*）. なお「フロンティア」は多くの意味を持つが、同時代においては、軍事的な前線という意味も含んだ入植地の外延として使われることが多い。この点については以下を参照。John T. Juricek, "American Usage of the Word "Frontier" from Colonial Times to Frederick Jackson Turner," *Proceedings of American Philosophical Society*, 110, 1966, 10–34.

（7）*JHB*, 3: 323; *EJC*, 1: 404.

（8）*CSPC*, 25: 313.

（9）*CSPC*, 23: 765. インディアンの生存戦略については例えば以下を参照。Daniel K. Richter, "War and Culture: The Iroquois Experience," in Mancall and Merrell eds., *American Encounters*, 284–310; Timothy J. Shannon, *Iroquois Diplomacy on the Early American Frontier* (New York: Penguin Books, 2008); James Merrell, *The Indian's New World: Catawbas and Their Neighbors from European Contact through the Era of Removal* (New York: Norton, 1989). 住民の不平については *JHB*, 3: 156. ただし、植民地人はタスカローラをはじめ外部インディアンと通商などの交流を密にしており、敵対関係のみに焦点を当てるのは一面的である。この点については上記のメレルの文献を参照。

（10）ピスカタウエイの件は、*CVSP*, 1: 60–63, 69–70; *CSPC*, 15: 551, 579, 634, 667; *EJC*, 1: 368, 372–374, 466; Ibid, 2: 10; *JHB*, 3: 105, 111–3, 194. 代議会の批判は *JHB*, 2: 490. またインディアンの自立性は、Gould, *Among the Power*, chap. 1 を参照。

（11）*JHB*, 3: 315, 319. その他、*CSPC*, 18: 215 にある、ニューヨーク総督ベロモントのメリーランドへの警告など、「分散」による軍事的な脆弱さの指摘は数多い。植民地開拓と軍事的脆弱さによる戦争の不安については、Kurt William Nagel, "Empire and Interest: British Colonial Defense Policy, 1689–1748," Ph.D. diss., Johns Hopkins University, 1992, chap. 6 が有益。分散入植の実態と背景については、Kevin P. Kelly, ""In dispers'd Country Plantations": Settlement Patterns in Seventeenth-Century Surry County, Virginia," in Thad W. Tate and David L. Ammerman, eds., *The Chesapeake in the Seventeenth Century: Essays on Anglo-American Society* (Chapel Hill, NC: University of North Carolina Press, 1979), 183–205 などを参照。ヴァジニアの大土地所有に関する最新の研究は、Anthony S. Parent, Jr., *Foul Means: The*

Formation of a Slave Society in Virginia, 1660–1740 (Chapel Hill, NC: University of North Carolina Press, 2003), chap. 1. 付与地の数値は Richard Morton, *Colonial Virginia*, 2 (Chapel Hill, NC: University of North Carolina Press, 1960), 420. 一八世紀の土地制度については、池本幸三『近代奴隷制社会の史的展開』(ミネルヴァ書房、一九八七年)、第七章も参照。

(12) 要塞については、*CSPC*, 17: 202; Ibid, 19: 389; *JHB*, 3: 309. レンジャー制度は *EJC*, 1: 7, 9, 142; *JHB*, 3: 38 などを参照。費用の高さと給与未払いについては、*EJC*, 1, p. 194; *JHB*, 2: 483; Ibid, 3: 240; *CVSP*, 1: 63. 実際の費用については不明な点が多いが、一七〇〇年にスタフォード郡の部隊に二万四〇〇八重量ポンドタバコが支払われている (*JHB*, 3: 239)。政府の総収入のデータは不明だが、この額は課税人口に課税額をかけた額のおよそ一三%であり、かなり大きな数値である。

(13) *CSPC*, 21: 322.

(14) 貢納インディアンの同時代調査は、*CSPC*, 17: 456. 貢納インディアンの研究は少ないが、次の研究を参照。W. Stitt Robinson, "Tributary Indians in Colonial Virginia," *The Virginia Magazine of History and Biography*, 67, 1959, 49–64 (以下、*VMHB*).「誤解防止法」については、*EJC*, 2: 110–1; William Walter Hening, ed., *The Statutes at Large: Being a Collection of All the Laws of Virginia*, 13 vols. (Richmond, 1819–23), 3: 464–9.

(15) "Treaty between Virginia and the Indians, 1677," *The Virginia Magazine of History and Biography*, Vol. 14, No. 3, 1907, 289–297; Ibid. 56–9. 一六七七年条約については、Alfred A. Cave, *Lethal Encounters: Englishman and Indians in Colonial Virginia* (Lincoln, NE: University of Nebraska Press, 2011), 163–165. 通訳への支出の事例は多いが、一七〇〇年に南部インディアンの通訳ロバート・ピーズリーは「年額手当」として四〇〇重量ポンドタバコの支払いを議会に申請している。*JHB*, 3: 216.

(16) オオカミの狩猟については、*JHB*, 2: 454; Ibid, 3: 83 を参照。またインディアンのレンジャー参加についての記述は、*EJC*, 1: 142, 333; *CVSC*, 1: 44; *CSPC*, 17: 530 にある。

(17) オカハノックの不平は、*CVSP*, 1: 65. ここではナンスモンド、ノッタウェイからも狩猟ができない、土地への侵入などの不平も寄せられている。南部への入植地拡大については、Parent, *Foul Means*, 22–24 の他、Warren M. Billings, John E.

Selby, Thad W. Tate, *Colonial Virginia: A History* (New York: KTO, 1990), 162; 池本、前掲書、第三章も参照。この問題に関する史料は膨大だが、議会の要望については、*JHB*, 3: 23, 285, 295, 325; *CSPC*, 22: 91, 入植希望者の紛争解決委員会レポートは Ibid: 143, 281–286 を参照。総督および通商拓務院の批判、一七〇六年の許可は、Ibid: 320; *CSPC*, 22: 737: Ibid, 23: 203, 403. インディアン領の測量と付与については、*JHB*, 3: 263, 283–6; *EJC*, 3: 13, インディアンからの不平は、*JHB*, 3: 349, 391; *EJC*, 2: 315–316, Ibid, 3: 83, 98; *CVSP*, 1: 127–8, 132 を参照。

(18)　*EJC*, 3: 384–6, 388–390, 395–396; *JHB*, 4: 97–98, 114, 118, 122; *CVSP*, 1: 90. ノッタウェイの「計画」と疑惑は、*EJC*, 3: 101: *CVSP*, 1: 117.

(19)　*EJC*, 3: 286.

(20)　スポッツウッドの経歴は、Morton, *Colonial Virginia*, 2, 409–418 に詳しい。植民地議会への防衛改革提案は、*JHB*, 4: 277.

(21)　タスカローラ戦争については、Steven J. Oatis, *A Colonial Complex: South Carolina's Frontiers in the Era of the Yamasee War, 1680–1730* (Lincoln, NE: University of Nebraska Press, 2004), 84–91 が詳しい。また Dounglas W. Boyce, ""AS the WIND SCATTERS the SMOKE": The Tuscaroras in the Eighteenth Century," in Daniel Richter and James Merrell eds., *Beyond the Covenant Chain: The Iroquois an Their Neighbors in Indian North America, 1600–1800* (University Park, PA: Pennsylvania State University Press, 2003), 151–173 も参照。ヴァジニアの対応は、*EJC*, 3: 284–6; *CSPC*, 26: 157; *JHB*, 4: 319; R. A. Brock, ed., *The Official Letters of Alexander Spotswood, Lieutenant-Governor of the Colony of Virginia, 1717–1722* (Richmond, VA., 1882–1885), 1: 129.

(22)　*EJC*, 3: 347, 351–2; *CSPC*, 27: 234–235, 302; *CVSP*, 1: 168.

(23)　スポッツウッドのインディアン入植地政策については Morton, *Colonial Virginia*, 2, 425–438; Mary C. Beaudry, "Colonizing the Virginia Frontier: Fort Christianna and Governor Spotswood's Indian Policy," in Stephen L. Dyson, ed., *Comparative Studies in the Archaeology of Colonialism* (Oxford, 1985), 130–152 などにも詳しい。ここでは以下の史

料を参照した。*EJC*, 3: 365–367: *CSPC*, 27: 302–310; *CVSP*, 1: 168.

（24）　*CSPC*, 27: 310; *Letters of Spotswood*, 2: 94; *JHB*, 5: 79, 90, 103.

（25）　*CSPC*, 24: 96; *EJC*, 3: 296. Reymond J. Demallie, “Tutelo and Neighboring Groups,” in Raymond D. Fogelson, ed., *Handbook of American Indians, Vol. 14, Southwest*（Washington, D. C.: Smithsonian Institution, 2004）, 286–300; Merrell, *The Indian’s New World*, 56–59.

（26）　*CSPC*, 29: 73; *Letters of Spotswood, 2*, 144; *CSPC*, 29: 101; Ibid., 30: 281–2.

（27）　*Letters of Spotswood*, 1: 47; *CSPC*, 28: 200; *Letters of Spotswood*, 1: 174.

（28）　*EJC*, 3: 291, 297, 301; *CVSP*, 1: 157. スポッツウッドの人質政策については，*Letters of Spotswood*, 1: 129; *EJC*, 3: 306, 320, 442.

（29）　貢納インディアンとの条約は *CSPC*, 27: 306–312. サポニの土地は，*EJC*, 3: 460, 471.

（30）　Beaudry, “Colonizing the Virginia Frontier,” 135–9; *EJC*, 3: 442; *CSPC*, 30: 18–19. スポッツウッドの報告は，Ibid., 30: 332.

（31）　商人の反対については *CSPC*, 29: 72; Alison Olson, *Making the Empire Work: London and American Interest Groups, 1690–1790*（Cambridge, MA.: Harvard University Press, 1992）, 80–81. スポッツウッドの弁明は *CSPC*, 29: 73, 240; Ibid., 30: 193.

（32）　*JHB*, 5: 189, 199–201, 203, 207, 212–214. インディアン会社への住民の反対請願とスポッツウッドの代議会批判は，Ibid., 155, 170. 反常備軍感情については *CSPC*, 29: 240.

（33）　ノッタウェイの拒否は，*Letters of Spotswood*, 2: 88; *EJC*, 3: 400, 406–407; *JHB*, 5: 124, 130; *CSPC*, 29: 242.

（34）　James Merrell, “‘Their Very Bones Shall Fight’: The Catawba-Iroquious Wars,” in *Beyond the Covenant Chain*, 115–125; Shannon, *Iroquois Diplomacy*, 68–73; Hofstra, *Planting of Virginia*, 58–59. 住民の請願と本国の要請は *CVSP*, 1, 189; *EJC*, 3: 510; *CSPC*, 32: 64. 参事会と代議会の批判は，*EJC*, 3: 507–510; *CSPC*, 31: 205.

(35) *EJC*, 3, p. 508. 二郡設置法は、Hening, *Statutes at Large*, 4: 77–9; *CSPC*, 32: 233–240. ヴァジニアおよび南部における外国人プロテスタントの移住奨励については以下を参照。Philyaw, *Virginia's Western Visions*, 10–25; Verner Crane, *The Southern Frontier, 1670–1732*, (Ann Arbor, MI: University of Michigan Press, 1928), chap. 12–13.

(36) Hofstra, *Planting of Virginia*, 65; Crane, *The Southern Frontier*, chap. 9; Nagel, "Empire and Interest," chap. 7; *CSPC*, 30: 166, 332, 425; Ibid. 31: 320–321. 議会の請願は Ibid., 32: 272–273. *EJC*, 3: 547–548. 二郡設置法をスポッツウッドと大地主の私的利益に資するとする批判は、次の通商拓務院に提出された匿名の告発文書を参照。*CSPC*, 32: 458–9.

(37) *CSPC*, 32: 368–369. スポッツウッドの告発と審理については、Ibid., 34: 108, 112–120, 489: Ibid., 35: 23–24, 124–126, 140, 278–280.

(38) Oatis, *A Colonial Complex*, 32–82. メリーランドの事例は *CSPC*, 18: 232. またニューヨークにはフィリップ王戦争でニューイングランドを追われた様々なインディアンが移住し、フロンティア防備の入植地に定住していた。一七〇〇年にはニューヨーク政府は対仏防衛にインディアンを誘致している。*CSPC*, 18: 570–1. この点は Evan Haeferi and Kevin Sweeny, "Revisiting The Redeemed Captive: New Perspectives on the 1704 Attack on Deerfield," *William and Mary Quarterly* 3d. Ser., 52, 1995, 3–46 も参照。

(39) 対カトリック政策としての北米への外国人プロテスタント移住奨励については、Geoffrey Plank, *Rebellion and Savagery: The Jacobite Rising of 1745 and the British Empire* (Philadelphia, PA: University of Pennsylvania Press, 2006), 88–100. モンゴメリーの計画は Nobles, *American Frontiers*, chap. 2 に詳しい。

第五章

奴隷制の時代における天分《ジニアス》の問題

ジョイス・E・チャプリン
（橋川健竜 訳）

はじめに――「隷属した天分《ジニアス》」は奴隷制をくつがえすか

一七七八年に書いた私信で、ブリテンの著名な黒人著述家イグネイシアス・サンチョは人種的な偏見がなくならないのを嘆いた。だがその嘆き方は、人間はそれとは違った形で不平等なのだ、と言いだす形になっていた。彼が書き伝えているのは、子供のときにボストンにつれてこられ、奴隷として売られ、所有者にフィリス・ホイートリーと名づけられたアフリカ系の虜囚は、彼女の名義で一七七三年に出版された『多彩な主題の詩集』を本当に自分で執筆したのかという、白人植民地人とブリテン人の間で進行中だった論議である。サンチョは、ホイートリーの詩集巻頭には彼女の自作だと宣誓する人々の一覧表があるが、彼女が奴隷の身であることについては彼らの誰も発言しておらず、彼女に（あるいは他の誰であれ）そんなめぐりあわせは相応ではないかもしれない、という批判はなおさらしていない、と述べている。

傑出した、爵位ある、博学の名士が列をなし、彼女は本当に著者であると裏づけんとしているとは、ああ、富と知識を蓄えようともなんと浅ましいことか、雅量も思いやりも、人間愛もないことか、示しております。これら善良で名門の方々は、みなわかっていらしたのです、そしておそらくは礼賛、いや激賞なさったのです、隷属した天分《ジニアス》genius を。そして聖書中の司祭やレビ人よろしく、見て見ぬふりをなさったのです。この方々の中には、よきサマリア人は一人としていないのです。(1)

一八世紀文学研究の分野では、名門で善良な人々宛てのサンチョの書簡は、評価の高い、格別な位置づけを勝ち取っている。「隷属した天分《ジニアス》」という彼の感興を呼ぶ言葉は幾度となく引用され、この分野を専門とする人々の書いた書籍の正副タイトルに使われているのだ。とはいうものの、サンチョの一言は、天分 genius という概念の歴史の脈絡に十分に位置づけられたことはない。この一言はむしろ、サンチョは正しかったのかどうかという論議、つまり、ホイートリーははっきり言って天才《ジニアス》だったのかという論議を誘発しがちだった。この問いは、今日流の天才《ジニアス》の定義、つまり平均からあまりにずば抜けていて殿堂入りする、つまり並外れた傑物たちとその驚くべき業績の選抜リストに加わる資格のある、才能あるいは才能の持ち主、という定義を受け入れている。この基準だと、人は問うものだと考えられている。ホイートリーはサッフォー、ウェルギリウス、シェイクスピア、ワーズワース、ディキンソンなどと並び称するに値するのだろうか、それともサンチョは、彼女に良かれと思いかばおうとする熱情のあまり、むしろ彼女の才能を誇張したのだろうか、と。(2)

この論議で問題になるのは、サンチョなり同時代人の誰彼なりが「天分《ジニアス》」という単語をどのように理解したか、明らかにしようという姿勢が見られないことである。この単語はサンチョにとっては、今日自信をもってシェイクスピアを天才《ジニアス》と呼ぶ人の場合と同じ意味ではなかったのだから。一八世紀後半、「天分《ジニアス》」という単語は英語では、奴隷であるか、つい先ほど解放されたばかりのサハラ以南アフリカ系の人物の描写に使われた場合、厳密にはどんな文化的作用をなしたのだろうか。

私は奴隷制のみならず、より正確に言えば近世大西洋世界で黒人が奴隷に落とされたこと、のごく近くに「天分《ジニアス》」

をもち出した、サンチョやその他一八世紀後半の人々の意義を検討しよう。この検討をするのは、一八世紀後半には人種主義にもとづく動産奴隷制と、人の並外れた状態としての天分とが、二つの奇妙に似通った地位を生み出した、と主張するためである。いずれの状態もあらがいようがなく、自由意志にもとづかない。「人種」にも「天分」にも、どのようにありたいと念じたところで、人は実際になったとおりになってしまうのだ、という含意がついてまわったのだ。これはやっかいな事態であった。人種主義的な基準を用いて、人間を、罪深いとは言わないまでも背徳的な従属状態に陥れている、という理由で誰かが奴隷制を否認するなら、どうしてその人たちは天分の実例を賞賛できるのだろうか。多かれ少なかれ天分にプラスに働く土地や環境に生まれ落ちたときから、能力は格差をつけて人に植えつけられているのかもしれない、あるいはひょっとすると能力は格差のついたまま特定の血筋を伝わりすらするのかもしれない、ということが前提になっていた点では、天分も、驚くほど同じようなものだというのに。もし抜きんでた美点がこのように特定の土地や血筋に固定されうるのならば、下位の地位身分も同じくそうなるのではないか。

《フィリス・ホイートリー，ボストン市ジョン・ホイートリー氏の黒人使用人》，1773年

出典：Library of Congress Rare Book and Special Collections Division, Washington, D.C. 20540 USA, https://lccn.loc.gov/2002712199（2017年1月5日アクセス）

批判する者は常にあったけれども、人種で定義される動産奴隷制は一八世紀、不正だとの異議が公的に上がりはじめ、そしてそれゆえ、法と社会の大幅な改革も必要になる不当な行いだ、と定義されだしたばか

りだった。奴隷制に異議をとなえた人々は、自分たちが、社会的な地位身分は人がどう、どこで、誰の子として生まれるかで決まるという、何世紀にもおよぶ主張に立ち向かっていることをわかっていた。その間に天分は、摩訶不思議にもさずけられた何らかの能力から発する、人間の資質を意味しはじめていた。それはこの語がかつて伝えた、神が植えつける種類の天分を思わせたが、いまやごく少数の人間のみのことながら、人間の本性の範囲内にあるものだと考えられたのである。［訳者注　「ジニアス genius」に対応する日本語はその多くが、儒教という、本章とは異なった文脈の中で生まれ、人が天から生得の特質を与えられることを指している。本章では、「ジニアス」（名詞・修飾語いずれも）のほぼすべての使用例に、訳語として「天から与えられた才能」を意味する「天分」をあてる。他方、「天才」という語は、今日における人間の天才という観念を伝える箇所に限定して使う］。

これはすべて、「隷属した天分《ジニアス》」という言葉は、それが緊張をはらんでいながら釣りあいもとれているところが興味深い、ということである。天分《ジニアス》は革命的にみえる。人の地位身分を固定してしまうことが正しいかどうかをめぐる論争もそうみえる。人種で説明をつけて奴隷制を肯定する主張は、それらとは対極にみえる。にもかかわらず、人間の平等が成り立ちうる可能性がどのように論議になりえそうで、実際になったかの実例として、これら三つの見解は歴史的には同時に存在した。他人が左右できない人間の資質としての天分と、他人を左右してよい標《しるし》としての人種《レイス》（人間は不平等なものだとする当然視された理論にもとづいて、思いのままに労働させ使役させることができる人物にとっては都合がよい）の間には、似通ったところがあった。サンチョ自身は先に引用した同じ書簡の中で、「天分」という言葉をもう一度くり返して使い、その奇妙な類似を再度強調している。ホイートリーの主人がこの有名な書き手をなかなか解放しなかった、という噂に関連してのことである。「もし彼女がまだ彼の奴隷であるならば、主人の誉れや雅量に通じるものは、何も表れていません。彼は神が命を吹きこんだ知性の持ち主を、彼自身に勝る天分《ジニアス》ある人を、自分の非道な力のうちに扼している、という卑しい虚栄を誉れとしているだけです。[3]」［訳者注　別途注記する箇所以外、傍点部は原文ではイタリック」

私は本章で天分《ジニアス》が、時にためらいがちに、時に躊躇なく、幾人かの新世界人——奴隷も自由人も、黒人も白人も取り上げる——の描写にどう使われたかを考えよう。アメリカの黒人については、一人ひとりが自分の人生の頂《いただき》を極めるよう生まれ、運命づけられていると声高らかに主張することに対して、ことさらに抵抗があった。そうさせていたのは、そういう可能性に対する人種主義的な異論だけではない。むしろ、黒人を天分《ジニアス》ある人だと述べると、個々人は社会の前もって決められた地位に生まれ、運命づけられている（これは、大西洋世界の動産奴隷制を擁護する論理に結局はのっとっていた）と認めることになるかもしれないという、一回り大きな困惑感があったのだ。こういうかたちで、私はデイヴィッド・ブライアン・デイヴィスの正典となった研究『革命の時代における奴隷制の問題』（一九七五年）を参照している（本章のタイトルでしているとおりである）。人間の事績に対する賞賛の最新・最高の形——天分《ジニアス》——は、最終的には問題含みに非革命的だった。「天分」は、人間は不平等なものだという、遠い昔からある信念に対して異議をとなえたが、同じくらいそれを強化したのでもあり、それ以後、奴隷制の時代に生まれたという気まずさの痕跡をとどめているのである。

一　人種、科学、天分——意味の変化

一八世紀を人種主義の歴史における分水嶺と見なすのが、今日の学界の標準的なならわしになっている。一八世紀には人種に基づく《レイシャルな》諸カテゴリーが強固になりつつあったとされている。そして、それらの諸カテゴリーを理由に挙げては、社会の階層序列《ヒエラルキー》内の地位とはきっちり線引きされていて、倫理的にも正当化できるものなのだ、と考える立場に対して、それを非難すること、少なくとも、非難して何らか実質をともなう変化を結実させることは、この時代に

はより困難になったとされているのである。人種化された人間の諸カテゴリーの歴史はより長く、(少なくとも)中世にさかのぼるので、それを検討するなら、この見解はいくぶんか根拠が薄くなる。奴隷制反対論が、人種主義が地歩を固めていたとされるまさにその時に地歩を固めた、という事実も、同じ作用をおよぼす。これら二つの対照的な傾向は、地位身分の世襲に対して懐疑的な見方が長い一八世紀をつうじて強まる中、社会最上部の君主制や貴族制であれ、最下部の農民や動産奴隷制であれ、特定の極端なカテゴリーが論争の引火点になったことを示しているが、見た目のレベルでは、両立させるのは簡単ではない(4)。

むろん、大西洋の各社会がブリテン領アメリカ一部地域の流刑囚労働や、地中海のガレー船奴隷といった例外を次第に捨て去る中でも、血統と奴隷制は緊密につなげられていった。したがって大西洋奴隷貿易、あるいは(より大胆にも)奴隷制そのものを批判する者は、アフリカ系の出自の人々は自己統御する精神的資質に欠けているが、彼らの持つ肉体は他人の管理下にあれば厳しい環境下で重労働をこなすことが可能で、その他人に直接間接の利益をもたらすという、白人の間にずっと前からあり、強固になりつつあった説に立ち向かわなければならなかった(5)。

こうした推断は大西洋世界のどこでも奴隷制が採用される基礎であり、やがて、自然現象を再定義しはじめていた新しい科学の威光で飾り立てられた。一八世紀の科学は、これらの消極的な所説を作り出したのではなかったが、その誤りを証明することもなかった。むしろ、新しい科学の体系的観察と分類はヨーロッパ人、とりわけヨーロッパの男性を高く評価する人間の差異の階層序列《ヒエラルキー》を、強固なものにする傾向があった。しばしば意図的に示唆されていたのは、ヨーロッパ文明(科学の発展も含む)は歴史の流れに左右されるのではなく、何らかの知性が血肉をまとって化身し、それからおのずと生じたものなのだ、という含みである。リンネが人間を動物に分類した後、一部の理論家たちは非ヨーロッパ人と動物との境界をさらにぼやかして、たとえばアフリカ人は本当にヒト以外の霊長類とは別のものなのだろうか、と疑義を呈した。よりなにげなかったが有害さでは劣らないことに、人類の身体的特質を人種で解釈してよいと保証した科学者たちもあった。王立協会《ロイヤル・ソサイアティ》の創設者の一人ウィリアム・ペティはアフリカ人について、「彼らの頭蓋［の形］」から、彼らがどのように「生まれながらの習俗でも、また頭脳の精神面の特質においても、別物である」かがわかる、と主張した(6)。

その間、一八世紀ヨーロッパとその海外所領の人々は、天分《ジニアス》の概念を考えなおしていた。しかしこれは、一つの支配的な意味から別のそれへとこの単語の定義をやりなおす、という単純な話ではなかった。ではなく、意味が増えていったのである。この語は名詞としてはもともと、特定の人々を守る家の守護神をさした。人間をさすようになり始めた時ですら、「天分」は初期の時代には概して修飾語か形容詞として用いられ、しばしば神が植えつけた特定の気質ないし適性を意味していた。かくも祝福された者は、何ごとかへの天分を持つ、という具合である。一八世紀には、この語は人間の頭が回ること《インテリジェンス》を示す名詞としても使われ、知性《インテレクト》の類義語の役割を果たした。こうした基準では、人は二通りに天分《ジニアス》を持ちえた。知能《インテリジェンス》が全般的に顕著な人としてか、そうでない場合は、際立った知的才能を持つ人としてかである。人によっては両方を体現していた(7)。

「天分《ジニアス》」という語は集団の資質を述べるのにも用いられ、もっとも明白には、民族性《ナショナル・キャラクター》の描写中で使われた。これはヒッポクラテスと結びつけられる古代の「空気、水、土地」の伝統に、モンテスキューの『法の精神』（一七四八年）に、そしてロマン主義期からヒトラー期ドイツの国民社会主義にいたる、血と土地に根ざした人間の特質評価にみられ、天分という観念の後世に残る使い方となった。この最後の使い方は、人種主義の歴史とことさらに関係が深い。人間の種族《レイス》は血筋にもとづいて構成されるとする諸定義は、種族単位の《レイシャルな》特質を逃れようのない形で人々に貼りつけていたかもしれないが、それに対応するものとして、個々の土地への長期にわたる適応の結果として別々の人間の種族《レイス》が生じた、という見解がある。この見解は、何百とはいわないまでもあまたの世代を経過させる以外、そのように身体が塑像された結果をなしにはできないように感じさせた。そのプロセスが緩慢なことはまぎれもなかった

とはなさそうにみえたのだ。(8)

最後に、「天分《ジニアス》」は個々の人間にあてはめられる名詞となりつつあった。この場合、この語は、さまざまな例外的人物が「天才《ジニアス》」と、通常は良い意味で描写されるという、今日でも使われる定義を獲得した。このより新しい定義は前からの定義からすげ代わったわけではなく、最初は、単にそれらにつけ加わった。グーグルのNグラムに「天分《ジニアス》 genius」と英語で入力すると、目を見はる急上昇が一八世紀に見られる──一七五〇年ごろから上昇傾向が現れて一七七〇年代に頂点に達し、一八〇〇年ごろに下降しはじめる──が、おそらくこの傾向によってなぜかを説明できる。「天分」の一つの定義が突然にこれらの「ヒット」すべてを生ぜしめていたのではなさそうだ。数多くの定義が同時に「ヒット」を起こさせていて、語の意味が狭まるにつれ、使用も次第に減っていったというほうが納得がいく。(9)

これが長い一八世紀に進行中だった、創造力に富むが完了せざる移行であり、特に奴隷制ともきわめて関係が深いことは、「初期アメリカ出版物データベース」(ブリテン領植民地期アメリカおよび独立後のアメリカ合衆国の印刷物を扱う)をキーワード検索してもわかる。このデータベースに「天分 genius」という語を入力すると、一〇一件のヒットを得られる。「天分ある人 a genius」と入力すると二件しかヒットせず、これらを呼び出すと同じ書物の別々の版が出てくる。もちろんこれは大雑把な計測にすぎないが、それでも一〇一対二という比率は少なくとも、天分という語は、並外れた種類の人物をいかほどか指しはじめていたとしても、依然として、民族や個人の特質であるなにごとかを示すために、形容詞として使われるのが大抵だったことをうかがわせる。しかしこうした言葉遣いの比率は、ある問題を提起する。つまり、天分の以前からの意味は、何らかの例外的個人にしか見られなさそうな私的特質をさすために、新しい意味へとどのように転換されつつあったのか、という問題である。(10)

この移行をたどると、多くの種類の人々──貴賤のいずれに生まれついたかも、男か女かも、奴隷にされているか自由かも、ヨーロッパ系か違うかも問わない——が備えていたかもしれない創意が、特別な部類の人のみ限定の何かへと、どの程度まで変わっていったかが示されることになるだろう。絵に描いたような「特別な部類の人」は、数では少数の側にとどまり、ごく一握りの選りすぐりということもありえた。彼（だがひょっとすると時には彼女）は、人を先導する側であり、他人に従わされるべきではない存在だったのである。

二　アメリカ世界は天分の発現を促すか——ベンジャミン・フランクリン

英語では、何らかの隷属した状態の下に天分が存在しているという記述は、まず白人、特に圧政に屈従させられているヨーロッパ人を描いた。たとえばザムエル・プーフェンドルフの一六九八年の著作『市民社会との関連での宗教の本性と適性』に寄せられた序文は、宗教的非寛容に関連して、「偏狭な狂信者の無知という粗野な領域よりも上に高められた崇高な天分《ジニアス》にとって、精神の奴隷制はどれほどなおさら耐えがたいに違いないだろうことか」と問うている。一七五五年、エドワード・キンバーはジェイムズ六世＝一世に対する批判を引用した。その批判の結論は、この君主は「自分の迷信深い独断的な考えから、天分に枷をはめようとした」であった。一七八〇年、ジョン・リチャードもデンマークをとり上げて同様に、「専制政府はいつでも天分に枷をはめ、問うて調べることに冷や水をあびせる」[(11)]と述べた。

これらの発言はヨーロッパ人のめぐりあわせを描いていて、そうすることによって、西ヨーロッパ社会は何の問題もなく天分の発現を促進できると決めてかかっていた。この点では、ヨーロッパにいた多くの人々が、物理的な環境は知的能力に影響をおよぼすと確信していた。高次の知能は人身に具現化される、つまり特定の身体のみに見出される、特にヨーロッパにあるだろう身体に、と彼らは前提視していたのである。この偏見は、結局は非ヨーロッパ人を尻目にもっとも強く表明されたが、ヨーロッパ血統のクレオール植民者もいったん、同じように白眼視された。彼らの知的資質に対する疑念は、新世界に対する環境決定論的な偏見、特に、アメリカ世界はどんな生き物だろうと数が大きく増えるには暑すぎる、寒すぎる、湿潤にすぎる、乾燥しすぎている、のではないかという疑いを反映していた。ヨーロッパとは対照的にアメリカ世界の動物は小さく弱いままだし、同地の人間も臆病かつ頭がにぶい状態にとどまっている、と広く主張された。アメリカの植民地には印刷物も高等教育機関も十分な数は出回っていないのだという、あながち根拠がなくもない印象もあっただろう[12]。

これらすべての理由により、植民地人が執筆したさまざまな出版物は、著者の名義になっている人物が実際に書いたのだと、保証文に援護してもらわなければならなかった。ホイートリーの詩集はその最初の事例ではなかった。たとえば、自分の論考がロンドンの王立協会《ロイヤル・ソサイアティ》の『哲学会報』から何本も不掲載とされたのち、ベンジャミン・フランクリンは、用心深く、『電気に関する実験と観察』（一七五一年）を、王立協会会員ジョン・フォザギルの手になる、フランクリンこそ電気にかんする以下の手紙の「創意ある著者」であると断言する序文をつけて、ロンドンで出版した。フォザギルも、またフランクリンの手紙の名宛人の一人で、自分の名が書籍に印刷されることを了承したイングランド商人ピーター・コリンソンも、フランクリンは本人が主張しているとおりの人物である、つまりこの書籍の著者だ、と本国の読者に向かって証言していた。フランクリンはのちに著した『自伝』で、状況をまさにそのように要約している。フランスのデカルト派批評者ノレ神父は最初、『電気に関する実験と観察』が「アメリカなどから」書かれたと信じるのを拒否し、ではなくて彼（ノレ）を誹謗中傷する者によって書かれたと考えた、というのである。電気の実験を行い、それについて理知的に書くことのできる植民地人としてフランクリンが存在するのが、信じられないほど驚くべきことであるかのように、ノレはようやく次第次第に、「フィラデルフィアのフランクリンという人間がたしかに［……］いる」ことを受け入れた[13]。

それでも、全面的にありえないはずだったからこそ、フランクリンには天分ある人《ジニアス》として説得力があるように見えたのである。その科学研究が最初は信用されなかったのとは対照的に、その後の彼は、「天分《ジニアス》」という語が個人を描写するために名詞として使われた早い事例になったが、この新しい用法の文脈として、新世界に対する東半球側の偏見を覚えておくのは大事なことである。公の面前にほとばしり出ずにいられない何らかの並外れた能力を秘めていないかぎり、世界の暗愚な場所の出身の者が、どうしてかくも啓蒙されることになるのか、という具合である。修飾語から名詞へという「天分」のこの転換を、私たちはその後のフランクリンの人生にたどることができる。たとえば、一七五三年にアメリカで書かれたある詩は、彼に「徳への報いたるそれらが名誉」のあらんことを、「天分《ジニアス》へと英知が定めしいかなるものも」と願ったし、一七六一年の別の記述は、彼の「抜きんでた、より明敏な天分」のことを述べた。しかし一七七一年、ペニュエル・ボーウェンはフランクリンを「アメリカの際立った天分ある人《ジニアス》」と呼んだ。一人の天分ある人 a genius ではなく、極めつけの天分ある人 the genius である。(14)

彼への賞賛はより密に、より強烈になり、時とともに、フランクリンは百パーセント人間なのだろうか、と気にする傾向を見せた。特にドイツでは、フランクリンは神のような力を持っている——天分のもともとの属性である——という見解がめずらしくなくなった。一七五六年にイマニュエル・カントは、フランクリンは現代のプロメテウスだ、この現代のアメリカ人は、かの神話上の人物同様に、天から「火」（電気のこと）を引き出すため神々に挑んだのだから、と公言した。(15)

フランクリンは以後の後半生、どこからともなく現れた稲妻、という地位から得をしていく。独学の実験者、公式の学校教育をほとんど受けなかった植民地の天分ある人《ジニアス》、というわけである。公式の教育を受けていないことも、自ずと進展してしまう改善《インプルーヴメント》の仕掛け《プログラム》も、いずれも彼がその偉業を他人に仕込んでもらったのではなく、特異な天分を内に秘めていたという印象を支えた。これは彼個人に対する賛辞ではあったが、依然、アメリカ世界に対する批判として作用するものであった。もし彼が絵に描いたような傑物であるというのなら、アメリカは結局のところ、二度と彼のような者を輩出することはないかもしれない、と。だがひょっとすると、輩出できるのかもしれないのだった。アメリカの風土は動物が卓越するのを妨げていると解した一八世紀切っての論評者ですら、物理的な土地をもって人間の能力を云々できはしないと認めていた。ビュフォン伯ジョルジュ・ルクレール著の自然史の英語版（一七七五〜一七七六年刊）は、「気候の影響から、人間は動物よりもうまく自分を守れる」と注意を呼びかけた。「どの国にも、強く、体格のしっかりした、天分すらある人が、いてよいであろう[16]」。

三　黒人の天分を切って捨てる——エドワード・ロング

だがもし、ベンジャミン・フランクリンのような自由身分の白人男性ですら、最初は天分《ジニアス》ある人はおろか、学識者としても信じがたくみえたのであれば、アフリカ出自の人々について同じような疑問が提起されるだろうことは、驚くにあたらないし、彼らが奴隷にされていた場合は特にそうである。並外れてみえるためには、彼らの偉業によって、かなりの艱難辛苦にすら束縛されることのない独自の天分が顕わになるか、そうでない場合は、アメリカの彼らの環境には抜きんでた業績を引き出す力があることが示されるか、がなければならなかった。前者の見解は、奴隷にされたアフリカ人も人間としての属性をすべて白人と共有しているという、新しい奴隷制廃止論の立場と符合するであろう。後者のほうは必ずしも符合しないが、それでもより容易に証明できるわけではなかった。フランクリンが賞賛されても、アメリカ自体が天分を促進しうると認められたわけではなかったのだから。

アフリカ出身あるいはアフリカ系の血筋の人々を奴隷化することをめぐる公の論議は高まって、「天分」はいつ隷属下に存在しうるのか、あるいは隷属下に存在することができるものなのか、をめぐる賭け金をつり上げた。これは新種の悩みごとであって、その焦点は人種という近代の諸カテゴリーに絞られていた。アリストテレスの「自然本性奴隷」というカテゴリーにもかかわらず、古代・中世世界の人々は、奴隷男女は並々ならぬ天分あるいは才能を持っているかもしれないと、ためらうことなく口にした。奴隷はしばしば高く評価されたが、それはまさに彼らが才能があり、哲学的な学識すら持つほどであったから、あるいは出身地の独特な特質を体現し、そのため優れた料理人、あるいは馬の調教師、はたまた同衾者——つまり、何でもよいが、奴隷を買う側の民が期待したもの——になると考えられたからであった。(17)

しかし奴隷が天分ある人《ジニアス》であるということは近代だからこそ可能性があって、近代だからこその問題だった。それは、そのような個人は本当に、自分よりも知的に劣るかもしれない他の人物に所有されるべきなのか、という問いを喚起した。そしてその推論は、アフリカの血筋を引く人々をめぐって特に論議の的となった。人種主義は古代・中世世界においては、近代の世紀と厳密に同じ形では存在しなかっただろうけれど、サハラ以南のアフリカ人に対する偏見は遠い昔からあって、悪意に満ちていた。一八世紀の奴隷所有者は、社会的階層序列《ヒエラルキー》のその他の形態が作り変えられつつあっても、黒人の動産奴隷制は作り変えるべきではないと主張するため、この偏見の豊かな鉱脈をきわめて効果的に漁ることができた。この理由により、奴隷にされている、あるいはかつて奴隷だった黒人を描写するのに「天分《ジニアス》」という単語を使うことは、抜きんでた知性の実例が人類のすべての血筋に見出せるのか、一部だけかについて、信じるか（あるいはいぶかしく思うか）どうかの、よい試金石となった。(18)

これこそ、奴隷制を強力に擁護する『ジャマイカ史』（初版は一七七四年刊行）でエドワード・ロングがつけ入った難問である。この著作全編を通してロングは、人種には階層序列があり、ヨーロッパの白人とアフリカの黒人は社会的階層では互いに正反対の地位にあるのだ、とする主張が明確かつ一貫していた。ロングは、フランシス・ウィリアムズという同時代の黒人が例外になりかねず、論じなければならないことを、よくわきまえていた。ウィリアムズはジャマイカの自由黒人の息子で、両親は息子に書物と初等教育とをあたえていた。ウィリアムズは白人の後援者から支援を得て、大学レベルの教育を多少受けたかもしれず――ケンブリッジでともいわれる――、その後、現存する肖像画で描かれているように、ジャマイカで書籍と科学器具に囲まれて暮らした。彼は特に、自作のラテン語頌詩で知られている。一つしか伝わっていないのは、それと作者とを批判する目的でロングが出版したからである(19)。

「私は、彼をできるかぎり公平に扱うよう心がけよう」、とロングは同郷ジャマイカの人物について述べる。「そして彼の天分《ジニアス》と知性について読者が見出すものが、黒人《ニグロ》は白人人種に劣っていると証明すべく私がこれまで主張してきた論点をくつがえすかどうか、読者の意見に任せよう」。ロングはここでは天分を、単に人間の知性を表すのに使っている。ロングは、ウィリアムズは人間を教育するという「ある実験の実験台」だったと主張することで、彼はそれらの特性を人並み以上に持っているのではないかという仮説を揺るがした。ロングは、イングランドの富裕なモンタギュー家の人々が、彼の教育費をずっと負担してきたと言い張った。ウィリアムズの実の両親（黒人）を話から抹消し、代わりにおせっかい焼きの白人を据えつける発言である。ロングが主張するに、彼らの実験は人が動物に芸を仕込むがごとくに、ウィリアムズを棒暗記的なかたちで教育したという。これは人間の知性あるいは天分の実証ではなく、知能をそなえたどんな生き物にも調教を施すことはできる、という証明でしかなかった。ロングはその上、ウィリアムズを調教したのはモンタギュー家だと指さすことで、本国に拠点を置く白人でないと、黒人に中途半端な教育レベルの資質を植えつけることもできない、と匂わせた。そのためロングは、ジャマイカは天分をはぐくむ土地であると売りこむ機会を放棄した。他の書き手だったらそう売りこんで、自分の出身地を称えようとしたかもしれないところだったが(20)。

さらに独断的に、ロングは「天分」が抜きんでた才能という、少数の人にしか見られないものを意味するかもしれない、という含意そのもの――階層序列《ヒエラルキー》をなす諸カテゴリーに人間をえり分けできると、それ自体が認めることになる――に批判をあびせた。ウィリアムズのラテン語頌詩の一つについて、ロングはこう書いている。「黒人が作ったというだけでそれを並外れた作品だとみなすなら、それまで想定がされていた天分のあの不平等を我々は一気呵成に公認し、まれな現象としてのみ礼賛しているのだ。」言いなおせば、人種平等を唱える者は、いいところ取りはできないのである。つまり人間はすべて根本的に同類であるか、さもなければ同類ではないか、どちらかだというわけである。人類の美点ないし権利を訴えるのに用いられる言葉遣いは、首尾一貫しているべきなのだ。これは、知性を根拠として奴隷制に反対する議論を、呵責なく明晰に見越したものであった。ロングは天分がその近代の姿で横たわるゆりかごに身を乗り出し、それを冒瀆したのである。[21]

四　黒人の天分をどう称えるか――賞賛言説の限界

エドワード・ロングの奴隷制擁護論に賛成しなかった者ですら、作品を刊行した黒人の書き手のことを記すのに「天分《ジニアス》」という語を使う際には、やはりいつも用心深かった。概して言えば、彼らはこの単語を、白人に匹敵する知能《インテリジェンス》だと指摘するのに用いる以上のことはしなかった。フィリス・ホイートリーにかんするジョージ・ワシントンの一七七五年の描写はそういうものであった。ホイートリーが自作の詩の一つを彼に送るとワシントンは礼状を書いて、文通の相手が「詩神に目をかけられている」と褒め称えた。彼はまた、こう釈明した。私自身が主題になっている、あなたの送ってくれた詩を刊行したことでしょう、「私がうぬぼれているとの謗《そし》りを受けるのではないか、と懸念していなかったならば。あなたの天分のまた新しい実例を世界に示したいだけなのですが」。ホイートリーが一人の天分《ジニアス》ある人であるという意味ではないことは明らかだが、ここでは天分の使い方はどっちつかずで、知性か、特異な詩才かを意味している。[22]

にもかかわらずワシントンが、ホイートリーには送った詩を書く資質があると保証する白人男性からの保証文を必要としなかったことは興味深い。奴隷所有者ですら、それを信じることができたのだ。だが、ワシントンの彼女への信頼とは対照的なのだが、ホイートリーの一七七三年の詩集を刊行するために必要になった保証文の数を、フランクリンが電気論文集のために必要とした数と比べることも、同じく興味深い。白人男性は二通必要だったが、黒人女性は十八通必要だったのである。黒人に対する偏見にくらべ、白人クレオールに対する偏見は、容易にその誤りが明るみに出せたのだ。

黒人の書き手に対する、現存している肯定的な評価のほとんどは、ワシントンの評価に似ていた。著者は天分《ジニアス》ある人だという主張を回避したのである。代わりにそれらは、知性は諸人種の間に無原則に配分されていて、すべての民族に明らかにあり、高いレベルにまで増大する、もし人が自己修練を手がけられるくらい規律正しいのであればだが、と論じた。この最後の点は大事なところだった。黒人の偉業は白人の実験の結果だという声の力を弱めるからである。それはまた、能力は生得的に不平等かもしれないと主張する一方で、諸人種は平等だと訴えようとしているという、ロングが所在を指摘した問題を避けて回っていた。

奴隷制を批判する人々の一部にとっては、単なる識字に止まらない何かで測定して知能が実証されるなら、黒人は社会的劣等者であって、他人の管理下に置いておくのが最善だと考えるべきかどうか、疑いを差し挟むに十分であった。ブリテンの奴隷制廃止論者ロバート・バウチャー・ニコルズ師は、一七八八年にこの基本的基準を用いて、アフリカ人と動物、特にアフリカの霊長類との間でいまだに比較がなされていたのに異議を唱えた。「フィリス・ホイートリーはアフリカからボストンに到着して数年のうちに、正しい英語の詩を書きました」、とニコルズは論じた。「そしてフランシス・ウィリアムズが古典語で書いたかなり長いラテン語頌詩もあります……私は猿が詩を書いたとか、オランウータンがラテン語頌詩を書いたなんて、聞いたことがありません。[23]」

しかし、ホイートリーとウィリアムズが動物のごとく芸を見せる調教を受けたのではないことは、誰の眼にも明らかだったわけではなかった。なんといっても、動物が調教を受けて人間を連想させる行為を披露する見世物が、ロンドンでも、さらに地方の中心都市でも開かれていたのだから。一七六六年から一七七四年まで、ロンドンでは蜂の「一座」が、所有者の人間ともども、群れとなって軍隊の作戦行動に類似した図柄を描いた。一七八五年には「博学の豚」が、読めて、数えられて、時間を当てられるように見える動作でロンドンっ子を楽しませることになる。その豚はこれらの動作を仕込まれただけだと結論した人々ですら、にもかかわらず、この芸は豚が人間の知能に似た知能をどのように備えているかの証拠だ、と結論した。ただし似ているにとどまり、同一の能力ではないのである。たとえばビュフォンを翻訳した人物たちは、英語を使う読者に、知能はすべての種に存在するが、その中身はさまざまであるという、この博物学者の警告を伝えた。「犬の天分は借り物で、猿人類は聡明であるようにみえるだけ、ビーバーは自身と自分の種にしか理解できない。」(24)

この理由で、ホイートリーとその支援者たちは、彼女は自分の才能を自分で操っていると認定するよう気を配った。彼女の序文は、自分が自分の詩「作品」の「作者」であり、彼女は個人として「学について……の不利な立場」を克服しようと苦闘してきたと述べている。ジョン・ホイートリーの保証文がそれに続いているが、この女奴隷の固い意志による変容を強調した。彼の「家族」が「学校教育の助けを一切借りずに」彼女に読むことを教えたが、「書くこと」については、彼女自身が好奇心を寄せて向かった［訳者註　この引用の傍点部は原文ではすべて大文字］。これら二つの発言のあと、最後に他十七名の白人の証言文がまとまって続き、もともとは「アフリカ出身の文明化されざる野蛮人」でありながら、ホイートリーはいまや自分の名義で印刷されている詩を書く「力が身についている」と証言する。(25)

そういうことであれば、核心的な区分は以下のようになる。すなわち、知性だけをもって黒人は白人と対等だという証明になるのかどうかが論議になっていたのであり、奴隷であるかあった者も際立った天分の実例になりうるという主張は、ときおり出てくるだけだったのだ。『ロンドン・マガジン』に載ったホイートリーの詩集の書評は、「これらの詩には天分《ジニアス》の驚嘆すべき力は一切披瀝されていない。しかしこれらが若い、教えを受けたことのないアフリカ人の作品で、英語と書くことを形ばかりに六ヶ月学んだだけで書かれたのだと考えるとき、私たちはかくも力強い、生き生きした才能に感嘆の念を禁じえない」と述べた。しかしボストンの新聞は一足飛びして、ホイートリーを「並外れた詩の天分《ジニアス》ある人で、当市のジョン・ホイートリー氏の黒人使用人《サーヴァント》」だと述べた(26)。

この両立しがたい主張はサンチョにもあてはめられた。一七八二年にロンドンで刊行された彼の書簡集に序文を寄せた人物は、「教えを受けたことのないアフリカ人がヨーロッパ人に匹敵する能力を持ちうる」ことを証明するために、これらの書簡は公衆に提示されるのだと説明した。この書簡集の序章は、サンチョの支援者になるだろう人物たちが「彼の女主人たちに、かくも創造力豊かと目される天分《ジニアス》を陶冶する義務を強く勧め」ていたと指摘している。この天分は生来のものである、との言明がねらったのは、サンチョの能力は上に立つ者によって仕込まれたのだという含意を相殺することであった。また別の証言文は、「イグネイシアス・サンチョが独学によって獲得した知性の程度」、それは「推論能力を極めることは、頭蓋の特異な形状にも外皮の色にも依存しない」ことを証明するに違いない、と褒め称えることで、この点をよりはっきりさせた(27)。

これらのパターンは、いま一人の黒人の書き手である、一七九〇年代に活動したメリーランドの暦作成家ベンジャミン・バネカーについての評価にも表れていた。フランクリンやホイートリーの著作同様、バネカーの暦にもすべて、著名な白人男性の保証文がついていた。たとえば最初の暦の監修者たちは、バネカーの「天分《ジニアス》の並外れた労作である、完全にして正確な暦」を激賞した。彼らは「科学の光はすべての土地の人の頭脳を等しく照らすであろう」と歓喜し、「この文明の時代、博愛心あふれる公衆はこの作品に愛顧と支援を寄せたくなるだろう」と期待した(28)。

これらの支援者たちは、自分たちの秘蔵っ子は独学である、と気を配って強調した。最初の暦ではさまざまな序文が、バネカーは天文学の知識を独学で身につけたと説明した。彼は最初の暦を「誰からの情報も手伝いもまったくなしに」作ったのだと。また彼は「天分《ジニアス》と創見を収めた書物」から裨益することもなかった、「なにせ一冊も持っていなかったのだから」、と。結果は「知力と資性が白人に限られた美点ではないことを、疑う余地なく明らかにしている」。どう見てもこの時点までに、アメリカは抜きんでた知的業績を生み出しそうにない環境なのではないかという疑念は、もはや存在しなくなっている。(29)

アメリカ生まれの黒人の書き手に対する用心深い賞賛の例がこのように数多いことに鑑みて、サンチョが同じ黒人の書き手フィリス・ホイートリーを描写した際の大胆さは際立っている。「隷属した天分」という彼の言葉は、必ずしも彼がホイートリーを天分《ジニアス》ある人だと考えていたという意味にはならないかもしれない。だがこの書簡のそれ以外の部分を見ると、彼がまさにそう考えていたことは明らかである。ホイートリーが規律正しく自学した、という念の入った強調すべてに対決して、一七七八年のサンチョの書簡は、この詩人が人間の術策では説明のつかない生得の才を持っていると主張する。「フィリスの詩は自然に対して面目を施し、芸術を、単に芸術でしかない芸術を赤面させます。」しかし、もし天分が天賦無償の才であるなら、それが人間の鍛造した鎖につながれるかもしれないとは、いかなる根拠によるのだろうか。サンチョはこの逆説を二度提示している。まず、天分ある人の実例を自分の奴隷として保有するのは「卑しい虚栄」だと、ホイートリー氏をとがめた際に。そしてもう一度は、奴隷制の問題について概してまっとうに物を考えるのに、正義が実行を求めても行動にはおよび腰な、すべての人の偽善を嘆いた際に。(30)

しかしサンチョの二つ目の非難の言葉遣いは、人種主義は正義によって容易に転覆できるという彼の確信を損なっている。もし近代奴隷制が人間の資質は本性的に不平等であることにもとづいているとするなら、並外れているが、それを別にすれば本性的には隷属が相応であろう人物に対してなされる賞賛は、それ自体が不平等の言説に加担しているのだ、というロングが提示していた逆説に、彼は解決策を示さなかったのである。

おわりに

もし、ホイートリーは他の誰とも対等な人間であるという何らかのコンセンサスが成立して、この逆説がこの時点で解決されていたならば、話は違ったかもしれない。そして彼女が奴隷の身であることが、一書を刊行した書き手という、それとは両立しがたい地位のためにいっそう悲劇になるのであったならば、なおさら違ったかもしれない。そういう合意が成立していたなら、彼女はシェイクスピアやワーズワース、フランクリンやアインシュタインに本当に匹敵する天才《ジニアス》だったのか、あるいは他の人物、「天才《ジニアス》」は名詞としてはごく一部の人間の描写にしかならないからこそ、人間についてなにごとかを述べている、と信じる人にとって手ごろな、どの人物に比べてもそうだったのか、という出口のない論議は、今日、起きていなかったかもしれないのだ。天分《ジニアス》の近代の定義は、人種と奴隷制をめぐる論議が公衆を引きつけ、また相対立させていたときに導き出され、出回っていった。まさにそれがゆえに、そうなるであろうとエドワード・ロングが警告を発していたとおり、この概念は汚染されていた。人種主義と奴隷制を革命的なかたちで批判するのではなく、近代の定義でいうところの天分《ジニアス》は逆に、それが批判するはずのものに、心穏やかでいられないほど近かったのだ。最終的には、人間の平等についての宗教的な定義のほうが、世俗的な定義よりも、あるいは天分の場合でいえば、さかのぼって異教時代の定義よりも、より説得力があったことになるであろう。ではあるけれども、ホイートリー、サンチョ、バネカーそして他の人々が、天分の再定義が進んでいく中で自分自身を議論の対象候補として挙げたのは、意義深いことである。さまざまな天才をランクづけする今日の習慣は昔にもあったということだ、と彼ら彼女らの努力を解釈するなら、一八世紀末にかけて起きた人間の差異をめぐる論議の創造的な次元を、その論議が陥った袋小路すら含め、過小評価することになるだろう[31]。

（1） Vincent Carretta, ed., *Unchained Voices: An Anthology of Black Authors in the English-speaking World of the Eighteenth Century* (Lexington, KY: University Press of Kentucky, 1996), 83–84.

（2） S. E. Ogude, *Genius in Bondage: A Study of the Origins of African Literature in English* (Ile-Ife, Nigeria: University of Ife Press, 1983); Vincent Carretta and Philip Gould, eds., *Genius in Bondage: Literature of the Early Black Atlantic* (Lexington, KY: University Press of Kentucky, 2001); Carretta, *Phillis Wheatley: Biography of a Genius in Bondage* (Athens, GA: University of Georgia Press, 2011); Keith D. Leonard, *Fettered Genius: The African American Bardic Poet from Slavery to Civil Rights* (Charlottesville, VA: University of Virginia Press, 2006).

（3） Carretta, ed., *Unchained Voices*, 83.

（4） Roxann Wheeler, *The Complexion of Race: Categories of Difference in Eighteenth-Century British Culture* (Philadelphia: University of Pennsylvania Press, 2000); Bruce R. Dain, *A Hideous Monster of the Mind: American Race Theory in the Early Republic* (Cambridge, MA: Harvard University Press, 2002); Dror Wahrman, *The Making of the Modern Self: Identity and Culture in Eighteenth-Century England* (New Haven, CT: Yale University Press, 2004); Joyce E. Chaplin, “Race,” in *The British Atlantic World, 1500–1800*, 2nd edition, ed. David Armitage and Michael J. Braddick (New York: Palgrave Macmillan, 2009), 173–90; Silvia Sebastiani, *The Scottish Enlightenment: Race, Gender, and the Limits of Progress*, trans. Jeremy Carden (New York: Palgrave Macmillan, 2013).

（5） Winthrop D. Jordan, *White over Black: American Attitudes toward the Negro, 1550–1812* (Chapel Hill, NC: University of North Carolina Press, 1968); David Brion Davis, *The Problem of Slavery in the Age of Revolution, 1770–1823* (Ithaca, NY: Cornell University Press, 1975); Larry E. Tise, *Proslavery: A History of the Defense of Slavery in America, 1701–1840* (Athens, GA: University of Georgia Press, 1987).

（6） Michael Adas, *Machines as the Measure of Men: Science, Technology, and Ideologies of Western Dominance*

(Ithaca, NY: Cornell University Press, 1989); Londa Schiebinger, *Nature's Body: Gender in the Making of Modern Science*, (Boston: Beacon Press, 1993), 115–200（ロンダ・シービンガー（小川眞里子・財部香枝訳）『女性を弄ぶ博物学 リンネはなぜ乳房にこだわったのか？』（工作舎、一九九六年）、一三三－二三三頁); Ivan Hannaford, *Race: The History of an Idea in the West*, foreword Bernard Crick (Baltimore, MD: Johns Hopkins University Press, 1996), ch. 7; Eric Voegelin, *The History of the Race Idea: From Ray to Carus*, trans. Ruth Hein (Baton Rouge, LA: Louisiana State University Press, 1998); Joyce E. Chaplin, *Subject Matter: Technology, the Body, and Science on the Anglo-American Frontier, 1550–1676* (Cambridge, MA: Harvard University Press, 2001); Henry W. Lansdowne, ed., *The Petty Papers: Some Unpublished Writings of Sir William Petty*, 2 vols. (London: Constable & Co., 1927), II, 31.

（7） Darrin McMahon, *Divine Fury: A History of Genius* (New York: Basic Books, 2013), esp. 1–103.

（8） Jordan, *White over Black*, 3–20, 216–65; Paul H. Freedman, *Images of the Medieval Peasant* (Stanford, CA: Stanford University Press, 1999); Larry Wolff and Marco Cipolloni, eds., *The Anthropology of the Enlightenment* (Stanford, CA: Stanford University Press, 2007); Charles Rosenberg, "*Airs, Waters, Places*: A Status Report," *Bulletin of the History of Medicine*, 86 (2012): 661–70.

（9） Joyce E. Chaplin, *The First Scientific American: Benjamin Franklin and the Pursuit of Genius* (New York: Basic Books, 2006), 2–3, 134–36; McMahon, *Divine Fury*, 67–149.

（10） http://infoweb.newsbank.com.ezp-prodl.hul.harvard.edu/iw-search/we/Evans?p_product=EAIX&p_action=keyword&p_theme=eai&p_nbid=U74K60NVMTM4MzE1OTE2MS40NTg4NTI6MToxNDoxMjguMTAzLjE0OS41Mg&p_clear_search=yes&d_refprod=EAIX&

（11） Dedicatory letter by J. Crull in Samuel Pufendorf, *Of the nature and qualification of religion in reference to civil society* (London: D. E. for A. Roper...A. Bosvile..., 1698), preface; Edward Kimber, *The Life and Adventures of James Ramble, Esq...* (London: Printed for Pater-Noster-Row, [1755]), I, 125; John Richard, *A tour from London to*

Petersburgh, from thence to Moscow, and return to London BY Way Of Courland, Poland, Germany and Holland (London: Printed for T. Evans, [1780]), 4.

(12) Gilbert Chinard, "Eighteenth Century Theories of America As a Human Habitat," *Proceedings of the American Philosophical Society*, 91 (1947): 31; Antonello Gerbi, *The Dispute of the New World: The History of a Polemic, 1750–1900*, trans. Jeremy Moyle (Pittsburgh, PA: University of Pittsburgh Press, 1973); Gerbi, *Nature in the New World: From Christopher Columbus to Gonzalo Fernández de Oviedo*, trans. Jeremy Moyle (Pittsburgh, PA: University of Pittsburgh Press, 1985); Paul Semonin, *American Monster: How the Nation's First Prehistoric Creature Became a Symbol of National Identity* (New York: New York University Press, 2000); Joyce E. Chaplin, "Creoles in British America: From Denial to Acceptance," in *Creolization: History, Ethnography, Theory*, ed. Charles Stewart (Walnut Creek, CA: Left Coast Press, 2007), 46–65.

(13) A. J. Leo Lemay, *The Life of Benjamin Franklin*, Vol. III: *Soldier, Scientist, and Politician, 1748–1757* (Philadelphia, PA: University of Pennsylvania Press, 2009), 96–101（王立協会への複数回の投稿について）; *Benjamin Franklin's Autobiography: A Norton Critical Edition*, ed. Joyce E. Chaplin (New York: W. W. Norton and Company, 2012), 145（渡邊利雄訳『フランクリン自伝』（中央公論新社、二〇〇四年）、三三六、三三七頁）; Leonard W. Labaree, et al., eds., *The Papers of Benjamin Franklin* (New Haven, CT: Yale University Press, 1959), IV, 128.

(14) Charles Woodmason, "To Benjamin Franklin Esq.," *PBF*, V, 62; Ebenezer Kinnersley to BF, Mar. 12, 1761, Ibid., IX, 285; Penuel Bowen to BF, Nov. 6, 1771, Ibid., XVIII, 244.

(15) Immanuel Kant, *Gesammelte Schriften...* (Berlin: Königlich Akademie der Wissenschaften, 1902), I, 472 ("Prometheus der neuem Zeiten"); Peter Hinrich Tesdorpf, "Poem in Eulogy of Franklin," *PBF*, XVI, 122.

(16) *The Natural History of Animals, Vegetables, and Minerals: With the Theory of the Earth in General. Translated from the French of Count de Buffon*, 6 vols. (London: Printed and sold for T. Bell, [1775]–76), I, 401.

（17）Hannaford, *Race*, 17–85.

（18）Jordan, *White over Black*, 44–98; Hannaford, *Race*, 115–26; James H. Sweet, “The Iberian Roots of American Racist Thought,” *William and Mary Quarterly*, 3d ser., 54（1997）: 143–66; Chaplin, *Subject Matter*, 52, 122–23, 128–29.

（19）Schiebinger, *Nature's Body*, 190–200（シービンガー『女性を弄ぶ博物学』二二二–二三三頁）; Vincent Carretta, “Who Was Francis Williams?,” *Early American Literature*, 38（2003）: 213–37.

（20）［Edward Long］, *The History of Jamaica. Or, General Survey of the Antient and Modern State of that Island*, 3 vols.（London: T. Lowndes, 1774）, II, 475–76.

（21）Long, *History of Jamaica*, II, 484.

（22）Washington to Wheatley, Oct. 26, 1775, *Unchained Voices*, 70–71.

（23）Carretta, ed., *Unchained Voices*, 13.

（24）Richard D. Altick, *The Shows of London*（Cambridge, MA: Harvard University Press, 1978）, 40–42（R・D・オールティック（小池滋監訳）『ロンドンの見世物』（国書刊行会、一九八九年）、I、一一二–一一七頁）; Jan Bondeson, *The Feejee Mermaid and Other Essays in Natural and Unnatural History*（Ithaca, NY: Cornell University Press, 1999）, 19–35; *Barr's Buffon. Buffon's Natural History, Containing a Theory of the Earth, a General History of Man, of the Brute Creation, and of Vegetables...*, 10 vols.（London: J. S. Barr, 1792）, VII, 257. 動物の本性と知能についての（人間のそれらと引き比べる）同時代の論議については、Jean-Luc Guichet, *Problématiques animales: Théorie de la connaisance, anthropologie, éthique et droit*（Paris: Presses Universitaires de France, 2011）.

（25）Phillis Wheatley, *Complete Writings*, ed., Vincent Carretta（New York: Penguin Books, 2001）, 5, 7, 8.

（26）*London Magazine*（Sept. 1773）, 456; *Boston Evening-Post*（Sept. 20, 1773）.

（27）Carretta, ed., *Unchained Voices*, 77, 100, 102.

（28）Silvio Bedini, *The Life of Benjamin Banneker: The First African-American Man of Science*, 2nd ed.（Baltimore,

MD: Maryland Historical Society, 1999), 2, 3.

(29) *Benjamin Banneker's Pennsylvania, Delaware, Maryland and Virginia Almanack and Ephemeris for the Year of our Lord 1792* (Baltimore, MD: William Goddard and James Angell, [1791]), 2–4.

(30) Carretta, ed., *Unchained Voices*, 83.

(31) Christopher Leslie Brown, *Moral Capital: Foundations of British Abolitionism* (Chapel Hill, NC: University of North Carolina Press, 2006).

第六章 参政権なき女性の政治参加
——一八四〇年代マサチューセッツ州における一〇時間労働運動

久田由佳子

はじめに

一八四〇年代、マサチューセッツ州議会に一〇時間労働法制定を求める多くの請願書が送られた。マサチューセッツにおける一〇時間労働運動の始まりである。請願書の多くは、ローウェルなどの綿工場で一日一三時間以上働く女工たちの手によるもので、州法によって設立が認められた法人企業における労働時間を一〇時間に制限することを求めていた。こうした請願を受けて、一八四五年二月、マサチューセッツ州議会の上下両院合同特別委員会は公聴会を開き、視察もおこなったが、一〇時間労働法は現時点では不要との結論に至った。(1) この委員会報告が公開されると、一〇時間労働運動の指導者の女工たちは、仲間の男性労働者たちに対し、同委員会の議長だったローウェル選出のホイッグ党下院議員ウィリアム・スクーラー（William Schouler）をきたる州議会選挙で再選させないよう働きかけ、落選運動を展開した。この運動は、スクーラーの政敵であった民主党員にも利用され、スクーラーは落選した。

一九世紀前半のアメリカ北東部では、工業化の進展や市場経済の浸透とともに、それまで農家での糸紡ぎや機織りなどの手作業が消滅し、「家《ハウスホールド》」（household）の生産機能が失われた。その結果、男は家の外で働き、女は家事・育児に専念するという性別役割分業が定着し、専業主婦が出現しはじめた。他方、現金収入の乏しい農村の家族では、遠隔地で製造された様々な消費財を購入するための現金収入を求めて、妻や娘たちが全国市場向けの靴や帽子などの製造に関わる下請け賃労働を家の中でおこなったり、あるいは娘たちがローウェルなどの新興の綿工業都市へ工場労働者として働きに出るようになった。(2) マサチューセッツ州議会に請願書を送った女工たちの多くは、こうした農村出身の未婚女性であった。また同じ頃、白人男性普通選挙への移行や、民主党とホイッグ党といった第二次政党制の出現など、政治制度に変化が生じた。投票権の規定は各州によってばらつきがあるものの、一八二〇年代には、多くの州で財産所有が投票権資格から除外され、白人成人男性の普通選挙制へと向かいはじめた。(3) 独立革命後、ニュージャージーのように、財産を所有する寡婦などに対して、女性の投票権を認めた州も例外的に存在したが、男性普通選挙制度の普及とともに、女性は除外されていった。(4) こうして「公的領域」（public sphere）は「男性の領域」であり、「私的領域」（private sphere）は「女性の領域」であるという観念が定着した。他方、近年の研究ではジョン・ブルックが、ユルゲン・ハーバーマスの公共圏（public sphere）の枠組を援用しながら、公共圏の中に、直接政治討議に参加できる有権者の領域（deliberation）と、有権者ではない人々が有権者に働きかける形で非公式に政治に関わることのできる領域（persuasion）が存在したことを指摘し、女性の社会改革運動や政治参加のありかたについて新たな視座を提供している。また、ロナルド・ズボレイとメアリ・ズボレイは、一九世紀前半のニューイングランドの女性たちが政治の世界から全く分断されていたわけではなく、むしろ当時の政党政治に関心を持っていたことを明らかにしている。(5)

当時、投票権のない女性にとって、請願は女性に認められた唯一の政治的権利であり、ローウェルの女工たちは、この権利を行使した。しかし、一八四五年に請願運動が実を結ばないと知るやいなや、ローウェルの女工たちの中には、公的領域である政党政治に間接的に関わる者も現れた。ローウェルのケースは、まさにブルックの指摘に当てはまる。

本章では、当時の地元新聞記事を用いながら、女工たちが男性労働者に対してどのように働きかけたかを明らかにする。はじめに、古くは労働組合運動史中心のウィスコンシン学派以来の研究成果から、この時代の一〇時間労働運動がどのように展開されたのかを整理し、その後、州議会記録をもとに、マサチューセッツ州議会がこの問題にどのように対応したのかを検討する。さらにその議会の対応に労働者たちがどのように反応したのか、当時の地元新聞記事を用いて明らかにする。ローウェルの女工たちによる一〇時間労働運動については、すでに多くの研究成果があるが、それらの多くは、労働機関紙『ヴォイス・オヴ・インダストリー』の記事に依拠しており、地元の新聞記事はほとんど参照されていない(6)。ゆえに、当時の地元新聞記事を丹念に読むことによって、このとき実際に何が起こっていたのかを明らかにすることができる。

一　ニューイングランドにおける一〇時間労働運動の展開

一九世紀初頭、とりわけ一八二〇年代以降のアメリカでは、家大工などの建設業種を中心に、熟練職人が一日当たり一三－一五時間の労働時間から一〇時間への短縮を要求してストライキをおこないはじめたが、一八三〇年代になると、さらに一〇時間労働を求める動きが拡大した。様々な熟練職種の職人たちがストライキをおこない、請願運動もおこなわれた。一八四〇年三月には、時の大統領マーティン・ヴァン・ビューレンが行政命令を出し、すべての連邦行政職員に一〇時間労働が適用されることになり、このころには多くの熟練職人たちの間で一〇時間労働が定着していた。しかし、綿工業に関わる職種は、こうした動きから取り残されていた(7)。

一七九〇年、イギリス移民サミュエル・スレイターとロードアイランド商人モーゼズ・ブラウンらが、ロードアイランド州ポウタケットに最初の水力紡績工場を設けて以来、イギリスに遅れて機械化が始まったアメリカ綿工業は、一八一二年戦争を経て新たな段階に入った。一八一三年にボストン商人フランシス・C・ローウェルらによって設立されたマサチューセッツ州ウォルサムのボストン製造会社では、翌一四年に国産力織機第一号の試運転が始まり、アメリカ初の水力紡織一貫工場が生産を開始した。その後、生産規模を拡大すべく、ボストン商人たちは一八二二年に同州メリマック川流域の寒村イーストチェルムズフォードに新たな製造会社を設立したが、年を追うごとに同村は工場町として発展し、二六年にはタウンの独立が認められ、創設者の名前にちなんで「ローウェル」と名付けられた。一八三六年に市となったローウェルの人口は、一八三〇年の国勢調査によれば六四七四人、四〇年には二万七九六人へと増加した。操業開始当初、ウォルサムとローウェルの企業家たちは、ヨーロッパのような劣悪な労働条件を避けるべく、また工場労働と貧困が混同されないように、ニューイングランドの農村出身で「教育と美徳を身につけた」未婚の女性たちの労働力を求め、彼女たちのための寄宿舎を建設し、「信頼できる《リスペクタブル》」寡婦たちにその管理を任せた。(8)

イギリスやヨーロッパ諸国と比べて、労働者の置かれた状況が良好に思われたローウェルの工場でも、一八三〇年代に二度——三四年と三六年にストライキが起きていた。その後、一八三七年恐慌以降は賃金削減や数百人単位の解雇などの経営縮小がおこなわれたものの、当初は抗議運動が起きなかった。しかし労働条件は悪化の一途をたどり、一八四〇年代に入って、労働運動は新たな局面を迎えることとなった。女工たちの担当する機械の台数や速度が加減され、労働者一人・機械一台あたりの生産量が増やされると同時に、出来高賃金レートの引き下げがおこなわれ、結果として賃金が引き下げられた。たとえば、一八四二年に毎分一四〇打の速度で二台の織機を担当した女工は、一八四四年には四台の織機を毎分一二〇打の速度で担当することになったにもかかわらず、賃金は基本的に据え置かれた。また職長による女工の管理を徹底させるために、報奨金制度が導入された。この制度は、最も生産性をあげた労働者をもつ職長に報奨金を与えるものであり、彼らは互いにそれを競いあった。彼らの年間所得は六〇〇ドル程度であったのに対して、報奨金は一〇〇ドル近くになることもあった。こうした労働条件の悪化に対応するために女工たちがとった手段は、ストライキのような直接行動ではなく、マサチューセッツ州議会に対して一〇時間労働立法を要求する請願運動であった。ローウェルの諸会社は、マサチューセッツ州法によって設立認可されており、彼女たちにしてみれば、州に対して法的規制を求めることは理にかなっていた。当時の一日平均労働時間は、一八四五年に『ローウェル今昔』を出版したヘンリー・マイルズ牧師によれば、四月が最長で一三時間三一分、一二月と一月が最短で一一時間二四分であった。(9)

一八四二年にアトルボロ、マンスフィールド、トーントン、ニューベッドフォード、フォール・リヴァーといった町から、「一〇時間共和主義協会」なる団体（The Ten Hour Republican Association）が中心となって請願書がマサチューセッツ州議会に提出され、翌一八四三年には、ローウェルの他、ニューベッドフォード、フォール・リヴァー、ニューベリーポートからも請願書が提出された。(10)一八四四年秋、マサチューセッツの一〇時間労働運動はニューイングランド労働者協会（the New England Workingmen's Association）の設立によって最高潮を迎えた。当時の労働者組織の多くは、その構成員を男性に限定していたが、この組織には、サラ・バグリー（Sarah G. Bagley）やハルダ・ストーン（Huldah J. Stone）らローウェルの女工も代表として参加した。これは、ローウェルと他の工場町の女工との労働運動への関わり方の違いを鮮明にした。例えば、ロードアイランド州ポウタケットの女工たちは自らを「労働者」（working men）とは認識していなかったことをテレサ・マーフィーが示唆している。ある牧師が自らの講演会にポウタケットの男女の労働者を招こうとして、「労働者」（working men）に呼びかけたところ、講演会に集まったのは男性のみで、女性は一人もいなかったというのである。(11)ローウェルの場合、会社に義務づけられた寄宿舎生活が、労務管理に有効であった一方で、女工たちの団結力を強化したことは、トマス・ダブリンの研究でよく知られている。(12)

農村に住む親兄弟から離れて暮らし、働くローウェルの女工たちは、スレイター工場、いわゆるアメリカ経済史で言う「ロードアイランド型工場」における家族ぐるみ雇用制度下の労働者とは異なり、自立した「労働者」(working men) として自覚していた。

一八四五年一月、ローウェルの女工たちは、自身の組織であるローウェル婦人労働改革協会 (the Lowell Female Labor Reform Association) を設立した。ローウェル婦人労働改革協会は、当初一二名の会員で出発したものの、六ヶ月間で五百名に近い組織へと成長した。(13) ウィスコンシン学派の研究者ヘンリー・ホグランド (Henry E. Hoagland) は、この組織が、ニューイングランド労働者協会の運動の一端を担ってはいたものの、政治的要素は欠けていたと捉えた。(14) しかし後で論じるように、ローウェル婦人労働改革協会も同様に、政治的な側面を持っていたのである。

二　マサチューセッツ州議会特別委員会の公聴会と報告書

一八四五年に刊行されたマサチューセッツ州議会下院報告書によれば、議会に提出された請願書は、ローウェルから二通、フォール・リヴァーとアンドーヴァーから一通ずつ、合計四通であった。これら請願書の合計署名数二一三九のうち、半数近い一一五一人がローウェルからであり、その大半が女性のものであった。ローウェルの二通の請願書は、「緊急時を除き、いかなる会社や個人も一日当たり一〇時間以上従業員を働かせてはならない」と定めた一〇時間労働法の制定を求めるものと、例外規定なしに一日一〇時間労働を求めるものであった。他方、フォール・リヴァーとアンドーヴァーから出された請願書は、州議会によって設立が認可されたすべての企業で一日一〇時間労働に制限する法律の制定を求めていた。フォール・リヴァーから提出された請願書は男性市民四八九人によるものであり、残りはアンドーヴァーから出されており、その半数は女性によるものであった。(15)

一八四五年二月一三日、上下両院合同特別委員会はローウェルの請願者に対する公聴会を実施し、公述人として男女六人が召喚されたが、実際に証言をおこなったのは、当初から召喚が予定されていた男性三人と女性一人を含む、男性五人、女性六人であった。(16) 請願書の筆頭署名者で、請願書の文面を作成したジョン・クインシー・アダムズ・セイヤーは機械工で、繊維工場で働いた経験はなかったが、長時間労働に対する労働者の不満をしばしば耳にしていたと証言した。召喚名簿に名前のあった二人の男性のうち、ギルマン・ゲイルは、食料品店主にして市議会議員であり、女工たちの食事時間の短さが最も問題であると指摘した。もう一人のハーマン・アボットは、一三年間ローウェルのローレンス会社に勤務していた――具体的職種は明記されていないものの、当時の労働慣行に鑑みて、女工たちを管理する立場にあったと考えられる――が、長時間労働について、女工たちの不満をこれまで聞いたことがないと発言し、さらに、できるだけ早く仕事を始めようと、就業時間前から工場の入り口で待っている女工がいたことも付け加えた。当初の召喚名簿に名前のなかったシューバエル・アダムズとアイザック・クーパーは、いずれもローウェル選出のマサチューセッツ州議会下院議員で、請願書には署名していなかった。アダムズは元機械工、クーパーはローウェルのローレンス会社で九年間の職長経験があったが、クーパーは、女工たちの健康状態が概してよかったこと、一八三七年以来、女工の死亡者が一人のみであったことを証言した。(17)

これに対して六人の女性の公述人は、いずれも工場労働者で、一六ヶ月から八年半の勤務歴があった。このうちの一人、サラ・バグリー（Sarah G. Bagley）はハミルトン会社とミドルセックス会社で計八年半の勤務歴のある織布工で、後述するように一〇時間労働運動の指導者の一人であった。同じく八年半の工場勤務歴を有するジュディス・ペイン（Judith Payne）の場合は、一年半工場で働いた後、健康を害して退職し、その後長らく体調不良の状態が続いたが、七年前から仕事に復帰し、ブート会社で織布工として勤務していた。他に、ローレンス会社に五年間紡績工として働いたオリーブ・クラーク（Olive J. Clark）、同じく四年間勤務したセリシア・フィリップス（Celicia Phillips）、ミドルセックス会社とハミルトン会社で織布工として二年九ヶ月働いたイライザ・ヘミングウェイ（Eliza R. Hemmingway）、ローレンス会社で一年四ヶ月織布工として勤めたエリザベス・ロウ（Elizabeth Rowe）が証言したが、ほとんどの女工が長時間に及ぶ労働時間と短い食事休憩時間についての不満を述べた。ただ一人、最も勤務経験の浅いロウが、「仲間内で労働時間が長いと不満を述べる者はほとんどいない」と発言したにすぎなかった[18]。

一八四五年三月一日、週日に比べて労働時間が短い土曜日に、合同特別委員会のメンバーは、ボストンから鉄道で一時間をかけて、ローウェルを訪問した。彼らは、女工たちの働く工場を視察し、彼女たちの労働環境は非常に良好で、概して健康状態もよいと結論づけた。こうしたローウェルの印象は、その数年前に同地を訪れたイギリス人のチャールズ・ディケンズが、自身の旅行記『アメリカ紀行』で書き記した内容と類似していた[19]。合同特別委員会は、またイギリスにおける労働時間が立法によって週六九時間、一日当たり一一時間半に制限されていたことを認めた一方で、ローウェルにおいては、恒久的な労働者階級が存在せず、児童労働も稀で、労働者の教育水準が高いことから、両者を単純比較できないとした。

一方［イギリス］では、工場労働者人口（manufacturing population）というものがはっきりと存在しているが、他方［ローウェル］ではそうではない。かの地では、一ペニーでも稼げる十分な体力があればすぐに家族全員が工場に働きに行き、死ぬまでそこから抜け出すことはない。彼らの道徳、あるいは身体的修練にはほとんど注意が払われることなく、英国議会によって任命された調査官たちが確認した事実からも明らかなように、ほとんどの者が読み書き不能であり、日曜学校に通わない限り、聖書やキリスト教の教えについての知識を得ることができない状態にある。

ローウェルにおいては、一五歳以下にして工場で働く者は非常に少数（一部の工場では皆無）であり、一五歳以下で働こうとする者は、過去一年間に最低三ヶ月間通学したことを示した教師の証明書がない限り、工場で働くことが認められない[20]。

合同特別委員会は、またローウェルの工場に関する統計資料や報告書を収集したが、全員一致で「現時点での［一〇時間労働」立法の必要性はない」との結論に達した。その理由は次の三点であった。第一に、立法は普遍的であるべきであり、労働条件の異なる、いかなる個人や会社に対しても適用されねばならない。ゆえに州議会は、理論上、マサチューセッツ州におけるすべての個人・団体を対象としない、特定の株式会社のみを対象とする労働時間の規制はできない。第二に、工場制度は「他の室内労働に比して、健康に有害である」とは考えられず、合衆国の他の州において、労働時間を規制している例がない[21]。第三の理由は以下のごとく、マサチューセッツ州の資本家の利益を代弁していた。すなわち、

賃金問題に実質的な影響を与えずに労働時間を制限する法律を制定するのは不可能である。労働時間の制限は、議会の介入ではなく、当事者によっておこなわれるほうがよいことは、これまでの経験から明らかである。マサチューセッツ州における労働力は、外国のそれとは大きく異なる商品である。ここでは労働者が資本家と同等であるばかりか、実のところ労働者が資本家を支配している。自由な教育と自由な気質が存在する限り、今後もそうあり続けるであろう。確かに我々は、労働者が長時間働き、厳しい労働を強いられているという問題点も見いだした。しかしながら、もし我々が労働立法を通じて資本家の軌道に踏み込んで介入したりすれば、我々はすぐさま己の領分を守り、身を引くべきだと言われるであろう。労働者は、交渉するに十分なほど知的水準が高く、我々の介入なくとも、自身に有利に事を進めることが可能なはずである[22]。

報告書では、この結論に達する前の段落で、労働時間の短縮を求めるローウェルの女工たちに対する同情を表明していた。議会の介入を好ましくないとしながらも、労働者に対する搾取が存在し、企業が何らかの改善措置をとる必要があることは認めていたのである。

我々は、労働時間の短縮が、より好ましいと考えている。すなわち、食事休憩時間は長めに設定されるべきであり、工場・作業場内の換気、その他の多くの問題により注意が向けられることの重要性も理解している。しかしその解決策は、我々の手中にあるわけではない。（中略）ゆえに、当委員会は、請願者がその労働負荷を軽減したいとする要求に対しては同情するが、その負

荷を取り除く方法については請願者と意見を異にする。(23)

三　ウィリアム・スクーラーと『ローウェル・オファリング』に対する攻撃

この合同特別委員会の議長をつとめたウィリアム・スクーラーは、ローウェル選出のホイッグ党の下院議員にして、地元新聞『ローウェル・クーリエ』の編集者であり、ローウェルの女工たちが寄稿・編集している文芸雑誌『ローウェル・オファリング』の所有者でもあった。この報告書が刊行されてまもなく、一〇時間労働運動に関わった労働者たちは、労働機関紙の『ヴォイス・オヴ・インダストリー』紙上で、スクーラーに対する攻撃を始めた。

そして、この編集者［スクーラー］は、ローウェルの企業によってマサチューセッツ州議会に送られた手先であり、この心の腐った非人間的な制度を支持し、促進しようとしている。彼は、立法によって、労働者を一二、三時間も働かせる権力を企業に与えており、七、八千人もの労働者がこうした企業特権の撤廃、すなわち労働時間の短縮を要求した時、「これは我々が立ち入ることのできない問題である」として、要求を退けた。このような男が、「［一七］七六年［すなわち独立革命］の精神を持つホイッグ党員」として、民衆の権利の擁護者であるかのごとく振る舞い、世間に新聞を発行しているである。(24)

当然の帰結として、彼の所有する『ローウェル・オファリング』誌とその編集者のハリエット・ファーリー（Harriet Farley）も彼らの攻撃の対象となった。一〇時間運動の指導者で、公聴会の公述人の一人でもあったサラ・バグリーは、一八四五年の独立記念日にマサチューセッツ州ウォーバーンで開かれた労働者大会における演説で、次のようにファーリーと『オファリング』誌を批判した。「女工たちの労働条件について［バグリーが『オファリング』誌に］投稿した記事は、いつも決まって却下された」と。(25) 民主党系のローウェルの地元新聞『ローウェル・アドヴァタイザー』紙は、このバグリーの演説を取り上げ、記事にしたが、まもなくファーリーは、『アドヴァタイザー』紙に対し、自分たちがバグリーの記事を没にしたことは一度もないとの反論を投稿した。[26] この投稿に対してバグリーも応戦し[27]、『オファリング』誌はこれまで一度たりとも、女工たちを抑圧的状況から守ろうとしたことはなく、ファーリーは、『会社の代弁者』である」と批判した。[28] ファーリーとバグリーは、その年の八月上旬まで『アドヴァタイザー』紙に投稿を続け、反駁しあった。

このファーリーとバグリーに代表される、二つの女工集団については、トマス・ダブリンが、アメリカ産業革命期のマサチューセッツ州リンの製靴労働者の分析に用いられた三類型、すなわち「伝統主義者」(traditionalists)、「忠誠主義者」(loyalists)、「反抗者」(rebels) を援用して分析を試みており、ファーリーら『オファリング』に関わる女工を忠誠主義者、バグリーら一〇時間労働運動に関わる女工を反抗者として分類した。[29] この類型分析に対しては当初からの批判もあり[30]、別の分析視角を考えるべきである。ただし、その場合においても、指導者的立場の者とそうではない者《ランク・アンド・ファイル》を分けて考える必要があることは言うまでもなく、あくまでも指導者的立場の者に限定せざるをえない。建国初期のニュージャージー州の例を除けば、当時、女性には参政権が認められていなかったため、女性と政党政治の関係は、従来の女性史の研究テーマとして注目されてこなかったが、近年アメリカでは、南北戦争前《アンテベラム》における参政権なき女性の政党政治との関わりについて研究が進められている。[31] したがって、ファーリーらをホイッグ党、バグリーらを民主党の支持者ないし協力者として、位置づけることは的外れでもあるまい。

四　マサチューセッツ州議会議員選挙とスクーラー落選運動

女工たちのスクーラー攻撃は、ほどなくして一八四五年秋のマサチューセッツ州議会議員選挙での再選反対（落選）運動へと発展した。ニューイングランド労働者協会の会合で、ローウェル婦人労働改革協会の代表として出席したサラ・バグリーは、労働問題について政治行動を起こすよう、同僚の男性労働者に働きかけ、自分たちは、女性として全面的に協力することを約束した。

この五〇年間、女性が大衆の前で話をすることは女性の領域からの逸脱であると考えられてきました。しかし私たちの諸権利が踏みにじられ、議会にむなしくも請願するような時世で、有権者に訴えること以外に何ができるでしょうか。私たちの声は聞いてもらうものではなく、私たちの権利はこの国で認められているものではないのでしょうか？　ニューイングランドの娘たちに対して、彼女たちには政治的諸権利がなく、立法行為の対象にもなり得ないなどと言えるのでしょうか？　これらの質問に答えるべきは、この国の労働者です。［中略］

私たちは、この偉大な戦争において兵士として戦場に赴こうとは思ってもいません。しかし私たちは、独立革命期の女たちが兵士たちに毛布をあてがったり、兵士たちのナップサックに台所から出してきた食品を補充したりしたようなことをさせてもらうつもりです。

私たちは、みなさんの討議の中で賞賛を得ようとは思っていませんし、いかなる偉大な革命の道具になろうとも思っていません。しかし私たちに許された、私たちがしなければならないことをほとんどせずに、ただ腕組みをしてむだに座っているつもりはありません。私たちは、歴史の一頁として刻まれたフランクリンやジェファソン、ワシントンといった名前と同じく、チャニング、ブリスベイン、ライクマン、リプリー、オーウェン、ウォルシュ、その他大勢の［アメリカの労働運動に関わった人々の］名前が刻まれるような、これまでの革命と同等に記録される革命が始まるのを見たいと思っています。[32]

ローウェルの女工たちは、一八三〇年代のストライキの際に「自由民の娘」、すなわち独立革命で戦った者の子孫として自らを表現していたが、その一〇年後にも独立革命の女性の活動を引き合いに出して、自らの行動を正当化した。革命期の共和主義を社会改革運動の根拠とする傾向は、独立革命五〇周年以降、とりわけ一八三〇年代に顕著となったが、一八四〇年代のローウェルの女工たちも例外ではなかった。[33]

他方、民主党系の『アドヴァタイザー』紙は、女工たちに同調し、一八四五年九月にスクーラーがまとめた報告書を攻撃する記事を掲載し始めた。

「現在の労働制度には酷使が存在しており、現行の労働者に対する過酷な負担は軽減されるべきである。もし労働時間が短縮され、食事の時間が長くなれば、よりよい状態になるであろう」云々と述べた男が、どうしてそのすぐ後で「ここでは労働者が資本家と同等であるばかりか、実のところ労働者が資本家を支配して」いると発言できるのか、我々には理解できない。しかも二千人以上の労働者が自らの名前を書き添えて、資本家による酷使から労働者を保護するよう、議会による干渉を要求している現状があるのである。

仮に労働者が資本家を支配しているというのであれば、いかなる方法で資本家が労働者を酷使できるのであろうか？　なぜ労働者たちは、自分たちが酷使されているとして、議会に保護を求める代わりに、自らの手でその不満の種となっている［資本家による］酷使を改善できないのだろうか？　議会が彼らを助けられないのであれば、なおさらである！(34)

『アドヴァタイザー』紙には、スクーラーの「ネガティブ・キャンペーン」記事が何度も掲載されている。そこには、民主党が自らの選挙運動で一〇時間労働運動の失敗を効果的に利用していることが窺える。

ローウェルの市民諸君、来たる月曜日、諸君は、最も重要な義務を遂行するよう、求められている。問題は、我らが愛するマサチューセッツ州《コモンウェルス》で民主党か連邦派《ママ》のいずれの政策が勝利を収めるかが決められることである。すなわち、有権者の利害や要求や建設的な助言に関係なく、自由ですべての者に開かれるべきビジネスが、企業独占に飲み込まれてしまうのかどうか、さらには少数者の利害や要求のみが尊重され、多数者全体の利益が軽視され、公然と無視されてもよいものかどうか、が決まるのである。

我が州議会に持ち込まれる問題はめったにないが、これはある程度、熟考を要する問題である。諸君のための公僕が、州民にとっての下僕なのか、企業の富にとっての下僕や道具！に成り下がるのかを決定するのは諸君である。［中略］

労働者諸君（ワーキングメン）、自らの請願書の行く末を思い出すのだ!!

既存の企業から距離を置く鉄道問題支持の男性諸君、自らの請願書の行く末を思い出すのだ!!

民主党に投票しよう。されば諸君の利害と望みは尊重される。[35]

一八四五年一一月一四日付『ヴォイス・オヴ・インダストリー』紙は、州下院議員選の結果を次のように報じた。

選挙は、この町に与えられた下院九議席中、五議席のみが確定する結果となった。すなわち、レナード・ハントレス、ギルマン・N・ニコルズ、コーネリアス・W・ブランチャード、シドニー・スパンディング、ベンジャミン・ワイルドである。我々の隣人で、この町の御用新聞の編集者でもあるスクーラーは、ローウェルの有権者から非常に丁重な招待状を受け取った。すなわち、この冬は在宅していただくことになり、少なくともこの町の有権者の税金でボストンにお出かけになることはなくなったのである。我々は、政党政治家ではなく、昨今の政治賭博に対してもほとんど共感を抱いてはいないが、しかし、ローウェルの労働者男女の利益に反する行為をおこなった、この人物の敗北にはある程度満足している。先の議会におけるスクーラー氏の振る舞いは、最も優柔不断なものであり、いかなる共同体の信頼をも打ち砕くのに十分なものであった。彼は、労働時間短縮を求める請願書を勤勉な工場労働者の手から受け取るやいなや、無礼な態度をとったからである――彼は、「これは我々が立法できない問題」ではあるがゆえに、目標を達成するための「社会改良」や「我々が生まれながらに持っている慈悲的な感情の高まり」を待たねばならないと述べた。そうすることで、「現時点で」人間愛に欠ける、必要条件を満たしていない製造業者に不正を許すばかりか、彼らを優遇しているのである。彼は、抑圧された彼の選挙区民たちの要求が、経営側の市民によって忘れ去られることがないよう訴え続けるに十分な、道徳心に満ちた勇気を持ち合わせてはいなかった。我々は、スクーラー氏について拙速に批判する気は毛頭ない。しかし我々の責務は、民衆の権利の擁護者として、資本家と労働者の問題についての彼の真の立場を明らかにすることにあると考えている。[36]

一八四五年一一月一〇日付『アドヴァタイザー』紙も、工場労働者たちの努力を強調しつつ、結果を次のように評した。

ローウェルの投票結果は、我々の予想通りとなった。［中略］

我々は、スクーラー大佐に当選は無理だろうと伝えていたので、彼の立候補、もしくは彼の友人が彼を推薦したことに我々は驚いている。彼らは、自らの政党が鉄道問題をめぐって分裂していたことや、［この町の］労働者が彼に冷たい態度をとっただけでなく、このホイッグ党候補を落選させるのに奮闘していたことをよく知っていたからである。(37)

ローウェル市の選挙区からは、本来九人の下院議員を送ることができたが、当選に必要な得票数を集めた候補者はわずか五人で、四議席が空席となった。スクーラーの新聞『ローウェル・デイリー・クーリエ』によれば、この五人のホイッグ党候補者は、いずれも「鉄道票」によって当選し、スクーラーを含む、常連のホイッグ党候補の票をさらうこととなった。(38)『アドヴァタイザー』紙も認めているように、スクーラーら常連議員の敗北は、ホイッグ党内部の鉄道問題に絡む分裂に起因するものであった。(39)さらに、このホイッグ党の分裂によって、民主党急進派の「ロコフォコ」派が漁夫の利を得ようと画策した。最初の選挙から二週間後、ローウェルで未だ空席となっている四議席を埋めるための補欠選挙がおこなわれることとなった。これによって、ホイッグ党のジョージ・A・バターフィールドは当選したが、スクーラーを含む三人のホイッグ党候補は、またしても当選に必要な得票数を獲得できず落選し、三議席が空席のままとなった。(40)

スクーラー敗北の背景には、こうしたホイッグ党内の事情が存在したが、(41)民主党をはじめとする彼の政敵は、女工たちを中心とする落選運動の成果を強調した。一八四五年一一月二八日付の『ヴォイス・オヴ・インダストリー』紙は、選挙結果を端的に報じた後、ローウェル婦人労働改革協会の決議文を掲載した。

我々は、スクーラー氏の功績に敬意を表して、この町の工場労働者を代表して、先の「婦人労働改革協会」の会合で、全会一致で採択された次の決議文を公表するよう、求められた。

以下のとおり、本協会のメンバーは、ローウェルの有権者に対して、深い感謝の意を表することを決議する。すなわち、労働時間短縮を求める請願書が提出された州議会の特別委員会において、本協会の代表者がおこなった弁明を退けるという、不当かつ紳士らしからぬ行為にふさわしく、同委員会議長ウィリアム・スクーラーを不遇に処すことができたからである。(42)

一八四六年五月、選挙に敗北したスクーラーはヨーロッパに旅立った。彼の不在中の新聞編集者代理で、後に元女工のハリエット・ジェーン・ハンソンと結婚することになるウィリアム・スティーヴンス・ロビンソン[43]は、次のような新聞記事の切り抜きを添えた手紙をスクーラーに書き送った。

親愛なるスクーラーへ

君が去った後、人々が君のことをどのように言っているか、見てみたまえ。

最初は、『ヴォイス・オヴ・インダストリー』のバグリー嬢からだ。

「スクーラー大佐は、ヨーロッパに旅立ちました。私たちは、彼がアシュリー卿と面会し、「一〇時間法案」についてのアシュリー卿の民主主義精神を吸収してくれると信じています。マサチューセッツ州議会が労働者の保護立法に向かうよう、彼が何らかの手段を見いだしてくれることは好ましいことです」。

『ローウェル・ジャーナル』のスクーラー大佐は、二一日にヨーロッパに向けて出航した。［中略］我々には、すべての軍事的英雄は戦争に備えて、自宅で待機すべきであるように思われるが、大佐は、古いことわざを支持しているようだ。「三十六計逃げるにしかず。」（『エセックス・バナー』）。［中略］

勝算は、明らかに君の方にある。『エセックス・バナー』はくだらないが、『ヴォイス』の指摘は、役立つかもしれない[44]。

『ヴォイス・オヴ・インダストリー』の記事にある「アシュリー卿」とは、イギリスのアンソニー・アシュリー＝クーパー（一八〇一－八五年、後の第七代シャフツベリー伯爵）のことであり、一八三〇年代から四〇年代にかけてイギリスの工場法制定に尽力した、トーリー党に属する庶民院（下院）議員である。彼と民主主義的精神を結びつけた点は、イギリス史から見れば違和感があるにしても、アメリカでローウェルの女工たちが一〇時間労働運動に関わっていた頃、彼がイギリス議会で女性と未成年者の工場労働者の労働時間を一日当たり一〇時間とする法律の制定に向けて尽力していたことは確かであり[45]、この点においてローウェルの女工たちは、彼を評価していた。マサチューセッツ州議会とイギリス議会で、それぞれ綿工業都市に赴いて調査をおこない、報告書をまとめた二人の議員を対比させた『ヴォイス・オヴ・インダストリー』の記事は、ローウェルの女工たちが、イギリスの動向にも敏感であったことを示す史料といえる。しかも前述したように、同じ問題に関心を寄せていたディケンズが、母国の状況と比べて、ローウェルの女工たちを恵まれた存在と捉えた点は、皮肉でもあった。

おわりに

スクーラーに投票しないよう仲間の男性労働者に働きかけた女工たちの戦略は、非常に効果的であったため、民主党及びホイッグ党内部のスクーラーの政敵もまた、それによって利益を得ようとした。しかしながら、州議会でホイッグ党が多数派を占め、同州で綿工業の利害が重要である現状において、スクーラー一人を落選させても、一〇時間労働法を議会で通過させることは叶わぬ夢であった。労働者たちはその後も請願書を議会に送り続けたが、一八七四年までマサチューセッツ州では一〇時間労働法が制定されることはなかった。しかし、一八四〇年代の一〇時間労働運動が、労働条件の改善に全く寄与しなかったわけではない。一八四五年の州議会下院報告書の中で批判された食事休憩時間の短さは、その後一八四七年にローウェルの諸会社の自助努力で改善された。休憩を長めに設定することで労働時間が短縮されたのである。[46] 一八四〇年代後半になると、ローウェルの労働力構成は、アメリカ生まれの近隣農村出身の独身女性から、ジャガイモ飢饉で大量に流入したアイルランド系移民に転換し、スクーラー落選運動に関わった女工たちは工場を去り、二度と戻らなかった。しかし一〇時間労働運動そのものは、一八五〇年代に入っても後継の労働者に引き継がれることとなった。[47]

白人男性普通選挙制への移行、第二次政党制の出現など、政治制度に変化が生じたこの時代、男女の「領域」に関するイデオロギーもまた形成され、定着していった。誰が選挙権を有するのか、その資格条件が流動化し、市民編成原理の再編がおこなわれていたこの時代において、有権者ではないローウェルの女工たちは、まさにブルックが指摘するように、有権者に働きかけること（persuasion）で、非公式に政治に関わったのであった。

この後再び、誰が選挙権を有するのか、という問題が立ち現れるのは、一八六〇年代後半の合衆国憲法修正第一五条（黒人男性選挙権の付与）をめぐる議論の時である。このとき、婦人参政権運動は、黒人男性の選挙権を優先する立場と、女性にも選挙権を付与すべきと主張する立場に分裂することになる。当時の婦人参政権論者の中には、前節でその手紙を紹介したウィリアム・ロビンソンの妻ハリエット・ロビンソンも含まれていたが、この事実はさほど知られてはいない。

（1） House Document No.50, *Documents Printed by Order of the House of Representatives of the Commonwealth of Massachusetts, During the Session of the General Court, A.D. 1845* (Boston: Dutton and Wentworth, State Printer, 1845).

（2） Nancy F. Cott, *The Bond of Womanhood: "Woman's Sphere" in New England, 1780–1835* ([1977]; New Haven, CT: Yale University Press, 1997); Thomas Dublin, *Women at Work: The Transformation of Work and Community in Lowell, Massachusetts, 1826–1860* (New York: Columbia University Press, 1979); Mary P. Ryan, *Cradle of the Middle Class: The Family in Oneida County, New York, 1790–1865* (New York: Cambridge University Press, 1981); Linda K. Kerber, "Separate Spheres, Female Worlds, Woman's Place: The Rhetoric of Women's History," *Journal of American History* 75, No.1 (June 1982): 9–39; 有賀夏紀『アメリカ・フェミニズムの社会史』（勁草書房、一九八八年）、三五－五二頁、有賀夏紀・常松洋・松本悠子編著『消費とアメリカ社会——消費大国の社会史』（山川出版社、二〇〇五年）、二〇－三六頁、小檜山ルイ編『アメリカ・ジェンダー史研究入門』（青木書店、二〇一〇年）、六九－八二頁。

（3） Daniel Feller, *The Jacksonian Promise: America, 1815–1840* (Baltimore: The John Hopkins University Press, 1995),

67–68; Michael Schudson, *The Good Citizen: A History of American Civic Life* ([1998]; Cambridge, MA: Harvard University Press, 2000), 97–98. 一八三〇年代までは、参政権資格条件から財産所有を除外する州が増える一方、納税者であることを資格条件に含める州が増加したが、その後、白人成人男性に限っていずれの条件もつけない州が増加した。Alexander Keyssar, *The Right to Vote: The Contested History of Democracy in the United States* (New York: Basic Books, 2000), 27–52.

（4） Judith Apter Klinghoffer and Lois Elkis, "'The Petticoat Electors': Women's Suffrage in New Jersey, 1776–1807," *Journal of the Early Republic* Vol. 12, No. 12 (Summer 1992): 159–93; Rosemarie Zagarri, *Revolutionary Backlash: Women and Politics in the Early American Republic* (Philadelphia, PA: University of Pennsylvania Press, 2007), 30–37; 肥後本芳男「アメリカ建国期の政治文化と『女性の権利』論争」『社会科学』第七二号（二〇〇四年）、八五–九三頁、久田由佳子「『女性の領域』論再考——一九世紀前半アメリカにおける参政権なき女性の政治参加をめぐって」『愛知県立大学外国語学部紀要（地域研究・国際学編）』第四五号（二〇一三年）、二一七–二二五頁。

（5） John L. Brooke, "Consent, Civil Society, and the Public Sphere in the Age of Revolution and the Early American Republic," in Jeffrey L. Parsley, et al. eds., *Beyond the Founders: New Approaches to the Political History of the Early American Republic* (Chapel Hill, NC: University of North Carolina Press, 2004), 207–50; Ronald J. Zboray, and Mary Saracino Zboray, *Voices Without Votes: Women and Politics in Antebellum New England* (Durham, NH: University of New Hampshire Press, 2010).

（6） Philip S. Foner, ed., *The Factory Girls* (Urbana, IL: University of Illinois Press, 1977), 99–100; Thomas Dublin, *Women at Work: The Transformation of Work and Community in Lowell, Massachusetts, 1826–1860* (New York: Columbia University Press, 1979), 108–14; Teresa Anne Murphy, *Ten Hours' Labor: Religion, Reform, and Gender in Early New England* (Ithaca, NY: Cornell University Press, 1992), 131–32; David A. Zonderman, *Aspirations and Anxieties: New England Workers and the Mechanized Factory System, 1815–1850* (New York: Oxford University Press,

1992), 242–47; Robert J. Dinkin, *Before Equal Suffrage: Women in Partisan Politics from Colonial Times to 1920* (Westport, CT: Greenwood Press, 1995), 36.

（7） John R. Commons, et al., *History of Labour in the United States,* Vol.1 ([1918]; New York: Augustus M. Kelly, 1966), 158–62, 186–89, 302–15, 384–95.

（8） David R. Meyer, *Networked Machinists: High-Technology Industries in Antebellum America* (Baltimore: Johns Hopkins University Press, 2006), 59, 65–66; Nathan Appleton, *Introduction of the Power Loom, and Origin of Lowell* (Lowell, MA: B. H. Penhallow, 1858), 15–34; Robert F. Dalzell, Jr., *Enterprising Elite: The Boston Associates and the World They Made* (Cambridge, MA: Harvard University Press, 1987), 49–51; *Fifth Census, or Enumeration of the Inhabitants of the United States* (Washington, D. C., 1830), 16–17; *Sixth Census of Enumeration on the Inhabitants of the United States* (Washington, D. C., 1840), 44–45.

（9） Dublin, *Women at Work,* 108–115; Henry A. Miles, *Lowell, As It Was, and As It Is* (Lowell, MA: Powers and Bagley and N. L. Dayton, 1845), 101.

（10） Commons, et al., *History of Labour in the United States,* Vol.1, 536–40; Murphy, *Ten Hours' Labor*, 131–32.

（11） Murphy, *Ten Hours' Labor*, 147–48; David R. Roediger and Philip S. Foner, *Our Own Time: A History of American Labor and the Working Day* (London: Verso, 1989), 43.

（12） Dublin, *Women at Work*, 75–85.

（13） Commons, et al., *History of Labour in the United States,* Vol.1, 536–39; John R. Commons, et al., eds., *A Documentary History of American Industrial Society,* Vol. 8 (New York: Russell & Russell, 1958), 81–84, 91–113; Philip S. Foner, ed., *The Factory Girls* (Urbana, IL: University of Illinois Press, 1977), 99–100; Dublin, *Women at Work*, 108–14 ; Murphy, *Ten Hours' Labor,* 131–32; Zonderman, *Aspirations and Anxieties*, 242–47. 一八四六年、ローウェル婦人労働改革協会は会則を設け、会員が「現状の労働制度を改革するために積極的に貢献すること」とし、「平和的手段が実を結ば

ないとわかるまでは」ストライキのような「敵対的な手段」をとることを禁止した。Foner, ed., *The Factory Girls*, 104–106.

（14）Commons, et al., *History of Labour in the United States*, Vol.1, 539.

（15）House Document No. 50, 1–7. 一八四五年の特別委員会の報告書では、四通の請願書についてのみ言及されているが、マサチューセッツ州議会下院の手稿記録によれば、同年にウスターとリンからも請願書が提出されていた。House Documents of 1845, Box 252, 1587, Massachusetts Archives, Boston.

（16）当初、議会から召喚されていたのは、ジョン・クインシー・アダムズ・セイヤー（John Quincy Adams Thayer）、ギルマン・ゲイル（Gilman Gale）、ハーマン・アボット（Herman Abbott）、エリザベス・ロウ（Elizabeth Rowe）、サラ・モルテン（Sarah Moulten）、ナンシー・モース（Nancy R. Morse）の男女各三名、計六名であり、このうち男性はいずれも請願書の筆頭署名者であったが、女性は筆頭署名者ではなかった。実際に証言したのは、男性では上記の三人に加えて、マサチューセッツ州議会下院議員のシューバエル・アダムズ（Shubael P. Adams）とアイザック・クーパー（Isaac Cooper）、女性で召喚されて証言したのはエリザベス・ロウのみであり、他の公述人五人についてはすべて当初に召喚予定がなかった。An Order from Special Committee on the Ten Hour System, 1587/6; The Petition of 301 Citizens of Lowell for a Reduction of the Hours of Labor, House of Representatives, 1845, 1587/8, House Documents of 1845, Box 252, Massachusetts Archives.

（17）House Document No.50, 2–7.

（18）Ibid., 2, 6–7. なお、Commons, et al., eds., *A Documentary History of American Industrial Society*, Vol. 8, 138 に再録された同報告書では、公述人の一人セリシア・フィリップスのファーストネームがセシリア（Cecilia）となっている。

（19）Ibid., 2–8; Charles Dickens, *American Notes*（[1842]; Greenwich, Conn.: Fawcett Publications, 1961）, 84–88.

（20）House Document No. 50, 10.

（21）Ibid., 11–16.

（22）　Ibid., 16.

（23）　Ibid., 16–17.

（24）　*Voice of Industry*, 12 June 1845. この『オファリング』誌批判が『ヴォイス・オヴ・インダストリー』紙に掲載された当時、同紙の編集者はウィリアム・F・ヤング（William F. Young）で、マサチューセッツ州フィッチバーグで発行されていた。一八四五年一一月に同紙は、ニューイングランド労働者協会の機関紙としてローウェルで発行されることになり、サラ・バグリーが編集スタッフとして加わった。

（25）　Reform, “Great Workingmen’s Mass Meeting in Woburn,” the *Lowell Advertiser*, 8 July 1845.

（26）　*Lowell Advertiser*, 15 July 1845.

（27）　*Lowell Advertiser*, 26 July 1845.

（28）　*Lowell Advertiser*, 7 August 1845.

（29）　Dublin, *Women at Work*, 122–26; Paul Faler and Alan Dawley, “Working-Class Culture and Politics in the Industrial Revolution: Sources of Loyalism and Rebellion,” *Journal of Social History* 9（June 1975）.

（30）　Freidrich Langer, “Class, Culture, and Class Consciousness in Antebellum Lynn: A Critique of Alan Dawley and Paul Faler,” *Social History* 6（1981）; Sean Wilentz, “On Class and Politics in Jacksonian America,” *Reviews in American History*（December 1982）; Sean Wilentz, “The Rise of the American Working Class, 1776–1877: A Survey,” in J. Carroll Moody and Alice Kessler-Harris, eds., *Perspectives on American Labor History*（Dekalb, IL: Northern Illinois University Press,1989）, 97.

（31）　Alison M. Parker and Stephanie Cole, eds., *Women and the Unstable State in Nineteenth-Century America*,（College Station, TX: Texas A&M University Press, 2000）; Rosemarie Zagarri, *Revolutionary Backlash: Women and Politics in the Early American Republic*（Philadelphia, PA: University of Pennsylvania Press, 2007）; Carol Lasser and Stacey Robertson, eds., *Antebellum Women: Private, Public, and Partisan*（Lanham, MD: Rowman & Littlefield, 2010）;

Ronald J. Zboray, and Mary Saracino Zboray, *Voices Without Votes: Women and Politics in Antebellum New England* (Durham, NH: University of New Hampshire Press), 2010.

（32）“New England Workingmen's Association,” *Voice of Industry*, 5 June 1845.

（33）*Boston Evening Transcript*, 18 February, 1834; Dublin, *Women at Work*, 103–104; Alfred F. Young, *The Shoemaker and the Tea Party: Memory and the American Revolution* (Boston: Beacon Press, 1999), 143–54.

（34）“Col. Schouler's Report,” *Lowell Advertiser*, 2 September 1845.

（35）“Last Call!” *Lowell Advertiser*, 8 November 1845. 原語では、傍線部分がすべて大文字で強調されている。

（36）“The Election of Lowell,” *Voice of Industry*, 14 November 1845.

（37）“Election of Lowell,” *Lowell Advertiser*, 10 November 1845.

（38）The Election in This City,” *Lowell Daily Courier*, 11 November 1845.

（39）“Election of Lowell,” *Lowell Advertiser*, 10 November 1845.

（40）“The Election Yesterday,” *Lowell Daily Courier*, 25 November 1845.

（41）ホイッグ党のウィリアム・リヴィングストンは、自らが州議会に請願した鉄道敷設問題をめぐって、スクーラーを攻撃した。このことが、事実上ホイッグ票を二分することになったと思われる。*Lowell Daily Courier*, 19 November 1845.

（42）同紙はまた、選挙結果を次のように伝えている。「月曜の選挙は、ジョージ・A・バターフィールドの選出とその他のホイッグ党候補の敗北という結果に終わった。この敗北者の中には、勇ましくも企業の諸権利の擁護者であるスクーラー大佐も含まれる。彼は、この結果から、我々の意図を感じ取ってくれることであろう」。*Voice of Industry*, 28 November 1845.

（43）Mrs. W. S. Robinson [Harriet Jane Hanson Robinson], ed., *“Warrington” Pen-Portraits: A Collection of Personal and Political Reminiscences from 1848 to 1876, from the Writings of William S. Robinson* (Boston: Rand, Avery, and Company, 1877), 25–32. 少女時代にストライキに参加したハリエット・ジェーン・ハンソンは、一八四〇年代、すでにローウェルの工場を辞めており、本章の研究対象とはならなかったが、後に婦人参政権論者としても活動した。

(44) William Stevens Robinson to William Schouler, 25 May 1846, William Schouler Papers, Box 1, Massachusetts Historical Society, Boston.

(45) 吉田恵子「英国一〇時間労働法の一断面」『明治大学短期大学紀要』二一（一九七七年）、一一三－三五頁、Edwin Hodder, *The Life and Work of the Seventh Earl of Shaftesbury*, Vol. 1, ([1886]; Shannon, Ireland: Irish University Press, 1971), 135–69, 194–96, 213–29, 302–307, 320–29, 345–61, 403–37, 451–62; Hodder, *The Life and Work of the Seventh Earl of Shaftesbury*, Vol. 2 ([1886]; Shannon, Ireland: Irish University Press, 1971), 17–57, 73–89, 114, 128–39, 188–189. アシュリー卿は、一八四五年当時、マサチューセッツ州選出連邦議会上院議員だったダニエル・ウェブスター（ホイッグ党）とも知己であったことが、一八四〇年のアシュリー卿宛のウェブスターの手紙から明らかになっている。Hodder, *The Life and Work of the Seventh Earl of Shaftesbury*, Vol. 1, 290–93.

(46) Commons, *History of Labour,* Vol. I, 541; Commons, *A Documentary History,* Vol. 8, 83–84, 188–99; Zonderman, *Aspirations and Anxiety*, 248–52.

(47) Petition of Alisa Dexter and 690 Other Female Operatives of Lowell..., 8 Jan. 1853, House of Representatives, 3757/33, House Documents of 1853, Massachusetts Archives. ローウェルの労働力転換については、Dublin, *Women at Work*, 132–207.

第七章 交錯する市民権概念と先住民政策

——一九二四年市民権法の歴史的意義

中野由美子

はじめに

先住民が保留地を離れる際には、どのようなパスポートが必要なのでしょうか。
——パスポートは不要です。彼らは、自由に行き来することができます。
先住民を合衆国市民にするために、何らかの政策が実施されているのでしょうか。
——一九二四年以降、彼らは市民です。(1)

この一文は、人類学者のルース・アンダーヒル（Ruth Underhill）の著書からの引用である。合衆国の大学に留学中のヨーロッパ出身の大学生からの「典型的な質疑応答」という想定である。ひとつ目の質問は、多少の誇張が含まれているとはいえ、外国人にとって保留地とは何かがわかりにくいことを示している。では、二つ目の質問はどうだろうか。実際には、一九二四年の法律によって、すべての先住民に市民権が付与されている。しかし、この著書が上梓された一九五三年の時点では、それはまだ万人周知の事実ではないという。

今日では、冒頭に引用したような質問をする大学生はほとんどいないだろう。しかし、「保留地」や「インディアン部族《トライブ》」の法的な意味を正確に理解することは、それほど容易ではない。

合衆国においては、建国以来、「インディアン部族《トライブ》」に関するさまざまな法律が制定され、さらにその解釈をめぐり数多くの判決が出されてきた。そのため今日では、これらの膨大な法律や判例は、歴史研究における貴重な一次史料という性格を併せ持っている。このような状況を踏まえ、本章では、先住民と市民権に関して法と裁判所が果たしてきた役割に着目し、「合衆国市民になること」の要件とその変遷を検討することを課題としたい。次節で詳述するように、建国時には、法的な意味での「インディアン」——より厳密にいえば、特定の「インディアン部族《トライブ》」の成員——は「市民」ではないとされた。その後、南北戦争を経た一九世紀後半には、次第に「インディアン」への市民権付与が進んだ。そのひとつの区切りとなったのが、一九二四年に成立した通称インディアン市民権法（以下、一九二四年市民権法と略記）である。先住民への市民権付与は、どのような経緯で進められたのだろうか。先住民の事例に即して、「市民であること」にまつわる理念と実態の緊張関係の諸相を浮き彫りにしていきたい。

本章で取り上げる一九二四年市民権法は、先住民史のみならず、合衆国の移民史や市民権に関する理論書など、さまざまな分野の先行研究で頻繁に言及されている。たとえば、デレク・ヒーター（Derek Heater）は、著書『市民権とは何か』のなかで次のように述べている。

> 独立宣言から一八六三年の奴隷解放までの三世代ものあいだ、何百万人ものアフリカ系アメリカ人は非市民であるばかりでなく、自由でさえなかった。そして南北戦争後にようやく憲法修正第一四条・第一五条が成立し、人種や肌の色にかかわりなく市民的・政治的権利が等しく付与された。しかし、実際には、社会に根強くはびこる差別と脅迫・暴行に対しては何ら有効な対策は講じられなかった。［中略］
>
> われわれはここでまた、一九世紀において本格的な大量虐殺の対象であった先住民が、合衆国市民の地位の付与対象に含まれ

ていなかった事実を付け加えることもできよう。実際、一九二四年になって初めて、彼らに出生時に自動的に市民権が付与されるようになったのである。(2)

続いてヒーターは、「市民権は今まで……理想的な形で実現されていない」と述べ、「市民の法的地位をもつが、しかし差別のせいで実際には十全な権利の行使を拒否」されている「二流市民」の典型として、黒人と先住民を同列に論じている。(3) このような「二流市民」論はすでに通説視されており、一般向けの概説書や学術書における歴史叙述の前提となっている。(4)

その一方で、近年の先住民史の先行研究においては、先住民にとって市民権を獲得することの両義性に言及する傾向がある。一例として、近年出版された概説書のなかの一九二四年市民権法に関する件をみてみよう。

一九二四年のインディアン市民権法は、先住民をアメリカ社会に位置づけるための連邦政府による試み、つまり同化政策の論理的帰結であった。［中略］いくつかの先住民集団は、同法により、市民権に付随する諸権利や特権を享受する機会が増大することを歓迎した。ところが、他の先住民集団は、［中略］自らが有している特定部族《トライブ》の一員としての諸権利に対し、同法がいかなる影響を及ぼすのだろうかと憂えた。(5)

このように、先住民のあいだでは、市民的諸権利の獲得への関心と先住民固有の諸権利の喪失への懸念という、相反する反応がみられたという。(6) 市民権付与にまつわるこうした懸念や躊躇は、黒人など他の少数派《マイノリティ》集団にはみられないものである。

以上のように、先行研究においては、一九二四年市民権法の意義についての見解は必ずしも一致していない。このことは、同法制定に至るまでの主要な法律や判例に即して、先住民と市民権の関係を再検討する必要があることを示唆している。したがって本章においては、先住民の市民権問題に即して、主に連邦の三権においてさまざまな解釈が提示されてきたことに着目し、市民権概念の内実が変容する過程を検証する。結論の一部を先取りすることになるが、先住民の市民権問題に即して、建国以来のいわば「一八、一九世紀的な市民権概念」と一九二四年市民権法に基づく「二〇世紀的な市民権概念」が交錯する様相を読み解くことが課題となる。なお、各州ないし先住民側の多様な対応については、別稿を期すこととしたい。

次節での検証に先立ち、「インディアン」と「市民権」という二つのキーワードの定義を確認しておこう。最初に、「インディアン」（ないし特定の「〇〇部族《トライブ》」）とは、法学者のフェリクス・コーエン（Felix Cohen）にならい、「国家によって認定されたインディアン部族《トライブ》というある政治的共同体の成員あるいはその子孫」と定義する。(7) それに対し、ヨーロッパ系による入植以前から北米大陸に先住していた者の子孫（と自己を同定している人々を含む）を「先住民」と総称する。したがって本章では、一方の「インディアン」とは国家によって創出された地位身分《ステイタス》を意味する法的概念として、他方の「先住民」とは国家による承認の有無に必ずしも限定されない民族学的な概念として、両者を区別して用いる。

続いて、「市民権」については、「市民」と政治共同体とのあいだの権利・義務関係の集積、およびそれらが付着した法的地位と定義する。これまで、citizenship は「市民権」と訳されてきた。しかし近年、「市民権」という訳語では「成員資格《メンバーシップ》や地位身分《ステイタス》というニュアンスが伝えられず」、権利に比重がおかれ義務が軽視されたり、「市民的諸権利」（civil rights）と混同されたりするという問題点が指摘されてきた。(8) そのため、主に政治学や社会学の分野では、あえて「シティズンシップ」と表記する傾向がある。以上のような問題点はあるものの、本章においては、合衆国史の分野でこれまで広く用いられてきた「市民権」という用語を使用することとしたい。

なお、引用文中には、現在では不適切とみなされる表現が含まれている場合があるが、史料としてそのまま訳出していることをあらかじめお断りしておきたい。

一　合衆国憲法と「インディアン」

一七八八年に成立した合衆国憲法には、市民（citizen）という用語が何度か使用されているが、その定義は明記されていない。その理由のひとつに、英国のコモン・ローに基づく出生地主義（*jus soli*）が独立後も引き継がれるという暗黙の了解があったことが挙げられる[9]。

ところが、黒人や先住民などの少数派集団《マイノリティ》に対しては、この出生地主義は長らく適用されなかった。その証左としてここで言及したいのは、一八五七年の連邦最高裁判決（スコット対サンフォード事件判決）である。原告のドレッド・スコット（Dred Scott）は、奴隷州のミズーリ州出身の奴隷だったが、奴隷主とともに奴隷制が禁止されている州（自由州）に居住したことをもって、奴隷から自由身分になったと主張して提訴した。それに対して連邦最高裁判所は、スコットは合衆国憲法のいうミズーリ州市民ではないため、合衆国の裁判所に提訴する資格を有していないとして却下したのである[10]。

同判決において、首席裁判官ロジャー・トーニ（Roger B. Taney　在職期間一八三六－六四年）による市民権に関する議論は注目に値する。当時、奴隷は財産とみなされていたため、ここでの争点は、自由身分の黒人の市民権だった。トーニ首席裁判官は、黒人は「従属的かつ二流の身分に属する人々」であるため、「たとえ自由身分であっても」憲法のいう合衆国市民とはみなされないと断じたのである[11]。

さらに注目すべきは、「インディアン」個人に市民権が付与された前例についても言及している点である。トーニ首席裁判官によれば、この文脈では「インディアン部族《トライブ》」は「外国」と同様の法的地位にあるという。したがって、部族的帰属を失った「インディアン」個人に市民権を付与する場合、外国人の帰化と同様の法的根拠によると述べた[12]。

つまり、合衆国の領域内で出生した自由黒人への市民権付与は「二流の身分」ゆえに否定しつつ、この文脈では「外国」とみなした「インディアン部族《トライブ》」の元成員への市民権付与の前例は合憲とされた。トーニ首席裁判官の市民権観には、当時の人種観が投影されていたのである(13)。

司法府のこのような見解に対して、立法府が新たな立法措置に踏み切るのは、南北戦争後の一八六〇年代後半である。たとえば、一八六八年に成立した憲法修正第一四条第一節には、「合衆国内で出生しまたは帰化し、合衆国の管轄権に服する者は、合衆国の市民であり、かつその居住する州の市民である」という一文がある(14)。また、同時期の一連の法改正により、英国のコモン・ローに基づく出生地主義が明示された(15)。こうして、あくまでも憲法・連邦法上に限るものの、元奴隷を含む黒人を包摂する形で市民権が再定義されたのである。

ところが、黒人とは対照的に、先住民の市民権については、一連の憲法修正を経た後も明文化されず曖昧なままであった。憲法修正第一四条に即して具体的にみてみよう。

憲法修正第一四条第一節については、上院における審議の際に以下のような議論があった。ある上院議員が、先住民への市民権付与は時期尚早であると主張し、同第一節に「納税の義務のないインディアンを除く」という文言を挿入する提案をした。それに対して他の上院議員は、先住民への市民権付与はもちろん想定していないものの、文言の挿入は不要との見解を示した。結局、同第一節にはこの文言は挿入されなかった。その理由は、「インディアン」は条約締結や通商権限に関して「外国」とみなされている特定部族《トライブ》に属しており、「合衆国の管轄権に服する者」ではないことは自明であるからだった(16)。

次に、憲法修正第一四条第二節についてみてみたい。一七八八年に成立した合衆国憲法第一条第二節には、立法府に関して以下の規定がある。下院議員定数の各州への割り当てについて、「自由人――年期を定めて労務に服する者を含み、納税の義務のないインディアンを除く――の総数に自由人以外のすべての者の五分の三を加えたもの」を各州の人口とし、その人口の比率によって配分するというものである。いうまでもなく、「自由人以外のすべての者」とは奴隷のことを指していた。そのため、一八六五年の奴隷制廃止（憲法修正第一三条の成立）に続いて、さらなる憲法修正が行われた。その結果、憲法修正第一四条第二節により、上述の憲法第一条第二節の「自由人以外のすべての者」という文言が削除された。しかし、「納税の義務のないインディアン」という文言は、憲法修正第一四条第二節にそのまま残されたのである。

以上のように、憲法修正第一四条第一節のいう「市民」には「インディアン」は含まれないことは、当時の立法府では暗黙の合意事項であった。しかし、憲法にはその旨は明文化されなかった。その一方で、同第二節には、建国以来の「納税の義務のないインディアンを除く」という文言が引き続き使われたのである。(17)

もちろん、一八七〇年代以前にも、「インディアン」個人に市民権が付与される場合があった。それは主に、特定部族《トライブ》と合衆国が締結した条約によってであった。たとえば、一八六四年に複数の部族《トライブ》と締結された条約には、外国人に対する帰化の規定と類似した条項が含まれていた。(18) ちなみに、一九世紀に巷で用いられていた「市民のインディアン」（Citizen Indians）という用語は、市民権を付与された元「特定のインディアン部族《トライブ》」の個人を意味していた。しかもこの場合は、特定部族《トライブ》への帰属が失われていることが条件だった。(19) このように、個々の部族《トライブ》によっては条約に基づいた規定がある一方で、すべての先住民を対象とした市民権付与に関する法は存在していなかった。その代わりに、先住民の場合には、「市民」とは異なる「インディアン」という法的地位が与えられていたのである。

二　「変則的」な法的地位への批判

ところが、一八七〇年代頃を分岐点として、従来の市民権観に変化がみられるようになる。一方の立法府では、一八七一年に、「インディアン・ネイションまたは部族《トライブ》」との条約締結を廃止している。その背景には、先住民問題における発言権を拡大したいという連邦下院側の意向等があったという。(20) そしてこの頃から、立法府において先住民の法的地位についての議論が活発になっていく。

他方の行政府においても、先住民業務を所管する内務省インディアン局を中心として、先住民の法的地位の改革を求める機運が高まっていく。たとえば、一八七四年のインディアン局長年次報告書によれば、先住民を対象とした新しい法律の制定が目下の急務だという。その理由としては、「インディアン」個人が「合衆国市民」として生きていくことを可能とする法的規定がないことを挙げている。また、同報告書には、合衆国政府と先住民との関係を「変則的」と形容する一文がある。(21) この「変則的」という言葉は、以後、インディアン局の報告書に頻繁に登場し、その「変則性」の解消が先住民政策の最重要課題になっていく。

このような状況において、ある先住民が特定の市民的諸権利――その代表例としては、参政権が挙げられる――を有しているか否かをめぐって、司法府においてもさまざまな解釈が生じうることは想像に難くない。すでにみたように、一定の条件を満たした先住民の特定個人には市民権を付与してきたからである。

先住民の市民権をめぐる判例の典型としては、一八八四年のエルク対ウィルキンス事件判決が挙げられる。この裁判は、出身部族《トライブ》から離れて都市に住んでいたジョン・エルク（John Elk）が、市民ではないとの理由で参政権を否定されたとして告訴したものである。それに対して連邦最高裁判所は、以下のような点を判示した。「インディアン」という法的地位を付与された個人は、たとえ物理的な意味では合衆国内で出生したとしても、合衆国憲法修正第一四条第一節の「合衆国の管轄権に服する者」には該当せず、憲法のいう「市民」には含まれない。なぜなら、エルクのような「インディアン」は「特定のインディアン部族《トライブ》」の管轄権に服する者とみなされるからである。それは、憲法修正第一四条第二節において、「納税の義務のないインディアン」は依然として（下院議員定数の算出時の）人口算出の際に除外されていることからも明らかである。したがって、「原告は憲法修正第一四条の意味する市民ではない」ため、「憲法修正第一五条が保障する権利〔選挙権――引用者注〕を剝奪されたとはいえない」[22]。

ここで、二〇世紀初頭までの合衆国においては、市民権の有無は、政治的権利を行使する際の必須要件ではなかったことを確認しておきたい。英国の社会学者T・H・マーシャル（T. H. Marshall）は、市民権《シティズンシップ》という地位身分に伴う「権利や義務がどのようなものとなるかを決定するような普遍的原理は存在しない」と指摘している[23]。事実、当時の合衆国の場合、州レベルでの参政権付与の資格要件は、市民権の有無以外の要件に依存していた。その要件は州によって異なっていたものの、一般的に、不動産の所有や納税の実績などであった。そのため、合衆国市民権を獲得していない「外国人」でも「白人男性」――当時は「外国籍をもつ白人男性」（alien while males）という用語が使われることが多かった――であれば、カリフォルニア州を含む多くの州では参政権が認められていた[24]。その一方で、女性の場合は、生まれながらに合衆国市民であっても、連邦レベルでの参政権は認められていなかった。周知のように、性別を理由として合衆国市民の投票権を奪ってはならないと定めた憲法修正第一九条が成立したのは、一九二〇年のことである。以上の点を踏まえれば、「インディアン」は「市民」ではないから投票権は認めないという一八八四年の判決等にみられる論法は、当時の常識では必ずしもなかったといえよう。実際には、「市民」ではないという理由ではなく「白人」ではないとの理由で、「インディアン」の投票権を認めない州が多かったのである[25]。

こうした状況のなかで、一八八七年には通称一般土地割当法（以下、一八八七年法と略記）が制定された。同法は、特定の部族《トライブ》が共同保有している保留地の土地をその成員個々人へ割り当て、その住民に市民権を付与し、将来的には保留地を「市民」が所有する私有地へと転換することを目的としたものだった。保留地制度を拙速に根幹から揺るがした点で、一八八七年法は、先住民政策史上最も激しい論争を巻き起こした法律のひとつとなった。

本章との関連で注目すべきは、一八八七年法のなかの市民権に関する規定である。同法の第六項には、保留地の土地を当該部族《トライブ》の成員個々人に割り当てた土地を意味する「割当地」(allotment) に関して、次のような規定がある。「同法の規定に基づき、土地の割当を受けたインディアンは［中略］合衆国市民であることを宣言する。[26]」この一文が象徴するように、同法の支持者たちは、先住民にまつわる積年の問題に対して、保留地の土地を成員個々人へ割り当てると同時に市民権を付与することで対処できると考えていた。以上のように、上述の一八八四年の連邦最高裁判決に一部触発される形で、立法府・行政府では、先住民の市民権問題が取りざたされるようになった。[27] その立法府側の「回答」のひとつが、一八八七年法だったといえるだろう。

マサチューセッツ州選出のヘンリー・ドーズ (Henry Dawes) 上院議員は、同法制定直後に、先住民問題に特化した有識者会議において次のような主旨の演説を行っている。保留地の土地を割り当てられた住民は「合衆国市民として彼らの自営農地《ホームステッド》に立って」おり、「その自営農地《ホームステッド》はもはや保留地の一部ではなくなった」ように、彼らの法的・社会的地位は変わったのだ、と。[28] ドーズ議員が自らの名を冠した同法を「積年のインディアン問題の解決」策と称して弁護するのは、むしろ当然であろう。ただし、そのドーズ議員ですら、こう付け加えている。「インディアンの土地に対する白人側の欲望と渇望は、『義への飢えと渇き』と同様に強い」ため、引き続き「先住民問題に関心をもってほしい[29]」。

実際のところ、一八八七年法は、先住諸社会に甚大な損害をもたらした後、一九三四年には事実上破棄された。その間、九〇〇〇万エーカーの土地――一八八七年時点での先住民占有地の約三分の二に相当――が先住民の手から奪われていったという。[30] その最大の原因は、ドーズ議員の予想通り、先住民の土地に対する非先住民側の「欲望と渇望」であろう。当時の合衆国は著しい経済成長の時代を迎えていたことも、土地への需要拡大に拍車を掛けていた。そのため、同法が適用されなかった先住諸社会においても、同法に対する警戒心が瞬く間に広がったといわれている。たとえば、アリゾナ州のホピ保留地では、土地の測量が実施されるやいなや、測量用の杭を引き抜いて抗議するという一件が起こっている。実際には、同保留地では土地の割り当ては実施されなかったものの、それに対する根強い反発があったことがうかがえる。(31)

その後、一九〇六年に成立した法によって、一八八七年法の第六項の一部が改正された。同法によって、割当地の住民に市民権が付与される時期が延期され、公有地譲渡証書が発行された後となった。他方、同じく第六項でも、変更されなかった点もある。それは以下の一文である。「いかなる部族《トライブ》からも自発的に離れて生活している者で、文明化された生活習慣を身につけた者」は、「合衆国市民であることをここに宣言する」(32)。つまり、特定部族《トライブ》への所属を自発的に放棄した「インディアン」個人には市民権が付与されるという点は、一九〇六年法でも変わらなかった。このように二〇世紀初頭においても、先住民の場合、政治的・社会的同化は市民権付与の要件のひとつだったことがわかる。(33)

続いて一九一九年には、第一次世界大戦の復員軍人である先住民を対象とした法律が制定された。同法では、「市民ではないインディアン」の復員軍人本人が希望する場合は、裁判所の審査を経て市民権を付与するとされた。そして同法においては、土地保有形態や「部族《トライブ》との関係」の断絶は、市民権付与の条件とはなっていない(34)。この点では、一八八七年法や一九〇六年法とは異なっている。しかし、いずれにせよ、先住民に対して出生地主義は自動的には適用されていないという共通点があった。先住民の場合は、依然として立法府が市民権を付与するか否かを決定する権限をもっていたのである。

三　一九二四年市民権法の歴史的意義

一九二四年には、通称インディアン市民権法が制定された。最初に、同法の全文を引用したい。

インディアンに市民権の証明書を発行する権限を内務長官に与える法律

合衆国の領域内で出生したすべての非市民のインディアン（all non-citizen Indian）は、合衆国市民であることをここに宣言する。ただし、市民権《シティズンシップ》の付与は、部族的《トライバル》ないしその他の形態の財産に対してインディアンが有している権利を侵害するものではない。[35]

ちなみに、原案段階での表題は「インディアンに市民権の証明書を発行する権限を内務長官に与える法律」となっていた。その後、連邦上院による修正をへて、「インディアンへ市民権を付与するための法律」へと変更された[36]。ところが、誤記により、修正前の表題のまま『合衆国法律全集』に登載されてしまったという[37]。これは、一見すれば、単なる衒学的なエピソードであろう。けれども、修正前の原案の表題（かつ実際に誤って登載されてしまった表題）には、いわば「一八、一九世紀的な市民権観」が投影されている点で注目に値する。その市民権観とは、法的な意味で「インディアン」とされた人々は元来「市民」ではなく、彼らが「市民」となるにあたってはいくつかの要件があり、それを満たした者のみが内務長官により「市民」として認定され——それを証明する書類が発行されて——市民権を獲得できる、というものであった。翻って上院による修正後の表題（本来ならば登載されるべきだった表題）をみてみると、内務長官の権限については削除されている。したがって一九二四年法では、従来の市民権付与のプロセスではない方法を想定していることがうかがえる。

では、一九二四年市民権法の目的は何だったのだろうか。当時の内務長官ヒューバート・ワーク（Hubert Work）によれば、同法の目的は、「土地保有形態や居住地にかかわらず、インディアン個人に合衆国市民権が与えられる手段を提供すること」であるという[38]。確かに、前節で検討した法律においては、居住地が一定の手続きを経た割当地であることや、「部族《トライブ》との関係」を断って「文明化された習慣」を身につけていることなどが、市民権付与の要件となっていた。それとは対照的に、一九二四年市民権法では、先住民への市民権の付与は自動的かつ無条件となっている。

このような一九二四年市民権法に関して、制定直後にはどのような議論があったのだろうか。具体的にみてみよう。同法が成立した翌年、ある論者は「市民かつ被後見人」と題した論考において、次のように述べている。「連邦議会は、この法の重大性を真剣に審議したのだろうかと疑わざるを得ない。なぜなら、インディアンは市民になると同時に被後見人のままでいるとの法律が制定されたからである。[39]」

ここで、引用文中の「被後見人」（ward）という用語について補足しておきたい。一八三一年のチェロキー・ネイション対ジョージア事件判決は、先住民政策の文脈でこの用語が頻繁に用いられるきっかけとなった重要な判決である。この連邦最高裁判決において、首席裁判官ジョン・マーシャル（John Marshall　在職期間一八〇一－三五年）は、「インディアン部族《トライブ》という主体」について次のように述べている。「合衆国に対するこれらの部族《トライブ》の関係は、後見人に対する被後見人（a ward of his guardian）の関係に類似している。[40]」この一文は、以後、「インディアン」の法的地位が争点となるたびに言及されるようになった。[41]

以上の点を踏まえて、先に引用した論考に目を転じてみると、「被後見人」とは、保留地の土地の保有に関して一定の権利とともに制約が課されている地位身分《ステイタス》を指していることがわかる。実際のところ、連邦信託管理下にある保留地の土地は居住者が自由に売買できないなど、一般市民の私有地にはない制約がある。つまり、上述の論者は、市民にはない権利や義務（制約）を有する「インディアン」が「市民」になることに、何の矛盾もないのかと問うているのである。

次に、一九二〇年代に最も影響力のあったロビー団体であるアメリカインディアン擁護協会（American Indian Defense Association　以下、ＡＩＤＡと略記）の見解をみてみよう。一九二五年に発行されたＡＩＤＡの機関誌には、一九二四年市民権法を全文引用した後、次のような解説が掲載されている。「同法の包括的な意義は、裁判所の解釈によって決まる。[42]」事実、「インディアン」に市民権を付与すると連邦議会が宣言しただけでは、「インディアン」固有の

（保留地の土地や部族《トライブ》共有の財産に対する）権利や「インディアン」のみに課されてきた制約が今後どうなるのかは、まったく不明なのだった。続けて、同機関誌は次のように述べている。「同法により、多くの州では、インディアンに投票権が与えられた。同法により、彼らの信託財産への課税はされていない。」[43]このように、市民権付与と同時に、投票権と納税の義務――「市民」としての権利と義務の代表的事例である――が具体的な問題として浮上してきたのである。

ところが、先住民への市民権付与とそれに伴う権利・義務の関係は、実際には、ＡＩＤＡの説明ほど単純ではなかった。たとえば、一八八七年法に基づき個別土地割当が実施された地域では、すでに一九世紀末の時点で、先住民への市民権付与とともに投票権も認める動きがみられた。しかし、それと同時に、「投票には納税がつきもの」（Taxes follow the ballot.）と唱えて、（まだ連邦政府の信託管理下にあるため）州税・地方税は免除されているはずの割当地への課税を強引に試みる郡《カウンティ》が出現するなどの混乱が生じている。[44]

他方、ニューメキシコ州とアリゾナ州では、一九四八年に至るまで「インディアン」の投票権を否定してきた。それを正当化する根拠とされたのが、合衆国憲法の「納税の義務のないインディアン」という文言だった。このような状況のなかで、両州内の先住諸社会では、一般に州の参政権への関心は低かった。たとえば、ニューメキシコ州のプエブロ諸族は、長年、州の選挙権は要求しないという立場を貫いてきた。なぜなら、仮に投票権を享受すれば、その見返りとして、保留地の土地に州税・地方税が課されるおそれがあるためだった。また、先住民側からみれば、新たに州政府との関係を築くよりも、「納税の義務のないインディアン」として連邦政府の管轄下に留まるほうが、長年死守してきた土地や自治的権利を守る上では有利との判断もあった。実際のところ、一九二〇年代初頭にパブロ・アベイタ（Pablo Abeita）らのプエブロ指導層が全精力を傾けていたのは、市民権獲得ではなく、プエブロ保留地の土地や水利権に関する法の成立であった。事実、通称プエブロ土地法は一九二四年市民権法の四日後に制定されている。[45]

このように州レベルでみれば、先住民・非先住民を問わず、投票権という権利の行使と土地税納付という義務の履行とは、不離の関係であると誤解される傾向があった。そのため、保留地の先住民のあいだでは、概して市民権獲得への関心は低かった。たとえば、インディアン局長を務めたフランシス・ルップ（Francis E. Leupp）は、一九一〇年に刊行された回想録においてこう述べている。「伝統的なインディアンが市民権を切望することは、これまでのところ決してなかった。彼らは、可能ならば、それから逃れることを何よりも優先してきた。」(46)

では、連邦議会においては、一九二四年市民権法に関してどのような議論が展開されていたのだろうか。たとえば、ウィスコンシン州選出のジェームズ・フレア（James Frear）下院議員は、一九二六年の時点で次のように述べている。

二年前に、インディアンは十全なる市民権を付与されました。それは、連邦議会の立法を通じてです。今やインディアンは、貴方や私と同様に、市民権に関わるあらゆる物事に対して自ら決定を下す権利を有しています。しかし、我々と大きく異なっている点は、インディアン局が依然として、インディアンのすべての行為に対して規制・監督しているということです。(47)

フレア下院議員によれば、当時、「インディアン部族《トライブ》」が所有している金融資産は九〇〇〇万ドル、同財産は一六億ドルであり、それらはインディアン局の管理下におかれている。これまでは、一行政機関にすぎないインディアン局が、この莫大な財産を「裁判所による審査」を受けることなく管理してきた。このような慣習は、保留地という連邦信託管理下におかれた特殊な領域において、「インディアン」という変則的な法的地位を付与された少数派集団《マイノリティ》に対する特例として、黙認ないし看過されてきた。けれども、一九二四年市民権法によって、すべての「インディアン」が「市民」となった今となっては、このような慣行自体を改める必要があると訴えたのである。(48)

当時、フレア下院議員はＡＩＤＡと共に、先住民関係の聴聞会において、インディアン局の諸施策を批判する論陣を張っていたことで知られていた。その主張をまとめれば、以下のようになるだろう。これまで保留地では、インディアン局の官吏が絶大なる権力を行使してきた。保留地では、「法の適正な過程」によらずに、自由・財産を奪われることや人身を拘束されることは日常茶飯事であった。一九二四年には、すべての「インディアン」に市民権が付与されたものの、憲法が保障する基本的人権（憲法修正第一条から第一〇条までのいわゆる権利章典）は著しく侵害されたままである、と。[49] こうして連邦議会では、従来の先住民に関する法や政策を再検討する機運が高まっていった。

なお、一九二四年市民権法の成立時には、「インディアン」の約三分の二（約一二万五〇〇〇人）がすでに市民権を付与されていた。そのため、対象となる人口という点では、同法にはそれほどの影響力はなかった。また、一部の先住民が提唱する「部族主権」の観点からみれば、合衆国による市民権付与は、いかなる形であれ同化主義に他ならないという見解もある。[50]

以上のような限界はあるものの、一九二四年市民権法には、「市民」となった「インディアン」の市民的諸権利を擁護する際の法的根拠になりうるという、いわば象徴的な意義があったといえるだろう。同法の意義について、AIDAの事務局長ジョン・コリア（John Collier）は、一九二八年の時点で次のように述べている。「連邦議会は、新しい方法で、インディアン問題に注意を払うようになっており」、同法制定による「新しい地位身分《ステイタス》――実質的ではなく象徴的な地位身分《ステイタス》――のもたらす無形の価値が次第に明らかになってきている」。[51] こうして一九二〇年代後半には、新しい法律や施策が必要との認識が広まっていった。そして一九三〇年代には、一九三四年の通称インディアン再組織法に代表される新たな法律が制定される一方で、「インディアン・ニューディール」と称した諸改革が実施されたのである。[52]

おわりに

「『インディアン』の定義権は、常に白人側にあった。」先住民出身のオピニオンリーダーとして知られたヴァイン・デロリア（Vine Derolia, Jr.）は、先住民問題の本質をこう喝破した。[53] また、同じく先住民出身のドナルド・フィクシコ（Donald Fixico）は、著書のなかで以下のように述べている。

> インディアンの権利は、白人が制定したインディアンに関する法律に基づいて、白人による解釈によって決定される。この解釈は一方的であるがゆえに、インディアンの法的権利にまつわる数多くの論争を生み出している。そのため、それに対して裁判所が弁明しなければならないのである。[54]

本章が対象としたのは、まさに「白人によるインディアンの定義」の変遷であり、先住民の市民権をめぐる「白人が制定した法律」とそれに対する「白人による解釈」の変遷であった。実際には、非先住民のあいだに相反する利害関心があったために、「白人による解釈」は決して一枚岩ではなかった。その結果、「インディアン」という地位身分《ステイタス》をめぐって、さまざまな解釈や憶測が交錯する状況が生じたのである。

合衆国憲法が成立した一七八八年の時点では、法的な意味での「インディアン」とは「市民」とは別個の地位身分《ステイタス》のことであった。そして、「インディアン」という法的地位を与えられた人々――実際には、その地位身分《ステイタス》は一方的かつ強制的に与えられたのであるが――は「合衆国市民」ではないことは、憲法上に明文化されなかったものの、為政者のあいだでは暗黙の合意事項だった。

ところが、一八七〇年代になると、保留地制度の「変則性」が問題化されるようになった。その「解決」策と称して制定されたのが、一八八七年法である。市民権という観点からみれば、同法では、個別の割当地という土地保有形態を市民権付与の要件としたという特徴があった。しかし、「インディアン」から「市民」への地位身分《ステイタス》の移行といっても、実際には、それぞれの地位身分《ステイタス》に付随する様々な権利・義務があり、その組み合わせは無限となりうる。その結果、この地位身分《ステイタス》移行期のいわばグラデーションの領域で、混乱に乗じて、先住民の保有する土地や財産が奪われていったのである。

一九二四年には、すべての「インディアン」に無条件に市民権が付与された。本章で検討したように、一九二四年市民権法の成立によって、「市民」のもつ憲法上の権利（基本的人権）という、従来の先住民政策にはなかった論点が新たに見いだされるようになった。同法について、前述のフィクシコは、「インディアンは、自らが帰属する部族《トライブ》の市民であり、なおかつ合衆国の市民であることが可能なのかという問題は、ついに解決した。その両方であることが可能[55]」となったと述べている。確かに、一九二四年市民権法によって、「市民」と「インディアン」は二項対立の関係ではなく、「インディアン」かつ「市民」であることが可能となった。そして、かつて市民権付与の要件とされた政治的・社会的同化や土地保有形態については、少なくとも同法においては不問とされた。このように、一九二四年市民権法には、建国以来の「一八、一九世紀的な市民権観」に代わる新たな「二〇世紀的な市民権観」が投影されているといえるだろう。

ただし、一九二四年市民権法の成立以後も、それに対する反対や批判があることにも留意しなければならない。法学者のコーエンによれば、「インディアン」が「合衆国の市民」かつ「特定部族《トライブ》の成員」でもあるということに対して、政界・法曹界の一部では根強い批判があるという。さらに、このような「二重の地位身分《ステイタス》」への批判者たちは、「二重の地位身分《ステイタス》」を認めていなかった一八七〇年代以前の「一八、一九世紀的な市民権観」を自らの正当性の根拠とする傾向があるという[56]。事実、「二重の地位身分《ステイタス》」を解消しようとする動きは、一九二四年市民権法以降にもみられる。その代表的事例としては、一九五〇年代から六〇年代にかけて、一部の部族《トライブ》に対して実施された連邦管理終結政策が挙げられる。それは、連邦議会における両院共同決議に基づき、合衆国と特定部族《トライブ》の間の信託関係を「終結」し、「合衆国の被後見という地位身分《ステイタス》」を廃止し、「市民」として処遇するというものだった[57]。

以上のように、先住民と市民権については、一九二四年市民権法で一応の合意が形成されたものの、再定義の可能性は常にあるという点で、現在進行形の問題でもあるといえるだろう。

（1）Ruth M. Underhill, *Red Man's America: A History of Indians in the United States*, rev. ed. (Chicago, IL: University of Chicago Press, 1953), 320.

（2）Derek Heater, *What is Citizenship?* (Cambridge: Polity Press, 1999), 86; デレク・ヒーター（田中俊郎・関根政美訳）『市民権とは何か』（岩波書店、二〇〇二年）、一四九頁。引用部分は、翻訳書を参考にしつつ一部改変した。

（3）Heater, *Citizenship*, 87; ヒーター『市民権』、一五一頁。

（4）移民（史）研究においては、一九二四年法といえば、原国籍割当制に基づく移民制限法（43 Stat., 153）を指す。アジア系移民に関する以下の研究では、一九二四年のインディアン市民権法は、法的なレベルでの先住民の「強制的同化の一つの到達点」と位置づけられている。Mae M. Ngai, *Impossible Subjects: Illegal Aliens and the Making of Modern America* (Princeton, NJ: Princeton University Press, 2004), 8, 278. その他の先行研究については、以下の拙著を参照。水野由美子『〈インディアン〉と〈市民〉のはざまで——合衆国南西部における先住社会の再編過程』（名古屋大学出版会、二〇〇七年）、一一―二五頁。

（5）James E. Seelye, Jr. and Steven A. Littleton, eds., *Voices of the American Indian Experience*, vol. 2 (Santa Barbara, CA: Greenwood, 2013), 490.

（6）先住民の指導者や知識人の証言については、以下を参照。Frederick E. Hoxie, ed., *Talking Back to Civilization: Indian Voices from the Progressive Era* (New York: St. Martin's Press, 2001); Kenneth R. Philp, ed., *Indian Self-Rule: First-Hand Accounts of Indian-White Relations from Roosevelt to Reagan*, (Logan, UT: Utah State University Press, 1995).

（7）Felix Cohen, *Handbook of Federal Indian Law*, 1982 ed. (Charlottesville, VA: Michie, 1982), 19.

（8）以下の文献の翻訳者である岩崎信彦・中村健吾による「あとがき」を参照。T・H・マーシャル（岩崎信彦・中村健吾訳）『シティズンシップと社会階級——近現代を総括するマニフェスト』（法律文化社、一九九三年）、二二三頁。

（9）Ian F. Haney Lopez, *White by Law: The Legal Construction of Race* (New York: New York University Press, 1996), 39.

（10）Scott v. Sanford, 60 U.S. 393（1857）.

（11）Ibid., 404. トーニ首席裁判官による多数意見では、「黒人の市民権」に四割以上のスペースが割かれていた。

（12）Ibid. ただし実際には、部族的帰属を失った「インディアン」は、帰化の手続きを経ずに「市民」として処遇されてきた。Cohen, *Handbook*, 641.

（13）同判決に関しては、以下の優れた研究に多くを拠った。Don E. Fehrenbacher, *The Dred Scott Case: Its Significance in American Law and Politics*（New York: Oxford University Press, 1978）, 70, 343, 675.

（14）合衆国憲法については、以下の公式ウェブサイトを参照。The U.S. National Archives & Records Administration, "Constitution of the United States," http://www.archives.gov/exhibits/charters/constitution_transcript.html（accessed April 25, 2015）. 日本語訳は以下の文献を参照し、必要に応じて一部改変した。田中英夫編『ＢＡＳＩＣ英米法辞典』（東京大学出版会、一九九三年）。紙幅の都合上、合衆国憲法からの引用に限り、以下では個々の注は省略した。

（15）高佐智美『アメリカにおける市民権——歴史に揺らぐ「国籍」概念』（勁草書房、二〇〇三年）、一四五頁。ただし、市民ではない親で「帰化不能」とされた親をもつ者については、憲法修正第一四条成立後も明確な規定はなかった。一八九八年の最高裁判決により、出生地主義が彼らにも適用されることが示された。U.S. v. Wong Kim Ark, 169 U.S. 649（1898）; Lopez, *White by Law*, 40.

（16）*Congressional Globe*, 39th Cong., 1st sess., 498（1866）, 2890–97.

（17）ただし、一八六六年市民権法には、「合衆国内で誕生し、外国の権限に服していない者は、納税の義務のないインディアンを除き、合衆国市民であることを宣言する」と明記された。14 Stat., 27.

（18）15 Stat., 513.

（19）Cohen, *Handbook*, 642.

（20）16 Stat., 566. 条約締結には、その批准に先立って上院の同意が必要なためである。Francis Paul Prucha, *American Indian Policy in Crisis: Christian Reformers and the Indian, 1865–1900*（Norman, OK: University of Oklahoma Press, 1976）, 349–52.

（21）"Indian Commissioner Smith on Indian Citizenship," in Francis Paul Prucha, ed., *Documents of United States Indian Policy*, 3rd ed.（Lincoln, NE: University of Nebraska Press, 2000）, 143.

（22）Elk v. Wilkins, 112 U.S. 94（1884）at 98, 102, 109.

（23）T. H. Marshall and Tom Bottomore, *Citizenship and Social Class*（London: Pluto Press, 1992）, 18; マーシャル『シティズンシップ』、三六頁。

（24）Cohen, *Handbook*, 641; Fehrenbacher, *Dred Scott Case*, 674; Chauncey Shafter Goodrich, "The Legal Status of the California Indian," *California Law Review* 14, no.2（1926）: 92.

（25）Cohen, *Handbook*, 641.

（26）24 Stat., 388, 390.

（27）一八八四年頃から、大統領の諮問機関であるインディアン問題評議会（the Board of Indian Commissioners）において、全先住民に市民権を付与すべきとの主張が急増したという。Prucha, *Indian Policy in Crisis*, 350. ちなみに同評議会は、一八六九年の設立当初は、内務長官への助言等を無償で行う一〇名以下の有力者・慈善家によって構成されていた。一九三三年、フランクリン・ローズベルト大統領によって同評議会は廃止された。16 Stat., 40; Congress, House, *Abolishing the Board of Indian Commissioners*, 73rd Cong., 1st sess., H. Doc. 57（25 May 1933）: 1.

（28）以下の文献に再録されたレイクモホンク会議（the Lake Mohonk Conference）議事録から引用した。"Henry L. Dawes/Defense of the Dawes Act," in Francis Paul Prucha, ed., *Americanizing the American Indians: Writings by the "Friends of the Indian," 1880–1900*（Cambridge, MA: Harvard University Press, 1973）, 102, 106.

（29）Ibid., 107. 二重括弧内はマタイによる福音書（Matthew 5: 6）からの引用である。

（30）一九三四年の通称インディアン再組織法によって、保留地の個別土地割り当ては禁止された。48 Stat., 984.

（31）当時のホピ社会では、就学をめぐる激しい内部対立があった。その混乱のさなかに、土地測量士が派遣されてきたという。Leo W. Simmons, ed., *Sun Chief: The Autobiography of a Hopi Indian* (New Haven, CT: Yale University Press, 1942), 68; Albert Yava, *Big Falling Snow: A Tewa-Hopi Indian's Life and Times and the History and Traditions of His People*, ed. and annotated by Harold Courlander (Albuquerque, NM: University of New Mexico, 1978), 11.

（32）24 Stat., 388, 390; 34 Stat., 182–83.

（33）その他、連邦議会は、「開化五部族」やオセージ族などに対する市民権法を個別に制定してきた。31 Stat., 1447; 41 Stat., 1249.

（34）41 Stat., 350.

（35）43 Stat., 253.

（36）Congress, Senate, Committee on Indian Affairs, *To Authorize the Secretary of the Interior to Issue Certificates of Citizenship to Indians*, 68th Cong., 1st sess., S. Rpt. 441 (21 April 1924): 1–3.

（37）Cohen, *Handbook*, 640.

（38）下院のインディアン業務委員会委員長ホーマー・スナイダー（Homer Snyder）宛ての報告書（一九二四年二月一二日付）から引用した。Congress, House, Committee on Indian Affairs, *Certificates of Citizenship to Indians*, 68th Cong., 1st sess., 1924, H. Rpt. 222, Serial 8227.

（39）John R. Brown, "Citizens and Wards Too," *Survey* 54, no. 2: 95.

（40）Cherokee Nation v. Georgia, 30 U.S. 1 (1831), 17.

（41）ただし、元々は一八三一年の判決文のなかでのアナロジーにすぎなかった「国内の従属国家」(domestic dependent nations) や「被後見人」という概念が、あたかも法的に規定された専門用語であるかのように誤用されているという問題点が指摘されてきた。Neal Doyle Houghton, "The Legal Status of Indian Suffrage in the United States," *California Law*

Review 19, no.5（1930）: 519.

（42）"Indian Citizenship," *American Indian Life* 2（July-August 1925）: 3.

（43）Ibid.

（44）Godrich, "The Legal Status," 180.

（45）43 Stat., 636; 中野由美子「法的概念としての『市民』と先住民——領土拡張期の土地住民の法的地位をめぐるポリティクス」『アメリカ史研究』三三号（二〇一〇年）、二九頁。

（46）ルップの局長在職期間は、一九〇四年から一九〇九年である。Francis E. Leupp, *The Indian and His Problem*（New York: Charles Scriber's Sons, 1910）, 35.

（47）Congress, House, Speech of Hon. James A. Frear, 69th Cong., 1st sess., *Congressional Record* 67, pt. 5（4 March 1926）: 5033.

（48）Ibid.

（49）フレア議員とＡＩＤＡのロビー活動については、以下を参照。John Collier, "Are We Making Red Slaves?" *Survey Graphic*（January 1927）: 455; 水野『〈インディアン〉と〈市民〉』、第三章、第四章。

（50）「部族主権」の立場からの先住民側の主張については、水野『〈インディアン〉と〈市民〉』、一六四－一七一頁。

（51）John Collier, "The Vanquished Indian," *The Nation* 126（11 January 1928）: 38; *American Indian Life* 11（December-February, 1928）, 1. コリアは、一九三三年から一九四五年までインディアン局長として諸改革を主導した。

（52）48 Stat., 984. なお、一九二四年市民権法は、一九四〇年国籍法（54 Stat., 1138）によって破棄された。同法では、出生地主義に基づく市民権付与の対象として「インディアン」や「その他の先住部族《トライブ》」の成員と明記された。同法の成立によって初めて、少数派《マイノリティ》集団をすべて含む形で出生地主義が適用されるようになった。Lopez, *White by Law*, 41; Cohen, *Handbook*, 641.

（53）Vine Deloria Jr., *Custer Died for Your Sins: An Indian Manifesto*（New York: Macmillan, 1969）, 265.

(54) Donald Fixico, *Daily Life of Native Americans in the Twentieth Century* (Westport, CT: Greenwood Press, 2006), 81.

(55) Ibid.

(56) Cohen, *Handbook*, 640.

(57) 一九五三年の両院共同決議による「終結」政策は、一九七〇年のニクソン大統領による特別教書によって事実上廃止された。House Concurrent Resolution 108, 67 Stat., B132.

第Ⅲ部　メディアとコミュニケーション

第八章

公共圏以前

――近世イングランドおよび北米ニューイングランド植民地における異議申し立てと討議

デイヴィッド・D・ホール
（遠藤泰生 訳）

はじめに

ヨーロッパおよび南北アメリカを含む西洋世界に、啓蒙の一八世紀になって現れた公共圏には、時代や場所を選ばない抽象性が一見したところ備わっているように見える。しかしその具体的なかたちを把握するには、やはりそれが現れた歴史的な文脈を理解しなければならない。言い換えるならば、公共圏は、ある秩序を言い表す抽象理念としてだけでなく、異なる時代に異なる理由で生まれたさまざまな社会的実践の集積として理解されなければならないのである。固有の時空間を指し示す語が含まれないため、「公共圏」という言葉は何気なく聞き流す耳にはたしかに中立的な響きを持つ。ドイツの社会哲学者ユルゲン・ハーバーマスが最初に唱えた公共圏の社会哲学は、実際、個別の歴史的文脈を超越する理念型（マックス・ウェーバーの言葉を借用することを許されたい）の一つとして多くの研究者の間で議論されてきた。しかしその個別の歴史的文脈にこそ私自身は強い関心を抱くのであり、なかでも、啓蒙の世紀以前の近代初期ヨーロッパと北米英領植民地にほぼときを同じくして現れた歴史的事象に私は強い関心を寄せている。その時代に行われた実践の集積こそがわれわれがここで捉えようとしている公共圏の内実になろう。したがって本章の読者に対しては、抽象的な公共圏の理論からコミュニケーションの具体的様態へ、さらにはその具体的様態から政治的異議申し立て、あるいは政治討議の可能性へと、以下で私が議論を展開していくつもりであることを最初にお断りしておく。その過程で私は、まず手紙を通した請願活動や手稿出版、つづいて出版認可制度、書籍販売などの諸制度に触れ、それらの活動を通し表明された権力への批判が、そのような行為が「治安の攪乱」と見なされたはずの時代にどのように実践され得たのかを検討するつもりでいる。その際、フランス近代史研究が着目してきた「本の歴史」で用いられる方法論や仮説を動員することを許していただきたい。具体的には、手書きの文書を流通させる行為、すなわち手稿出版の歴史的意義にあらためて注意を促したいと考えている。チューダー・スチュアート朝期のイングランド社会においては、世間で行われるあらゆる種類の政治討議を押さえ込むことに国王と国教会が躍起になっていた。しかし、そのような社会でも、市民の政治活動が絶えることはなかった。その歴史を研究してきた英国の歴史家の知見に私の論考が多くを負っていることも最初に断っておきたい。言うまでもなく、チューダー・スチュアート朝期のイングランド社会を政治的な抑圧を基調に叙述することに私は疑義を抱く者であり、さらに、ピューリタンが統治したニューイングランド社会においても、権力者に対する政治批判が多くの歴史家たちが考えてきた以上に広汎に見られたことを以下で指摘したいと考えている。(1) 話はときに細部に及ぶかもしれないが、政治批判の実践を具体的に把握するにはそれも必要であろう。そして、論考をひととおり終えたあと、私が検討を加えた事象を公共圏の歴史に照らしてあらためて解釈し直し、本章を結ぶことにしたい。

一　英領北米植民地研究における公共圏

議論を始めるにあたり、公共圏という語を用いて植民地政治を分析してきた初期アメリカ研究の成果を、いくつか整理しておきたい。

活字文化の浸透に着目し北米英領植民地における公共圏の成立を分析した研究の嚆矢は、文学者マイケル・ウォーナーが著した『共和国の文学——一八世紀アメリカにおける出版と公共圏』（一九九〇年）であろう。もちろん、ウォーナー自身が指摘するとおり、アメリカ独立革命と特定の出版物とのつながりに注意を促した研究者は、彼以前にも何人かいた。例えば、『アメリカ独立革命の起源』（一九六五年）で歴史家バーナード・ベイリンが、各種の政治パンフレットに綴られた言説に革命の淵源を探った例がひろく知られる。それらのパンフレットにおいて、イングランド国王あるいはイングランド議会が北米英領植民地に対し主権を有するという説に、ペンシルヴァニア植民地の法曹界で活躍したジョン・ディッキンソンらが果敢に論戦を挑んだのである。ただベイリンが着目したのはあくまで議論の内容であり、その議論の流通様式ではなかった。そもそもそれらのパンフレットは今で言う初刷りまたは再版までしか世に流れ出なかったし、しかも著者の名はあくまで匿名とされた。それらの点において、公の空間で政治討議を行う際の決まりごとを、この時代の政治パンフレットはしっかり守っていたわけである。流通の経路においても議論の質においても、上級知識人たちの間でのみ共有されると考えられた当時の政治パンフレットのなかで、唯一広汎な読者を獲得できたのはトマス・ペインの『コモン・センス』（一七七六年）であった。しかしそれとて、通念的にわれわれが想像するほど広汎な読者層を獲得し得ていたわけではない。政治討議が行われる社会文化空間は、今日的基準に照らせば比較的狭い範囲の人々の間にしかまだひろがっていなかったと考えられる(2)。

ウォーナーの研究の要は、主権の所在をめぐる議論の内容にではなく、その議論を流通させた活字あるいは出版事業そのものの新たな意味をわれわれに明らかにした点にあった。印刷出版という出来事だけならば、一七世紀にもその例がある。しかし、例えばニューイングランドの人々の精神生活に一定の体系を与える目的で刊行された教会説教に綴られた活字が、一つの価値を共有する集団にしか通用しない「宗教的」で「親密的」な意味を帯びていたのに対し、「公共的」あるいは「一般的」等の語で形容される普遍的な意味を活字が帯びはじめたとき、共和国の印刷文化は大きな転換点を迎えることになった。語彙を共有する信者の存在を前提にしたという意味で、教会説教に綴られた活字の社会的機能が保守的であったことに異論はなかろう。神が主宰し、活字はその権威を仲間内に追認させる役割を負うにすぎなかった。しかしそれとは異なる、より公共的で一般的な、言い換えれば、非親密的で非個人的な意味を活字が伝えはじめて初めて、公共の政治討議が人々の間で可能となったのである。一八世紀初頭以来のさまざまの出版物を引きつつ、「一八世紀において最も影響力が大きかった知的転換の一つ」と自ら指摘するこの印刷文化の変容を、ウォーナーは『共和国の文学』で詳述する。その変容が進むと、「一般市民」の声を伝えるメディアであると活字はみなされるにいたり、その結果、さまざまの出版物に綴られた内容を、狭い属人的空間にではなく広い抽象的空間に向けて発せられた見解と読者は読むことができるようになったのだという（そのような非個人的な声を伝える出版物の著者はむろん匿名でなければならず、『フェデラレスツ・ペーパーズ』の著者が想像上の読者に話しかける際に「パブリアス」と自らを名乗った理由もそこにあった）。「我ら合衆国の国民（We the People of the United States）」という有名な言葉で連邦憲法前文が始まる知的下地がこうしてでき上がったと考えてよい。その際に前提とされたのは、印刷された一つのテクストを共有する読者、すなわち憲法という一つの文書を共に読む想像上の国民であった(3)。

文学研究者の間からウォーナーの主張への反応がただちに現れた――ただし、それは彼の見解に異を唱える研究者たちの間からであった点に留意しておかねばならない。例えば、『植民地アメリカにおける著述の変容』（一九七七年）において、著者グラントランド・ライスは、ウォーナーとは逆に、変化よりも連続性に着目し、英領植民地における出版文化の歴史を綴った。ライスによれば、ニューイングランドに入植したピューリタンたちは、聖徒《セインツ》とよばれた教会員が一市民として政治に参加することを一七世紀から積極的に認めていたという。言い換えれば、「政治に参加する市民」を育てることを最終目的に、識字率の向上に一七世紀以来ピューリタンは力を尽くしていたのであり、したがって、印刷出版と政治討議の深い繋がりは、一八世紀以前から途絶えることなく続いていたのだという。政治に参加する自律した市民としての資質と信仰を共有する信者としての資質、その二つの間に一定の緊張関係があったことはライスも認める。事実、ニューイングランドにおいてピューリタンの教会政治に異を唱えようとする者は、大西洋を隔てた英国本国で本を出版しなければならず、そこで著作の検閲を受けることにもなった（市民であることと信者であることとの間に生まれるこの緊張関係については、後であらためて触れたい）。さらに、ウォーナーに対しライスはもう一つ批判を加えている。著作を商業ベースで流通させる際に生じる幾つかの不安要素が、英領植民地における出版事業にはついて回ったはずだというのである。別の言葉で言うと、一八世紀における公共圏の成熟をウォーナーは観念的に議論しすぎるきらいがあり、著作出版事業にまつわる商業上、実務上の諸問題に無頓着すぎるとライスは批判するのである。(4) 私と同じように、歴史の個別的文脈に強い関心を寄せる研究者の声をここに一つ聞くことができる。

ウォーナーの議論にライス以上に抜本的な批判を加えたのは、ナンシー・ルッテンバーグであった。ウォーナーが指摘した印刷文化が姿を現わすはるか以前から、初期英領北米植民地には「世論」が存在したことを明らかにしようと彼女は長年努めてきた。ただし、ウォーナーが述べる非個人的で自制のきいた「公論」の対極に位置するものを、彼女は「世論」と呼んでいる。その「世論」を伝えるのは活字ではなく話し言葉とされ、「公の場でときには情に駆られて発せられる不合理な言葉」にもそうした「世論」が反映され得たと、ルッテンバーグは説く。そういう場合話し言葉は、人々の主観を直接的に伝える大衆情報メディアということになろう。いつの時代にも歴史家の議論が尽きない民主主義文化の萌芽という問題と、「民主主義的な個人の資質」と彼女が呼ぶものに根差す文芸の歴史とを結びつけながら、言葉の合理性を前提とするリベラリズムや共和主義に関する旧来の物語とは異なる歴史を、ルッテンバーグは綴ろうしている。そこにこそ、おそらく、彼女の主張の要があるのだろう。すなわち、合理性、自制、抽象などの諸原理を至上視する姿勢を捨て、植民地時代における話し言葉が持つ政治的可能性を今一度見直したいと彼女は考えているのである。民主主義的な資質を備えた個人は、「目に見える世界と目に見えない世界を架橋する、理性を超越した真実に呼びかける力」を持つと彼女は主張する。もしそのような力が存在するとすれば、公式の印刷文化が支える社会秩序の優位を突き崩す力がたしかにそこには宿るかもしれない。ルッテンバーグの理解によれば、社会の部外者や弱者に政治権力を与える真に民主主義的な文化の到来を、活字出版の普及に限らず、演説、演技、証言などのパフォーマティブな行為にも歴史家は見いださねばならないという。例えば、一七世紀セイラムにおける魔女裁判の証言が伝える娘たちの憑依、一八世紀大覚醒における回心者の心的陶酔、一九世紀超絶主義者エマソンが説いた精神の歓喜、等々の一つ一つに民主主義的文化の萌芽をルッテンバーグは見出すのである。(5)

ルッテンバーグの研究には、ウォーナーやハーバーマスが行ってきた公共圏の議論の枠を超える視点がある。(6)加えて、もう一人の文学研究者フィリップ・H・ラウンドの著作でさらに新しい視点にわれわれは触れることができる。それは、「礼儀正しい言葉遣い」とか「上品な会話」と呼ばれるものを特徴付ける言葉の使い方に関する視点である。その際、ハーバーマスやウォーナーの議論には出てこない手書きのテクスト（手稿文書）が、ラウンドの研究で重要な位置を占めることに着目したい。私自身の研究においても手稿文書が重要な意味を持つことをあとで議論するつもりであるが、それはひとまずおこう。ラウンドが著した『自由と仕来たり』（一九九九年）における議論の要が、一七世紀における大西洋をまたぐ文芸空間の成立にあることを、ここではまず確認しておきたい。一七世紀ニューイングランド植民地の人々は本国の洗練された読み書き文化にその空間で触れ、礼儀正しく上品に語り振る舞う必要を学んだ。しかし同時にこの文芸空間は、周縁と中心の文化が互いを批判し合い、衝突し合う、鬩《せめ》ぎ合いの空間でもあった。この点を別の角度から言い直せば、ものを書くことの意味が社会的文脈によって常に規定される可能性をラウンドは示したとも言える。実際、大西洋をまたがって存在する文芸空間を支配する仕来たりから逃れてものを書くことは、北米英領植民地の人々にはできなかった。したがって、文字に意味を与えるその社会的文脈を精査しなければ、当時綴られた歴史文書に潜む政治的意味を真に理解することはできないことになる。例えば、ニューイングランドの先住アメリカ人をキリスト教徒に改宗させる計画を称えた「エリオット文書」と呼ばれる一連の文書が、一七世紀のロンドンで刊行された。その文書の政治的な意味を、当時の社会的文脈を洗い出しながら、ラウンド自身がその著作で深く掘り下げている。重要なのは、ラウンドの議論がそこにとどまらず、宗教的あるいは擬似宗教的文書や限られた範囲の読者しか想定していない手書きの文書を、親密的あるいは私的という言葉で画一的に括り、政治的分析の対象から除いてしまうことへの疑義にも及んでいる点であろう。この点、手稿文書を私的、親密的という言葉で一様に括ってしまうウォーナーとは明らかに見方が異なる。ラウンドに従えば、そのほとんどが親族に読ませるために記されたとされる一七世紀ニューイングランドの女流詩人アン・ブラッドストリートの手書きの原稿でさえ、政治的意味合いの薄いただの私的な文書と片付けることはできなくなるのである(7)。

一七世紀ニューイングランドに生まれた手稿文書とその文書が流通した政治空間との関係を掘り下げるラウンドの手際は、まことに鮮やかと言わざるを得ない(8)。しかし、英領北米植民地時代の研究に限って言えば、特定の文書が生み出される政治空間を人種政治の文脈に沿って析出した研究の方が目立つことは衆目の一致するところであろう。英国の文化史家ポール・ギルロイが、ポストコロニアリズムの理論とナショナルヒストリーの枠を越える理論を融合した視点から、W・E・B・デュボイスの残した有名な言葉――二重意識――を再解釈した研究『ブラック・アトランティック――近代性と二重意識』（一九九三年）がその代表例である。ギルロイによって学界に導入された「ブラック・アトランティック」という概念は、「対抗公共圏」の存在をわれわれに鮮やかに示してみせた。想像力豊かなギルロイの研究に刺激され、黒人著述家が作り出す対抗公共圏の存在を初期英領植民地に探る研究がその後、幾つも現れていることは周知の通りである(9)。

二　手稿出版・請願・書籍出版

ここで大西洋の彼岸に視点を移し、スチュアート朝期イングランド（一六〇三―八八年）を研究する歴史家たちが公共圏の概念をどのように用いてきたかを少し振り返ってみたい[10]。言葉の定義が必ずしも一致しているわけではないが、かなり積極的に彼らがその概念を援用してきたことは間違いない。国論の統一と王政の利益を守る立場から、政府の管理を受けない「ニュース」が巷に流れることを治安の攪乱とこの時代の権力者は見なした。当然そうした情報を為政者はひどく嫌ったのだが、その一方で、政治に関する情報が一定の読者の間にあっという間にひろまってしまうことも事実であった。そして、それらの情報が国王や国教会への批判に実質変わることも少なくなかったのである。国論を統一し「治安の攪乱」を引き起こす出版を取り締まるための出版認可制度まで敷いたこの社会が、権力への批判や異議申し立てにつながるそれらの情報の流通を何故、実質許していたのであろうか。この問いに十分に答えられなければ、一五六〇年代に始まったピューリタニズムの運動が、エリザベス一世とその王位継承者たちからひどく嫌われたにもかかわらず、イングランド議会内で宗教改革を推進し、さらに興味深いことに、イングランド社会全体においても改革勢力として力を維持し続けた理由を十分に説明することができない。それゆえ、その問いに答えるために、ピューリタンの間における政治実践の具体的なかたちとその意味を英国の歴史家たちは長年分析してきた。本章の目的に沿う範囲で、それらのうちの三つに私はこれから触れようと思う。すなわち、手稿出版を通した情報伝達の問題、請願の問題、そして、国家が主導した書籍の出版認可制度と公共空間における政治討議の取り締まりの問題である[11]。

手稿出版

テレビやラジオが普及する以前、西洋世界に生きる人々は政治の情報をもっぱら新聞から取得していた。一九世紀の欧米に始まった日刊新聞の刊行と電信電報の発明は、それまでは想像もつかなかったほどの臨場感を政治に参加する人々に与えることになった。ただ、そうした時代が到来する二〇〇年前でも、政治意識の高いイングランドの一部市民は政治に関する情報を何とか手に入れようと、一九世紀の人々と変わらぬ努力をしていた。なかでも、国王とその周辺の宮廷人、枢密顧問官、そして議会の動きに、それらの人々は注意を払った。一七世紀のイングランドで報道価値のある情報の出所といえばそれらの役人もしくは組織に限られたからであろう。ただ、読み書きが十分にできるという意味での識字能力を備えた知識人の数はまだ限られており、十分に活字の情報を追えない人々の間では、政治の話はゴシップとして文字通り「人口に膾炙する」に留まっていた。政治危機に直面したチャールズ一世がいわゆる長期議会を招集した一六四〇年以降、主要な政治家や議会の間で何が議論されているのか、手書きの文書が出回り、ゴシップを補足するようになったと考えられる。

オーストラリアの文学史家ハロルド・ラヴが著した『一七世紀イングランドにおける手稿出版』は、手書きの文書の社会的機能を理解するのに非常に重要な研究である。彼によると、一八世紀にロンドンのコーヒーハウスで交わされた会話や新聞が果たしたのと同じ役割を、一七世紀半ばのイングランドで手稿文書が果たしたという。そこに記された情報が構築した言論世界は、「公共圏」という言葉で明示的に語り得るものではないにせよ、それに近いものがあったというのである。その空間ではある種の世論が構築され、場合によっては、国王の権威が否定されることもあった。そのような手書きの情報は本来は存在してはならないものであったが、しかし間違いなく存在し、出版事業を管理する目的で一六世紀後半にロンドンで結成された書籍出版事業組合の検閲をも巧みに逃れ、流通したのである。[12]実際のところ、イングランドにおける出版事業管理の甘さを突いてさまざまな手書き文書が流布していたことが知られている。例えば、フランス王アンリ二世の息子、フランソワ・アンジュ公とエリザベス一世とが結婚する可能性に懸念を表明した手書きの文書が、規制の目をくぐり抜けて世に出回った興味深い例が知られている。当時、詩人であり廷臣でもあったフィリップ・シドニーや議会政治家であったフィリップ・スタッブスを含む政界のエリートたちが、この結婚に強く反対し、いろいろなかたちで反対意見を公にしたのである。実際にはこの結婚は成立しなかったが、結婚への批判を本のかたちで公にしてしまったスタッブスは、女王に厳しく罰せられ、他方、手稿出版を通して結婚への疑義を公にしたシドニーは、いくつものその写しが人から人へと回覧されたであろうにもかかわらず、最後まで罰せられることはなかった(13)。

右の事例は、一七世紀におけるニュースの歴史が印刷出版以外のさまざまの形態の情報を含むものであったことを示している。にもかかわらず、すでに指摘したとおり、私が手稿出版と呼ぶ形態の出版に、公共圏に関する研究は今まで十分な注意を払ってこなかった。したがって、文書を手で書き取り、新たに流通させるこの行為に私はここであらためて注意を促したい。活字出版の技術が確立したのちも、この形態の出版は長いこと存続した。その歴史を深く理解してもらうためにも、他の出版様式にはない手稿出版の利点をここで確認しておくことにする。第一に、手で書き写すという行為は、読み手が私的範囲に留まる手紙のような文書を記録しておくのに便利だった。イングランドの詩人ジョン・ダンのように、自らの作品を批評にさらすことを好まない詩人には、手稿による出版こそが読者と詩を共有する最も有効な手段であったとすら言える。一七世紀ニューイングランドで最も名の知られていた詩人アン・ブラッドストリートの場合も、長い間手書きの原稿以外で自分の詩を人に読ませることはなかった。依然として改稿の途上であった彼女の手書きの原稿を義理の兄が一六五〇年にロンドンで刊行するまで、その状況は続いたのである。第二に、多くの部数を必要としない文書を流通させるのにも、手書きの文書は便利であった。一六四一年にマサチューセッツ湾植民地総議会が採択した自由基本法（the Body of Liberties）の場合も、わずかしかその写しが存在していない。どのタウンでも一部写しを持っていればおそらく十分だったからであろう。ロードアイランド植民地では、一

八世紀初頭にいたるまで植民地の法律が手書きの文書でしか残されなかったが、これも同じ理由によるものと考えられる。(14)

手稿出版の話をもう少し続けよう。北米大陸に新たに設立されたマサチューセッツ湾植民地で、総督ジョン・ウィンスロップの政策に他の入植者たちが異論を唱えたことがあった。そんなとき、統治の構造に関する論争が必然的に起こったが、そのような議論をたたかわせるのに頻繁に用いられたのが手稿出版であった。例えば、総督、副総督、参事官が構成する執政官の権威を守ることにウィンスロップは常に強い姿勢を示し続け、それを弁護する文書を繰り返し公にしている。しかし、それらが印刷出版されたことは一度もなかった。他方、ウィンスロップら執政官の権威に反旗を翻したロジャー・ウィリアムズらが植民地政府批判を公にしたのも手稿出版を通してであった。ロードアイランド植民地への勅許を得るためにウィリアムズは一六四三年にロンドンを訪れるが、その翌年になるまで、彼の著作が活字で世に出ることはいっさいなかったのである。同様に、各タウンで反体制の論陣を張る者も手書きの文書でその見解を公にするのが習わしであった。例えば、牧師の給与を賄うための税を非教会員に課すことに反対する「著書」をケンブリッジ近くのウォータータウンに住むナサニエル・ブリスコが「出版」したことがある。がしかし、それも手稿文書によってであった。ウィンスロップの残した記録によれば、ブリスコの「著書」はウォータータウンの人々の間に「ちょっとした騒ぎ」を引き起こしたというが、ブリスコとその仲間たちが書き残した文書の部数はどう考えても一部ないし二部に留まっていた。要するに、手稿の範囲にとどまっていたということである。また、フランス人カトリック教徒でありアルカディア植民地の経営に関わっていたシャルル・ラ・トゥールを、マサチューセッツ湾植民地政府がボストンに迎え入れたことがある。この措置に一六四三年植民地の入植者が抗議の声を上げた。そのとき、ウィンスロップは政府の姿勢を弁護する文書を手書きで公にし、彼の記録によれば「多くの人々を納得させることができた」という。最後にもう一つ例を挙げよう。一六三八年から三九年にかけて争われた反律法主義論争

(The Antinomian Controversy) を、神学理論と宗教実践の齟齬が数多くの手稿文書を生み出した例にあげることができる。事実、この論争の過程でおよそ二五種類の文書が作成されたが、そのすべてが手書きで、活字で出版されたものは一つもなかった。ロジャー・ウィリアムズの著作の場合と同じく、各地のタウンで公にされるこうした体制批判が活字で出版されだしたのは、一六四〇年代中半を過ぎてからのことであり、しかもまずイングランドにおいてだったのである。[15] このような制限的な状況下においても、手稿文書であればあらたに書き写され、人の手から別の人の手へと渡り、会話や噂にのぼっていく。そうした手稿出版の様式が存在することで、手書きの文書であっても次々と読者を獲得することができたのである。

請願

さて、同時代のイングランド社会において政治や宗教に対する批判を活字に頼らずに表明するもう一つの方法を、歴史社会学者のデヴィッド・ザレットが明らかにしている。それは、君主、議会、地方の政治権力に対する請願である。[16] まだあまり研究されてはいないが、チューダー・スチュアート朝期のイングランドで請願はふつうに見られる行動であった。それがニューイングランド植民地でも日常的に見られたことを私は別の著作ですでに述べた。例えば一六四四年のマサチューセッツ湾植民地総議会には、一会期中におよそ五〇通の請願が届いており、そのすべてが手書きによるものであった。ただイングランドでは、請願のうちのいくつかが活字で印刷されたことがあり、その結果、非常に多くの人々の署名が付けられたこともあった。その一つに、イングランド市民革命の間に出された請願のうちでも最も有名なものの一つである、ロンドン市民が出した「根と枝請願」がある。これはイングランド国教会における主教制の廃止を求めたもので、ピューリタニズム運動を推進したより急進的な一団が長い間求め続けた制度改革の要請であった。しかし、「主教立たずば国王も立たず」というジェームズ一世の有名な言葉が示すとおり、スチュアート朝の歴代の王たちはこの要請をことごとく拒絶していた。このような背景のもと「根と枝請願」はロンドンで始まり、およそ一万五〇〇〇人の署名が当初集まったという。そしてその後、ロンドンの請願活動を耳にした国内の他の都市の何百、何千という市民が、印刷された同じ請願に署名することになったのである。最終的には、主教制の廃止を指示する請願が一九の州から出され、イングランド国教会の改革を断行する法律の制定を議会に求める非常に強い力を持つことになった(17)。

何度も指摘したとおり、一般の庶民が権力への批判を表明することに国王、国教会は常に警戒を示した。広く共有された以下の命題がその警戒の根底にはあった。軸となる強い権威を持たない社会は道徳の秩序を保てずに自滅するというのが、その命題である。一六四五年にマサチューセッツでジョン・ウィンスロップが記した「自由についての小論」にも記されているこの命題に、本章の読者の何人かは馴染みがあることだろう。その小論で、「勝手気ままな自由」と「節度ある」自由をウィンスロップは対比し、次のように述べた。すなわち、節度ある自由――市民政府が定める道徳律と官吏の言葉を遵守する範囲での自由――のもとでのみ、良き社会の存立は保たれる。その自由からいったん外れれば、すべての抑制から解き放たれた人間が獣のごとく互いを喰い争う社会が出現する。そうならないために、唯一の正統なる真実、すなわち宗教の真実を守る義務が市民政府にはある、と。ウィンスロップが唱えた自由へのこうした理解が当時のイングランドならびにピューリタンが治めるニューイングランドで共有されていたと考えられる。

書籍出版

自由と秩序に対する右にみた理解のもと、書籍出版事業全般を取り締まる制度をイングランド政府は設けていた。エリザベス一世の統治下にそれは始まり、政治危機が高まるたびに法律が更新され強化されていった。そしてチャールズ一世の統治下において、ピューリタンにならった政治批判を行う書籍の出版が禁じられるまでにいたったのである。ただ、出版内容の認可に責任を持つ一握りの審査官と書籍出版事業者との協力関係に、この制度の成否はひとえにかかっていた。たしかに法令上の定めがあれば印刷出版の内容を管理することは可能に見えたが、実態は抜け穴だらけであったことがわかっている。例えば、ヨーロッパ大陸で英語の書籍を印刷し、その書籍に理解を示す業者や旅行者を使ってそれをイングランドに持ち込み販売するというやり方があった。一五七〇年代、ドイツのプファルツ地方やオランダの印刷業者を使って自分たちの政治信条を活字にした急進派のピューリタンが、このやり方を採用している。また、のちにピルグリム・ファーザーズの一人として北米のプリマス植民地に渡ることになる分離派のウィリアム・ブルースターが、ライデンに印刷所を開設し、スコットランド教会やイングランド国教会をピューリタンの立場から批判する印刷物をそこで製作した話もよく知られる。彼の小さな印刷所がそのような印刷物をイングランドやスコットランドに広めることに成功した話はにわかには信じ難いかもしれないが、現にそうだったのである。もちろん、ロンドンの出版業者が無認可の印刷物を販売しなかったわけではない。当然のことながら、政権を支えることよりは利益を出すことに印刷業者も書籍販売業者もより強い興味があったのであり、認可を受けていない数多くの書籍を彼らは黙って発行し続けた。そもそも認可制度の運営自体、あまりに緩かった。審査を司る者の中には、認可行為そのものの正当性に疑いを抱く者がいるかと思えば、使命を果たす気がない、いい加減な者も少なくなかった。そういったわけで、政府がとうてい望まない内容の書籍をロンドンで政治に関心を寄せる人々は、何とか手に入れることができたのである。清教徒革命の進展で国の検閲制度が崩壊してしまった一六四一年以降は、ロンドンの業者は望むならばどのような内容の本でも出版できるようになり、出版物の数が急増した。この統計上の変化はある時期までは検閲が機能していたことを逆に示す証左ではあるが、他方、無認可の書籍がそれ以前から秘密裏に出版されていた事実は、印刷出版物が形成する公共圏に似た政治空間が、一六四〇年以前にも認められる可能性をわれわれに示唆する。(18)

三　北米ニューイングランド植民地における異議申し立てと討議

手稿出版、請願、出版事業に対する権力の検閲管理、公共の政治討議――今まで私が綴ってきたこうした実践の数々は、すでに触れたとおり、ピューリタンが治めるニューイングランド社会でも目にすることができた。英領北米植民地社会における教会政治の構造は、厳格な正統派（orthodoxy）のものであったと本書の読者の多くは考えているかもしれない。ニューイングランド史の泰斗ペリー・ミラーも最初期の著作『マサチューセッツ湾植民地における正統信仰――一六三〇―五〇年』（一九三三年）に、そう記している。そこで彼は植民地における政治体制を寡頭政治と呼び、例えば、一六四〇年代にロジャー・ウィリアムズたちが起こした信仰の自由を求める議論を植民地指導者が一方的に否認した歴史を強調する。彼のこの解釈に異論を唱える歴史家を見つけるのはたしかに難しい。実際、本章で私が言及した二人の文学史家――フィリップ・H・ラウンドとグラントランド・ライス――が一九九〇年代にミラーのこうした解釈に批判を試みたとき、その主張に注意を払う歴史家はほとんどいなかった。ようやく近年私が、二冊の著書――『ものを書く――一七世紀ニューイングランドにおけるテクストの創造と政治』（二〇〇八年）と『改革をめざすピューリタンたち――ニューイングランドにおけるピューリタニズムと公的生活の変貌』（二〇一一年）――で、正統信仰と寡頭政治に言いまとめられるミラーの歴史解釈へ大きな挑戦を試みたところである。とくに前者の『ものを書く』では、「公共圏」という言葉こそ用いなかったが、ニューイングランドにおける権力への批判あるいは異議申し立ての実態を、本の最後の一章を割いて、分析している。いずれにせよ、ここまで本章で議論してきた手稿出版の歴史とその意義に、私の二冊の研究書が一歩踏み込んで検討を加えていることを強調しておきたい。

ところで、手段はいかなるものであれ、政府に伝えるべき公の声、すなわち公論と称すべきものが、一七世紀のニューイングランド社会に本当に存在したのであろうか。断定はできないが、実質「世論」と呼ぶべきものが民衆を煽りたてることはあったと思う。その例を少し挙げてみたい。例えばジョン・ウィンスロップの日誌を読むと、総督としての権威を植民地の民衆と分かち合わねばならない脅威に、彼が常にさらされていたことが分かる。実際、彼は段階的に譲歩を迫られ、その結果、一六三〇年から三一年にかけては政治権力を握る者の数がまだわずかであったのに、一六三四年から三五年になると、ずっと多くの数の代議員や公民（freeman）を植民地の政治に参画させなければならなくなっていた。自らが務める総督の権威が覆される可能性を回避するには、この体制の変化をウィンスロップも受け入れざるを得なかったのであろう。彼自身認めたとおり、統治者の権威は被治者の合意に由来するのであり、彼を批判する者たちも基本原則としてそれを繰り返し主張していた。とはいえ、ここでいう「合意」の定義は公共圏のそれと同じくらい曖昧で、初期ニューイングランドでは、いくつかの異なるやり方でその合意が形成されていたことは言い添えておかねばならない。例えば、直接投票は当然として、タウン・ミーティングや教会での話し合いでそれが形成されることもあった。なかでも、統治する側が大きな規模の集会を承認し、そこでなされる政治議論に人々が耳を傾け直接意見することを認めていた点は注目に価する。マサチューセッツ湾植民地ではそうした規模の大きな会議が一六四〇年前後に幾度か開かれている。例えば、反律法主義者に理解を示す移民を植民地から追放する権限を執政官に与える法律が一部の人びとから厳しく批判されたため、そうした会議が招集されたことがあった。具体的には、問題の法を批判する者たちが「妥協を拒む頑固な」者たちであることを知ったマサチューセッツ湾植民地政府が、論争の過程で生まれた三つの文書をひろく読み知らせる公開の場を設けたのである。そこでは、従来の法を支持する二つの意見と、その法を非難し信仰の自由を支持するヘンリー・ヴェインの意見が公にされた。また同じ頃、断食日の教会説教で不必要に民衆を煽り立てたとされた一人の牧師の処分をめぐり、大きな会議が招集され、熟議がなされたこともある。「参加」を望む者には「誰にでもその会議の戸は開かれていた」という。急進的な信仰を唱えるロードアイランドのサミュエル・ゴートンに対し、一六三七年マサチューセッツ湾植民地政府が反論を加えた時にも同様の会議が招集され、一六四五年にウィンスロップ総督の弾劾が叫ばれたときにも同様の措置がとられた。その論争の最終局面で先に触れた「自由に関する小論」をウィンスロップは記したのである。[19]

譴責を受けるおそれはあるものの、政治に声を上げることを認められた植民地の多くの人びとが、政府に問われた場合でも問われなかった場合でも、自分たちの考えをひろく公にしようと試みたことをあらためて指摘しておきたい。例えば、ロックスベリーで牧師を務めたジョン・エリオットは、「入植者たちの同意を得ずに」先住アメリカ人とのピークォット戦争を「執政官が始めた」ことを、教会の教壇から批判した。この動きに神経を尖らせたウィンスロップは、「この機会を捉えてピークォット戦争への不平不満を民衆が密かにささやき始めた」と書き残している。また一六四〇年代のはじめ、土地から逃げ出した離れ豚の所有権をめぐり植民地社会を二分する論争が起きたとき、「嘆願を起こした原告リチャード・シャーマン対被告ロバート・キーン大尉の裁判に関する概略」という文章をウィンスロップは「発行」し（この場合ほぼ間違いなく手稿出版を意味する）、被告有利の判断を植民地社会に示したことがある。しかしウィンスロップがその文書を出す前に、当該の豚の所有権を訴え出ていたエリザベス・シャーマンが、世間で嫌われていた商人キーンが自分の離れ豚を訴訟の結果を待たずに殺していたとボストンの市民に訴えたため、ウィンスロップの日誌によれば、「キーンの所行への悪評が街中にひろまってしまった」という。シャーマン婦人のこの発言を受けた総議会と陪審員は、賛否両論に挟まれたまま仲裁にのりだしたのだが、婦人の肩を持つ若者が新たに証言するにいたり、総議会は当初の判断を覆してキーン大佐を罰してくれるのでないかという期待が植民地社会に膨らむことになった。一六四二年の夏、代議員たちが下す議決への拒否権を執政官がちらつかせる一方で、さまざまの手稿文書が飛び交い、この裁判は紛糾の度を深めていった。[20] その一年後、緊張はさらに高まり、植民地の副総督であったトマス・ダッドリーが自分に異議を唱えた一人の牧師に、「長老牧師としての指導力だけで、あなたは本件を措置できると考えているのですか」と発言し、秩序を守る側の自覚を促す事態まで生じた。しかしその間にも、キーンの名誉を毀損したかどで未亡人であったシャーマン夫人に多額の罰金を科した総議会の議決に、多くの代議員が次々に不満を表明した。ボストンからはるか離れたメインの入植地にあったキャスコという町では、民衆の怒りが一六四五年にひときわ高まり、「離れ豚の件で一人の貧しい女性に誤った判断を総議会は下してしまった。マサチューセッツ湾植民地では、そもそも教会員の集会以外に争いを決着させる正義の神髄を有する主体などないはずだ」という抗議の声まで上がったのである。この抗議を公にした者は、キーンの弁明に反対する一九名の証言を引いて、「こんな高圧的な政府のもとで生きるくらいなら、トルコ帝国の君主制のもとで生きる方がましだ」とまで述べて憚らなかった。(21)オットーマン帝国の政治よりニューイングランドの教会政治を批判的に見るその言葉には、抑圧を受けた者たちが終末の時に立ち上がり不正な王朝を転覆させるという黙示録的な響きすら読み取れる。決しておとなしいとは言えない公けの声をここに聞くことができる。

「世論」が政治をゆさぶった例を最後にもう一つ挙げよう。フランス領ニューファンドランド地方に入植したフランス人シャルル・ラ・トゥールを植民地政府が支援したことがあることは先に述べた。その際、噂、ゴシップ、不平が植民地民衆の間に湧き上がり、植民地政治を揺るがしたのである。そもそもニューファンドランド地方にあるアルカディア植民地の統治をめぐり、フランス国王が任命した者と激しく争い、身動きが取れずにいたラ・トゥールは、一六四〇年ボストンに政治亡命をしていた。しかし、敬虔なピューリタンの地であるボストンでカトリック教徒のラ・トゥールを歓待しあからさまに支援を行うのは、やり過ぎだと多くの入植者が考えた。そこで、噂、教会説教、手紙などを用いて、植民地政府の彼に対する処遇に民衆は不満を表明したのである。この状況をウィンスロップは次のように日誌に記している。「これらのことに関する噂は瞬く間に植民地中にひろまり、一般の人ばかりでなく、長老たちまでもがいろいろと懸念を表明し、自らが行う説教のなかで思いもしない政府批判を申し述べる事態にまでいたった。［中略］また、さまざまの人びとが総督に手紙を出し、大きな危険がこの話にはあると訴えたり、今回の対応は宗教上の良心にもとると訴えたりした」と。抗議が集中したイプスイッチの町からはジョン・エンディコットが次のような報告を寄越した。すなわち、「偶像を崇拝するフランス人とわずかでも関係を持とうという植民地指導部の判断」で「我が地方は非常な困難に陥っている」と。自らの政策を弁護する必要に迫られたウィンスロップは遠くニューヘイブンまで手紙を書き送り、「マサチューセッツ湾植民地政府がこのフランス人になぜ植民地内での特別な自由を与えねばならなかったのか、いくつもの理由」を列挙し、弁明に努める羽目に陥った。問題があまりに大きくなり、意見の対立が情報の不用意な漏洩を引き起こしていることに気付いた総議会は、一六四四年に特別委員会を設置し、「内密の問題を代議員が外部に漏らすことを禁ずる通達と、植民地内に虚偽の噂が頻繁に広まりすぎるのを防止する通達を、検討し起案するよう」命じなければならなかった。その結果、翌年、植民地生活の安寧を損なう「誤った情報や報告」をいかなるかたちにせよ流した者は、偽りを述べた罪に問われることが決まったのである。[22]

さて、自らの意見を公にするのに植民地の人々が頼ったやり方に、イングランドと同様に請願があったことはすでに述べた通りである。それが先に触れたマサチューセッツ湾植民地の自由基本法（一六四一年）が保障した行為であり、さらには、一六三七年マサチューセッツ総議会が認めた行為でもあったことはとくに重要であろう。議会が出した通達の言葉は、自由基本法に綴られた言葉とあいまって、意見の相違や体制への批判を保護しようという入植者たちの強い意思を表していた。ちなみに、一六三七年にマサチューセッツ総議会が出した通達の言葉は次のようなものであった。「総議会またはその代議員たちがおかす誤りを正すために、請願や個人的意見の開示、法の定めるその他の公的手段を通じ、私心にとらわれぬ範囲で、人々が自由に意見を表明することを、総議会は禁ずるものではない。[23]」それから四年後、自由基本法第一二条で、総議会は請願の自由をあらためて認め、「植民地人であれ外国人であれ、自由人であれ非自由人であれ[24]、総会、参議会、タウン・ミーティングに参加する権利を誰もが持つ。その際、法に背かね、時宜に適った、重要な質問を、口頭あるいは文書で参加者はすることができる。そして、参加者が行う、動議、不服、請願、議案提出、陳述などを、議会はきちんと認識し、時宜を得た、手順に沿った、敬意を含んだ仕方で、措置しなければならない」と言明した。その他の条項にも意見の相違や批判の可能性を押しひろげる言葉が並ぶ。例えば第七条には、「総議会、参議会、総会で、勧告、投票、答申、裁決を求められた全ての公民は、己の判断と良心にしたがってそれらを行う完全な自由を有し、人の気持ちを害することのない正しいやり方でそれを行うことが求められる」と記されている。また第七十五条には、裁判に参加する誰もが、過半数によって下された議決を受け入れられない場合、「再抗議、不服を、口頭または文書で申し立てる権利を有し、その反対意見を議決記録に残すよう要請することができる」とも記されていた。(25)

おわりに

チューダー・スチュアート朝期のイングランドやピューリタンが統治したニューイングランド植民地では、政治のアウトサイダーや異論を持つ人の意見に耳を傾け、それを流通させる十分な政治空間が存在した。そのような異議申し立てを可能にする四つの行為、実践に、本章は検討を加えてきた。すなわち、手稿出版、談話あるいはゴシップ、書籍の刊行（もちろんこの場合は検閲の体制を逃れたものを指す）、そして請願である。ただ、これらの行為が近代的な公共圏を早い時期から構成していたと述べることには慎重であらねばならない。何故なら、そのどれもが状況によって意味の変わる不確かな行為であり、世俗の市民国家や教会が設けた制限のもとで行われたものだったからである。また、政治討議を成り立たせる一つの語りの形式をそれらの行為が守らねばならなかったことも、公共圏が早い時期から存在したと不用意には主張できない理由である。

再び請願を例にとって説明しよう。先に触れた自由基本法や一六三七年植民地総議会の通達にもかかわらず、請願を送ってきた集団を同議会は幾度も厳しく罰したことがあった。例えば一六三七年、反律法主義者たちを指導する立場にあった者を植民地政府が罰したとき、連名で「諫言と請願」を送りつけた一団がいた。その者たちに、公民としての権利の剝奪や罰金、さらには植民地からの追放を植民地政府は言い渡している。スチュアート朝初期のイングランドにおける請願の実態を調べた歴史家ザレットの説明にもあるとおり、請願は状況次第で合法とされるときもあれば、違法とみなされるときもあったのである。それを行う者が謙遜と忠誠の言葉で政府に対する恭順の意を示せば、請願は合法と見なされ受け取ってもらえた。事実、その恭順の意を表す型にはまった言い回しで請願の多くは始まっていたという。しかも、権利としてではなく許された栄誉として請願を行っている自覚が願いを出す側にあることが、この場合における、謙遜の必須要素であった。逆に言えば、請願書を提出する者なり集団なりが、当該政府の存在の可否を根本から問うことは決して許されなかった。こうした一連の事実は、当時の請願が為政者の恩恵を乞う嘆願の域を超えるものではなかったことを示していよう。(26)

もちろん、わざと政治的な立場を前面に出し、既存の社会秩序と権力の正当性に挑戦を試みる請願もあった。「諫言（remonstrance）」という言葉が書き加えられた文書に関してはことさらそれが言いあてはまる。例えば、右に見た反律法主義者が一六三七年に提出した「諫言と請願」に対し、総督ウィンスロップは、三名のボストンの教会員を譴責しその文書の責任をとらせている。その理由は、暴動教唆の罪に問われていた牧師ジョン・ホィールライトに総議会が下した議決に反対し、抗議に加わるよう他の教会員たちに呼び掛け、「己の職責を逸脱した」からとされた。そうした体制批判は、本質において、社会に騒乱を引き起こす行為であり、それによって引き起こされた民衆の反乱は「われわれ植民地社会の在り方を根底から覆す」恐れがあるとウィンスロップは考えたのである。この出来事からさらに七年後、民兵軍の士官を選出する選挙にウィンスロップらが干渉し、選挙結果を無効にしたことがある。その措置に対し、「われわれの自由の毀損」であるとハイアムの住民らが訴え出た。しかしこの不満を訴え出た八一名の住民に対し、総議会は、憎悪にも近い感情を露わにし、批判を続けた。受け取るべきか否かを執政官が判断する前に代議員が請願を受理してしまったことに激怒したウィンスロップは、このような請願は「治安を乱す反乱行為」であり、植民地社会を治める権威全般への挑戦に匹敵すると話を大きくしたのである。他の執政官たちも彼と意見をほぼ同じくし、反対する代議員がいたにもかかわらず、さんざ議論したすえ、請願の主導者たちに罰金を申し渡すにいたった。すると、罰金を科せられた者の一人であったハイアムの牧師、ピーター・ホバートが、請願を行う正当な権利が踏みにじられたと総議会に再び不満を表した。そして、「正当に認められているはずの請願を行ったこと以外に、罰金を科せられた理由がさっぱり自分にはわからない」と当てこすりとも聞こえる批判を行い、その言葉が「騒乱を企て、植民地政府の権威を愚弄する」「談話」とみなされ、さらなる罰金の対象となったのである。(27)

これらの事例は、マサチューセッツ湾植民地の指導者たちがわずか数年の間に請願に対する異なる二つの理解を示していたことを明らかにしてくれる。政治批判の可能性への異なる二つの理解とそれを言い換えてもよい。すなわち、当局がその反対意見を治安の攪乱と見なせばそれは罰せられ、ある限度内におさまっていると見なせば耳を傾けてもらえたのである。談話やゴシップ、手稿出版物のうちでも名誉毀損文書と総称された文書、そして、書籍の出版をめぐっても、こうした混乱がニューイングランド植民地社会には存在した。異議を唱える自由は決して絶対的なものではまだなかったのである。こうした事実を考え合わせれば、文字を書ける者が過半に至らず、書籍やパンフレットの出版部数がほんのわずかであった当時のイングランドで、文化の民主化に向けた動きが一七世紀中半までにすでに始まっていたと断定するのは説得的ではない。一九九四年にそのように主張した文学研究者がたしかにいたが、それはあまりに性急な議論であった。(28)そもそも、一六三七年に暴動教唆の罪に問われた牧師ホィールライトとその支持者に対し、植民地政府が厳しい態度をとったのは、異議の申し立てはそれだけで総督の権威を損ない得ると考えられたからではなかったか。難しいのは、そう言いながら、自由にものを語り異議を申し立てる権利を民衆に認めねば、政府はじきに恣意的にことを運び始めるという懸念が植民地指導部内で共有され、請願等の権利を認める動きも並行して存在したことであろう。

本章の冒頭で断ったとおり、「公共圏」という言葉の使用において私がここまで取り上げてきた種々の研究には必ずしも理解の統一がないことがわかった。また、これもあらかじめ指摘したとおり、アメリカ合衆国の研究者が公共圏の語義をあれこれ都合良く拡大解釈してきたこともわかった。とくに文学研究においては、ハーバーマスが述べた概念からはかなり隔たった理解がなされていた。加えて、初期英領北米植民地やチューダー・スチュアート朝期のイングランドにおける読み書きや書籍の出版、政治言語に関するわれわれの知見は、ハーバーマスの知見とはさまざまに異なることもわかった。そもそも、ある種の公共圏では欠くことのできない要素とされる礼儀正しさや社交性を、真っ向から否定する側面がチューダー・スチュアート朝期の政治討議にはあった。それどころか、その時代のイングランドにおける政治言語には、社交に必要な資質が著しく欠けていたとすら言えるかもしれない。何人かの歴史家が明らかにしてきたとおり、その言語は相対立するかけ離れた二つの価値を表象するために構築されていたからである。その言語が表象する世界では、一方の極に完璧な善が存在し、他方の極には純粋な悪が存在するといった具合で、二つの間に中庸は存在しづらかった。かけ離れた二つの存在を視野に構築されるそのような言語は、それに耳を傾ける者に恐怖と憎悪しか生み出さない。それはすなわち、善なるものをことごとく破壊せんとする悪を憎む気持ちである。そのような言語の究極の目標は、敵の抹殺のために支配者や民衆を動員することであった[29]。例えば、多くのプロテスタントにとって、最も明らかな悪の事例はカトリック信仰であったろう。一七世紀イングランドの偉大な政治家ジョン・ピムも、イングランド政府がカトリックにいつか陰謀で乗っ取られるのでないかと強く恐れていた。そのような陰謀を裏付ける証拠が実質ほとんどないにもかかわらず、想像上のその筋書きにピムは全力で対抗したのである。あるいはまた、イングランド市民革命の時代、イングランド国教会と袖を分かった新興宗派を保守派は異端と呼び、敵対する他者像をそこに求めた。ときには、反律法主義者（あるいは再洗礼派）という言葉を用いて既存の統治秩序にそれらの宗派がどれだけ危険かを示そうともした。「魔女」もまた、善悪のレトリックで創り出された他者の一つであった。ほかにもそのような他者の事例を挙げることができる。そのように構築され誇張された認識にのっとって、一七世紀初頭の政治論の多くが交わされていた歴史を振り返ると、多くのことを考えざるを得なくなる。やはり、理念型としての公共圏から当時の世界はまだかけ離れていたと理解すべきであろう。

歴史とは複雑なもので、近世イングランドや北米ニューイングランド植民地の歴史はことに複雑である。その歴史に公共圏の黎明を探る作業が有益であることは十分に理解できる。請願や手稿出版や政治参加の可否について、今まで以上の知見をわれわれは得られるからである。しかし、それらの行為を掛け値なしに近代の一部と見なすことはやはりできない。それを本章の結論としておきたい。

（1）これと同じ主張を以下の著作でより周到に私は展開してある。*Ways of Writing: The Practice and Politics of Text-Making in Seventeenth-Century New England* (Philadelphia, PA: University of Pennsylvania Press, 2008), Chapter 5; *A Reforming People: Puritanism and the Transformation of Public Life in New England* (New York: Alfred A. Knopf, 2011).［D・ホール著／大西直樹訳『改革をめざすピューリタンたち――ニューイングランドにおけるピューリタニズムと公的生活の変貌』（彩流社、二〇一二年）］。本章で使用する論拠や語句のいくつかを上記二著から私は借用している。

（2）Trish Loughran, *The Republic in Print: Print Culture in the Age of U.S. Nation Building, 1770–1870* (New York: Columbia University Press, 2007) で、出版物としての『コモン・センス』の歴史を再確認することができる。同書は、一七八七年に刊行された『フェデラレスツ・ペーパーズ』の社会的影響が限定的でしかなかったことを説いた研究書でもある。二〇〇九年一月、東京大学アメリカ太平洋地域研究センターでアメリカの学界における「公共圏」の研究動向について講演した際にも、この重要な研究に私は言及をした。地域の核となる都市や土地を越えて書籍が流通することが極めて困難であった時代、ベネディクト・アンダーソンが唱えた意味での「想像」の共同体として「国民」を想起することはまだしも、その国民が可視的な実態を持つとは考えにくかったことを論旨に同書の議論は展開されている。

（3）Michael Warner, *The Letters of the Republic: Publication and the Public Sphere in Eighteenth-Century America* (Cambridge, MA: Harvard University Press, 1990), 34–35, 39.

（4）Grantland S. Rice, *The Transformation of Authorship in America* (Chicago, IL: University of Chicago Pres, 1997), Introduction.

（5）Nancy Ruttenberg, *Democratic Personality: Popular Voice and the Trial of American Authorship* (Stanford, CA: Stanford University Press, 1998), 5–7, Introduction. ちなみに、「発話文化」と「活字文化」とを二項対立的に分類する理解の枠組みをウォーナー自身は既に捨てている。例えば宗教史家ハリー・S・スタウトの著名な論文"Religion, Communications, and the Ideological Origins of the American Revolution"で、「エリートが支配する秩序に権威を与える」活字文化と「既存の社会秩序に対抗する平等主義的価値」を伝える福音主義の発話文化とが古い感性のもとで対峙させられ、後者こそがアメリカ革命の起源を提供したと語られているのを、自著の註でウォーナーは批判している。

（6）ウォーナーの議論の枠を超えるという点では、次の研究にも学ぶ点が多い。Christopher Looby, *Voicing America: Language, Literary Form, and the Origins of the United States* (Chicago, IL: University of Chicago Press, 1996).

（7）Phillip H. Round, *By Nature and by Custom Cursed: Transatlantic Civil Discourse and New England Cultural Production, 1620–1660* (Hanover, NH: University Press of New England, 1999).

（8）ラウンドの場合、黒人作家ではなく、先住アメリカ人が彼ら自身に向けて綴った書籍を取り上げ、前注に触れた研究の議論を補強している。

（9）例えば、Joanna Brooks and John Saillant, "*Face Zion Forward*": *First Writers of the Black Atlantic, 1785–1798* (Boston, MA: Northeastern University Press, 2002).

(10) この件に関し，とくに以下を参照。Peter Lake and Steve Pincus, “Rethinking the Public Sphere in Early Modern England,” *Journal of British Studies*, 45 (2006): 270–92.

(11) 討議政治へ参加する市民が構成する「市民団体」がスチュアート朝期イングランドに複数存在した可能性を指摘した研究にはここでは言及しない。この点については，以下を参照。Phil Withington, *The Politics of Commonwealth: Citizens and Freemen in Early Modern England* (Cambridge, UK: Cambridge University Press, 2005).

(12) 以下を参照。Harold Love, *Scribal Publication in Seventeenth-Century England* (Oxford: Oxford University Press, 1993).

(13) 以下を参照。W. R. Woudhuysen, *Sir Phillip Sidney and the Circulation of Manuscripts, 1558–1640* (Oxford: Clarendon Press, 1996), 147.

(14) 手稿出版の歴史とその利点について私は以下にその詳細を記した。D. Hall, *Ways of Writing*, Chap. 2.

(15) *The Journal of John Winthrop 1630–1649* (以下 *Journal* と略記), ed., by Richard S. Dunn, James Savage, and Laetitia Yeandle (Cambridge, Mass.: Belknap Press of Harvard University Press, 1996), 423. 426; John Cotton, *Sermon... Delivered at Salem, 1636* (Boston, 1713), reprinted in Larzer Ziff, *John Cotton on the Churches of New England* (Cambridge, MA: Belknap Press of Harvard University Press, 1968), 43; Hall, *Ways of Writing*, 54–56. 以下の論文も参照，David D. Hall, “Scribal Publication in Seventeenth-Century New England: An Introduction and a Checklist,” *Proceedings of the American Antiquarian Society*, 115 (2006), 29–80; David D. Hall, “Scribal Publication in Seventeenth-Century New England: A Second Checklist,” ibid., 118 (2008), 267–96.

(16) David Zaret, *Origins of Democratic Culture: Printing, Petitions, and the Public Sphere in Early-Modern England* (Princeton NJ: Princeton University Press, 1999). 女性の請願活動については以下を参照，“‘The Poorest She’: Women and Citizenship in Early Modern England,” in Michael Mendle, ed., *The Putney Debates of 1647: The Army, the Levellers and the English State* (Cambridge & New York: Cambridge University Press, 2001), 197–218.

（17）「根と枝請願」については、以下を参照。Anthony Fletcher, *The Outbreak of the English Civil War* (London: Edward Arnold, 1981), Chapter 3.

（18）関連する諸研究に以下がある。Anthony Milton, "Licensing, Censorship, and Religious Orthodoxy in Early Stuart England," *The Historical Journal*, 41 (1998), 625–51; Philip Hamburger, "The Development of the Law of Seditious Libel and the Control of the Press," *Stanford Law Review*, 37 (1985), 661–765; David Colclough, *Freedom of Speech in Early Stuart England* (Cambridge & New York: Cambridge University Press, 2005).

（19）David D, Hall, *The Antinomian Controversy, 1636–1638: A Documentary History* (Middletown, CT: Wesleyan University Press, 1968), 251–252; Winthrop, *Journal*, 483, 584.

（20）Winthrop, *Journal*, 395–98, 453–54; Malcolm Freiberg, ed., *Winthrop Papers*, 6 vols. (Boston: Massachusetts Historical Society, 1929–), vol. 4, 349–52.

（21）Winthrop, *Journal*, 136–37, 349–52, 453–54; Arthur Prentice Rugg, "A Famous Colonial Litigation: The Case between Richard Sherman and Capt. Robert Keayne, 1642," *Proceedings of the American Antiquarian Society*, 30 (Worcester, Massi 1920), 227–50; *Winthrop Papers*, v. 5, 36.

（22）Winthrop, *Journal*, 443, 467–68; *Winthrop Papers*, v.4, 394;, Charles J. Hoadly, ed., *Records of the Colony and Plantation of New Haven*, 2vols, (Hratford, 1857–58), v.1, 97; Nathaniel B. Shurtleff ed., *Records of the Governor and Company of the Massachusetts Bay in New England*, 5 vols., (Boston, 1853–54), v. 1, 213, v. 3, 7, 18–19

（23）*Records of the Governor and Company of the Massachusetts Bay*, v1. 1, 213.

（24）すなわち、土地を所有する「公民」であろうとなかろうと区別をしないということであり、その区別をなくしたこと自体が画期的なことであった。

（25）William H. Whitmore, *The Colonial Laws of Massachusetts* (Boston, 1889), 35, 49.

（26）Zaret, *Origins of Democratic Culture*, 90–91.

(27) *Winthrop Papers*, vol. 3, 8–9, 54; *Records of the Governor and Company of the Massachusetts Bay*, vol. 3, 17, 19–26; Winthrop, *Journal*, 589–95, 617. *Winthrop Papers* の編者によれば、一六三七年の請願にウィンスロップが返答したのは一六三八年一月ということだが、事の成りゆきから判断すると、それは一六三七年であったと考えられる。

(28) Nigel Smith, *Literature and Revolution in England, 1640–1660* (New Haven, CT: Yale University Press, 1994), 23–24, cited in John Barnard, D. F. McKenzie with Maureen Bell eds., *The Cambridge History of the Book in Britain, v.4,1557–1695* (Cambridge & New York: Cambridge University Press, 2002), 68–69. 同書にはこの解釈への反論も合わせて収められている。

(29) 以下の二つの著作に政治言語に関する研究動向がまとめられているので参照されたい。Conal Condren, *The Language of Politics in Seventeenth-Century England* (London, UK: Palgrave Macmillan, 1994); Tim Cooper, *Fear and Polemic in Seventeenth-Century England: Richard Baxter and Antinomianism* (London: Ashgate, 2001).

第九章

建国期フィラデルフィアにおける印刷文化、人種、公共空間

肥後本芳男

神はすべての人間を平等にお造りになったというこの事実を、われわれは自明と考えており、それは独立宣言と輝かしい英知の集積物であるわれわれの高邁な憲法のもっとも際立った特徴のひとつです。〔中略〕この上もなく貴重なこの権利を奪わんとするいかなる措置の採択は、独立宣言への明らかな違反であり、われわれの憲法に背くことです。

James Forten, "Letter I" in *Letters from A Man of Colour*, 1813

メリーランド、ヴァージニア、ノースカロライナで多くの強力な有力者が植民計画に賛同していることにたいへん満足しています。〔中略〕それ（植民計画）が奴隷制に付随する大きな害悪を軽減させることができる唯一の手段です。つまり、非常に広範囲に及ぶ慢性的な弊害において、われわれが期待できるのはそれを和らげることだけなのです。

Mathew Carey, "African Colonization," no.2 (Philadelphia, 1829)

はじめに

一八四二年三月初旬、フィラデルフィアのある新聞は、ウォルナット通りを少し下がった五番通りに面する聖トマ

ス・アフリカン監督教会の墓地での地元名士の葬儀の様子を「男女、人種を問わず三〇〇〇人から四〇〇〇人に上る参列者からなる、これまでで最大級の葬儀行列のひとつである」と報じた。[1] この葬儀が通常と違っていたのは、その規模の大きさだけでなく、その名士が「有色の」老紳士だったことである。この老紳士こそ、長らくフィラデルフィアの黒人コミュニティの中で自由黒人のリーダーの一人として活躍してきたジェイムズ・フォーテン（James Forten）にほかならなかった。

当時、黒人と白人の居住区域は分化しつつあり、社会生活の様々な側面でカラーラインの強化が見られたことを考えれば、フォーテンの葬儀が人種にかかわらずフィラデルフィアの名士を含む多くの住民たちによって執り行われたことは注目に値する。しかし、フォーテンの葬儀の模様は人種の融和を意味するのではなく、むしろ公的領域、とりわけ政治から自由黒人がほぼ完全に排除された時期と重なっており、いわばフォーテン世代の希望の灯が消えたことを告げるものだった。すなわち、独立革命期に成人を迎えたフォーテン世代が追求したリスペクタビリティの獲得を通してアメリカの政治や社会に平等に参加する道を閉ざされ、彼らが二級市民としてマージナルな存在として生きるのか、国外に活路を見出すのかの選択を迫られてゆく分岐点でもあった。

フォーテンの葬儀から遡ること三年、一八三九年九月、もう一人のフィラデルフィアの名士がこの世を去っている。アメリカの建国期を代表する編集・出版業者であり、様々な話題に健筆を振るって世論をリードしたマシュー・ケアリー（Mathew Carey）である。祖国アイルランドの若き急進派の印刷工であったケアリーは、反体制的な出版物を刊行して祖国を追われ一時パリに亡命していた。フランスでベンジャミン・フランクリンやラファイエット侯爵の知遇を得て、一七八四年一一月、彼はフィラデルフィアの港に到着した。新天地でもケアリーは、生業の印刷工の職を探して何とか身を立てようとしたが、なけなしの金では当座の生活を凌ぐしかなかった。そうした折、幸運にもワシントンに滞在中のラファイエット侯爵がケアリーの渡米を聞きつけ、侯爵は彼に地元紙を買収するための資金として四〇〇ドルの融資を申し出た。首尾よく『ペンシルヴェニア・イブニング・ヘラルド』紙の発行に漕ぎつけたケアリーは、八六年には、全国雑誌『コロンビアン・マガジン』誌や『アメリカン・ミュージアム』誌の創刊に次々と乗り出し、建国間もない新共和国の雑誌・新聞発行ブームにおける傑出した印刷業者の一人として頭角を現したのであった。

この二人のフィラデルフィア紳士の生涯は、奇妙な交差をみせている。フォーテンは「友愛の街」における新興の黒人コミュニティのリーダー格の一人として七六年の生涯を終え、他方、ほんの数ブロック離れた居住区に住んでいたケアリーも、建国期の近代的な出版業の発達に寄与するとともに、出版物を通して新共和国における世論形成に少なからぬ貢献を果たした。しかしながら、「人種」とシティズンシップに関する二人の考えには、大きな隔たりがあった。本章では、主にフィラデルフィアのコミュニティと当時の代表的市民の言説に焦点を当てることで一九世紀初頭のオピニオンリーダーの政治経済観やシティズンシップに関する論争を分析する。同時に、建国期に台頭し始めた新しい商業的な印刷文化と環大西洋アボリショニズムの拡がりが、合衆国の近代的な「公共圏」における「人種」を巡る議論やシティズンシップの再編過程に具体的にどのような影響を及ぼしていたのかについて検討したい。

一　近代的出版業の出現とフィラデルフィアの黄熱病危機

（一）マシュー・ケアリーと一七九三年の黄熱病危機

マシュー・ケアリーがデラウェア川岸の港に降り立って九年後の夏、当時新国家の首都であったフィラデルフィアは突如として疫病に襲われた。一七九三年八月末から秋にかけて黄熱病が急速に蔓延し、人口の十分の一にあたる五〇〇〇人以上もの死者を出した。初代大統領ワシントンや国務長官ジェファソンをはじめ、多くの紳士たちは家族や給仕を連れ立ってわれ先にと郊外へ逃げ出し、フィラデルフィアの都市機能は事実上麻痺状態に陥った(2)。ここで重要なことは、この黄熱病危機が多数の犠牲者を出しただけでなく、ほどなくして新共和国の人種関係の将来を占ううえでひとつの重要な転機となったことである。

この歴史的な黄熱病の惨状をいち早く報道し、恐ろしい伝染病が社会的紐帯を断裂させたので、新共和国は今や危機に瀕していると警鐘を鳴らしたのがケアリーであった。彼は黄熱病がまだ蔓延している最中、一〇月一六日に『黄熱病についての散漫な報告』を、さらに一一月一四日には『きわめて有害な熱病の簡潔な報告』と、矢継ぎ早に刊行した。ケアリーの『報告書』は、何度も版を重ねるほど各地で多くの読者の関心を喚起したが、その成功は、他の印刷業者に先んじて彼がタイムリーに『報告書』を刊行したことと、八〇年代末に雑誌『アメリカン・ミュージアム』の委託販売で培った出版物の全国的な販売網を活用できたことが大きかった(3)。実際ケアリーの『報告書』は、初版から二か月で四版が重版され、ドイツ語にも翻訳された。推計でそれは一万部も販売され、彼に思わぬ収入をもたらした(4)。

しかしながら、新来者ケアリーの印刷業者としての急速な台頭と彼の推測や偏見に基づく黄熱病蔓延下の市民生活の記述は、様々な批判を招くことになった。まず、ケアリーが未曾有の社会的危機に際して、善良な市民としてあるまじき行動をとったとして批判するビラが、「アーガス（百の眼をもつ巨人、監視人）」と名乗る何者かの手によって一七九四年三月に市庁舎でばら撒かれた。それには、前年九月半ばにケアリーが救済委員会のメンバーに選ばれながら、伝染病が猛威を振るっている時期に三週間余りも町を離れていたこと、にもかかわらず『報告書』の刊行によって彼一人が利益をむさぼったことなどが指弾されていた(5)。さらに、別の方面からもケアリーは非難を浴びることになった。「看護師が大いに必要とされ、もっとも邪悪な黒人の何人かは付け入る機会を逃さなかった。彼らは、一晩の介護で一ドルも払えば十分なところを二ドル、三ドル、四ドル、五ドルと巻き上げようとした。別の者たちは病人の家に押し入り略奪しているのを見つけられた(6)。」というケアリーの『報告書』の生々しい記述は、フィラデルフィアの黒人指導者の激しい反感を買ったのである。

（二）フィラデルフィアの黒人コミュニティ

一七九〇年代のフィラデルフィアの黒人コミュニティは、大きな岐路に立たされていた。独立革命以後、奴隷制度を非難する機運が高まるなかで一七八〇年ペンシルヴェニア州議会は、漸進的奴隷制廃止法案を承認した。[7] 一七七〇年代にフィラデルフィアとその近郊には約五〇〇から六〇〇人の自由黒人が分散して居住していたと推定されるが、九〇年には約二一〇〇人に増加するとともに（一七九三年当時のフィラデルフィアと近郊の総人口は推計四万五〇〇〇～五万人、黒人人口は一〇年前に比べ倍増しており、さらに一七九〇年代末までに三倍に急増）、フィラデルフィア市街地の北端と南端に自由黒人のコミュニティが顕在化しはじめた。[8] とりわけ、市の南部に位置するシダー通りに沿ったローカスト区やシダー区、ウエスト・サザークとモヤメンシングに自由黒人が集中して住むようになった。九四年には二人の自由黒人の指導者アブロソム・ジョーンズ（Absalom Jones）とリチャード・アレン（Richard Allen）が、それぞれ聖トマス・アフリカン監督教会とベテル・アフリカンメソジスト教会を創設し、一九世紀初めには彼らの居住地区は新共和国の代表的な黒人コミュニティへと急速に成長した。

このような状況のもとで、フィラデルフィアの黒人指導者にはケアリーが『報告書』のなかで、黒人同胞を公共善に欠ける悪徳者と一括りにしているのを看過できなかった。ジョーンズやアレン牧師、腕利きの縫帆手として頭角を現したジェイムズ・フォーテンなどの黒人指導者は、建国期の慈善と福音主義に基づく新たな共和国の理想に共鳴し、黒人も白人同様に自助と独立の精神を養い生活を改善することで「善き市民」として認められると信じていた。また、彼らは革命後急増した自由身分の黒人同胞の堕落した生活と経済的困窮を嘆きながらも、新共和国では日ごろの節制と勤勉によって白人と同等の地位を得ることができると期待していたのである。ケアリーの『報告書』が売れれば売れるほど、黒人指導者にとって、それは印刷文化に支えられた新しい公共圏を通して、市民のあいだに人種偏見が浸透していくことを意味していた。そうした憂いに対処するためには、公正な情報を伝えることで「公共圏」のなかで自らの立場を弁護しなければならないと彼らには思われたのである。

だが、問題はどの印刷業者に依頼するかということだった。当時印刷業者は顧客として黒人を扱おうとはしなかった。とりわけ黒人の抗議文書の印刷に協力してくれる印刷業者はほとんど見当たらず、ケアリーが影響力を持ちはじめていたフィラデルフィアではなおさらであった。ジョーンズとアレンは密かに草稿を抱えて、町で開業したばかりの駆け出しの印刷業者ウィリアム・ウッドワード（William W. Woodward）に接触し、とりあえず二五〇～五〇〇部を印刷してもらう合意を取りつけた(9)。さらに二人は、一七九四年一月二三日、合衆国憲法第一条八項に則って、その記念碑的な冊子に対して黒人最初の著作権を確保することに成功した(10)。

ケアリーの『報告書』に対する反駁の狼煙となった、冊子『一七九三年フィラデルフィアにおける惨禍時の黒人たちの行動についての叙述』（*A Narrative of the Proceedings of the Black People during the late Awful Calamity in Philadelphia in 1793*）のなかで、アレンとジョーンズは、伝染病が蔓延する最中、黒人コミュニティがいかに献身的にフィラデルフィア市民の看護にあたり、おびただしい数の死体の埋葬を率先して行ったのか、また看護の報酬についても正当なやり取りがなされていたことなどを具体的に記述し、黒人コミュニティに向けられたケアリーの中傷が根拠のない誇張であることを示そうとしたのである。

彼らの冊子が刊行される頃には、ケアリーの『報告書』はすでに四版を重ねるベストセラーになっていたが、黒人指導者からの激しい抗議を受けたケアリーは、版を重ねる度に問題の個所を削除したり、加筆・修正を続けていた。一方、黒人指導者は、自らの立場を弁護するためには、同じように印刷媒体を通して広く市民に訴えなければ、根深い人種偏見を払拭できないと確信したのだった。革命以降、印刷や製紙技術の改善にともない、新聞・雑誌・パンフレットなどの印刷物の流通量は飛躍的に増大したものの、印刷・出版物のパトロンはもっぱら中上流階級の白人に限られており、新たに台頭した近代的な「公共圏」では、彼らが圧倒的な影響力を行使していた。それゆえ、紙面で黒人たちの声が取り上げられることはめったになかった。また、たとえ取り上げられたとしても、黒人の投稿の文章は文法やスペリングの誤りを数多く含んでおり、しばしば教養のない嘲りの対象とされ、共和国市民の資格を欠く証拠とされた(11)。フィラデルフィアの黒人指導者が、独自の印刷物の刊行を試みたのはそうした文化的な状況下であり、彼らが自らの立場を「公共圏」のなかで表明する必要に駆られたのはごく自然なことであった。

二　「自由の避難地」におけるカラーラインの引き直し

(一) サン・ドマングの黒人反乱の衝撃

フィラデルフィアの黄熱病危機と並んで、台頭しつつあった黒人コミュニティに大きな影響を与えることになったのは、西インド諸島のサン・ドマングでの奴隷反乱の動向であった。一七九一年に勃発した仏領サン・ドマングの黒人反乱は急激に拡大し、五〇万人もの黒人奴隷が反乱に加わり、一八〇四年までに三〇万人を超える島民が死亡した大惨事になった(12)。すでに漸進的奴隷解放法を通過させていたペンシルヴェニア州は、奴隷を伴って島から逃れてきたプランターたちには必ずしも最善の避難地ではなかったものの、フィラデルフィアは当時合衆国の首都であり、北米大陸の商業・文化の中核地として多数の亡命者を引きつけた。その結果、この地には五〇〇人以上の黒人が主人に伴われて奴隷としてやってきた。ところが、一七八〇年三月の奴隷解放法のもとでは、州外から連れてこられた奴隷は六ヶ月の居住条件を満たせば解放されなければならなかったので、奴隷主は期限前に別の州へ奴隷を売却するか、新たに奴隷と数年間の年季契約を結び、奉公人として働かせるかの選択を迫られた。また、自由の避難地として「友愛の街」の名声が高まるにつれて、ヴァジニアなどの南部隣接州からも数多くの自由黒人や逃亡奴隷がフィラデルフィアに流入した。黒人人口の増加に伴い、黒人居住者の貧困や犯罪の問題も目立ちはじめた。とりわけ主要な港湾都市では、建国期の都市化と結びついた暴動、放火、窃盗、売春などの社会問題を、急増した自由黒人と関連づける声が相次いだ。(13) こうした事態を憂慮して、一七九〇年代には各地の黒人指導者たちは、黒人教会やメーソンなどの結社を中心に結束して、黒人同胞住民の品行と生活改善によりいっそうの注意を払うようになった。(14)

この頃、フィラデルフィアの自由黒人コミュニティにとって、衝撃的な出来事が起こった。長年フィラデルフィアに居住してきた自由黒人の指導者が、九二年から九三年にかけて聖ジョージ教会の新たに増築されたバルコニーで黒人が礼拝することを白人の教会評議員から拒まれた事件、つまり教会内で人種によって空間を分離する要求に遭遇したのである。(15) すでに一七八七年九月に黒人指導者は、同胞住民のモラルと生活改善を目指して自由アフリカ人協会(Free African Society 以下、FAS)を立ち上げており、貧困にあえぐ黒人同胞への救貧活動や自警活動を展開してきただけに、教会での礼拝空間の突然の分離要求は受け入れがたいものだった。そのため黒人教会員は聖ジョージ教会を出て、新しく街の南端地区にアブソロム・ジョーンズの指導のもとで九四年に聖トマス・アフリカン監督教会を、またアレン牧師のもとでアフリカン・メソジスト監督教会(AME Church)を発足させた。これは、建国期のフィラデルフィアにおける勃興する自由黒人コミュニティの活力を示すものとして特筆に値する。九三年、連邦議会で逃亡奴隷取締法が法制化されると、「自由の避難地」として知られたフィラデルフィアに逃れてきた数多くの解放黒人や逃亡奴隷が、正当な令状なしで拉致され奴隷として売り飛ばされる危険にさらされた。こうした事態に直面したジョーンズ、アレンの二人の牧師とフォーテンらに率いられたフィラデルフィアの黒人コミュニティは、九七年一月の連邦政府への請願を皮切りにこの非道な法律や奴隷制の撤廃を求める陳情を繰り返した。(16)

一方、自由黒人の急増に加えて、建国期にアメリカ東部の港湾都市へ押し寄せたアイルランドやヨーロッパからの移民の波は、新共和国の社会秩序を揺さぶった。移民や言論の統制を強化しようとしたフェデラリスト政権と、それに敢然と抗議したレパブリカン派の間の党派的亀裂は深まっていった。実際、「外人法・扇動法」が議会を通過する頃には、各地で公共空間をめぐって民族的・人種的な緊張や対立が顕在化した。だが、当時もっとも深刻な影響を及ぼしたのは、カリブ海に浮かぶサン・ドマングにおける奴隷反乱の推移を刻々と伝える新聞であった。そうした一連の血なまぐさい黒人蜂起拡大の報道を受けて、アメリカ国内でも同様の奴隷反乱を懸念する声が日増しに高まった。一八〇〇年九月、ヴァージニア州リッチモンドでの黒人奴隷ガブリエル・プロッサー（Gabriel Prosser）による反乱未遂計画が新聞で大々的に報道されると、フィラデルフィアでも黒人コミュニティを監視し、彼らの集会や群集行動を抑えようとする動きもみられるようになった。一八〇四年七月四日には、棍棒や剣で武装した一〇〇人近くの黒人が二八回目の独立記念を祝してフィラデルフィアの南西地区サザークの街路を数時間にわたって占拠し、「お前らにもサン・ドマングを思い知らせてやるぞ」と周りの白人傍観者を罵倒して、西インド諸島での大反乱の恐怖を煽るという出来事がおこった。(17) 翌年の独立記念日には、インディペンデンス・ホール前の広場で開催された祝賀に加わった黒人たちは白人住民からの野次と暴行を受け、独立記念の祝祭空間から締め出されてしまった。かくして一九世紀初頭には、黒人たちは相次いで祝祭やパレードといった公共空間から締め出されていくことになる。(18)

このように黒人と白人住民の間の緊張が急速に高まる最中、一八〇五年から一五年にかけてペンシルヴェニアでは他州からの黒人の流入を禁止し、黒人世帯主を対象とする特別税を課すことを求める差別的法案が繰り返し州議会に提出された。とりわけ、一三年にリパブリカン派の州議会議員ジェイコブ・ミッチェル（Jacob Mitchell）によって提案された逃亡奴隷の取り締まりに関する強化法案は、州内の自由黒人の住民登録と登録証携帯の義務づけ、黒人世帯への特別課税、罪を犯し有罪とされた黒人を一定期間奴隷として売却するなどの条項を含んでおり、すぐさまフィラデルフィアの自由黒人の猛烈な反発を招いた。このとき、法案への反対を表明する冊子を自費で刊行し、黒人コミュニティを代表して真っ先に抗議の声を上げたのが、ジェイムズ・フォーテンであった。

(二) ジェイムズ・フォーテンの戸惑いと抗議

先述したように、自由身分で生まれた黒人のフォーテンは、船乗りから身を起こし、後に親方職人ロバート・ブリッジズ(Robert Bridges)のもとで縫帆手として勤勉に腕を磨き、親方の信頼を勝ち得るほどになった。彼はブリッジズの現場からの引退とともにロフトの経営権を譲り受け、一代でフィラデルフィア有数の縫帆工場にした黒人実業家であった。フォーテンは独立革命期に青年時代を過ごし、共和主義の高揚のなかで新共和国への強い愛国心を抱くようになった。彼のアメリカに対する愛着は、「自由の国」では勤勉に働けば皆平等に成功できる機会があり、一人一人の成功がひいては社会全体の繁栄と幸福をもたらすという信念に支えられていた。それゆえ、フォーテンは乱暴で怠惰な一部の黒人同胞のすさんだ生活を憂い、彼らの生活を改善させるとともに、キリスト教の倫理観を植えつけることで黒人コミュニティ全体の向上を図るべきだと確信するようになった。こうした彼の考え方の根底には、階層や教育機会の不平等が社会の差別構造をもたらしているのだから、黒人も教養を身につけ精勤によって社会的に上昇すれば、アメリカ社会に平等に受け入れられるであろうという楽観的な見通しがあった。それだけに一九世紀初頭に入り独立革命の聖地フィラデルフィアにおいてさえ、人種差別的な法案が相次いで提案されたことに、フォーテンは大きなショックと憤りを隠せなかった。

彼の『ある有色人からの手紙』は、一八一三年にペンシルヴェニア州議会へ提出された逃亡奴隷取締法案を単に批判したのではなかった。「白人と黒人をお造りになった神は、黒人を違った種と認定なさるような記録を残しておられるのだろうか」と問いかけ、「州憲法の創設者は憲法の恩恵から黒人を排除するつもりはなかったはずだ」と主張した。[19] そしてその法案が、自由人の「市民的自由」を踏みにじり、他の諸州やヨーロッパさえからも尊敬の的であったペンシルヴェニア州の「寛容と慈愛の伝統」を汚すものだと述べた。くわえて、フォーテンの冊子は、「公的記念日の数日間、黒人は祝祭の場に一二時以降けっして姿を見せてならないと言われているのは周知の事実である」と指摘し、とりわけ七月四日の独立記念日に哀れな黒人が「自由の擁護者」を自認する者たちによって襲撃されているのはいかがなものか、と公共空間での黒人同胞への攻撃とあからさまな差別の実態を告発する。(20) 新しい連邦共和国におけるカラーブラインドな市民社会の到来に期待を寄せていたフォーテンは、建国初期に人種に基づく空間的、社会的区別が急速に顕在化してゆく様を目の当たりにしたとき、あえて自らペンをとり、自費を投じてでも冊子を公刊することで、「公共圏」に向けて今こそ独立革命の精神に立ち戻るべきだと広く市民に訴えたのであった。一五年後、彼のメッセージは、ニューヨーク市で発刊された最初の黒人新聞『フリーダムズ・ジャーナル』に再び転載され、より広くアメリカ黒人の間で共有されることになる。

ジェファソンやベンジャミン・ラッシュ医師らの建国期の奴隷制反対論者は、人間の天賦の平等性を信じると同時に、環境因子を重視する環境決定論的な「人種」の観念をも信奉していたが、一九世紀初頭には「人種」間の差異を生物的に本質的なものとみなす近代的な人種観の台頭によって黒人に対する長年の根深い偏見は、「科学的に」強化されてゆく。(21) かくして黒人を無教養で未開の「種」として人種的階層の最下層に位置づける近代的な人種観が生み出され、新聞や雑誌などのおびただしい数の印刷媒体を通して、その言説は「公共圏」で流布され社会に根づいていった。折しも、西インド諸島から連れてこられた数多くの黒人奴隷や自主的解放による自由黒人の増加が、フィラデルフィアの白人と黒人住民の間の緊張を高め、生活環境の改善と教育によって人は皆等しく向上（uplift）できると主張するフォーテン世代の希望的な人種観は、深刻な挑戦を受けることになった。成功しまずまずの財を成した黒人でさえも、不道徳で怠惰な同胞と同じように「人種」のカテゴリーで一括りにされ、公に共和国市民として不適格者の烙印を押され始めると、フォーテンは急速に政治意識を高めて、黒人コミュニティの代弁者として中心的な役割を担うことになる。

三　アメリカ植民協会とフィラデルフィアの黒人コミュニティ

(一) アメリカ植民協会の創設

一八世紀末には環大西洋的な奴隷制貿易廃止論の高まりとイギリス、特にロンドンで急増した黒人住民のシエラレオネ植民計画の情報が、新聞記事や英米間の書簡によってアメリカに伝えられた。わけても、西インド諸島の砂糖プランターの息子で、エジンバラおよびアバディーン大学で学んだウィリアム・ソーントン医師（William Thornton）は、在英黒人のアフリカ植民計画をアメリカにもたらした主要人物の一人だった。彼はロンドンのアボリショニストと密接な交友関係を結んだ後、一七八七年に渡米し、フィラデルフィアへと移住した。そこでソーントンは、ジェイムズ・マディソンやベンジャミン・ラッシュら新共和国の指導者や知識人の知遇を得て、父から相続した西インド諸島の奴隷を西アフリカのシエラレオネに送り込む計画と、より大規模なアフリカへの植民事業の推進を熱心に説いて回った。そうした彼の精力的な活動は、合衆国において自由黒人のアフリカ帰還計画をめぐる議論を引き起こす契機となった(22)。

ソーントンの植民計画は、ボストンをはじめニューイングランドの一部の黒人指導者が強い関心を示したものの、フィラデルフィアの黒人指導者は、依然として生まれながらの自由と平等を謳う独立宣言の理念に基づく新共和国の発展に大きな期待を寄せており、ＦＡＳはソーントンの呼びかけには冷淡な反応しか示さなかった。しかし、一九世紀初頭に港湾都市部で急増した自由黒人への警戒心と偏見が強まると、「自由の国」アメリカの各地で黒人への差別的法案が相次いで提出された。この事態に直面して、白人指導者のみならず自由黒人のなかにも人種的に融合した新共和国の夢に失望を禁じえず、アフリカへの帰還をひとつの現実的な選択肢として考える人々も現れた。[23]

そのような状況下で、イギリスでの在英黒人の西アフリカへの帰還計画に触発されて、大西洋に開かれた良港を持つシエラレオネへの合衆国の自由黒人の植民を積極的に支持するようになったのが、マサチューセッツ州ウェストポートのポール・カフィであった。彼は先住民の母と黒人の父のあいだに生まれた混血児で、少年期から海へ出て帆船を操り一代で財を成した、建国期を代表する黒人船長・商人となる人物である。一九世紀初頭にビジネスや私信を通してカフィは、フィラデルフィアの名門の有力商人で慈善家として知られていたジェイムズ・ペンバートン（James Pemberton）と親交を深めたばかりか、自由黒人のアフリカへの植民計画についてペンバートンをはじめとする商人仲間の支持を取りつけることに成功し、フィラデルフィアの自由黒人に彼の計画への賛同を呼びかけた。[24] 実際一八一一年一月二日、カフィは奴隷貿易廃止協会会長ベンジャミン・ラッシュの信任状を手に、二本マスト帆船「トラベラー」号でフィラデルフィアを出港し、五八日間の航海の後、現地視察を兼ねて西アフリカのシエラレオネに到着した。彼はまず現地での植民・商業拠点とすべくフレンドリー協会を立ち上げた。翌年帰国後、カフィはフィラデルフィアの黒人コミュニティに呼びかけ、シエラレオネ・フレンドリー協会の姉妹組織の創設を促した。こうして新たに発足したフィラデルフィア・アフリカン組織（Philadelphia African Institution）の初代会長にフォーテンが就いたことからも、当時フォーテンは自由黒人のアフリカへの植民計画に共感していたことが窺える。[25] しかし、その後ほどなくして米英の関係が緊迫化し、一八一二年戦争が勃発すると、カフィの植民計画は一時中断を余儀なくされた。一方、フォーテンはアフリカへの植民計画に懐疑的なフィラデルフィアの黒人コミュニティの声を無視できなくなり、植民計画への支持を公言することを避けるようになった。[26]

一八一四年一月、カフィはマディソン大統領と連邦議会宛にシエラレオネへの自由黒人の植民計画に関する認可を求める請願書を提出したが、このときヘゼキア・ナイルズ（Hezekiah Niles）の『ウィークリー・レジスター』紙などの主要な新聞はこの請願について大々的に報じた。[27] 戦後港湾都市を襲った経済不況で人種的対立が深まるなか、翌一五年にはアフリカへの植民計画は一連の報道によって再び世論の注目を浴びるようになり、多くの連邦議員や知識人の関心を引いた。かくして一六年一二月、首都ワシントンでジョン・ランドルフ（John Randolph）、チャールズ・マーサー（Charles Fenton Mercer）、ヘンリー・クレイ（Henry Clay）、ダニエル・ウェブスター（Daniel Webster）など多数の傑出した政治家が集結し、アメリカ植民協会（American Colonization Society、以後ACS）が創設された。このアメリカ植民協会のメンバーには福音派の慈善家や奴隷制反対論者、さらには南部の奴隷所有者や自由黒人追放者まで幅広い人々が含まれており、アンテベラム期の合衆国のアボリショニズムの主流を形成したのである。[28]

(二) フィラデルフィアの黒人コミュニティの反応

ワシントンDCでのアメリカ植民協会の創設の一報を受けて、フィラデルフィアの黒人住民の多くは、新たな協会設立の狙いを、合衆国から自由黒人を一掃し、南部の奴隷制を補強することにあると見て、アフリカへの植民計画に反対する姿勢を鮮明にした。一八一七年一月、アレン牧師の率いるベテル教会に参集した三〇〇〇人に上る黒人たちは、こぞってアフリカへの植民計画に対して懐疑的な意見を相次いで表明し、これを拒否したと伝えられている。同時期に各地で度重なる人種差別的な法案の提出に直面したフォーテンやアレンなどフィラデルフィアの黒人指導者は、アフリカへの植民計画の推進に惹かれるようになっていったが、黒人コミュニティからのACSに対する痛烈な批判を受けて、彼らに同調することを余儀なくされたのである。事実、一八年にACSの年次報告書や新聞のなかでアフリカ植民計画を手放しで賞賛する記事が溢れると、フォーテンは、自由黒人のアフリカへの植民計画の推進には「合衆国で奴隷制を永続させんとする」企みが潜んでいるのではないかと疑うようになり、南部プランター主導のACSの活動に対する警戒心を隠さなかった。[29] しだいに彼は、ACSに否定的な態度を公然と示すようになった。かくして、彼は奴隷制を神の真意に反する非人道的で忌まわしい制度として激しく非難し、ＡＣＳに敵対する黒人エリートの中心的役割を担うようになる。

四　「アメリカ体制」論と奴隷制

(一) 第二次米英戦争と新しい政治経済観

一九世紀に入ってもなおマシュー・ケアリーは、読者の様々な反応を受けて一七九三年の黄熱病災禍に関する『報告書』の改訂を繰り返していたものの、しだいに彼の関心は、新興の連邦共和国の政治経済体制に向けられた。同時に、この頃彼の出版業は、地方エージェントを駆使した新たな書籍販売戦略に加え、折からの第二次信仰復興運動の追い風を受けて、カトリックとプロテスタント信者の双方に向けて様々な規格や装丁の聖書を刊行することで自らの出版ビジネスの財政的基盤を整えていった。(30) 同時に、彼の出版業はスザンナ・ローソン（Susanna Rowson）の『シャーロット・テンプル』などの小説からギリシア・ローマ時代の古典・詩集に至るまで様々なジャンルの書物の刊行を手掛けてアメリカ大手出版業者の一つへと成長していった。

こうしたなか、第二次米英戦争（一八一二年戦争）の勃発は、ケアリーにとって単に反英感情の奔出の機会に留まらなかった。ルイジアナの購入以後、急速に膨張しつつあった新共和国の領土の統合を危惧していたケアリーは、戦争の最中に合衆国内のセクション間の対立が先鋭化すると、新たな政治経済政策の必要性を熱心に説くようになった。一八一二年戦争は、合衆国にとって何ら実質的な成果を生まなかったものの、おびただしい数の新聞・雑誌の刊行によって支えられた近代的な公共圏において、多くの識者が新興国アメリカの新しい政治経済の発展ビジョンについて議論を交わす契機となった。

一八一四年一二月、ガン条約により講和が結ばれると、それまでの鋭い党派的な対立は一時的に沈静化し、アメリカ市民の間にはかってないほどにナショナリズムの高揚が見られた。こうした「好感情の時代」には、一八一六年の米国聖書協会の創設を契機に、メソジストやバプティストなどの福音主義教会が西部開拓地域に急速に勢力を伸ばし、旧世界とは異なる新興国アメリカの輝かしい発展に期待を寄せる記事が、各地の新聞や雑誌・宗教冊子に相次いで掲載された。一方戦後の経済不況下で、とりわけ西部開拓地では紙幣不足が深刻化し、予約出版システムのもとで持ち込まれた書籍や印刷物の料金が回収できない状況もたびたび発生していた。このように州ごとに不統一な通貨やしばしば回収不能に陥る信用販売制度の欠点をもっとも身近に痛感していたのが、一九世紀初頭に全国的な出版・販売網の拡張に奔走していたマシュー・ケアリーであった。彼が一八一〇年から一一年春にかけて合衆国銀行の特許期間延長をめぐる論争で特許の延長を支持し、その後も一貫してアメリカ経済の発展に対する合衆国銀行の役割を重視したのは、彼のビジネス経験に照らせば至極当然のことであった。さらに一四年秋、コネティカット州の「ハートフォード会議」におけるフェデラリスト派主導のニューイングランド諸州による連邦離脱の不穏な動きを察知したケアリーは、広大な連邦共和国の脆弱さを改めて認識し、すぐさま『オリーブ・ブランチ』と題する冊子を刊行した。そのなかで彼は、国難に際して党派的対立の不毛さを嘆くとともに、相互の地域利害を結びつけることによって全国市場を形成することで、合衆国のより完全な統合を促すことの重要性を訴えたのであった。(31)

実際、西部への出版市場の急速な拡大と販売競争の激化は、ケアリーの出版・書籍販売戦略に少なからぬ影響を及ぼした。一九世紀初頭までに旧来の印刷業者は、印刷工と編集・出版業者に専門的に分化した。同時に新共和国において緊密な書店主のパートナーシップによる書籍・刊行物の全国的な販売網の必要性を痛感したケアリーは、一八〇二年各地の書店主に協力を要請し、ニューヨーク市で第一回アメリカ文芸フェアーを開催した。その際、「多くの書店では何千もの書籍が棚ざらしになっています。ブックフェアーでそうした書籍を交換するならば、様々な在庫本を抱える書店主は恩恵を受けることができるのです」と、彼は力説した。さらに、ケアリーは「そうすることで新しい（ビジネス）人脈も生まれ、埋もれていた資本を活用できるので出版・書籍販売業界は活気づくことでしょう」と全国の書店主に呼びかけた。[32]

ケアリーにとって合衆国の出版物を向上させることは、個人的な利益に役立つだけでなく、有用な知識とアメリカの文化を市民のあいだに広めるのに不可欠と思われた。また、彼は活力ある出版業が新共和国の「公共善」を支え、多様な民族からなるアメリカの文化的統一を促進させることを期待した。ケアリーは、アメリカで刊行された書物が粗悪さゆえにこれまで批判にさらされてきた事実を認めつつも、いまや質の良い紙を使い、一語の誤字もなく正確に印刷し綺麗に製本すれば、ヨーロッパの書籍と十分に渡り合えると説いた。フィラデルフィアでの自らの印刷・出版業の経験からケアリーは、全国的な書籍の販売市場の形成と、合衆国の出版業をイギリスから独立させることの重要性を誰よりも痛感していたのである。

かくして一九世紀初めには、ケアリーは国内の出版ビジネスの自立を説く一方で、西方へ拡大しつつある合衆国の広大な領土を結びつける新しい統合的な政治経済観の提唱者として名を馳せるようになった。一八一五年から一九年にかけて西部開拓が急速に進み、インディアナ（一八一六年）、ミシシッピ（一八一七年）、イリノイ（一八一八年）、アラバマ（一八一九年）など、中西部から南西部にかけて新しい諸州の連邦編入が相次いで認められ、連邦共和国は拡大しつつあった。一八二〇年の連邦議会ではケンタッキー州選出の下院議員ヘンリー・クレイが「アメリカン・システム」という言葉を使い、ラテンアメリカ諸国の独立と、合衆国を中心にした西半球の共通利害に言及したことから、彼のアメリカ体制論は世論の耳目を集めた。[33]実際「アメリカン・システム」という言葉は、クレイ自身の造語というよりも、建国初期のハミルトンやテンチ・コックス（Tench Coxe）の新重商主義的な財政・産業育成政策に由来するものであったが、一九世紀初頭にコックスと彼の親友マシュー・ケアリーによって、勃興する新国家の統合的な発展ビジョンを示す社会経済観として広く流布されることになる[34]。

彼らのアメリカ体制論は、農業か製造業かの二項対立的な見方を避け、交通網の拡張と連邦政府主導の西部開発、高関税による国内産業の保護・製造業育成によって古典的共和主義のディレンマを乗り越えようとするものであった[35]。そしてこの新しい政治経済観が現出する背景には、一九世紀初頭のリパブリカン政権下の出港停止措置と一八一二年戦争中の厳しい政治経済状況、さらに一八一九年の深刻な経済恐慌があったのである。つまり、彼らの見解によれば、新興のアメリカ経済がもっぱら農本主義を貫き、アダム・スミスの自由貿易論を妄信して製造業を外国に依存する体制を続けるならば、ヨーロッパ列強の権力闘争に翻弄される状況から永久に逃れられないことを意味し、アメリカの経済的な「真の独立」はあり得なかった[36]。ゆえに、合衆国が独特の地域経済を輸送・交通網で連結し、相互に恩恵を分かち合えるような統合した全国市場を構築するうえで、連邦政府が果たすべき役割はいっそう重視されるべきであると、ケアリーは力説した。このとき、新しい政治経済政策において顕著な問題として立ちはだかったのが、南北間の経済システムの大きな相違であった。その決定的な要因として、南部の強固な奴隷制の存在があったことは言を俟たない。

(二) 膨張する「自由の帝国」と自由黒人

一八一九年のミズーリ準州の州昇格を巡る連邦議会での論争は、広く合衆国市民の関心を引いた。同年二月一三日、ニューヨーク選出の下院議員ジェイムズ・タルマッジ (James Tallmadge) が、ミズーリには今後奴隷制の導入を禁止し、州昇格後奴隷のすべての子供が二五歳に達したとき解放される条文を盛り込んだ修正条項を連邦議会に提出すると、西部領土への奴隷制の拡張をめぐって議会内で建国期以来もっとも深刻な論争が巻き起こった。この論争は、翌年三月クレイによる南北間の利害の巧みな調停で何とか収束したものの、以後奴隷制の是非を巡る問題は議会を越えて、新聞や様々な雑誌・冊子でしばしば取り上げられ、公衆のあいだの大きな争点のひとつになった。さらに重要なことには、一八二〇年代のクレイやケアリーによる「アメリカ体制」論の主張は、膨張を続ける「自由の帝国」が新たな政治経済体制を必要としていることを象徴的に示唆するものであったが、彼らもまた、奴隷制問題を避けて通ることができなかったことである。

「アメリカ体制」論は、主に四つの方策を梃子に統合的な国民経済の発展を目指すものであった。それには、①保護関税による国内産業の保護・育成、②道路や運河などの交通網の整備と内陸開発、③統一的で安定した通貨の供給機関としての合衆国銀行の設置、④公有地の売却による連邦財源の確保、が不可欠な前提としてあり、自由で独立したアメリカ市民が勤勉に労働し自らの労働の果実を享受できる統合的な国内市場を作り出すことが望まれた。つまり、彼らの政治経済観は、古代ギリシアやローマの小規模な共和国を範にした古典的な共和主義から脱皮して、西方へ拡大し続ける広大な領土に、国民経済の発展システムを構築することによって、民主主義と資本主義の調和を図ろうとするものであった。そうした観点から見れば、自由貿易をやみくもに標榜する南部奴隷州の態度は、高関税の導入や合衆国銀行に強固に反対するばかりで、アメリカ経済全体の利益よりもセクションの利害を声高に叫ぶものにすぎなかった。

現に、奴隷制プランテーションに支えられた南部の綿花は、一八〇七年以降、リパブリカン政権によって断続的にとられた出港・輸入停止措置や国際市場での売買価格の下落に直面して国際競争力を失いつつあった。こうした状況を直視したクレイやケアリーのような「アメリカ体制」論者にとって、自由労働イデオロギーに支えられ商業と製造業をバランスよく配置した近代的な政治経済体制のなかに、南部奴隷制をいかに包摂するのかが重大な問題として浮上したのである。ケアリーは、「南部の産物は容易に市場に出され高値で取り引きされる。また、農業に従事する奴隷労働は自由労働ほど生産的ではないものの、まだ利益を生んではいる。しかし、小麦、コーン、タバコなどの現在の価格では、概して奴隷労働はぎりぎり奴隷（制度）を維持できる程度に留まっている」として、綿花栽培に特化した南部奴隷制がアメリカ経済全体の発展にとって足枷となる可能性を示唆した。[37] さらに、彼は南部経済の多角化を促すとともに奴隷労働力の製造業への転用を提案したが、一部の急進的なアボリショニストからの奴隷制の即時廃止要求に対しては、合衆国の統合を損ない南北間の分裂を招きかねない無謀な考えとして、彼は真っ向から反対したのだった。だが、ケアリーは現状以上に奴隷制が拡大し、黒人奴隷の人口が増加するのを好ましく思っておらず、すでに解放された自由黒人の海外への植民を推奨するようになった。成功した出版ビジネスを一八二二年一月に息子ヘンリーに譲った後、三九年に他界する直前までケアリーは、私財を投じて息子の出版社から数多くのパンフレットや著作を刊行した。こうして新しい政治経済システムの論客およびアメリカ植民協会の雄弁な支持者として、晩年彼は世論形成に大きな役割を果たしていくことになる。

ミズーリ論争以降、「長い一八二〇年代」を通して、合衆国はシティズンシップをめぐる議論において重大な転機を迎えた。革命・建国期の財産所有と社会階層に基づく共和国市民の概念は、一九世紀初頭に急速に民主化されると同時に、「人種」間の相違が多くの白人にとってシティズンシップの定義上きわめて重要な要素とみなされるようになった。本章で見てきたように、フォーテンの公的な抗議の核心には、彼が建国期の白人指導者と同様に、否それ以上にリスペクタビリティに基づく共和主義的な市民観を信奉しており、その信念が肌の色による黒人への偏見といわれなき差別によって重大な挑戦を受けたとき、自らが黒人の成功者たるフォーテンは、黙認するわけにはいかなかったのである。フォーテンと他の黒人指導者は、自由身分の黒人の移動や居住の自由を蹂躙する法律に対して激しく抗議し、そうした処置の撤廃を求める請願書を何度も州議会や連邦議会に送りつけた。また、請願書による議会レヴェルでの訴えが効力をもたないと見るや、アメリカの不特定多数の「公共圏」に向けて、彼は直接訴える行動に出た。フォーテンは、黒人コミュニティを代表して冷静かつ論理だった「リスペクタブルな」抗議文を作成して、「粗野で知力に劣る黒人」のイメージの払拭に努めた。そして彼は、独立宣言の精神に立ち返り、新共和国が「人種」と無関係に各人が人間として平等に包摂される政治体制であるべきだと真摯に主張したのである。

しかし、ミズーリ論争を境に奴隷制の拡大は、「自由の帝国」にとってのどに突き刺さった棘のように厄介な問題となり、連邦議会を超えてしだいに多くの一般市民をも巻き込んで大きな公的議論の的になった。政界から引退し、モンテチェロで静かに暮らす晩年のジェファソンでさえ例外ではなかった。マサチューセッツ州選出の連邦議員でミズーリの妥協に尽力したジョン・ホームズ（John Holmes）に宛てた有名な書簡のなかで、彼は奴隷制を凶暴なオオカミに例えて「われわれはオオカミの耳をつかんでおり、それを取り押さえることもできず、安全に逃がすこともできないのだ」と率直に心の内を吐露した。[38]それは、合衆国が奴隷制をめぐってやがて陥るであろう深刻なディレンマを暗示するものだった。

おわりに——アボリショニズムと共和主義的市民原理の衰退

一八二〇年代を通して、黒人のアフリカへの再植民を促すアメリカ植民協会の活動は、多くの有力な政治家や若い穏健なアボリショニストの支持を得たものの、創設以来、計画を実行するための財源不足と組織的な意見対立を抱えて比較的低調であった。しかし一八二二年春にサウスカロライナ州チャールストンでは、元船乗りで自由黒人の大工デンマーク・ヴィージー（Denmark Vesey）を首謀とする大規模な奴隷反乱計画が発覚し、彼の居宅から北部アボリショニストの機関紙や冊子がいくつか発見されると、[39]南部沿岸諸州は北部の印刷物に対する警戒をただちに強化すると同時に、入港した黒人船乗りをドッグに拘留する「黒人船乗り法」を通過させた。[40]こうして南北間のセクション利害の反目はいっそう深まっていくが、ＡＣＳの機関紙の論調は、南部利害に考慮して、奴隷制への直接的な批判を避け、自由黒人のアフリカへの送還を奨励することで、合衆国内の「人種」問題の解決を図るという穏健な主張へと変化していった。

ところが、このようなACSの曖昧な政治的態度に苛立ちを露わにした若く正義感に溢れた活動家のなかには、しだいにACSから離れ、より急進的な奴隷制廃止運動に身を投じる者が現れた。三一年一月『リベレーター』の創刊号でロイド・ギャリソン（Lloyd Garrison）が、「私は控えめに考えたり、語ったり、書いたりしたくありません。［中略］私は真剣なのです。誤魔化したりしません。言い訳もしません。私は一インチも後退するつもりはありません。だから私の主張を聞いてもらいたいのです」と興奮を抑えきれず記したとき、それは彼のACSとの決別宣言であった。[41] 同時に、それは公権力への請願という戦術から距離をおいて、一九世紀初頭に急速に拡大し民主化された「公共圏」のなかで読者に直接訴えて賛同者の獲得を目指す、印刷媒体による「ゲリラ戦略」の表明であり、建国期の奴隷制反対運動が新たな局面に入ったことを示唆していた。

実際、一八三一年は英米のアボリショニズムにとって重大な転換点になった。ギャリソンの『リベレーター』の創刊から八か月後の夏、ヴァージニア州サザンプトン郡でナット・ターナー（Nat Turner）の反乱が勃発し、子供や女子を含め約六〇人もの白人が惨殺された。[42] この事件は、南部での奴隷反乱の潜在的な不安をきわめて身近なものとしたばかりか、アメリカ社会における自由黒人に対する底知れぬ恐怖心と憎悪をかき立てた。ケアリーもこの事件を重く見て、「遅かれ早かれ、国内で二つの異質な階級（caste）が遠い将来でさえも融合する可能性もなく、（両者が）混在することから起こりうる恐ろしい結末」を予想し、奴隷が同一の人種であり、短期間で融合することができたギリシアやローマの奴隷制とアメリカの黒人奴隷制の際立った相違を指摘した。[43] さらに同年一二月には、英領ジャマイカで年末を挟んで二週間も続いた激しい奴隷反乱（いわゆる「バプティスト反乱」）のニュースが伝えられた。アメリカ各地の新聞はジャマイカの黒人反乱で五〇〇人にのぼる死者を出した悲惨な状況を一斉に報じ、国内の治安維持を呼びかけた。一八三〇年代初めには、毎年のように独立記念日や奴隷貿易廃止記念日の前後で白人と黒人住民の間で緊張が高まり、主要都市では人種暴動が相次いだ(44)。

一方で『リベレーター』の創刊は、フォーテンを勇気づけ、奴隷制廃止運動に新たな展開を期待させた。ギャリソンは三一年八月二〇日付の『リベレーター』にフォーテンの意見を掲載した(45)。「われわれは過去を振り返り、またほとんどあらゆる国民が自由を求めて闘っていることを耳にするとき、アフリカ人種はいまのように貶められた地位に留まり続けると予想されるだろうか。否、『自由を求めて闘うか、その過程で死ぬのか』という言葉がすべてのアフリカ人の耳に響き渡るときが刻々と近づいているのだ」とフォーテンが記したとき(46)、それは二年前に刊行され大きな反響を呼んだ、ディヴィッド・ウォーカー（David Walker）の『世界の有色市民への訴え』（一八二九年）を彷彿とさせるものであった。一八三〇年までにフォーテンは、奴隷を含む全世界の虐げられた黒人同胞の連帯と抵抗を呼びかける、ウォーカーの救世主的で過激なメッセージに共感するほど急進化していたのである。

ケアリーは、終始一貫して白人市民に対して自由黒人のアフリカへの植民計画が合衆国にもたらす恩恵を訴え続けてきたが、他方で、フォーテンは、広く白人市民に自由と平等の独立革命の精神を想起させることに限界を感じ始めていた。しだいに彼は、急進的アボリショニストの機関紙を通して、自由黒人や鎖につながれた南部の黒人奴隷に向けて自ら自由を求めて立ち上がることの重要性を説くようになった。一八三〇年までに合衆国では、奴隷制の是非やアメリカ植民協会の活動について新聞や様々な雑誌で激しい議論が巻き起こっていた。かくして「奴隷制廃止の公共圏」は急速に全国各地に拡散していった。ところが、皮肉にも印刷文化の拡がりは、よりいっそう統一的な国民意識の創生を促すよりも、むしろ地域的な差異を際立たせる結果を招くことになる。現に三五年夏、南部諸州は、北部からのおびただしい数のアボリショニストの雑誌やパンフレットを、奴隷反乱の誘発につながる「扇動的文献」として郵送を禁止する措置を講じ、同時に、南部の生活と利害を擁護する言説を作り出して北部のメディアに対抗した。こここにおいて、「アメリカ体制」のもとで経済的、文化的に各地域を結びつけ、膨張を続ける「自由の帝国」の統合を確かなものにするという、長年ケアリーが思い描いてきた計画は挫折を余儀なくされるのである。

これまで本章では、建国期から一九世紀初頭にかけて重要な役割を果したジェイムズ・フォーテンとマシュー・ケアリーの軌跡を軸に、「人種」をめぐる新しい議論と近代的な印刷文化の関連を考察してきた。「友愛の街」で長く暮らしながらも、決して親しく交流することのなかった二人であるが、各々ビジネスでの成功を通して新生アメリカへの強い愛国心を共有していた。大きな相違は、ケアリーはアイルランドからの移民として渡米し、出版業の成功とともに白人社会に市民として許容されていったが、フォーテンは黒人であるがゆえに縫帆手から身を起こして財を成し、名士に登りつめながらも、十全の市民として受け入れられることはなかった。一九世紀初めに社会の急速な民主化に伴い、財産所有や教養、洗練された立居振る舞い（リスペクタビリティ）を要件とする共和主義的市民規範が揺らぐ一方で、「人種」がシティズンシップを規定するうえで決定的な要素として加えられた。ACSの言説に明らかなように、アメリカ社会において白人と黒人の融和的共存の可能性に否定的な見方は、急進的アボリショニストの台頭によって大きな挑戦を受けるものの、一八三〇年代後半の民主党とホイッグ党の二大政党制の再編のなかで根強く温存されていくことになる。[47] ACSが組織として南北戦争の動乱を生き延びて二〇世紀初頭まで存続したことが、その何よりの証左と言えよう。[48]

（1）*Public Ledger*, March 7, 1842.

（2）Eve Kornfeld, "Crisis in the Capital: The Cultural Significance of Philadelphia's Great Yellow Fever Epidemic," *Pennsylvania History* 51, no. 3 (July 1984): 195. 第一回国勢調査（一七九〇年）によれば、フィラデルフィア市の人口は二万八五五二人（市近郊を含むフィラデルフィア郡の人口は五万四三八八人）と記録されている。このうち二万人近くの市民が

この町から逃げ出し、市街地の全家屋の半数が空き家になったと伝えられている。

（3）James N. Green, "From Printer to Publisher: Mathew Carey and the Origins of Nineteenth-Century Book Publishing," in *Getting the Books Out: Papers of the Chicago Conference on the Book in 19th-Century America*, ed. Michael Hackenberg (Washington, D.C.: The Center for the Book Library of Congress, 1987), 29.

（4）Mathew Carey, "Address of M. Carey to the Public," (Philadelphia, 1794), 4; Richard S. Newman, *Freedom's Prophet: Bishop Richard Allen, the AME Church, and the Black Founding Fathers* (New York: New York University Press, 2008), 94.

（5）"Extract from the libel, signed Argus, distributed at the City Hall, March 20th, 1794," in Mathew Carey, *Address of M. Carey to the Public* (Philadelphia, 1794), 7–8.

（6）Carey, *A Short Account of the Malignant Fever, lately prevalent in Philadelphia, second edition* (Philadelphia, 1793), 77.

（7）*An Act for the Gradual Abolition of Slavery* (Philadelphia, 1781?). 法文の第三節、四節において一七八〇年三月一日以降に生まれる黒人女性のすべての子供にこの法律は適用され、彼らが二八歳に到達したときに完全に解放されるということが明記された。この法律の文言に見られる奴隷制批判の急進的な修辞にもかかわらず、これは、事実上奴隷解放の開始時期が一八〇八年まで先送りされることを意味していた。

（8）Gary B. Nash, *Forging Freedom: The Formation of Philadelphia's Black Community, 1720–1840* (Cambridge, MA: Harvard University Press, 1988), 142–43.

（9）Newman, *Freedom's Prophet*, 102.

（10）Jones and Allen, "Narrative of the Proceedings of the Black People during the late Awful Calamity in Philadelphia in the year 1793 and a Refutation of some Censures thrown upon them in some late Publications," January 23, 1794, 55 District Court Ledger, 262 PA41 in James Gilreath, ed. and introduction, *Federal Copyright Records 1790–1800*

(Washington D. C.: Library of Congress, 1987), 16.

(11) David N. Gellman, "Race, the Public Sphere, and Abolition in Late Eighteenth-Century New York," *Journal of the Early Republic* 20, no. 4 (Winter 2000): 611–13.

(12) Donald R. Hickey, "America's Response to the Slave Revolt in Haiti. 1791–1806," *Journal of the Early Republic* 2 (1982): 362.

(13) Joanne Pope Melish, *Disowning Slavery: Gradual Emancipation and "Race" in New England, 1780–1860* (Ithaca, NY: Cornell University Press, 1998), 112, 131–32; Gary B. Nash, *Forging Freedom*, 179–180; Shane White, *Somewhat More Independent: The End of Slavery in New York City, 1770–1810* (Athens and London: University of Georgia Press, 1991), 179–84.

(14) Julie Winch, *Between Slavery and Freedom: Free People of Color in America from Settlement to the Civil War* (Lanham, MD: Rowman & Littlefield, 2014): 52–55.

(15) Newman, *Freedom's Prophet*, 64–65.

(16) Julie Winch, *A Gentleman of Color: The Life of James Forten* (New York: Oxford University Press, 2002), 152–53; Richard S. Newman, *The Transformation of American Abolitionism: Fighting Slavery in the Early Republic* (Chapel Hill and London: University of North Carolina Press, 2002): 88–89.

(17) Shane White, "'It Was a Proud Day': African Americans, Festivals, and Parades in the North, 1741–1834," *Journal of American History* 81, no. 1 (June 1994): 34.

(18) David Waldstreicher, *In the Midst of Perpetual Fetes: The Making of American Nationalism, 1776–1820* (Chapel Hill and London: University of North Carolina Press, 1997), 308–28; Simon P. Newman, *Parades and the Politics of the Street: Festive Culture in the Early American Republic* (Philadelphia, PA: University of Pennsylvania Press, 1997), 103.

(19) James Forten, "Letter II," in *Letters from a Man of Colour* (Philadelphia, 1813).

(20) Forten, "Letter IV," in *Letters from a Man of Colour*.

(21) Bruce Dain, *A Hideous Monster of the Mind: American Race Theory in the Early Republic* (Cambridge, MA: Harvard University Press, 2002), chaps. 2 and 7.

(22) P. J. Staudenraus, *The African Colonization Movement 1816–1865* (New York: Columbia University Press, 1961), 5–7.

(23) Newman, *Freedom's Prophet*, 186. 歴史家リチャード・ニューマンによれば、アフリカへの帰還の準備を第二回連邦議会（一七九一〜九三年）に訴えた黒人グループの請願書の草稿が近年発見されている（ただし、この請願書は実際には連邦議会に提出されていない）。

(24) Floyd J. Miller, *The Search for a Black Nationality: Black Emigration and Colonization 1787–1863* (Urbana, IL: University of Illinois Press, 1975), 25; H.N. Sherwood, "Paul Cuffe," *Journal of Negro History* 8, no.2 (April 1923): 196; J.R. Oldfield, *Transatlantic Abolitionism in the Age of Revolution: An International History of Anti-slavery, c. 1787–1820* (Cambridge: Cambridge University Press, 2013), 229–30.

(25) "Voyage to Africa," *Paulson's American Daily Advertiser*, Sept. 20, 1815.

(26) James Forten to Paul Cuffe, January 25, 1817 in *Captain Paul Cuffe's Logs and letters, 1808–1817: A Black Quaker's "Voice from within the Veil,"* ed., Rosalind Cobb Wiggins (Washington, D. C.: Howard University Press, 1996), 501–03.

(27) *Niles Weekly Register*, January 22, 1814, 338–39.

(28) Eric Burin, *Slavery and the Peculiar Solution: A History of the American Colonization Society* (Gainesville, FL: University Press of Florida, 2005), 13–14.

(29) *Niles' Weekly Register*, November 27, 1819; *Union United States Gazette*, November 18, 1819.

（30）　James N. Green, *Mathew Carey: Publisher and Patriot* (Philadelphia, PA: Library Company of Philadelphia, 1985), 18–20.

（31）　Mathew Carey, *The Olive Branch: or Faults on Both Sides, Federal and Democratic, A serious appeal on the necessity of mutual forgiveness & harmony to save our common country from ruin* (Philadelphia, 1814).『オリーブ・ブランチ』とは一七七五年七月アメリカ植民地を代表してペンシルヴェニア代表のジョン・ディキンソンが作成した、国王への請願書のタイトルにちなんだものである。ディキンソンは植民地と英本国がともに利害的不一致を乗り越えて妥協する必要性を説いているが、それになぞらえてケアリーも北部と南部の利害の調和を図ることで、アメリカの政治経済の発展を促すことの重要性を説こうとしたと推察される。

（32）　Mathew Carey, *To the Booksellers of the United States* (New York, 1802), 2.

（33）　Henry Clay, speech of May 10, 1820, in *Annals of Congress*, 16th Congress, 1st session, 2228.

（34）　Tench Coxe, *A View of the United States of America* (New York, 1794), 84–105; Matthew Carey, *Essays on Political Economy, or the Most Certain Means of Promoting the Wealth, Power, Resources and Happiness of States Applied Particularly to the United States* (Philadelphia, 1822), 96–100, 146–156.

（35）　Tench Coxe, "Foreign Commerce and Domestic Manufactures," *Democratic Press*, December 3, 1808.　一七九四年から一八一四年にかけて刊行されたコックスの政治経済に関する一連の論説は、クレイとケアリーの双方に大きな影響を及ぼし「アメリカ体制」論の理論的支柱となった。Maurice G. Baxter, *Henry Clay and the American System* (Lexington, KY: University Press of Kentucky, 1995), 18–19.

（36）　Carey, *Essays on Political Economy*, 232.

（37）　Mathew Carey, "African Colonization," (Philadelphia, 1829), 3.

（38）　Thomas Jefferson to John Holmes, April 22, 1820.

（39）　チャールストン市当局の対応は素早かった。反乱首謀者と一味を取り押さえ処刑した直後に、南部諸州のみならず全米に向けてヴィージーの陰謀の全貌を報じる冊子を刊行し、黒人反乱に対する警戒を呼びかけた。James Hamilton, *Negro Plot: An Account of the late Intended Insurrection among a Portion of the Blacks of the City of Charleston, South Carolina* (Boston, 1822).

（40） W. Jeffrey Bolster, *Black Jacks: African American Seamen in the Age of Sail* (Cambridge, MA: Harvard University Press, 1997), 172; Edward Bartlett Rugemer, *The Problem of Emancipation: The Caribbean Roots of the American Civil War* (Baton Rouge, LA: Louisiana State University Press, 2008), 81–83.

（41） *Liberator*, January 1, 1831.

（42） *Richmond Enquirer*, August 30, 1831.

（43） Mathew Carey, *Letters on the Colonization Society* (Philadelphia, 1832), 2.

（44） 拙稿「ジャクソン期のアボリショニスト暴動と『コミュニケーション革命』」『アメリカ史研究』第三六号（二〇一三年）、二四―四三頁。

（45） フォーテンは、このとき「ある有色のフィラデルフィア住民（A Colored Philadelphian）」と名乗っているが、寄稿者が誰であるのか、多くの読者にとっては公然の秘密であった。

（46） "Men Must Be Free," *Liberator*, August 20, 1831.

（47） Donald J. Ratcliffe, "The Decline of Antislavery Politics, 1815–1840," in *Contesting Slavery: The Politics of Bondage and Freedom in the New American Nation*, ed., John Craig Hammond and Matthew Mason (Charlottesville, VA: University of Virginia Press, 2011), 267–90; Sean Wilentz, *The Rise of American Democracy: Jefferson to Lincoln* (New York: W.W. Norton, 2005), chap. 16.

（48） Burin, *Slavery and the Peculiar Solution*, 165–67.

第一〇章　ニューイングランドの出版文化と公共倫理
――プロテスタント・ヴァナキュラー文化の継承と変容

増井志津代

はじめに

ニューイングランドの歴史は出版文化の歴史である。一七世紀、植民地を築いたピューリタンたちは本国ではディセンターで、公による取り締まりを避けるために、自分たちの立場を常に弁明しておく必要があった。国王から勅許を得て建設開始したマサチューセッツ湾植民地では、弁明は特に重要で、存立基盤となる「荒野への使命」(errand into the wilderness) や植民地における共同体建設の意義を文書にして常に発信した。そのため、大西洋の向こう側に向けた手紙や報告文、自伝、日記、説教、法律文書等、初期ニューイングランドにおける文書出版活動は植民地建設当初より公的かつ社会的な側面を備えていたといえる。さらに植民地内部の共同体構成員に対しては、本国とは異なる共同体を作り上げるために、植民地建設の目的を常に明示する必要もあった。すなわち、初期アメリカにおける出版文化を担ったピューリタンによる出版活動の第一の特徴は、公的側面の強い社会的活動であったという点である。

第二の特徴は、発信することばのわかりやすさである。毎週人々が集まる教会の説教では平明体 (plain style) が用いられ、一般民衆が理解できるように、牧師は講壇から語りかけた。地域の誰でもがわかる自国語で聖書を読み、ラテン語による典礼を廃し、地域ことば、すなわちヴァナキュラーによる言語表現に移行させることは、マルティン・ルター（Martin Luther, 1483–1546）による宗教改革以来のプロテスタント的伝統で、ピューリタンはことさらこれを重視した。

本章では、ニューイングランド植民地における文書活動の特徴を顧みるとともに、これが後世にどのように継承かつ変容させられ、一八世紀以降の市民社会に影響を残していったのか、特にプロテスタント・ヴァナキュラー文化（Protestant Vernacular Culture）の伝統とその継承に焦点をあてる。一七世紀、教会におけるヒエラルキーを退け、構成員を中心とした「会衆主義の方策」（Congregational Way; New England Way）を採用したニューイングランド・ピューリタンは、大陸宗教改革運動のさらなる推進を目指し、地域ことばを用いるプロテスタント的な表現方法を継承した。この特徴は、一八世紀建国期における共和主義的な倫理や公共理念の育成といった文書活動に影響を与え、一九世紀アメリカ国民文学樹立運動に受け継がれる。故に、プロテスタント・ヴァナキュラー文化のアメリカにおける展開を探ることは、創生期におけるアメリカ文学の特質を顧みることにつながるのである。

一　植民地時代ニューイングランドの出版文化

（一）プロテスタント・ヴァナキュラー文化の伝統と出版

ニューイングランド植民地では、入植直後から多くの人々が自伝、日記、手紙、説教、詩、政治パンフレット等の文書により出版活動に参加した。移住者たちの高い識字率がこれを可能にしたのである。個人が聖書を読む能力を持つことは、特に改革主義（カルヴァン主義）により目指されたことである。一六六〇年代には、移住した成人男子の六〇パーセント、成人女性の四〇パーセントが文字を書く能力を有していたとみられているが、この数値は一七一〇年には、男性七〇パーセント、女性四二パーセントとさらに伸びる。読む力となると、これより当然高かったと予想され、ニューイングランド植民地における読者人口の大きさは、当時の英語圏で際立っていた(1)。

高い識字率は、プロテスタント宗教改革者達がルター以来強調した聖書主義が入植者により継承され、かつ実践された結果でもある。一般信徒がラテン語ではなく、それぞれの母国や地域のことばで聖書を読むことを奨励したルターの教えは、スイス改革主義プロテスタントに受け継がれ、ジャン・カルヴァン（Jean Calvin, 1509–64）やテオドール・ベザ（Theodore Beza, 1519–1605）等、ジュネーヴの宗教改革者もこの重要性を強調した。

カルヴァンとその教えの継承者である改革主義プロテスタントは、誰もがわかるように信仰について語ることを重視した。イエスが真理を伝えようと民衆の中に出ていった姿がモデルとなったのである。語ることや書くことは聖霊の働きを伝えるための作業とみなされ、教職者は民衆が理解できることばで信仰を伝えることを目指した。さらに、聖徒（saints）と呼ばれた一般信徒には、恩恵（Grace）体験を公にすることが求められた。自分のことばで信仰の体験を語り文章にすることは、それ自体、神への奉仕とみなされたからである。

大陸プロテスタントの伝統はイングランドの改革主義者であるピューリタンに継承され、ニューイングランドに持ち込まれることになったのであるが、もちろんイギリスにはジョン・ウィクリフ（John Wycliffe, c.1328–84）に始まる聖書の英語翻訳の伝統もあり、英国のヴァナキュラーの伝統をルター以前に遡ることも可能である。しかし、ルターによる出版は印刷技術の新たな時代とともに開始されたため、その影響は時代の流れを大きく変える力を持っていた。

デイヴィッド・D・ホールは、宗教改革時代に登場した地域ことばを重視するプロテスタント・ヴァナキュラー文化とその文学的伝統は、イングランドにおいて、すでにあった他の文学的伝統と競合しつつ育まれていったとする。一七世紀のイングランドでは、第一に王侯貴族等特権階級中心の宮廷文化、第二にギリシア・ローマの古典的伝統、そして第三に口語的かつ民衆的なプロテスタント・ヴァナキュラー文学が併存していた。高踏文化の担い手である宮廷人たちは、王宮の限られたサークルの中で文芸活動を行ったため一般民衆に作品を披露することはない。古典は学識者の文学として、やはり限られた高等教育の享受者間で継承される。しかし、ヴァナキュラーな文学は民衆を読者対象としたため、即座に商人による本の売買と結びつき、市場に影響を与えていったのである。具体的には、聖書の一部やヘブル詩篇の翻訳が薄い冊子にされ、安価な値段で一般の人々に販売されていった。ホールは、こうした民衆的なプロテスタント・ヴァナキュラー文学は、伝統的ヒエラルキーを打ち壊す力を次第に獲得していったと説明する。(2)

ルネサンス期以降のプロテスタント文化と印刷出版産業の緊密な結びつきに注目したアンドリュー・ペテグリーは、印刷出版の本格的展開はルターがローマへの抗議を開始した頃に遡るとする。宗教改革開始の地であるウィッテンベルクに最初の印刷所ができたのは一五〇二年で、当初は免罪符が印刷販売の中心であったが、ルターが免罪符販売を批判してからは、プロテスタント側のパンフレットが主要な印刷出版物となる。その契機は、一五一八年、ルターによるパンフレット『恩恵と免罪符についての説教』(“Sermon von dem Ablaßund Gnade”)がドイツ語で印刷出版されたことである。この出版でドイツ民衆の支持を得たルターは、論争のたびに主張をパンフレット(*Flugschrift*)の形で出版していった。弁明を直ちに公表したいルターの原稿はいずれもすぐに印刷できる短いもので、ドイツ語で書かれていることから民衆に歓迎された。さらに、一五二〇年代から一五三四年まで続くドイツ語聖書の出版により、ルターの印刷文化への影響は決定的なものとなる。多忙なルターは、翻訳作業をなかなか進めることができなかったのだが、これは印刷屋にとっては都合が良く、薄い冊子を多く販売し、継続的に利益を獲得することができたのだとペテグリーは説明する。ルター支持の新教徒たちも次々にパンフレットを印刷出版し、また、こうした印刷物を購入することで、民衆はプロテスタント支持を態度表明した。すなわち、ドイツ宗教改革は地域ことばを用いたパンフレットや聖書の印刷出版により民衆的運動として展開していったといえる。(3)

ドイツで開始された初期プロテスタントの出版形態は北ヨーロッパに広がり、やがてイングランドにも伝わる。特に、一六四〇〜五〇年代にかけての内戦の時代、数多くの政治的、宗教的パンフレットが出回った。ドイツの場合と同じくパンフレットは安価な値段で販売され、民衆の読み物として流通していく。一六二〇年以降、ニューイングランドに入植したピューリタンたちはまさしく、このプロテスタント出版文化を継承していた。読み手だけでなく、書く側も高等教育を受けた牧師や政治家に限られたのではない。文字を書けない人でも、例えば、回心体験を語ればそれが教会記録に残されたし、また魔女事件の体験談も識者による聞き取りや、裁判記録として文書化された。こうした記録はまとめて出版され、大西洋の両岸で民衆の読み物として流通して読者を獲得していった。

プロテスタント・ヴァナキュラー文学は一般民衆という新しい読者層を開拓し、かつ重視した。逆に、著者の権威は全般的に低い。これは、聖書記述における書き手の従属的な位置が規範となるためだとホールは説明する。すなわち、聖書は発話者（Speaker）である神の言葉であり、書き手である著者（writer; author）は従属的である。著者は聖霊により導かれて神の言葉を媒介する器、道具でしかない。このモデルを適用すると、読者は神の民であり、神の意志（Providence）と真理を知らされるべき重要な対象と理解される。すなわち、著者には、神とその民との間を書く行為により仲介するという役割がある。このため、書く行為においては、芸術（art）よりも真理（truth）、それも読者に有用な真理を伝えることが重視される。書くことは神の恩恵を神の民に伝えるための実践的な行為とみなされるのである。テーマとされる内容は祈り、黙想、自省といった読者が模範にできる事柄が主となる。ときには、「選挙の日の説教」（Election Day sermon）のような公に向けた預言者的な訴えかけも文書として出版されることもある。いずれにせよ、誰にでもわかることばで語ることが理想とされ、平明体が用いられた。例えばキリストとサタン、殉教者と迫害者、真のキリスト教徒と偽りのキリスト教徒といった二項対立的な対比により、読者に内容をわかりやすく伝える工夫がなされた。(4)

プロテスタント・ヴァナキュラー文学においては、いかに私的な体験であっても、集合的な神の民が読者として想定されるので、書くことは公的な行為と理解されたのである。

（二）初期ニューイングランドの出版事情――印刷出版と手稿出版

ホール等の研究によると、一七世紀、出版（publishing）という語は必ずしも印刷出版（printing）を意味するのではなかった。出版形態には印刷による出版と手稿出版（scribal publication）の二形態があり、一七世紀イングランドでは出版や本（book）という用語はこの印刷と手稿の両方のいずれであっても用いられた。さらに、英語の「パブリッシュ」には声に出して読むことも含まれたので、意見の表明（declaring）あるいは演説（declaiming）をも意味する。初期ニューイングランドでは印刷による出版は好まれず、手稿出版が中心であったとホールは論じる。イングランドでディセンターとみなされていたニューイングランド植民者たちは、その発言に特に注意を払う必要があったからだ。チャーターを得て植民地を建設したマサチューセッツ湾では、王の意向を損なうような文書が流通することを警戒し、本を出版する場合は、できるだけ内輪での回覧だけに限定できる手稿が好まれたのである[5]。

マサチューセッツ湾植民地最初の印刷所は一六三九年、ケンブリッジにできる。一六六〇年には、イングランドから出版社も渡来し二つ目の印刷所ができた。出版社は一六七四年、ボストンへ移動する。しかし技術的に未熟で、利潤をあげられるようになるのは一七世紀末以降で、出版の中心は一八世紀になってもロンドンにあった[6]。ただし販売においては植民地に利点があったとホールはいう。本国では印刷出版物には版権が生じたが、植民地ではこれが適用されず制限がなかったので、自由な販売が可能となったためである[7]。

本格的な印刷出版となると、大西洋の向こう側ロンドンで行われる作業となるため、これに著者が介入するのは難しく、でき上がった本が原著者として掲げられた人物の意図に反したものになるといった問題も頻繁に生じた。著者を重視しない一七世紀の植民地では、書き手が自分の原稿を制御するという感覚自体が希薄だった。こうしたことから、ホールは一八世紀の出版物は、著者を含む多数の人々による集合的なソーシャル・オーサーシップ（social authorship）の産物と理解したほうがよいと主張する。例えば、イングランドのノンコンフォーミストの間で人気が高かったジョン・コットン（John Cotton, 1585–1652）、トマス・フッカー（Thomas Hooker, 1585–1647）等を含むピューリタン牧師の説教集で、牧師本人の許可を得て出版されたものはほとんどないという。説教を聴いた誰かがノートを取り、そこから勝手に原稿を起こしてロンドンの印刷屋に持ち込む例が多々あったためである。当時のイングランドでは、本になるまでに、決定稿作成者、印刷所、校正者、編集者、書店、出資者とさまざまな人々が勝手に原稿に手を加えることが普通に行われ、植民地にいる著者である牧師が知らないうちに自分の名前が記された本が出版されてしまうことになった(8)。

一方、手稿出版による本であっても人気を博せば、次々に写されて広まっていく。著者は、信頼できる筆記者（scribe; copyist）を自分で選んで仕事を託すことができるので、本の製作作業を直接見届けることができた。印刷による出版でなくても読者の反響を得ることは可能で、特に限定された読者を対象としたい場合は、比較的安全な手稿出版が好まれたのだという。

発話者として絶対的なのは神であり、聖霊の働きのための道具である著者は自分を主張するのではなく、あくまでも神のみ心をその民であるところの読者に伝えるのが使命となる。印刷、手稿いずれの形態の出版物であっても、プロテスタント・ヴァナキュラー文学の伝統のもとでは、著者の位置は低いもので、社会奉仕的な役割と理解されたのである。

（三）契約思想と公共倫理

読者を重視するプロテスタント・ヴァナキュラー文学は、ニューイングランド社会と政治の根幹にある契約の再生、そして公共倫理を備えた共同体メンバー育成のために特に有用であった。

マサチューセッツ湾植民地をはじめとする各植民地は、ニューイングランド・ウェイ（あるいはコングリゲイショナル・ウェイ）のシステムのもとに構成された。[9] 会衆派では、回心体験を告白した個人が契約により教会の正規会員となる。さらに、回心体験を公にして教会契約に入った者は社会契約への参入を認められ、共同体の構成員にもなる。公民権は教会員にのみ認可され、選挙により選ばれた代表者が政治的な指導者となる仕組みである。個人、教会、そして社会が神との契約のもとにあるとの理解が、その根底にはある。

こうした社会において、プロテスタント・ヴァナキュラーの特徴と枠組みを備えた表現は牧師の説教、政治指導者の演説、詩、歴史記録等に用いられた。プロテスタント・ヴァナキュラーの枠組み使用は、平明体で語られた、マサチューセッツ湾植民地初期の政治指導者ウィンスロップの「キリスト教的慈愛のひな形」（"Modell of Christian Charity"）に既に見られる。ウィンスロップは植民事業を「特別な神の摂理」により委ねられたプロジェクトだとする。

> われわれがたずさわっている事業について見てみよう。特別な神の摂理の支配と、キリストの諸教会が通常与える以上の大いなる恵みによって、政治的宗教的に正当な統治形態のもとに共生しまた交流する地を求めるのは、相互の同意に基づいてのことである。このような場合には、公共に対する配慮が他のすべての私的利害に優先する。それによって、われわれの良心だけでなく、市民政治そのものがわれわれを拘束するのである。というのは、公共が崩壊してしまえば、いかなる暮らしの条件も存在しえないというのが、本当の定めだからである。[10]［傍点筆者］

ここでウィンスロップは植民地建設における神との契約は「市民的」（civil）であると同時に「宗教的」（ecclesiastical）なものであると主張する。そして自分たちが建設する植民地においては、「公共に対する配慮が他のすべての私的利害に優先する」と、建設しようとしている政治体に私的な欲を捨てて協力することを求めた。ウィンスロップの説教は、アルベラ号乗船前にイングランドで手稿出版され、すでに回覧されていたといわれる。(11) この平明体説教は、マサチューセッツ湾植民地の政治的枠組みが、プロテスタント・ヴァナキュラー文学の仕様に則った出版物を通して、建設前から示されていたことの証拠でもある。

「キリスト教的慈愛のひな形」は牧師ではないウィンスロップによる説教であるが、一六三〇年前後のイングランドのディセンターたちの間では牧師以外の一般信徒も説教を行っていた。ウィンスロップの場合、かつて牧師を目指していたこともあり、ピューリタン平明体説教のフォームを的確に踏襲している。

ニューイングランドに渡った牧師の説教では、聖書をテクストとしてそれを解き明かし、人々の生活の指針とする講解説教が礼拝のなかで行われた。ピューリタン説教には「通常説教」（regular sermon）と「特別説教」（occasional sermon）の二種類がある。通常説教は毎日曜日の礼拝で、ほとんどのニューイングランドのタウンでは日曜日二回、午前九時と午後二時の二回語られた。礼拝説教では「恩恵の契約」（Covenant of Grace）について語ることが中心となる。人間は罪人であり、神の赦しを必要とする存在であること、罪からの救済には神よりの恩恵と憐れみが必要で、救済された罪人は聖徒として神に与えられた律法にしたがった倫理的生活を行い、神と人とに仕えるようにとの教えがなされた。説教の最後には必ず適応（Uses）が置かれる。ここでは日常生活に聖書の指針をどのように生かすかが教えられ、倫理道徳教育がなされたのである。

ニューイングランドの牧師による説教集は、イングランドのノンコンフォーミストにも歓迎され、大衆の間に流通した。コットン、フッカーそしてトマス・シェパード（Thomas Shepard, 1605–49）等による聖書の講解説教は大西洋の両岸で受け入れられた。平明体説教は誰にでも読みやすく、民衆の信仰を育むものとして広く推奨されたのである。

一七世紀ニューイングランドでは、プロテスタント・ヴァナキュラー文学は他の文学的伝統とほとんど競合することなく、主流の文学的そして文化的表現となった。平明体を用いた説教だけでなく、装飾を排除した牧師の服装、簡素な教会建築、礼拝形式等、ニューイングランドにおいては他の対抗文化がなかったため、必然的に優勢となったのである。出版文化においては民衆を重視する環境の中、良き公民を育てる有用な文書の流通がめざされ、倫理的な側面が強調されていった。

二　一八世紀ニューイングランドの出版文化

（一）第一次大覚醒とプロテスタント・ヴァナキュラーのレトリック

プロテスタント・ヴァナキュラー文学で育まれた文化は、ピューリタン・ニューイングランド以外の植民地でも共有されていた。ピューリタン運動過激派のクエイカーが築いたペンシルヴァニア植民地を始めとする中部植民地には、スコッチ・アイリッシュ系長老派やオランダ改革派系の移民が入植し、ニューイングランドと似たような宗教文化が優勢となる。この地域では、ピューリタン会衆派と神学思想的に共通点の多いカルヴァン主義諸派が移住者の主流を占めていた。一八世紀、第一次大覚醒運動の指導者ジョージ・ホイットフィールド（George Whitefield, 1714–70）やジョナサン・エドワーズ（Jonathan Edwards, 1703–58）はこうした人々を前に、プロテスタント・ヴァナキュラーのレトリックを用いて支持を獲得していった。

一七三九年、ホイットフィールドがフィラデルフィアで行ったリバイバルの説教を聴いたベンジャミン・フランクリン（Benjamin Franklin, 1706–90）は、その様子を次のように語っている。

一七三九年、英国から、既に巡回説教者として名を馳せていたホイットフィールド氏がやってきた。最初はいくつかの教会が説教を許可した。しかし、牧師が彼を嫌い、講壇に迎えることを拒否したので、野外で説教することを余儀なくされた。あらゆるセクトや教派を超えて多くの人々が説教を聞きに行き、その聴衆への影響は驚くほどで、皆生まれながらに半分獣で半分悪魔のようだといって、激しく批判されるのにもかかわらず、聴衆は彼を賞賛し、敬意を払う。その様子を見て、そこに行った一人である私には考えさせられるものがあった。[12]〔傍点筆者〕

フランクリンはここで、「巡回説教者」ホイットフィールドの持つ聴衆に対する弁舌のたくみさを紹介しているのだが、「あらゆるセクトや教派を超えて」多くが集まり、「生まれながらに半分獣で半分悪魔のようだ」と言われているのに、人々が彼を賞賛していると観察した。このときホイットフィールドの用いた聖書の一節は「ルカによる福音書」一八章九〜一四節のイエスによる「ファリサイ派と徴税人」のたとえ話で、みかけはりっぱであっても誰もが生まれながらに罪の性質を持つことを説いているのがわかる。つまり、カルヴァン主義の主要な強調点である人間の本性的堕落、すなわち「完全堕罪」(Total Depravity) を、民衆がよく知っている聖書に登場する「獣」や「悪魔」といった言葉を用いて語っているのである。こうしてホイットフィールドは、プロテスタント・ヴァナキュラー文学の枠組みを巧みに用いた説教で民衆に訴えていったのである。

このときの説教の影響についてフランクリンは、「この町の住民たちに直ちに起きた生活態度の変化は素晴らしかった。信仰に対する無理解あるいは無関心から一転、世界中が信仰深くなっていくかのようで、夕方町を歩くと、どの通りの家々からも詩篇を吟じる声が聞こえてきた[13]」と記している。フィラデルフィアの住民たちは、おそらく英語で翻訳出版されたヘブル詩篇を吟じていたのだろう。説教がフィラデルフィア市民の「生活態度の変化」をもたらしたとの証言の通り、ホイットフィールドが用いたプロテスタント・ヴァナキュラーの枠組みによる説教が、罪の悔い改めと倫理的生活への導きを目指したものであることがわかる。英国からやってきたばかりのホイットフィールドが、フィラデルフィアで即座に人気者となり、この後、北東海岸部の各都市でのリバイバルで成功を収めていったということは、大西洋の両岸においてプロテスタント・ヴァナキュラーが多くの民衆に訴えかける、かなりよく流通した文学的伝統となっていたことの証ともいえるだろう。

大覚醒期のもうひとりの主役、ジョナサン・エドワーズによる一七四一年エンフィールドでの説教、「怒れる神の御手のうちにある罪人」("Sinners in the Hands of an Angry God") も聴衆にわかりやすいプロテスタント・ヴァナキュラーを用いて語られた。ホイットフィールドの場合と同じく、ここでは「神」(God)、「罪」(sinner)、「蜘蛛」(spider)、「地獄」(hell)、「炎」(fire) 等、当時の人々が似通ったイメージを共有できるような用語が使われている。

あなたの身体を地獄の奈落の淵でつかんでおられる神は、炎の上で忌むべき蜘蛛をつかんでいる人と同じく、あなたを憎悪し、ひどく憤慨しているのです。あなたに対する神の怒りは炎のように燃えています。神はあなたを炎にほうり込む他、なんの価値もないとみなしておられます。神の清らかなまなざしは、あなたを目にすることさえ耐え難いのです。あなたは神の目の前では、私たち人間にとって最も嫌悪すべき毒蛇よりもさらに忌むべき存在なのです。(14)［傍点筆者］

「忌むべき蜘蛛」が、まさに炎の中に投げ込まれようとしている状態を罪に陥った人間の惨めな状況にたとえたこの箇所は、罪人を「半分獣で半分悪魔」と諌めたホイットフィールドの比喩表現と非常に似ている。エドワーズもここで、人々を罪の自覚と悔い改めへと導くために、プロテスタント・ヴァナキュラー文化により育まれたイメジャリーを用いて、カルヴァン主義的な人間性理解である「完全堕罪」の状態を表現している。

ホイットフィールドやエドワーズが推進したリバイバルは、植民地各地で大きな反響を呼び、また二人の影響はイングランドのノンコンフォーミストやスコットランド長老派、そしてメソジストを巻き込む環大西洋的な運動となる。ホイットフィールドが出版した雑誌や日誌は民衆的な読み物として、多くの読者を獲得していった。また、ホイットフィールドの支援者であるメソジストの貴族ハンティンドン伯爵夫人セリーナ・ヘイスティングズ (Selina Hastings,

Countess of Huntingdon, 1707–91）を中心としたイングランドの出版ネットワークは、フィリス・ホイートリー（Phillis Wheatley, 1753–84）の詩集出版を助け、一八世紀の時点で、人種や性別を超えた出版文化を醸成していった。[15]

エドワーズもまた、ニューイングランド・ピューリタンが移住前から保ち続けていたイングランド・ノンコンフォーミストやスコットランド長老派との交流ネットワークを通して出版活動を続け、広く読者を獲得する。このように、プロテスタント・ヴァナキュラー文化は信仰復興運動を通して民衆に訴える文学伝統として、環大西洋世界に行き渡ったのである。

（二）会衆派の分断と出版活動

ジョナサン・エドワーズの著作を流通させたイングランドとスコットランドの出版ネットワークは、エドワーズ等、大覚醒を推進する「ニューライツ」（New Lights）を批判した「オールドライツ」（Old Lights）にも利用された。エドワーズ批判の急先鋒チャールズ・チョーンシー（Charles Chauncey, 1705–87）は一七四六年、このネットワークを通してリバイバル批判文書『ニューイングランドにおける信仰状況に関する考察』（*Seasonable Thoughts on the State of Religion in New England*）をエジンバラで印刷出版する。大覚醒以降の会衆派内では、リバイバルの推進を擁護する人々とその批判者とが対立していくのだが、いずれもプロテスタント・ヴァナキュラー文化の伝統と出版ネットワークは共有していた。しかし、大覚醒後に生じた亀裂は、リバイバルを支持するコネチカットを中心とした保守正統派と、これを批判する理性的なボストンのユニテリアンとの間で深まり、次第に分裂していく。宗教史家シドニー・オールストロムは、チョーンシーをボストン会衆派がユニテリアニズムへと向かっていく流れを作った最初の指導者のひとりとする。チョーンシーは、かつてジョン・ウィルソン（John Wilson, c. 1588–1667）やジョン・コットンが牧師職にあり、ジョン・ウィンスロップが会員であった第一教会（First Church "Old Brick"）の牧師を六〇年間務め、ボストン会衆派がリベラル信仰へと向かうための道筋をつけていく。

ユニテリアンは「自由な信仰」（Liberal religion）を唱え、次第に正統派「カルヴィニスト」（Calvinists）との対立を鮮明にしていく。ユニテリアン論争後にボストンでカルヴァン主義の立場を堅持したのは第三教会（Third Church "Old South"）のみで、第一教会、マザー家三代が牧師を務めた第二教会（Second Church "Old North"）等、ほとんどすべてがユニテリアン教会となる。一九世紀半ばまでには、ユニテリアンはピューリタン・ボストンの文化的、社会的主流派となっていた。

ユニテリアンは、神学的に何か複雑で特別な体系を備えた思想とは言えない。オールストロムは、ユニテリアニズムへの流れはエドワーズ等「ニューライツ」の信仰復興推進者達を熱狂主義（enthusiasts）と批判したピューリタン穏健派から出てきたとし、アメリカのユニテリアニズムは「福音的キリスト教」（an evangelical Christianity）の側面を持つともいう[16]。正統主義カルヴィニストとの違いについて、オールストロムはユニテリアニズムの強調点として次の三点をあげる。①人間は本性的に善であり、完全に堕罪した存在ではない。②神の属性として、特に愛を強調する。カルヴァン主義の予定説、回心体験のない者が永遠の滅びに至るという教え、贖罪論におけるキリストの代償的犠牲（vicarious sacrifice）あるいは賠償的贖罪の教義（satisfaction theory）を除外する。③三位一体論は非聖書的な三神論（tritheism）で、キリストの真の使命と礼拝の本質的な姿を覆い隠す[17]。ユニテリアン（単神論）という呼称はこの三番目の特徴からきたのだが、彼ら自身は当時「自由主義キリスト教徒」（liberal Christians）を自称した。

ニューイングランドにおけるユニテリアニズムの台頭は一八世紀穏健啓蒙主義の影響の結果としてもとらえられる。会衆派の指導者たちが、フランス革命に見られる過激な啓蒙主義を警戒し、イングランドやスコットランドのキリスト教会に広まった穏健啓蒙主義を採用したことが、ユニテリアニズムへの傾斜を導いたとオールストロムは論じる[18]。さらにダニエル・ウォーカー・ハウは、一九世紀初頭のハーヴァードにおいて、それまで神学が占めていた位置を

「道徳哲学」（Moral philosophy）がとって代わったことに注目し、これを推進した教授や牧師がボストンの文化的指導者となったユニテリアンたちであったと説明する。[19]

ボストンやハーヴァードがユニテリアニズムへと傾斜していくなか、第一次大覚醒以降、正統派カルヴィニズムの伝統を担ったのはエドワーズの後継者たちである。第二次大覚醒運動へとつながる福音主義（Evangelicalism）の主流はイェール大学を中心としたニュー・ディヴィニティの神学者たちであった。こうして、コネチカットを地盤とする人々がエドワーズやホィットフィールドが推進したリバイバルを継承しながら、アメリカ福音主義の大きなうねりを生み出そうとしていた時代、ユニテリアンたちは伝統的な神学的弁証に背を向けていった。

ハウの研究が示すように、一八世紀後期から一九世紀にかけて正統的プロテスタント神学の領域では、ユニテリアンの貢献は特にないと言い切ってよいだろう。伝統的神学の継承をやめたユニテリアンはリベラル・クリスチャニティを推進するため、新しい形態による出版活動を開始し、一九世紀公共文化の育成に乗り出すことになる。[20]

三　ボストン・ユニテリアンの出版活動

マイケル・ワーナーは、建国期アメリカの公共と出版に関する研究書のなかで、初期アメリカの出版活動は共和主義を唱導し、良き市民を教育する役割を担っていたとする。[21] すなわち、一八世紀共和主義で強調された「徳」（virtue）や「倫理」（ethics）といった市民社会の礎となる基本理念は、盛んな出版活動により育成されたというのである。ワーナーは、建国期の共和主義的文書活動が、一九世紀初頭の市場経済の発展や自由主義的国家想像（liberal-national imaginary）へと移行する時代の出版文化にどのような影響を残していったかについて、チャールズ・ブロックデン・ブラウン（Charles Brockden Brown, 1771–1880）による小説『アーサー・マーヴィン』（*Arthur Marvin, or, Memoirs of the Year 1793, 1799; 1800*）を取り上げ、共和国思想の文脈のなかで論じた。ワーナーの分析によると、マーヴィンは、共和主義的公共倫理や徳といった一八世紀的価値観と、一九世紀の市場社会の活発化のなかで台頭しつつあった国民文学運動が目指すリベラルな審美主義との相克の間で葛藤したヒーローとされる(22)。

一九世紀市民社会の台頭は、文書出版活動に新たな展開をもたらす。一八世紀末頃アメリカ文学に登場し、一九世紀には文学の主流となる小説のジャンルは、「徳」や「倫理」を強調する共和主義の要請に応じて、少なくとも初期においては英国やヨーロッパとは異なる展開をたどった。同時に、想像的な作業である小説作品における芸術的な審美性の追求や娯楽性は、共和主義的な「徳」の育成という文書出版活動に挑戦することにもなる。英国やヨーロッパからもたらされた流行小説では、傍若無人なピカレスク的ヒーローや、社会規範を逸脱したあげくの果て堕落し死に至るセンチメンタル・ヒロインが好んで描かれ、文書活動による公共善の追求という、ピューリタニズムや共和主義の伝統的な出版文化に真っ向から挑戦することになったのである。

（一）福音主義者による小説批判とユニテリアンによる小説出版

アメリカ文学批評家の多くは、一八世紀末から一九世紀初頭のアメリカでは、感傷的で扇情的なテーマを扱いがちな流行小説はピューリタン的倫理や道徳観の強い文化的土壌のために退けられたとする。しかしながら、ピューリタンの末裔であるユニテリアンは一八三〇年代、小説出版に積極的に乗り出す。流行小説に対する激しい批判は、主として福音主義正統派が繰り広げたものである。

例えば、一八二五年にリバイバル推進のため福音主義正統派が創立したアメリカ・トラクト協会発行のトラクト四九三号は、「悪書に注意しなさい」（"Beware of Bad Books"）との題で、次のように流行小説の弊害を強調している。

つくりごと（fiction）や幻想（fancy）だけの本はその内容も影響も一般的に悪いものです。こうした本の著者たちはたいてい悪い人たちで、悪人が良書を書くことは通常あり得ません。川はその水源より高く上ることはありません。彼らの道徳規準は大方堕落しており、唯一真なる道徳規範に対抗する騎士道やこの世的な名誉、そして悦楽を推奨するのです。[23]

さらにトラクト五一五号は「小説を読むこと」(“Novel-Reading”)と題され、次のように諭す。

しかし、小説には他では学べないような良いことがたくさん書かれているのではないですか?　これに私は答えましょう。そうではありません。［中略］小説の文学性は総じて乏しく、その最高のものでも英国やフランスの古典の水準にはおよびません。［ウォルター・］スコットの最高の物語でさえ高潔な人々を嘲笑し、その時代の最悪な人々を容認し褒めそやすのです。[24]

このように、福音主義正統派は小説をかなり断罪的に、激しく批判していた。もちろん文学批評家ジェイン・トンプキンスが論じるように、一九世紀半ば以降になると、アメリカ・トラクト協会が出す文書出版と同じ土壌で培われた福音主義文化を背景に流行作家が登場し、アメリカ最初のベストセラー作品が次々に誕生していくことになるのではあるが。

他方、ユニテリアン・リベラルの小説を含めた文学に関する見解は、トラクト協会出版物に見られるような断罪的態度とは異なる。リベラル・クリスチャンのグループでは、ウィリアム・エラリー・チャニング(William Ellery Channing, 1780–1842)やヘンリー・ウェア・ジュニア(Henry Ware, Jr., 1794–1843)といったユニテリアン牧師が、小説を含めた文芸活動を福音主義側に先んじて推進していった。

トンプキンスは批評書『センセーショナル・デザイン』のなかで、スーザン・ワーナー(Susan Warner, 1819–85)の『広い、広い世界』(*The Wide, Wide World*, 1850)を福音主義リバイバルから誕生した最初のベストセラー作品とし、「センチメンタル・フィクションは、信仰復興運動を活気づけ、南北戦争以前の数年間にわたり、アメリカ人の生活をかたち作った信仰と最も関係の深い表現だった[25]」と主張する。『広い、広い世界』の初版出版は一八五〇年一二月であるが、ユニテリアンによる小説出版の取り組みはこれより一五年前に遡る。

一八三五年、ボストン第二教会の牧師を務めた後、ハーヴァード神学部の教授に就任したヘンリー・ウェア・ジュニアは、新進作家の執筆した作品を集めた小説シリーズ『キリスト教的真理を現す場面や人々』(*Scenes and Characters Illustrating Christian Truth*)の刊行を企画する。その第三巻の背表紙にはシリーズ作品のタイトルとともに次のような推薦文が掲載されている。[26]

これまで我が国では重要な信仰の真理が、興味深い語りにより、洗練された創作の優美さを伴って、これほど喜ばしく示されたことはかつてなかった。その美しさは読者を幸福にする。

『クリスチャン・イグザミナー』[27]。

これは一八二四年創刊されたユニテリアン機関誌『クリスチャン・イグザミナー』(*Christian Examiner*)から寄せられた推薦の言葉である。さらに続けて日刊紙『ボストン・デイリー・アドヴァタイザー』(*Boston Daily Advertiser*)には、「必読書。本作品集を世に送るのを助ける人は公共に対して善を行う」[28]と、この小説シリーズを、信仰上の「真理」や「公共」の利益と関係づけるような推薦文が寄せられている。つまり、小説のジャンルは公的倫理、道徳の育成の一環を担うものとして、ユニテリアンによりいち早く有効利用されることになった。

小説シリーズを統括編集したヘンリー・ウェア・ジュニアは、一八一七年から三〇年までボストン第二教会の正牧師を務めた。一八三〇年、ハーヴァード神学部の教授となるため第二教会を去った時、ウェア・ジュニアの後継者として牧師に就任したのは、まだ二〇代だったラルフ・ウォルドー・エマソン(Ralph Waldo Emerson, 1803–82)である。よって、ウェア・ジュニアはエマソンの上司にあたる。

ウェア・ジュニアの父ヘンリー・ウェア・シニア(Henry Ware, 1764–1845)はユニテリアン論争において重要な役割を果たした。一八〇五年、ハーヴァード神学部ホリス・プロフェッサーに彼が就任したことを受けて、正統主義を標榜する人々が一斉に大学を去り、以後、ハーヴァードはボストン・ユニテリアンの知的拠点となっていた。正統派カルヴァン主義とリベラル・ユニテリアンとの論争は、ウェア・シニアの神学部教授就任により激化し、会衆派を二分する論争に発展した。ピューリタン会衆派は、コネチカットを中心とした福音主義的な正統派、ボストンを中心とした自由主義的なユニテリアンに二分されていったのである。

（二）チャニングによる国民文学創世運動

コネチカットを中心に、イェールを知的拠点とするジョナサン・エドワーズ神学の継承者たちは、ユニテリアンの繰り広げるリベラルなキリスト教を批判し、伝統的神学書や説教を継続して出版していた。これに対しユニテリアンは、文書出版活動の方向を小説や文芸批評へと素早く変化させていった。この活動を指導したのが、ボストン・フェデラルストリート教会牧師ウィリアム・エラリー・チャニングである。一八一九年のニューヨークとバルティモアにおける説教『ユニテリアン・キリスト教』（"Unitarian Christianity"）を公にし、ユニテリアニズムの指導者となったチャニングは一八二二年、健康回復の目的もあり、イングランドとヨーロッパを旅する。この旅行中、ウィリアム・ワーズワース（William Wordsworth, 1770–1850）、サミュエル・テイラー・コールリッジ（Samuel Taylor Coleridge, 1772–1834）と会見し、特にコールリッジとの間に宗教思想的共通点を多く見出す。訪問前から抱いていたイギリス・ロマン派への関心は実際に二人と交流したことからさらに強くなり、帰国後の活動に大きく影響する。

正統主義カルヴィニズムに硬直した宗教性しか見出せなくなったことから、ユニテリアン運動を推進したチャニングは、そのユニテリアニズムもやがて、もうひとつの「正統主義」を打ち立て、固定化していく可能性があるとの懸念を抱いていた。そして次第に、それを救うのがロマン主義的な感性の育成であることを確信するようになる[29]。帰国後チャニングは『エディンバラ・レヴュー』（*Edinburgh Review*）に似た文芸批評を試み始める。

一八二三年に行った講演「国民文学に関する覚え書き」（"Remarks on National Literature"）の中で、チャニングは

「国民的文学の重要さとその意義」について語った。

私たちの目的は国民文学の重要さとその方法について論じることです。これは私たちにとって大きな主題であり、道徳と信仰、そしてまた公共の利益とも密接につながるものと判断されます。(30)

プロテスタント・ヴァナキュラー的な特徴は、スピーチの冒頭から「道徳と信仰」さらに「公共の利益」と、国民文学の持つ公共的、宗教的な意義を掲げる点にまず見られる。

チャニングは、ニューイングランドの歴史についても触れる。すなわち、祖先たちが「荒野を晴れ晴れとした田園と豊かな町に変えた」過去についてである。

そしてニューイングランド、荒涼として岩だらけのニューイングランドは数世代の間に荒野から晴れやかな田園と豊かな都市へと変えられ――私たちに人類文化の最も高い目標を目指すように示し、自然を耕作することから遠ざかることなく、さらに進展させるようにと促すのです。(31)

チャニングは、祖先たちが荒野を豊かな土地に変えたように、今の世代は人間の精神を耕す必要があると、一九世紀のアメリカに必要なのは文化的な豊かさであることを説く。タイトルには「国民文学」と掲げられているものの、アメリカの目指す国民文学は一国だけではなく「人類」(human race) を益するものであるべきと述べる。そして、実践的かつ実務的なことを最優先してきたアメリカには、今こそ新しい文学による教養教育が必要だと主張する。

文学の影響が常に増してきていることを見抜くのは重要です。出版と教育の広がりにより、文学の領域は限りなく広がります。［中略］書くことは今や地上における最も強力な手段となるのです。(32)

さらに、信仰と道徳の関係について次のように語る。

信仰的かつ道徳的真理は人類を前進させるものです。しかし、偏狭な精神から生まれ解釈されたものであってはなりません。無知な者に暗くされ、迷信深い者におとしめられ、夢想家により曖昧にされ、不寛容な狂信者により非難され、偽善者によりくどくど唱えられる呪文になってしまってはなりません[33]。

そして、「道徳的宗教的真理」は「神の本性の輝き」（glorious in the Divine nature）と「私たち自身の存在自体の幸福」（happiness of our own existence）を理解する「精神の完全性」（Perfection of Mind）により表すことができるのだと主張する[34]。

「偏狭な精神」（narrow minds）、「無知な者」（the ignorant）、「迷信深い者」（the superstitious）、「夢想家」（the visionary）、「不寛容な狂信者」（the intolerant fanatic）、「偽善者」（the hypocrite）といった否定的表現の羅列は、リベラル信仰の側が批判対象とした正統派カルヴァン主義者に対するものとも受け取られる。

イギリス・ロマン派詩人、ワーズワースやコールリッジを評価したものの、チャニングは一九世紀の英文学については実務的過ぎると限界を指摘し、より豊かな芸術性を大陸ヨーロッパ文学の内に認める。したがって、アメリカの国民文学は同じ英語文学であっても実践的なものを追求するよりも「美」（beauty）を目指すべきだとし、真理を「芸術」（art）と結びつける。さらに、「この新しい地から生まれる文学は、新しい実を獲得し、それはある意味どこで生まれたものよりもさらに貴重な実であると信じます[35]」と、新たな文学を創造する可能性がアメリカにあることを預言者的に告げる。結論部では、自由の国アメリカにおいてこそ「純粋で、深く、豊かで、美しく、気高い文学」（"a pure, deep, rich, beautiful, and ennobling literature"[36]）の創造が可能なのだと宣言し講演を閉じる。自由なアメリカの制度と成り立ち自体が新しい文学を生み出す力を備えているというのが、彼の強調した点である。

道徳や信仰のあり方を問いながら預言者的に文学の使命を語るチャニングの視線は、階級や制度で限定されない民主主義的市民社会という公的空間の可能性に向けられている。そして、「荒野への使命」のもと、自然（nature）を耕してきたニューイングランドでは、次には人間の本性（human nature）を耕すための文学が必要だと主張するのである。公に対して預言者的な語りを告げるプロテスタント・ヴァナキュラーの伝統が枠組みとして採用されているものの、チャニングの関心は神学的教義にはなく、宗教性は一個の人間の精神の開拓と結びつけられている。そして、市民の自由な精神の開拓のために国民文学の創造が必要だと唱えるのである。

一八二〇年代におけるチャニングの国民文学創生への呼びかけはユニテリアンによる文芸への取り組みに発展し、いくつかの文芸誌が出版される。先にあげたヘンリー・ウェア・ジュニアが編集にたずさわった『クリスチャン・エグザミナー』もそのひとつである。そして小説シリーズの出版も、この流れのなかで企画されたものである。

(三) キャサリン・マリア・セジウィックとシリーズ

シリーズ第三巻に収められた作品は、キャサリン・マリア・セジウィック (Catharine Maria Sedgwick, 1789–1867) の『家庭』(*Home*) である。セジウィックはすでに『ニューイングランド物語』(*A New-England Tale*, 1822)、『レッドウッド』(*Redwood*, 1824)、『ホープ・レスリー』(*Hope Leslie*, 1827) といった作品により、この頃には有名作家のひとりとなっていた。彼女が小説家としてデビューするきっかけとなった一八二二年の処女作『ニューイングランド物語』は、最初はユニテリアンのトラクトとして書き始めたものである。「リベラルな信仰」を擁護するうちに彼女は信仰的なテーマを小説作品に結びつけることに成功した。『ニューイングランド物語』は、孤児の少女ジェインが苦難を経て成長する過程で、真の信仰のあり方を追求するストーリー仕立てである。作品中では「カルヴィニスト」(Calvinists) のもたらす弊害が描かれ、「リベラルな信仰」(Liberal faith) こそが、新しい時代に必要だとの主張がなされていく。

孤児を主人公に設定するという点では、当時イギリスから持ち込まれた感傷小説と似ているのだが、主人公のジェインはやがて教師となり、結末では信仰深いクエーカーの男性と結婚する。感傷小説にありがちなセンセーショナルな恋愛、駆け落ち、殺人といったプロットも組み込まれてはいるものの、主人公はあくまでもピューリタン的モラルの枠組みを踏み外すことはない。信仰を中心とした家庭建設の重要さに力点を置き、「家庭小説」(Domestic novel)のジャンルをアメリカ文学のなかで確立させたのは彼女の功績である。

セジウィックは、ジョナサン・エドワーズを祖先のひとりとする家系の出身で、「リヴァー・ゴッド」(River gods)と呼ばれるその一族はコネチカット渓谷一帯で大きな影響力を持っていた。生涯独身であった彼女は、バークシャーの屋敷とニューヨークに住む兄の家を行ったり来たりして生活していたが、ニューヨークで兄が所属していた教会の牧師は、ヘンリー・ウェア・ジュニアの弟ウィリアム・ウェア(William Ware)である。つまり、セジウィックは、ボストンからニューヨークへと進出したニューイングランド・ユニテリアンのネットワークに属していたのである。彼女の父セオドアはチャニングの勧めにより死の直前にユニテリアンとなり、兄はニューヨーク最初のユニテリアン教会オールソウルズ・ユニテリアン教会(The Unitarian Church of All Souls)の創立メンバーである。チャニングやウェア一家との親しい関係を通じて、セジウィックはヘンリー・ウェア・ジュニアの小説出版プロジェクトに招かれた。

ウェア・ジュニアは、セジウィックがすでに示した小説を通してのカルヴァン主義正統派との論争、さらにはリベラルな宗教観に基づく道徳や倫理の提示に注目した。彼女が、「公共善」への貢献を目指すウェア・ジュニア編纂の小説シリーズに執筆者のひとりとして招かれたのは、こうした業績を経た結果である。

ヘンリー・ウェア・ジュニアは、小説出版プロジェクトをユニテリアン運動に取り入れ、文芸活動による市民の道徳教育と「公共善」の提示を目指した。このプロジェクトはユニテリアン宣教活動の一環だったのである。セジウィックの『家庭』は、それまでの彼女のどの作品よりも売り上げを伸ばし、最初の二年間だけで一二刷を重ねた。[37] 宗教的感情を家庭と結びつける彼女の試みは、当時のアメリカの伝統的な宗教性や倫理、道徳と折り合うもので、セジウィックは小説家としての地位をさらに堅固なものとしていく。

文学研究者のユニテリアンに対するイメージは、おそらくエマソンが語ったといわれている「ブラトルストリートの連中の死体のように冷たいユニテリアニズム」("corpse-cold Unitarianism of Brattle Street")[38]という批判的な言葉の影響もあり、理性的で硬直した思想という印象になりがちかもしれない。しかし、エマソンは、ユニテリアン教会の牧師の息子であり、自身は第二教会でヘンリー・ウェア・ジュニアの後継牧師を務めた経験を持つ。したがって、こうした自己批判的な評価を字義どおり受け取ることはできない。エマソンの思想はユニテリアン内部で過激すぎると一時的に批判されるものの、次第に影響力を強め、超絶主義はユニテリアンの主流となっていく。エマソンは、ユニテリアンの系譜上に位置し、正統主義神学に背を向けていった先達から思想的恩恵を受けていた。アメリカにおける国民文学創造の必要をエマソンに先行して呼びかけたのはウィリアム・エラリー・チャニングであり、それを出版活動で援護したのはウェア・ジュニア等リベラル・クリスチャンを自称する人々であった。そして、女性作家セジウィックが、小説のジャンルを大衆に受け入れられるものとして基礎付けていったといえるだろう。

おわりに

本章では、まず一七世紀ニューイングランド出版文化の特徴について検証した後、一八世紀の大覚醒期における展開について検討し、さらに一九世紀半ばのユニテリアン・リベラルの文芸活動においてどのような特徴が継承されていったかを論じた。

植民地時代から継承されたプロテスタント・ヴァナキュラー文学の枠組みは、一八世紀、ホイットフィールドやエドワーズに用いられ、民衆を大覚醒運動へと動員するためのレトリックに大きく影響を与えた。また、プロテスタント・ヴァナキュラー文化は、一八世紀末から一九世紀初頭にかけては、チャニングが指導したアメリカの国民文学創生運動に引き継がれていく。

公共善の追求と市民の倫理道徳教育というプロテスタント・ヴァナキュラー文学の目的は一九世紀半ば頃まで、リベラル・クリスチャンの出版活動に継承されたことを本章では検証した。しかしながら、ウェア・ジュニアやセジウィックが目指した流行小説を通した公的倫理育成や啓発作業を引き継ぎ完成させた作家は、リベラル・クリスチャンではなく、福音主義正統派側から登場した作家ハリエット・ビーチャー・ストウ（Harriet Beecher Stowe, 1811–96）である。一八五二年にベストセラーとなったストウによる『アンクル・トムの小屋』（*Uncle Tom's Cabin*）は、プロテスタント・ヴァナキュラー文学の最高峰といってよいだろう。

ストウの作品には、マイケル・ワーナーがチャールズ・ブロックデン・ブラウン作『アーサー・マーヴィン』の批評で論じたような、良き市民教育を目指す共和主義的文書活動における教訓主義と、新しく台頭する市場経済が育む自由主義的審美主義との間での相克は見られない。本作におけるストウの目的は明確で、奴隷制の非倫理性を共和主義的公共理念に照らし合わせて糾弾するという有用性を持った単純かつ率直なものであった。

チャニングが国民文学樹立運動により真に目指していた「芸術」（art）としての文学活動は、ユニテリアン・リベラルが次第に担うようになり、この派の作家たちは審美主義へと向かう。チャニングのヴィジョンはエマソン、ナサニエル・ホーソーン（Nathaniel Hawthorne）、ヘンリー・デイヴィッド・ソロー（Henry David Thoreau）等に継承されアメリカン・ルネサンスと総称されるロマン主義運動において開花する。伝統的教義や信仰的側面は感傷小説の旗手である福音主義小説家ストウが継承し、ロマン派思想に影響を受けた作家たちは、以降、信仰や公共倫理を主眼とした教訓小説の伝統から徐々に距離を取っていくのである。

ロマン主義文学を開花させたリベラル・ユニテリアン、感傷小説のジャンルで次々にベストセラーを誕生させた福音主義正統派と、いずれの流れの作家を見ても、植民地時代より続くプロテスタント・ヴァナキュラー文化の特徴をそれぞれ継承している。この文化的特徴は、一九世紀市民社会における文芸活動においても受け継がれ、アメリカにおける文学的伝統の基層となったのである。

（1）Lawrence A. Cremin, *American Education: The Colonial Experience, 1607–1789* (New York: Harper & Row, 1970), 181–83.

（2）David D. Hall, *Ways of Writing: The Practice and Politics of Text-Making in Seventeenth-Century New England* (Philadelphia: University of Pennsylvania Press, 2008), 10–13.

（3）Andrew Pettegree, *The Book in the Renaissance* (New Haven and London: Yale University Press, 2010), 91–106.

（4）*Ways of Writing*, 25.

（5）*Ways of Writing*, 1.

（6）ペテグリーは大陸ヨーロッパと異なり、イギリスにおける印刷出版は常にロンドンを中心にしていたという。ドイツの場合はウィッテンベルクを始めとする地方都市、フランスはパリ以外でもユグノー人口が比較的多かったリヨン、カーエン、オルレアンでも印刷出版が行われ、オランダやイタリアでも同じような傾向が見られる。Andrew Pettegree, *The Growth of a Provincial Press in Sixteenth-century Europe*, The Stenton Lecture 2006 (Reading: University of Reading, 2006), 35–37.

（7）*Ways of Writing*, 20–22.

（8）*Ways of Writing*, 23, 81.

（9）ニューイングランド・ウェイ（New England Way; Congregational Way）の特徴として、次の六点が挙げられる。第一に各地域教会は平等で上部機関はない。第二に、各地域教会はその構成員間の契約に基づいて築かれる。第三に、牧師職は教会との関係で成立し、独立した任職権は持たない。第四に、各教会の教会員は「集められた」(gathered) 選ばれた構成員で、包括的ではない。第五に、各教会員の候補となる者は自らが経験した神の「恩恵の働き」を告白しなければならない。第六に、教会政治のあらゆる事項における決定権（鍵の権能）は会員全体に置かれる。David D. Hall, ed., *Puritans in the*

New World: A Critical Anthology (Princeton, NJ: Princeton University Press, 2004), 5–6, 拙著『植民地時代アメリカの宗教思想』上智大学出版、二〇〇六年、六七頁。

(10) John Winthrop, “Christian Charity, A Model Hereof,” *Puritans in the New World, A Critical Anthology*, 168. 大西直樹訳「ジョン・ウィンスロップ『キリスト教的慈愛のひな形』」、遠藤泰生編『史料で読むアメリカ文化史1、植民地時代、一五世紀末〜一七七〇年代』(東京大学出版会、二〇〇五年)、九二ページ。

(11) *Ways of Writing*, 29.

(12) Joyce E. Chaplin, ed., *Benjamin Franklin's Autobiography* (New York: W. W. Norton, 2012), 99–100. 和訳筆者。

(13) 同上。

(14) Jonathan Edwards, “Sinners in the Hands of an Angry God,” *The Works of Jonathan Edwards*, vol. 22, Harry Stout and Nathan O. Hatch, eds., *Sermons and Discourses 1739–1742* (New Haven, CT: Yale University Press, 2003), 411. 和訳筆者。

(15) 第九代ハンティンドン伯セオフィラス・ヘイスティング (Theophilus Hastings, the Ninth Earl of Huntingdon) 夫人。伯爵家の資金力を用いてメソジスト宣教を支援し「メソジズムの女王」(Queen of Methodism) とも呼ばれた。カルヴァン主義メソジストとしてジョージ・ホイットフィールドを支援し、伝道者の死をエレジー創作により悼んだフィリス・ホイートリーの詩集出版を助けた。

(16) Sydney E. Ahlstrom with Jonathan Sinclair Carey, *An American Reformation: A Documentary History of Unitarian Christianity* (Bethesda: International Scholars Publications, 1998), 4.

(17) Ahlstrom with Carey, 6.

(18) Ahlstrom with Carey, 15.

(19) Daniel Walker Howe, *The Unitarian Conscience: Harvard Moral Philosophy, 1805–1861* (Connecticut, CT: Wesleyan University Press, 1988), 2-3. ハウは同書一二〜二〇ページで、次の一二人を中心的なユニテリアン・モラリスト (the

Unitarian moralists）として挙げている。リーヴァイ・フリスビー（Levi Frisbie, 1784–1822）、リーヴァイ・ヘッジ（Levi Hedge, 1766–1844）、ジェイムズ・ウォーカー（James Walker, 1794–1874）、フランシス・ボウエン（Francis Bowen 1811–90）、ヘンリー・ウェア・シニア（Henry Ware, Sr., 1764–1845）、ヘンリー・ウェア・ジュニア（Henry Ware, Jr., 1794–1843）、アンドリュー・ノートン（Andrew Norton, 1786–1853）、エドワード・ティレル・チャニング（Edward Tyrell Channing, 1790–1856）、ジョン・エメリー・アボット（John Emery Abbot, 1793–1817）、ジョセフ・スティーヴンス・バックミンスター（Joseph Stevens Buckminster, 1784–1812）、ジョセフ・タッカーマン（Joseph Tuckerman, 1778–1840）、ウィリアム・エラリー・チャニング（William Ellery Channing, 1780–1842）。

（20）ニューイングランドにおけるこの神学的分裂の文学への影響については次の先行研究が重要である。Lawrence Buell, *New England Literary Culture: From Revolution through Renaissance* (Cambridge: Cambridge University Press, 1986).

（21）Michael Warner, *The Letters of the Republic: Publication and the Public Sphere in Eighteenth-Century America* (Cambridge, MA: Harvard University Press, 1990).

（22）Warner, 151–176.

（23）Tract No. 493 “Beware of Bad Books” by the American Tract Society in Paul C. Gutjahr, ed., *Popular American Literature of the 19th Century* (Oxford: Oxford University Press, 2001), 59.

（24）Tract No. 515 in *Popular American Literature of the 19th Century*, 71.

（25）Jane Tompkins, *Sensational Designs: The Cultural Work of American Fiction, 1790–1860* (Oxford: Oxford University Press, 1985), 149.

（26）Catharine Maria Sedgwick, *Home* (Boston, MA: James Monroe and Company, 1839).

（27）Sedgwick, *Home*. 裏表紙

（28）Sedgwick, *Home*. 裏表紙

(29) William Henry Channing, *The Life of William Ellery Channing, D.D.*, the Centenary Memorial Edition (Boston: American Unitarian Association, 1904), 341–44; Arthur W. Brown, *William Ellery Channing* (New York: Twayne, 1961), 104–122.

(30) William Ellery Channing, "Remarks on National Literature," *The Complete Works of William Ellery Channing: Including the Perfect Life and Containing a Copious General Index and a Table of Scripture References* (London: "Christian Life" Publishing Company, 1884), 134. 一八二三年フィラデルフィアのアメリカ哲学協会で行った講演。以下、和訳筆者。

(31) "Remarks on National Literature," 134.

(32) "Remarks on National Literature," 135.

(33) "Remarks on National Literature," 135.

(34) "Remarks on National Literature," 136.

(35) "Remarks on National Literature," 140.

(36) "Remarks on National Literature," 143.

(37) James L. Machor, *Reading Fiction in Antebellum America: Informed Response and Reception* (Johns Hopkins University Press, 2011), 233.

(38) Ahlstrom with Carey, xiii.

第一二章

都市をまなざす

——ブロードウェイと一九世紀ニューヨークにおける視覚の文化

デイヴィッド・ジャフィー
（橋川健竜 訳）

一九世紀ニューヨークは、視覚に強く訴える場所で、住む者にも訪れる者にも等しくスペクタクルであった。名の知られた建物、一足早く完成形になっているブルックリン橋、そして視線の及ぶかぎり広がる都市景観を描いた《ニューヨーク市》（図1）をカリアー・アンド・アイヴズ社が世に送り出す一八七六年までに、鳥瞰図や、詞書きと図版という形式のリトグラフなど、新しい技術とジャンルを生かした都市の図像が数十年にわたって出回っていた。動きに絶え間がなく、また都市景観を視覚的に展示して見せる点で、この都市の代表的街路であるブロードウェイほど、画像の主題としてもスペクタクルとしても傑出したものはなかった。一八七六年のこのリトグラフでも、道幅が誇張されていて、視野をドラマチックに横切っていく[1]。

同時に、あらゆるガイドブックと旅行記がブロードウェイをあざやかに叙述し、この都市の大中心街の見え方とスペクタクルを、手に取るがごとく伝えた。「万華鏡そのものだ。一日一日と何か新しい変化の標《しるし》が現れる」と、フレデリック・ソーンダースは『ニューヨーク早わかり』（一八五三年）に書いている。コーネリアス・マシューズは自分の書籍を『ペンとインクによるニューヨークのパノラマ』（一八五三年）と題して、彼と一緒に「パノラマ展覧会」に

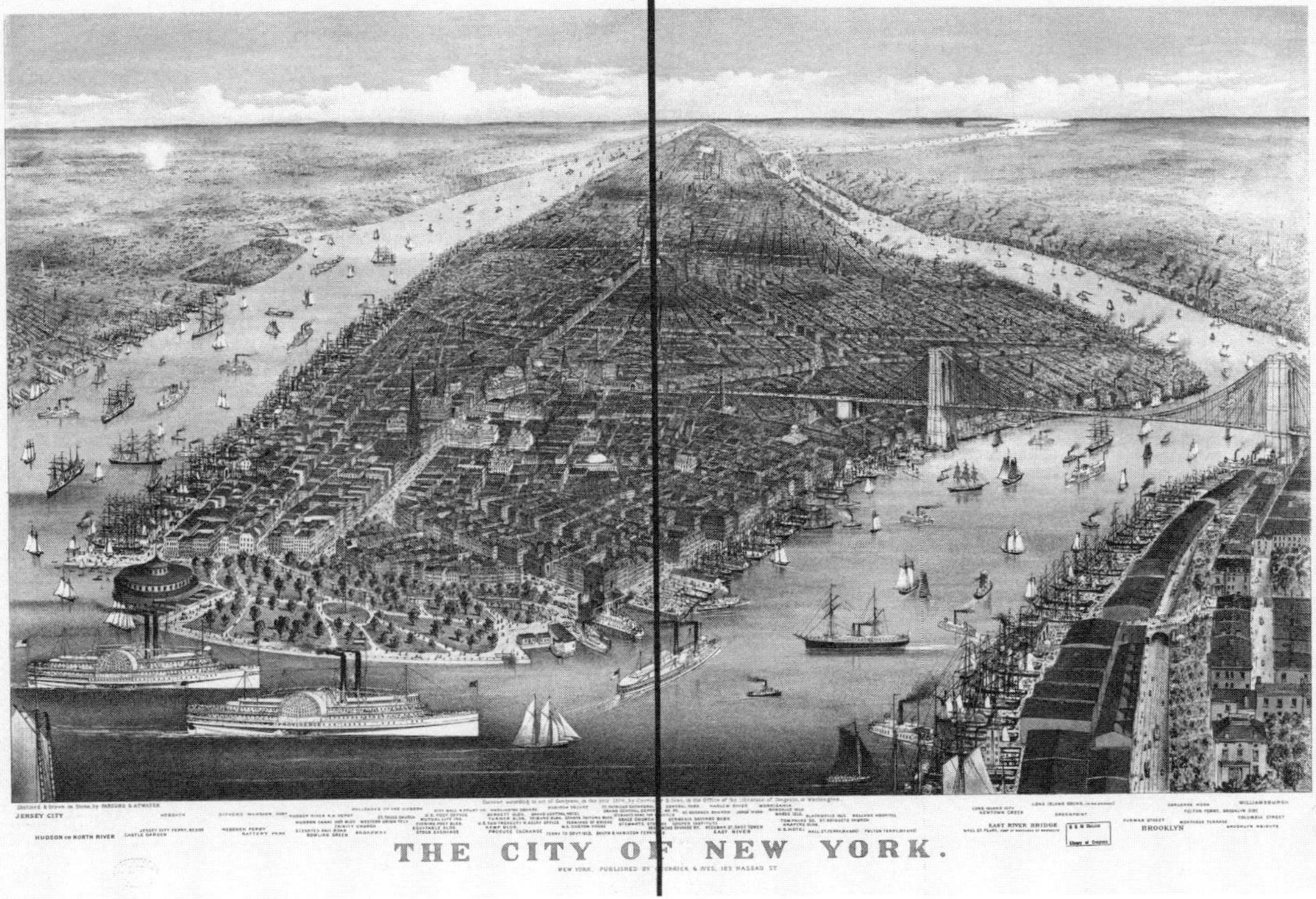

図1　パーソンズ・アンド・アトウォーター，およびカリアー・アンド・アイヴズ《ニューヨーク市》1876年，カリアー・アンド・アイヴズ刊，リトグラフ（手彩色），540×860 mm（出典：Library of Congress, Geography and Map

出かけよう、「透かし絵のごとく全世界を見せてくれる巨大なガラス板」たるブロードウェイを手はじめに「家庭向けの絵を描こう」、と読者を誘った。彼も他の書き手と同じく、この通りを、この都市、国、そして世界までもの縮図とみなしている。マシューズは自分のパノラマを、もう一つの時代の驚異でもって締めくくった。「ニューヨーク鳥瞰図」である。(2) 言葉と、そして特に図像によって、これらの書き手、グラフィック・アーティスト、出版業者、印刷業者は、この一九世紀の都市は視覚的なかたちでのみ、把握しえて理解しうると確信していたのである。

一九世紀第二・四半期には、新たな企業家と新技術とが出現して組み合わさり、ニューヨークの製造所《マニュファクトリー》から全国市場向けに、ますます多くの商品を作り出した。美術史家エリオット・デイヴィスが「文化の通貨」と呼んでいる版画の大量出現は、この商業上・文化上の局面の最先端をなしていた。鳥瞰図やその他のパノラマという認知の新しいシェーマが、牡蠣売りや混みあったテネメントなど、路上レベルの風景と組み合わされた。版画や写真は、ありとあらゆる種の乗り物の喧騒で満ちた車道と、上流風に着飾った男女でいっぱいの歩道を描き出した。アメリカ北東部の諸港湾都市で経済的成功を収める機会（と最終的には問題も）を求めて、熟練の職人と銅版画師がヨーロッパを離れた。プレス機や他の用具がその後を追いかけてきた。新興の商業・製造業の富は、高級顧客向けの銅版画を購入しようとする熱心な収集家の一群を生み出した。版画店も都市の歩道も、等しく版画を歩行者に誇示した。一八五〇年代までに、出版社は画報新聞中に、また都市図リトグラフとして、都市図像の出版を大きく増やしていた。(3)

ニューヨーク・クリスタル・パレスやセントラル・パークなど展示するための新しい空間、そしてステレオグラフ（立体写真）やリトグラフなど視覚のテクノロジーが新たに発明され、商品化されるにつれて、都市をまなざすこと、そして都市でまなざされることは、何にもまして重要なことになった。アメリカ合衆国と海外で、この都市化の視覚文化は、先端的で近代的であるがゆえに画像化された。この変革においては、図像制作と機械的複製とが時を同じくして爆発的に生じたのがもっとも重要だった。工業化と大衆視覚文化が始まる兆しであった。ニューヨークはその都市景観図像がよく知られている肝心の主題だっただけでなく、新しい家庭文化を生産し、流通させていく拠点だったのである。

一　街路レベルと尖塔から、鳥瞰図とパノラマへ

一九世紀初期のニューヨーク図といえばしばしば、尖塔とマンハッタンの岸辺を後景にあしらった穏やかな港湾の様子であるか、上流階級の人々を配した品の良い街路の図であった。商業的成功を求めて一九世紀前半に大西洋を渡った第一世代のイギリス人アーティストとドイツ人リトグラフ職人が、アクアチントとリトグラフをアメリカ市場にもたらした。彼らは金銭的には必ずしも成功しなかったことは、ウィリアム・J・ベネットやオーガスタス・コルナーの活動歴から明らかである[4]。だが彼らは、鳥瞰や路上レベルの眺めに映るニューヨークの成長ぶりをおなじみの図像にするビジネスにおいては、支配的な役割を果たすのはニューヨークであることを確立した。このビジネスはその後、南北戦争後の時代のエドワード・アンソニーやナサニエル・カリアーなど、大衆市場に的を絞った後続の企業家が、採算をとれるようになっていった。

たとえば、ウィリアム・J・ベネットは、ニューヨークの力強い成長を第一の主題にした。金属板に溝を作ってインクを詰め、低い部分の圧力で紙にインクを転写する凹版（インタリオ）の技術を、このイギリス人移民は学んでいて持ち込んだ。その少し前にフランスから持ち込まれたアクアチントは、幅広いトーンを出せた。ベネットが出版を手がけた『ニューヨーク市街頭図集』（一八三四年）には、道路が曲線をなし、そこに上流層の住民が配されて建築の細部はジョージ王朝時代の都市風であるという、ロンドンを手本にした図柄の《ボウリング・グリーンから見たブロードウェイ》（一八二六年）や、帆柱が林立し、左手には視線の届くかぎり定期船がならんでいて、右手にはレンガ造

図 2　トマス・ホーナー《ニューヨーク市ブロードウェイ，カナル・ストリートのハイジアン・ディポの角からニブローズ・ガーデンの先まで一つ一つの建物を示す》1836 年［多数ある版のひとつ］，アクアチント（多色），541×739 mm（出典：The Miriam and Ira D. Wallach Division of Art, Prints and Photographs: Print Collection, The New York Public Library. New York Public Library Digital Collections. http://digitalcollections.nypl.org/items/5e66b3e8-cf05-d471-e040-e00a180654d7, 2016 年 4 月 12 日アクセス）.

りの商人の事務所がある岸辺の図《メイデン・レーンから見たサウス・ストリート》（一八二八年）が収録されていた。(5)

もう一人のイギリス生まれのアクアチント・アーティスト、トマス・ホーナーは、一八二八年にニューヨークに到着すると、この都市の描写にパノラマという新しい視角を持ち込んだ。一八三四年の《ニューヨーク市ブロードウェイ、カナル・ストリートのハイジアン・ディポの角からニブローズ・ガーデンの先まで一つ一つの建物を示す》（図2）は、ベネットの作品から一〇年もたっていないが、上流向けショッピング街の真ん中の、はるかににぎやかな通りを描いている。この商業的な街頭の図はほとんど広告なみで、太字の、華やかな色遣いの看板で飾られた「一つ一つの建物を示」している。ベネットの作品よりもアップタウン側にあたるが、市庁舎を過ぎてずっと先、ちょうどカナル・ストリートの手前で、アーチ型の窓が通りを行く歩行者を差し招いている。この図には馬が引くすべての乗り物が入っている。個人所有の馬車も貸し馬車もいる。時折くる乗合馬車が、行き先の標識を掲げて（左手に「グリニッジ～ウォール街《ストリート》」とある）大通りに入ってくる。氷売りのワゴンがあり、他の引き車は商店に商品を運んでいる。実際この版画には、馬が人と同じくらい多い。消費財が混みあった歩道にまであふれている。花の鉢植えを売る女性がいて、歩道のポールは商品を見せるのに使われていて、カーテンがかかっている。薪売りが混雑した車道に陣取っている。それらすべてが、通りの角をジョン・ライトの肩マント・帽子店と分けあっている。カナル・ストリートの向かい側では、一番大きい看板は「ブランチ・オヴ・ブリティッシュ・カレッジ・オヴ・ヘルス」、別名ハイジアン・ディポともいう一種の薬局を宣伝している。ブロードウェイの反対側で差し招くのは、かつら店、ロックウッド・スクールブック・デポジトリ、ジャガイモなど食品を売る路上の物売りである。カナル・ストリートを渡るとジョン・J・マーシャルの織物店が、この大通りをそぞろ歩く女性たちに、大きく広がるドレス用の材料はいかが、と誘いかける。ベネットの作品に比べ、この版画は商取引の活発化と、北への容赦ない拡張と、建物は四階、五階と階を重ねる新しいものであることを示している。住居としても使われていることは、ライトの商店（ブロードウェイ四一六番地）の上の階で、人々が読書の明かりを求めて窓際に座っているのでわかる。ホーナーは労働のありようも、より幅広く描写している。[6]

　ホーナーはニューヨーク鳥瞰図を完成させることはなかったが、ベネットとよく手を組んでいた一人のジョン・ウィリアム・ヒルが、一八四〇年代に、《セントポール教会の尖塔から東・南・西に見たニューヨーク》（一八四九年、図3）を描いている。しばしばもっとも高くて、多くの住民が親しんでいた場所だった教会の尖塔から都市をまなざす、というおなじみの地誌的慣習に従っていて、鳥瞰図に比べると近い範囲を描いている。まなざす者の目に入るのは伝統的ではない、むしろ建物が建てつくされた都市で、あらゆる姿かたちの建物が全方向に広がり、ところどころ

図3　ジョン・ウィリアム・ヒル《セントポール教会の尖塔から東・南・西に見たニューヨーク》1849年，ヘンリー・I・メガリー刊，アクアチント（多色），654×990 mm（出典：The Miriam and Ira D. Wallach Division of Art, Prints and Photographs: Print Collection, The New York Public Library. New York Public Library Digital Collections. http://digitalcollections.nypl.org/items/5e66b3e8-9a2f-d471-e040-e00a180654d7, 2016年4月7日アクセス）.

教会の尖塔がある以外は切れ目もない。この作品は、東西両岸の船舶をふくめこの島を囲む水面にまで達する、世紀中頃の並はずれた成長の証明である。トリニティ教会などそれとわかる教会に尖塔がそびえ立ち、上手右に古典的な細密描写で描かれている。だが私たちの目を引くのは、大衆向けエンターテイメントと文化の新市場をめざす、文化の企業家たちの果敢な姿だ。P・T・バーナムのアメリカン・ミュージアムが左手に見える。建物の側面にその名が紋章書きされ、屋上には旗がはためき、天蓋が「気球パノラマ展覧中」と宣伝しているが、これは数多くの立体模型、パノラマ画、「コスモラマ画」の一つにすぎない。右手にはマシュー・ブレイディのダゲレオタイプ細密写真館があり、その屋根の天窓は館内のスタジオに、光をたっぷりと通している。これら新店舗《エンポリア》は破風に、また建物全体に太字で看板が書かれている。[7]

一八三〇年代には石版印刷術《リトグラフィ》が大都市の拠点、

特にニューヨークで売れ行きを伸ばした。ビジネスとして採算をとれるリトグラフ業者が増えてきたのである。工業化の革新的な化学作用の産物で、水と油が混ざりあわないことを利用する石版印刷術は、凸版印刷や凹版印刷より安くあげられる代替技法として、一七九九年にアロイス・ゼネフェルダーによって発明された。アーティストが石、たいていは石灰石に油脂クレヨンで描く。酸性溶液で図像を石に定着させたら、水で石を洗う。石にインクをのせるとインクは描画した部分には残るが、水を含んだ部分からははじかれる。インクと水をくり返しのせると、リトグラフ版画を多数得られる。石の初期コストは銅板より高いが、この製版法はトーンにかなりの幅が出せ、「制作が相対的に容易で、版画制作に革命を起こした」。挿絵画家たちはしばしば、女性でも石に描画できると主張した。金属に彫るのに比べて石には手早く簡単に描け、金属板より刷るのが容易なのも合わさり、より大部数をより安く刷れた。(8) ニューヨークの人々は数を増す版画店で図像を買うことができた。グーピルのような大手業者の支店もあれば、リトグラフ職人の店もあった。(9)

ヒルの尖塔からの図は、イギリス生まれアーティストの世代、そして彼らのアクアチント作品の時代が、一八三〇年代後半までに過ぎ去ろうとしていたことを示している。石版印刷術が特に好まれる図版技術になり、より大部数をより広い市場に魅力的な価格で提供するにつれ、ドイツ人リトグラフ職人がイギリス人アクアチント・アーティストにとって代わったのである。そして都市住民と居住区域のより多様な実態が画像市場の構成要素になるにつれて、鳥瞰図・パノラマ図が特に人気の図柄になった。ベネットは一八四三年以降ナヤックに引退し、ホーナーは一八四四年に貧窮のうちに死んだ。彼らに代わってオーガスタス・コルナーやジョン・バックマンなどの移民がやって来て、コルナーの《ブロードウェイ》（一八四八年）などブロードウェイの版画を出し続け、ニューヨークこそ、世紀半ばのアメリカ画像市場中で随一の主題かつ制作拠点だと唱道した。コルナーの《ブロードウェイ》は、アメリカ諸都市を公衆に見せようと、このドイツ生まれのアーティストがより大きな企画用に制作したインクとウォッシュの習作に起源がある。[10] この版画では、私たちは路上レベル近くにいて、視線は右手にアスター・ホテルのギリシャ・リバイバル風の前廊をかすめ、ブロードウェイと、そこにずらりと並ぶ上流人の馬車と歩行者で混雑した歩道とを見渡す。[11]

パノラマ図——教会尖塔図であれ鳥瞰図であれ——が現れると、ニューヨークは人気最高の主題になった。[12] 教会尖塔からの図では、すべてが「現実に」まなざす者の前に開ける。ハンス・バーグマンによれば、「ブルジョワ都市はブルジョワ都市自身を賛え」るのであり、そのありさまは過去を扱う構図というよりもむしろ、現在が続きゆく「今現在ただ中のニューヨーク」である。都市各所の訪問を試みる者に加え、ガイドブックを読む者も全景を見渡すことができるようになった。トリニティ教会の新しい尖塔の階段を上る気がある者に、一八四六年の『ニューヨーク・モーニング・ニュース』の記事が、地上二五〇フィートに身を置くのはどんな風かを伝えたのだ。「足のすぐ下であらゆる方向に伸び広がっているのは、人が目にした最も美しく、ワクワクさせられるスペクタクルだ。この広大でどこまでも続く都市が、地図上であるかのように目の前に広げられて」、根本的に新しい見物人体験をさせてくれる。ニューヨーク・クリスタル・パレスの一部であるラッティング展望台は、一八五二年から五三年に立てられ、高さは三〇〇フィート強、蒸気エレベータで行かれる展望フロアで、訪問者はこの都市を望遠鏡でじっくり見られた。一八五三年の見聞記が主張したとおり、「この場所は」「ニューヨークとその近辺全体を見渡せる」。この言葉はすぐに、鳥瞰図のタイトルに現れるようになる。ひょっとすると、この経験はアーティストにも消費者にも等しく刺激となったのだろう。[13]

ヒルの作品のような、「実在する」眺望点を基点とする尖塔図にとって代わったのは、空中からの図である。この空想上の眺望は、ジュール・アルノーのパリ鳥瞰図のような「気球図」が一八三〇年代・四〇年代に現れて、人気を博していた。[14] 空中図は私たちをさらに上空に押し上げる。一八五〇年代前半に、眺望点はありえないほど高くに昇りだす。その高さからは、都市全体が視線の及ぶかぎり広がる。鳥瞰図では都市の並はずれた成長が明らかにされ、その果てしない広がりがぼうっと立ち現れたが、描き方が新しくなっても都市は理解できる、少なくともそれとわかる、とパノラマ図はこだわりを見せる。都市が景観を席捲するので、都市外の風景はすぐにかすんで、しばしば光もわずかにあたるのみである。(15)「街頭レベルでなら五感があふれるほどに知覚するところを、鳥瞰図は眼による冷静な遠くからの把握でもって代替して、都市を一種の具体性ある抽象に変えてしまった」と、ジョン・キャソンは述べる。「このような図は、まなざす者の力を称える。まなざす者が特権的読み手として行う精査に、都市を委ねるのだ。」しかしジョナサン・プルードが示唆するように、規模だけでなく判読可能なことも重要である。これらの図の「かなめの作用は、都市環境全体の形が即座に把握できるところにかかっている」。ジョン・ボーネットの《ニューヨークの思い出》（一八五一年）のように、アーティストが図の縁《へり》に枠をつらねて一つ一つの建物を描くと、把握はさらに容易になった。(16)

ニューヨークは、アメリカのリトグラフ界の首都であるだけでなく、好まれた主題でもあった。ジョン・レップスによれば、都市図は「一九世紀アメリカでまさに人気最高の印刷図像カテゴリーであったかもしれない」。ニューヨークほど、一九世紀の鳥瞰図像中で象徴視された都市はなかった。そしてこの傑出の原因となったアーティスト・リトグラフ職人として、何種類もの鳥瞰図を制作したのちに《エンパイア・シティ》（一八五五年）というスタンダード作品を制作したジョン・バックマンにならぶ者はいない。(17)バックマンの都市図の三分の二はニューヨークを描いている。彼は約五〇年にわたるリトグラフ制作歴のどの期間にもそれらを制作しており、変貌する都市とその表象を年代記にしてくれる。バックマンはおそらく一八一五年ごろにスイスで生まれ、一八三八年から四七年までパリで高度の低い鳥瞰図のリトグラフを制作した。一八四九年、都市全体を描いた最初の一枚である《ニューヨーク》（図4）で、新興の高級住宅街だったユニオン・スクエア上空から港までをずっと南に見おろしてみせ、彼はアメリカ版画史に姿を現す。「すばらしい邸宅が端から端までならぶ街路が昨年、ユニオン・スクエア周辺に設けられた」という『ニュ

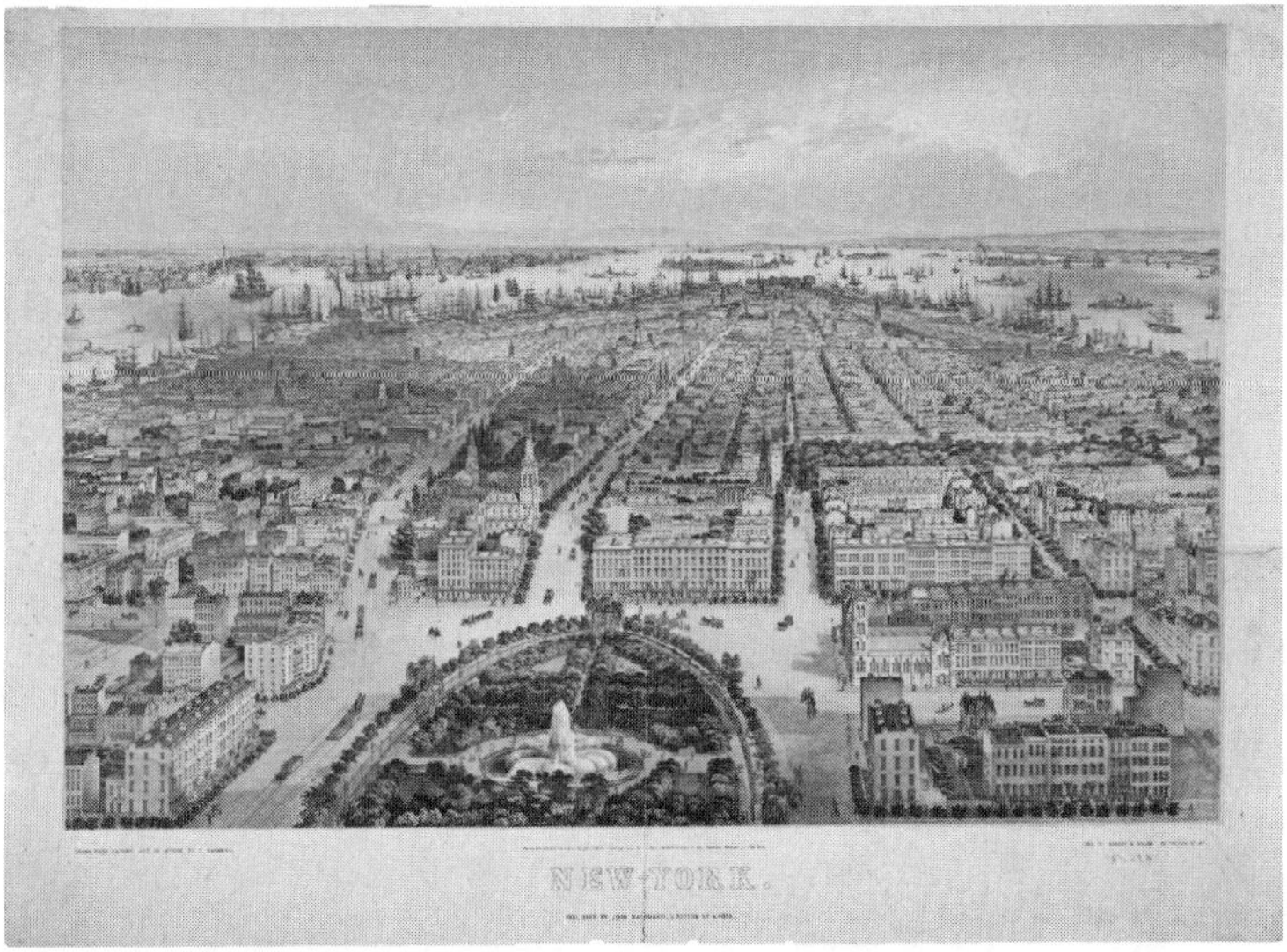

図4　ジョン・バックマン《ニューヨーク（ユニオン・スクエア）》1849年，サロニー・アンド・メイジャー刊，リトグラフ，615×837 mm（出典：Library of Congress, Prints and Photographs Division, LC-DIG-pga-00104. http://hdl.loc.gov/loc.pnp/pga.00104, 2016年2月10日アクセス）.

ーヨーク・ヘラルド』紙の断言があるが、私たちは版画中のすぐ右手に、それら著名市民何名かの住居を確認できる。実際、バックマンはユニオン・スクエアとウォール・ストリートの間の重要な建物ほぼすべてをわかるようにした、と述べる研究者もある。街路の道幅と造園された公園の牧歌的風景をぬって、蟻のような乗り物があらゆる方向に走っていく。ブロードウェイが他を圧し、バックマンの鳥瞰図の多くでそうなのだが、ユニオン・スクエアなど堂々たる公共スペースが前景にそびえる(18)。

地図のような写実性を推奨しているようでいて、鳥瞰図では、芸術と地図作製の決まりごとが混合されていた。アーティストは上空約二〜三〇〇〇フィートからの風景を描いたかに見えるが、実際には、彼らは街路を歩いて個々の建物や建物群をスケッチし、都市を三次元に表すことをめざしてそれらを複合体に組みあげて回転させ、特定の場所・階・港・公園を強調していた(19)。五〇年代中ごろまでに、バックマンは都市鳥瞰図をもう一つ制作した。もう少し島の端の側から北に向くそれは、象徴的鳥瞰の決定版になるだろうもので、タイトルは《エンパイア・シティ》といい、こちらも象徴的である。「エンパイア・シティ」という言葉はエリー運河以降、世界都市たらんという意気込みに加え、後背地域に対するこの都市の帝国的な名声を伝えようと使われるようになり、ジョージ・リパードなどの物書きたちも『エンパイア・シティ、またはニューヨークの夜と昼』（一八五〇年）など「都市の謎《シティ・ミステリーズ》」探索もので、読者をこの端倪すべからざる場所の奥深くへと導いたので、図像でも文章でも大いに人気を集めていた[20]。前景はガバナー島が主になっているが、対になる上空の空間には、空想で描かれた飛行機械が高く飛び、スイス・フランス・アメリカの国旗を掲げている。バックマンが飛行機械を売り込む気があったのと、「気球図」への言及でもあるだろうか[21]。より遠くまで風景を描いているため、街路の景観は以前のパノラマ図よりもやや詳細に乏しい[22]。

　バックマンはフィラデルフィアで数年過ごしたのち、一八五〇年代末にかけてニューヨークに戻ってきたが、彼のこの大都市の描き方は、依然として革新的だった。写真用レンズ以前にバッテリーのはるか上空から広角の景観図を描いたバックマンの《ニューヨークと近郊》（一八五九年、図5）では、鳥瞰図は球形図になった。この球形図では、ニューヨーク市は風景でもなくエンパイア・シティでもなく、世界そのものである。円形の縁の最上部にハーレム、最下部にサンディー・フックが置かれ、その他この都市圏の諸地点があちこちにちりばめられ、都市圏外縁部は球体の円形の縁から消えていく[23]。外縁部にニュージャージーとブルックリンが含まれてはいるが、球体の中心にあるブロードウェイを見渡すと、この都市こそが文化的・商業的に卓越していることが暗示されている。ブロードウェイはこの地図めいた図の本初子午線で、その長い道筋に沿ってアップタウンに高層の建物がぼんやり現れ、ユニオン・スクエアの手前に白い教会の尖塔が伸び、沿岸部の製造所から蒸気が上がる。島は極北まで延び、地平線に向けて先細りになる。この球形図レベルにおいても細部は大事である。蒸気船がイースト川の埠頭に向けて進み、まっすぐ下にバッテリー・パークがあり、バックマンが一八五七年の鳥瞰図でも描いたセントラル・パークのヨークヴィル貯水池も

図5　ジョン・バックマン《ニューヨークと近郊》1859年，リトグラフ（多色），図像は直径545 mm（出典：The Miriam and Ira D. Wallach Division of Art, Prints and Photographs: Print Collection, The New York Public Library. New York Public Library Digital Collections. http://digitalcollections.nypl.org/items/510d47e3-b9bd-a3d9-e040e00a1864a99, 2016年4月7日アクセス）.

ある。[24]これの手本であったかもしれないのが、ジョージ・クルックシャンクの、より風刺のアクが効いた《全世界が一八五一年大博覧会を見にいく》（一八五一年）である。これも天空からの球形図で、全世界の上部に人口莫大な近代のロンドンとクリスタル・パレスが置かれ、地球の全地点から訪問者が集結してくる。縁には「未開」の地が描かれている。[25]

　南北戦争が勃発すると、バックマンは「戦場」のパノラマ図を制作し、同時にニューヨークの新設されたセントラル・パークの図を何種類も制作したが、写実的なスケッチというよりも、その新しい景観がどんなふうに見えそうかを描いて、宣伝としての傾向が強くなっていった。それらの図はスポンサーの住居を縁に並べて描き入れた、戦後のアメリカ各地の町のリトグラフをうかがわせる。彼はクロモリトグラフィー（多色石版技法）にも手を広げた。多色刷り版画用に、より無駄が出ない機械的溶液と複数の石を使う新技術である。重要なことに、彼の図はエンパイア・シティの成長と運命に対する楽観主義に、つまり同市の熱狂的支持者向けの新しい種類の期待にあふれている。これらの作品をもっとも研究しているジョン・レップスは、鳥瞰図一般についてこう書いている。「こうした版画の所有者は、それを客間、事務所、また銀行・ホテル・政府庁舎など公的施設の壁に飾った。これらの都市図を誰もが、自分たちの都市が繁栄し、重要であることの説得力ある証拠とみなし、誇らしげにまなざし、情報を求めて参考にし、友人に送り、家庭用・職場用の装飾品として、感心して見惚れた。」レップスはこれらの版画が数多くの場に展示されたことと、その多次元に及ぶ用途に触れている。(26)

二　カリアー・アンド・アイヴズ――「安価で人気の版画」

一八五七年、リトグラフ業者カリアー・アンド・アイヴズは、「民衆のための多色版画店」としての半世紀に及ぶ君臨の、第一歩を記した。「安価で人気の版画の大中核庫《ディポ》」たるカリアー・アンド・アイヴズは、膨大な数の主題（おそらく八〇〇〇強）をずらりとそろえて販売に供し、競合するどのリトグラフ業者をも上回っていたが、都市図が最大のカテゴリーで、ニューヨーク図が最大の人気品目だった。石版印刷は製品生産をより安価にし、市場を拡大した。初期の石版印刷はボストンやフィラデルフィアなどの港湾都市が中心で、肖像画や楽譜の表紙、カリカチュア、書籍の挿画を制作していた。ボストンで徒弟修業したナサニエル・カリアーは、ニューヨークの工房をブロードウェイ一三七番地に開いた。彼は自分の慣れ親しんだ印刷の仕事をしていたが、一連の災害版画を出して以来、石版印刷の図像を大衆市場向けに制作し流通させるという、別の道に踏み込んでいった。ジェイムズ・アイヴズとのパートナーシップ（カリアー・アンド・アイヴズ）は、手彩色版画の市場の基盤となった。同社がスプルース・ストリート三三番地の角に設けた工場めいた制作施設は、以前の工房《ワークショップ》型の仕組みとは一線を画していた。彩色係の女性たちがアセンブリーライン式に働き、郷愁をさそうニューイングランド農村の風景や、一八七六年の《ニューヨーク市》（図1）などニューヨークの鳥瞰地図を、とりまぜて制作した。混沌に満ちた街頭風景と視線の及ぶかぎりそびえる建物群を描いた《ウェスタン・テレグラフビルから北に望むブロードウェイ》（一八七五年）など、何種ものブロードウェイ図とともに、都市図、特にニューヨークのそれは早々に、八〇〇〇種類に及ぶ同社の主題別在庫の重要な一部となった。他のリトグラフ業者も、この分野の画像が作られだした当初からニューヨークに集《つど》った。[27]

彼の会社は、大衆の嗜好を読む感覚に優れていて、また洗練された生産・流通システムを開発した。[28] 同社のずば抜けた成功は、図像制作の工業化と、図像の大衆市場、特に挿画入り定期刊行物、アメリカン・アート・ユニオンや他の機関が組織した公共展覧会と出版物の出現、そして写真術の発明によって活気づいたものである。だがカリアー・アンド・アイヴズは、他社同様にクロモリトグラフィー（多色石版技法）と蒸気プレス機を加えたものの、手作業の枠内で制作を増大させた。[29] 兄弟のチャールズは注文と販売を担当し、ナサニエル・カリアーの下で働き始めたジェイムズ・メリット・アイヴズが、簿記係から分野換えして不可欠の共同経営者になった。独学のアーティストで、工房《ショップ》に届くアーティストのドローイングに対する批評眼の持ち主だったアイヴズは、より大衆好みの加筆が必要と感じたリトグラフには、すぐに自分で手を加えた。カリアー・アンド・アイヴズの独創的な工程は、一人のアーティストが特定のデザインに責任を負っていたであろうかつての工房と比べ、きわめて協働的であった。

制作工程も効率的な分業が活用されていた。その「工場」はスプルース・ストリート三三番地の三・四・五階にまたがっていた。三階には棚がならび、すべてリトグラフ用の石の保管にあてられた。石は四階で研磨され、また再び研磨された。「ベストセラー作品」はいつでも刷れる状態に保たれた。需要の多い図像は複数の石に描かれ、同時に多数のプレス機で刷られた。それ以外の石は新しい版画用に再利用されるのだ。「スケッチ係《デリニエーター》」とも呼ばれたスタッフ・アーティストとリトグラフ職人が四階の奥側に陣取った。しかしすべてのアーティストが「工場」で働いたのではない。絵一枚につき印税なしで一〇ドルほどが支払われ、数多くのフリーランスのアーティストが、アイヴズに買ってもらえないかと作品を持ち込んだ。純粋芸術の版画市場に的を絞っていたルイス・プラングとは違って、この会社は概して、著名な芸術家の作品に頼らなかった。アイヴズも他の者も、リトグラフが初めて刷りあがると割り込んで、改変や、修正すら求めるメモを余白に書き入れた。「空をもっと青く……マックの尾をもっと描く」と余白に書き込みがあるのは、二頭の競走馬の版画《タコニーとマック》（一八五三年）の見本である。(30) プレス機と刷り師は光が十分に必要なので、作業は四階、五階の表側で行われた。一八八〇年以前、カリアー・アンド・アイヴズの版画は手で彩色されていた。

「常時在庫の版画」は、スプルース・ストリート三三番地の五階にある工房で、若い女性と少女からなる約十二人のスタッフが彩色した。みな修業をつんだ彩色係で、ほとんどがドイツ系だった。彼女たちは長テーブルについて、見本を見ながら作業した。それら見本の多くはモーラー氏ないしパーマー夫人の彩色で、どれもまず共同経営者のうち一人の承認を得ていた。見本はテーブルの中ほど、全員に見える位置に置かれた。彩色係は一人一色を塗り、版画を隣の彩色係に回す。版画に完全に色が入るまでそれが続く。版画がその次に回されるのは監督の女性で、「仕上げ係」として知られ、必要に応じて筆を入れる。(31)

制作はさまざまな方法で加速された。大部数の制作の際は、刷り込み型が色ごとに切り抜きされ、追加の人手が動員されて上から色を薄塗りした。大きなフォリオ判の版画は彩色係に外注された。工場内制作にせよ外注にせよ、働ける画工同士の競争のため、「山ほどの彩色版画が安価版画店で販売される」一方で、「これら女性の給料は押し下げられ」た。ルイス・モーラー、フランシス（ファニー）・パーマー、トマス・ワースなど、カリアー・アンド・アイヴズが雇っていた著名アーティストですら、馬の速足や滑稽な場面など、特定のジャンルに特化しがちだった。ワースは、大人気だったがひどく人種主義的な《ダークタウン》シリーズを制作し、うち一つは、彼によると七万三〇〇〇部売れたという。アーティストは時に、組になって作業した。フランシス（ファニー）・パーマーの描く農村風景画に、ルイス・モーラーが人物を描き入れるのである。分業とアセンブリーライン式の制作工程は、平均して三日で新しいリトグラフ一つに及ぼうという制作の迅速化を促した。同社はニューヨーク市外に代理人を、アメリカの全主要都市に取引業者を、ヨーロッパに営業所をもつという、全国的、いや実は国際的な流通システムを組み上げた。彼らは大型の詳細な自社版画カタログを流通させ、代理人に流す際に売り込み勧誘状もつけた。彼らは地元市場も軽んじていない。版画店の外には、毎日手押し車でやってきて在庫を引き受け、市内各地、ブルックリン、ニュージャージー北部で販売する行商人のネットワークがあった[32]。

都市図はカリアー・アンド・アイヴズの定番商品で、ニューヨークはもっとも人気のある主題だった。大きなフォリオ判を自宅の客間、酒場、ホテル、企業事務所に飾りたい人々向けに、彼らは百種類以上の異なった図を制作した。この都市の鳥瞰図を刷り、名の知られた建物・通り・公園の図もまた別に刷ったのである。セントラル・パークだけで一ダース以上刷っている[33]。ニューヨーク都市図は、自国の大都市の急成長ぶりを、全国の受け手に伝えた。一八四〇年代、同社は目ざとく都市「眺望」図の提供に動いた。フランシス（ファニー）・パーマーが描いた《ウィーホーケンとノース川からのニューヨーク図》（一八四九年、図6）は、おなじみの牧歌的前景のずっと彼方に世紀中頃のニューヨーク市が帯状になっているが、いまや尖塔の数が増え、中景には帆船でなく蒸気船が描かれた。

同社の主要アーティストの一人パーマーはイギリス生まれで、一八四四年に自分のリトグラフ工房ごと、ニューヨークへと大西洋を渡った。彼女は郷愁をさそう農村風景に特化したが、都市図も描いている。実のところ、彼女の都

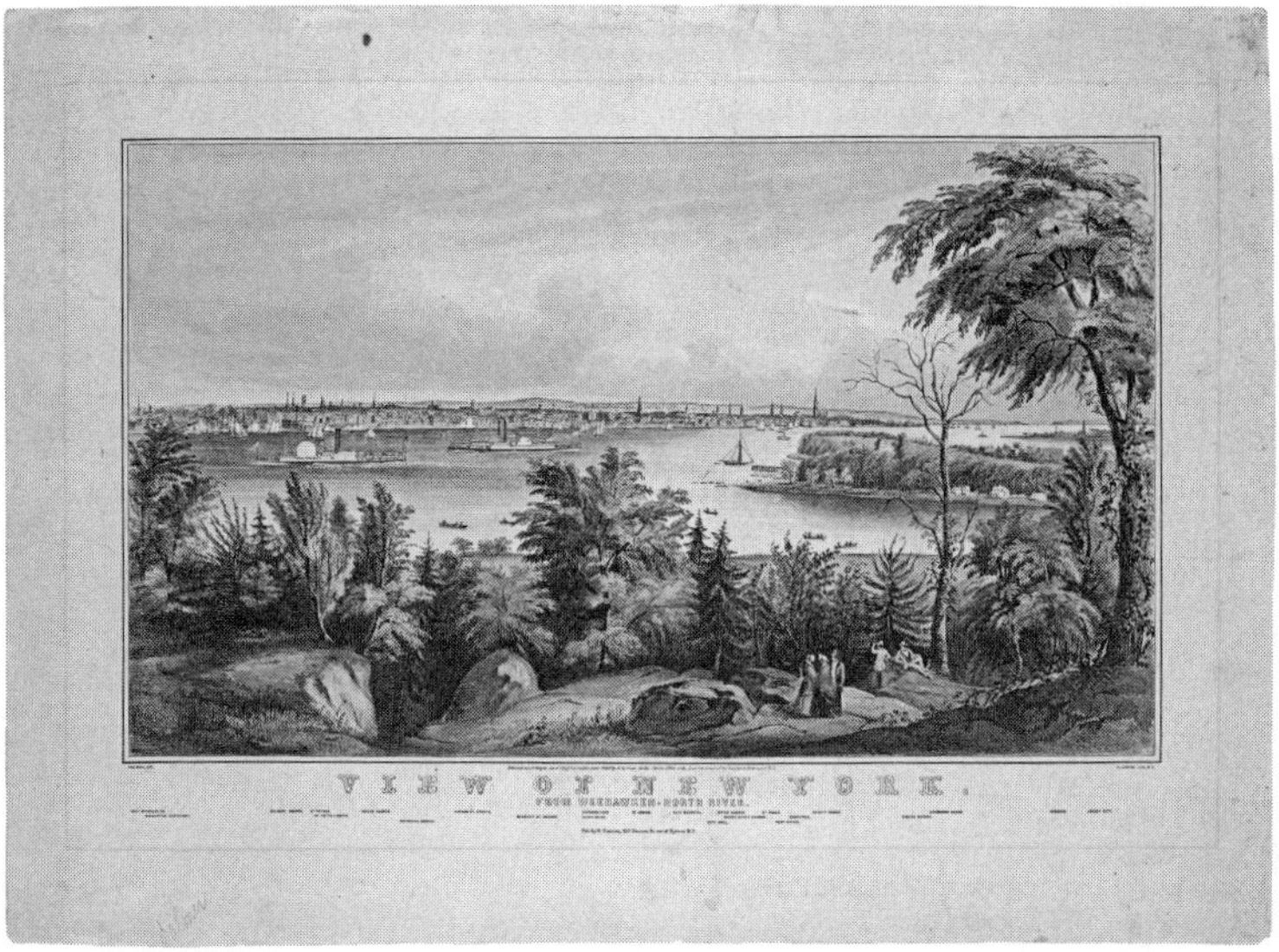

図6　フランシス（ファニー）・パーマー《ウィーホーケンとノース川からのニューヨーク図》1849年，ナサニエル・カリアー刊，リトグラフ（手彩色），480×670 mm（出典：The Miriam and Ira D. Wallach Division of Art, Prints and Photographs: Print Collection, The New York Public Library. New York Public Library Digital Collections. http://digitalcollections.nypl.org/items/5e66b3e8-de04-d471-e040-e00a180654d7, 2016年4月7日アクセス）.

市図には農村風景のなごりがある。たとえば《ベイ・リッジからのニューヨーク湾》（一八六〇年）はブルックリンからの眺望図だが、森や農村の風景でなく、芝生が造園されて果樹が植わったゴシック・リバイバル風の家から男女が砂利道を馬車でやってくる、という郊外の眺めを描いている。自分の「F・アンド・S・パーマー」工房を続けていこうと刷り師の夫と苦労を重ねながらも、パーマーは《ウィーホーケン》図や《ブルックリン・ハイツからのニューヨーク図》（一八四九年）のドローイングをカリアーに提供した。カリアーは彼女の技能が多方面にわたることに気づいたに違いない。というのも、彼は一八五一年に彼女の工房を買い取り、彼女はカリアー・アンド・アイヴズのために「役馬のごとく働く」役になったのだ。彼女はドローイングの完成作を提供し、他のアーティストと組んで風景画の諸要素を描き入れ、彩色係用の総彩色見本を描いた。提供した版画は二〇〇以上になる。カリアーはしばしば自分の馬車で彼女をロングアイランドに送り、村の風景の細部をスケッチさせた。パーマーは、ロングアイランドからニューイングランド、ペンシルヴェニア、そしてカリフォルニアまでの各地の版画を制作した。有名な《大陸を横切り、帝国の道は西へと進み行く》（一八六八年）も制作したが、どの記録にあたっても、彼女がホーボーケン以西に出向いたことはなかった。イーウェル・ニューマンによれば、「ファニー・パーマーの絵は一九世紀後半、存命・逝去を問わず他のどのアーティストの作品よりも多く、普通のアメリカ人の家を飾ったようである」(34)。

カリアー・アンド・アイヴズの初のニューヨーク鳥瞰図は一八五六年に出された。ナサニエル・カリアー用にチャールズ・パーソンズが描いたその一枚は、この大都市を扱う一ダース以上のうち最初の一枚で、南から見た大縮尺の図で凡例欄に三三の建造物が記されている。その《ニューヨーク市、C・パーソンズ素描・石に描画》（一八五六年）は象徴的な風景の決定打となり、彼がハーパー社の芸術部門長になり、息子がカリアー・アンド・アイヴズで後任に就いた後も売れ続けた。この版画は同時期のバックマンの図に似ている。デイヴィッド・スコービーによれば、都市を港と水路を背景にくっきり浮かび上がる、小さくまとまった比較的同質なものとして示していて、キャッスル・ガーデン、バッテリー、トリニティ教会などが、この作品中のもっとも印象的な地点である(35)。

対照的に、一八七六年の《ニューヨーク市》（図1）では、都市は外側に爆発的に広がっている。アーティストの視点はより高く上がり、港の重要度が下がり、視線の及ぶかぎり島が広がっている感覚が強まっている。一八五六年の作品では、まなざす者の目はブロードウェイとバワリーがユニオン駅で一つになるところしか判別できなかった。一八七六年の作品では、その地点が真ん中になっていて、見る者はグランド・セントラル停車場と新設のセントラル・パークを見つけられる。一八五六年作品ではトリニティ教会の尖塔が他を圧していたが、一八七六年作品では、大きな白い建物が連なってダウンタウンのビジネス街をなし、ウェスタン・ユニオン・ビルなど高層ビルが華を添えている。凡例欄には、教会やホテルなどのより伝統的な公的建物や、セントラル・パークなど公共土木事業に加え、自社の名前がついた商業ビルが多数列挙されている。ブルックリン橋が巨大なスケールでそびえ立つ（一八七六年にはまだ橋塔しか完成していなかった）。都市周縁部では、イースト川に沿って皮なめし工房や製糖所など製造所《マニュファクトリー》がならぶ。都市景観は分化し、アップタウンとダウンタウンとに、商業地区と製造業地区とに区別されて描かれている。その規模は圧巻である。ブロードウェイはさらに大きく広くなり、車線の数も増した。私たちは世界初の高架鉄道が島の東端の渡し船乗り場から出て、九番街を北に延びているのを目にする(36)。

多くの都市図は大型のフォリオ判の図だった。中には重質の油性塗料で一回に一色ずつ、石版技法を何度も繰り返して刷ったクロモリトグラフ（多色石版画）もあった。一八七六年のニューヨーク鳥瞰図が時にぎらついた色なのはそのせいである(37)。クロモリトグラフは万部単位で売れた。家庭では芸術品扱いになる工業物品は、劇的に手に入れやすくなったのである(38)。

三　挿画熱と瞬間ステレオスコープ図

「わが国民を「挿画」熱が襲っている」と、『コスモポリタン・アート・ジャーナル』は一八五七年に記したが、このときフランク・レズリーの『画報新聞』は創刊五年目、『ハーパーズ・ウィークリー』は発行が始まったばかりだった。もっとも古い版画技術の一つである木版が、挿画入り定期刊行物を大衆市場の一大事件にした。どちらの雑誌もニューヨークを本拠地とし、この都市の風景図を載せていた。リトグラフが大都市拡大の力強さを詳らかにしたのに対し、写真と挿画入り刊行物は対象に接近して、街頭図や性格描写を主題とする図を提示し、また新旧のテクノロジーや画像ジャンルを混合していたのである。発行部数三〇万部と巨利を挙げた『ロンドン画報ニュース』が、アメリカの出版業者の手本だった。イギリス人移民フランク・レズリーは、何が報道に値する出来事かについて「考え方を……きびしく限定していた」ボストンの『グリーソン画報・客間の友』を手始めに、自分の経験をアメリカの版画業界に持ち込んだ。画報新聞はニューヨークへとアメリカ出版業の集中が進んだことのほか、電信網や大西洋海底ケーブルなど新しいテクノロジーを利用した。木版と活字からなるページが電気版化されて、ほとんど磨耗なしで何万部も刷れるようになった。他にも工業的な製版法が「挿画熱」を促進した。アーティストの挿画が承認を受けると、それはトルコッゲの版木に裏返しで擦りつけられる。版木は着脱可能な小さい板を多数つないだもので、アーティスト一人ひとりが板一枚を担当するのである。(39)

ニューヨークには銅版画業者やリトグラフ業者のみならず、一般の印刷業者もいた。この都市はアメリカ出版業の中心地となり、ハーパー社は、一八八〇年には四〇〇〇の作品を刊行する最大の出版業者だった。印刷工ジェイムズ・ハーパーとジョン・ハーパーは、一八一七年に図書出版の仕事を始めた。弟二人も加わって、会社は一八三三年に「ハーパー・アンド・ブラザーズ」に社名変更した。彼らはパール・ストリート三三一番地、つまりブロードウェイおよびカリアー・アンド・アイヴズ社の東側に店舗を設けた。一九世紀中ごろに数多くの日刊新聞が出版されていた「印刷業者スクエア」、つまりブロードウェイをはさんで市庁舎スクエアの向かい、の近くである。同社の革新的な活動は画像制作にも及んでいる。ウィンズロー・ホーマーのような著名な描き手たちによる木版画が、セントラル・パークでスケートする人々から、労働者たちのユニオン・スクエアでの集会まで、さまざまな社会集団を挿画にしたのである。『ハーパーズ・ウィークリー』は発行部数が巨大で、中流階級市場に君臨していた。(40)

『ハーパーズ・ウィークリー』は一八五七年四月号ではじめて表紙画を載せた。翌月、編集部は「『ハーパーズ・ウィークリー』はすでに定期発行部数六万部に達しました。……社主は、魅力あふれる風景、重要な出来事、有力人士のスケッチあるいは写真を、世界中どこのアーティストからでも受け付けます。採用の暁には潤沢にお支払いしま

図7　トマス・ホーガン《九〇番台あたりにて》『ハーパーズ・ウィークリー』12（1868年8月15日）（出典：『*Harper's Weekly*』第24巻（復刻版，本の友社，2002年），520頁）.

す」と自慢げに記した。[41] ウィンズロー・ホーマーらはこの都市の上品で洗練された側をスケッチしていたが、画報新聞のページには、貴と賤、牧歌風と都市風という対照をなす図式が現れるようになり、南北戦争はこの変化を加速させた。騒々しい街頭の光景と居住者過剰の住居の図が掲載された。ブロードウェイを渡るというありふれた行為すら、図像と詞書きでこまごまとコメントがついた。《ニューヨーク・ブロードウェイ図、フルトン・ストリートの向かい》という一八六〇年の挿画では、あまりにも多くの車両と通行人が同一の都市空間に集結していた。警官が警棒と鞭を振り上げた相手は、馬、そして通行人かもしれない。一方別の警官は、二人の着飾った女性が交差点を渡るのをエスコートしようと試みている。[42]

挿画入り定期刊行物は、通信員アーティストによる「ありふれた場面をあるがままに描いた画」を約束し、その人気は、都市世界の視覚的想像力に訴える部分が理解されるようになったことに基づいていた。『ハーパーズ』誌の驚くべき《ニューヨーク、気球からの図》など、画報出版物は鳥瞰図も掲載したが、掲載の街頭図のほうは、ジョン・

キャソンが「潜入者の目線」と呼んだもの、つまり混沌と分断の内幕を映し出す目線、をとり入れていた。対照させてごちそうの催しを描いたトマス・ホーガンの《九〇番台あたりにて》（別名《ブロードウェイで、それともバワリーで》）（一八六八年、図7）では、洒落者たちは客間のような空間でアイスクリームを味わい、対になる記事には「上品な社交室《サルーン》」や「流行のドレス」などとある。他方、みすぼらしい服装の子供たちは屋外で、あるいは「街頭食べ物屋台《カウンター》というはた迷惑なしろもの」にて、ごちそうにありついている。「ニューヨーク市民は全員、この絵が正確だと即座にわかるのだ。ニューヨークのことをもっと知りたいといつも思っている何千もの遠方の読者の心に、この大都市の二つの大通りの、そして二大階級の巨大な落差を、これ以上明瞭に伝えられるものはないだろう」[43]。ひっそりと存在しているために普通の市民や訪問者に見えないもの、鳥瞰図やパノラマ図では目につかなくなってしまうものは、ジョージ・フォスターの『ガス燈のニューヨーク』（一八五〇年）など潜入ルポものが大量に刊行されて、まず文字化されていた。だがそれは挿画入り定期刊行物において、最もあざやかで視覚的な形を得たのである[44]。

一八三九年に発明された写真術は、肖像ビジネスを営む者の多くには恵みになり、またブロードウェイこそ訪問者も住民も行くべき極めつけの場所だ、という世評をさらに確立した。写真の企業家マシュー・ブレイディとエドワード・アンソニーは、市庁舎公園の端までアップタウンに進み、ブロードウェイ二〇五番地に店を構えた。ブレイディは有名人の肖像写真家として、また『輝けるアメリカ人たちの肖像集』（一八五〇年）などの出版企画で名を挙げた。アンソニーも愛国的肖像写真家として世に出たが、すぐに写真スタジオを離れ、成長著しい写真用品ビジネスに向かった。二人とも拠点を北に移し続けた。ブロードウェイこそは中上流階級の顧客が写真を撮ってもらいに行く先であり、写真師の写真館あるいは「社交室」はまなざして、まなざされる場所であり、ピーター・ヘイルズが述べるとおり、視覚のスペクタクルを屋内へと押し広げた[45]。写真スタジオはこの都市の建築・商業の骨組みの不可欠な部分にな

図8　《雨の日のブロードウェイ》1860年ごろ，E. アンド H. T. アンソニー社（出典：The Miriam and Ira D. Wallach Division of Art, Prints and Photographs: Photography Collection, The New York Public Library. New York Public Library Digital Collections. http://digitalcollections.nypl.org/items/510d47e0-1c8e-a3d9-e040-e00a18064a99, 2016年2月16日アクセス）［訳者註：著者の指示により，本文にある5095番ではないが，同一の図柄である5094番を掲載］.

っていた。

アンソニーは一八六〇年五月に、自分のステレオスコープ店舗《エンポリアム》をブロードウェイ五〇一番地に開いた。でかでかした字で「アメリカ・海外ステレオスコープ店舗・写真用品庫《ディポ》」と破風に銘打っていたが、客間用品も一そろい用意していた。ステレオスコープ図に加え、写真アルバム、キャビネ判やハガキ判の写真、クロモリトグラフ（多色石版画）である。[46] エドワード・アンソニーの《雨の日のブロードウェイ》（一八六〇年、図8）は長方形のカードの表裏両面に、新しい三次元の都市像を示そうとした。アンソニーの店舗がこの大通りに構える繁盛する「商業の殿堂」であり、かつブロードウェイがこの活気あふれる大都市を象徴したこともあって、アンソニー社の窓からの都市眺望図は、彼の会社とステレオスコープ（立体眼鏡装置）にとって重要な声明となった。ステレオスコープの二連の図像は、濡れて光る通りと混雑した歩道にそって遠景を写している。その通りと歩道には、傘をさした歩行者と馬が引く乗り物があふれているが、もっとも手前の小型四輪馬車以外、みな動作のさなかで切りとられている。裏面には、《アンソニーの瞬間図、雨の日のブロードウェイ。五〇九五番。ニューヨーク市ブロードウェイ五〇一番地、アメリカ・海外ステレオスコープ店舗、E・アンド・H・T・アンソニー社発行》とある。ニューヨークとブロードウェイを描いたこの「瞬間」図は、都市の図像としては、旧来の写真図から一線を画していた。旧来の写真図は露光が長時間だったため、人の姿がぶれているか、通りには動きがないかのようだったのだ。《チャタム・スクエア》（一八五三〜五五年）というダゲレオタイプでは、買い物客や歩行者はやっと判別できる程度の写り方だが、家具、窓のサッシ、その他家庭用品の販売店舗がひしめいて、雑然とした風景になっている。[47] 加えて、「瞬間」ステレオグラフは近代の商品なのだ、とアンソニーは主張した。

都市図はダゲレオタイプの肖像写真に代わって、ステレオグラフ・カタログの主力商品となった。「ステレオスコープとその図に潜む、百科事典的な、『客観的に』記録する力」に焦点を合わせたアメリカン・スタディーズ研究者ローラ・シャーボは、こう述べる。「ステレオスコープ図は人気を博して、景観図・都市図やその他の、国・政治・文化のアイデンティティをくっきり映し出すのにずっと適した主題に向かった。」一八六〇年にオリヴァー・ウェンデル・ホームズは、まさにこのブロードウェイ図を論じている。「化石化した都市という東洋の物語が目の前に現実となったというものだ。……しかしなんと驚かされることか、動きも種々さまざまな複雑さを全開にして駆け抜けていく巨大都市の中心的活気を、一度につかみとったとは！」私たちはアンソニーのブロードウェイ図に、彼の都市図すべてを貫く決まり文句的な質感を見出しはじめることができる。アンソニーがカメラを二階のバルコニーから外にかまえたとき、彼の目標は、動きがぶれて写る前景部分を最小限にして、通りを遠くのかぎりまで写しとることであった。ホームズや他の人々の想像力がとらえたように、最大量の活動が動きのさなかで静止して記録されるタイミングでシャッターを切り、彼はその静止した姿を、三角の楔形の空と三角形に写った通りとでつりあわせて枠づけした。[48]

ステレオグラフ（立体写真）はまずヨーロッパで広まった。特別な覗き具に入れると三次元の視野で見える両眼視効果を利用した、初の写真製版法は立体ダゲレオタイプである。この製版法には科学的な関心が寄せられていたが、消費者向けの製品を作れないかという強い熱意が向けられ、すぐにそれを上回った。ランゲンハイム兄弟が地元の出資者を得て、「アメリカ図集」という企画に取り組んだのが、ステレオグラフを主に風景描写の媒体にした皮切りである。シリーズもののステレオグラフが数え切れないほど生まれ、家族で見られるように、国内外の風景図は中流階級の客間に入り込んでいった。エドワード・アンソニーのステレオグラフ企業家としての成功は、一連の斬新な商業的・技術的とりくみがあってのことだった。彼はヨーロッパのステレオグラフの輸入から始めたが、アメリカ図でもって自分のビジネスを確立した。そしてニューヨーク市にいたという幸運も成功の一因である。彼はコロジオン・ネガの感光乳剤の感度を上げ、カメラのシャッター技術も改良し、露光は他のほとんどのように三〇秒以上ではなく、たった四〇分の一秒ですんだ。彼のカメラは小型で扱いやすい、軽量なしろもので、ネガもごく小さかった。高額で扱いにくい単体型の覗き具は、小さな板にレンズが二つついて、ステレオグラフを差し込むための弦が張ってあり、見る者が目のところに持てる軽量で簡単なホームズ＝ベイツ立体双眼鏡《ステレオスコープ》にとって代わられた。アンソニーは大量生産に打って出て、数名の男性に加え五〇人以上の女性を雇って写真の選択、カット、スライドへの仕立て、図としての仕上げをさせた。そのステレオ図は採光の良い別の建物で、ガラスのコロジオン・ネガを使って蛋白印画紙に印刷された。需要の伸びに応えようと、女性たちが働く蛋白印画紙工場がブロードウェイ六五番地に設けられた。工程はほとんど機械化されていなかったが、アセンブリーライン式のシステムにより、アンソニーの従業員たちは一日あたり二〇〇〇ないし三〇〇〇枚、年一〇〇万枚以上のステレオグラフを生産できた。(49)

ニューヨークは、アンソニーの数多くのステレオグラフの主題であり、彼の全国的な生産・流通システムの中心でもあった。彼の会社は、代理人のネットワークと契約してアメリカ風景図目録に入れる写真を確保し、自社のステレオグラフを新設の大陸横断鉄道網で流通させた。《雨の日のブロードウェイ》は、別のニューヨーク港湾の図や《ニューヨークに来たる日本使節団、一八六〇年六月》の来訪シリーズといった他の街頭図を含む、「瞬間」図シリーズ一七五枚中の一枚だった。一八七三年までに、同社の取扱品リストは一万一〇〇〇タイトル以上に及んだ。ヘイルズは、アンソニーのステレオグラフはこの都市をプロセスとして表象することについては斬新なアプローチをとったが、図像の描写のあり方とビジネスのやり方については、アメリカの家庭に最大限受け入れられるよう、保守的な特質を活用した、と鋭い指摘をしている(50)。

おわりに

ステレオスコープやリトグラフなど、革新的なテクノロジーが推進した新しい視覚の様式が可能にしたのは、ありあまるほど版画が作れることにとどまらなかった。客間に持ち込まれた他の品物ともども、これらの版画などの物品は、単なる挿絵として使われるのではなく、むしろ社交の世界《ソーシャル・ワールド》の出現を可能ならしめるのである。私たちは物品が何をし、どのように作用するかに注目しなければならないのだ(51)。田園風の眺望と上品なジョージ王朝時代風の都市景観が鳥瞰図と混沌とした街頭図にとって代わられるにつれ、ニューヨークは都市をまなざす主要拠点になり、爆発的に成長する都市の姿を、視覚的な形でどのように理解しうるかの手本となった。雨の日のブロードウェイのよどみない流れや、急拡大のため地上からは感得できなくなってきた大都市域を把握しようと試みる中で、パノラマ図とステレオスコープは、都市空間を囲い込み、また時を区切って垣間見る可能性を示した。総体として、さまざまな見え方の形が歴史の中で構築され、都市的な実践として姿を現した。ニューヨークは、視覚の新しい実践として都市でまなざす現場にもなった。まなざす中流階級公衆が構築されてくるのに基づいて都市的な視覚の制度《レジーム》が形をなすのを、展示するための場所が、次第に促進していった(52)。人々はまなざし、まなざされ、自分たちは一つの階級なのだと理解するために、ブレイディの写真スタジオ、セントラル・パーク、クリスタル・パレス博覧会など、上品な空間に出向いた。彼らはリトグラフ・写真・挿画入り定期刊行物を購入して客間で使うことで、このプロセスを自宅に持ち込んだ。不安を催させる出来事や人物が風景を乱すことも時折あったかもしれないが、これら画像製品の示した都市図像は、標準化が進んでいった。アンソニーら図像の制作人たちは、南北戦争後の時代に中流階級文化を構成した家庭文化の諸要素の配置を、積極的に手がけていったのである。

（1）John Reps, *Views and Viewmakers of Urban America: Lithographs of Towns and Cities in the United States and Canada, Notes on the Artists and Publishers, and a Union Catalog of Their Work, 1825–1925* (Columbia, MO: University of Missouri Press, 1984); David Henkin, *City Reading: Written Words and Public Spaces in Antebellum New York* (New York: Columbia University Press, 1999); David M. Scobey, *Empire City: The Making and Meaning of the New York City Landscape* (Philadelphia, PA: Temple University Press, 2002).

（2）Frederick Saunders, *New York in a Nut-Shell* (New York: T. W. Strong, 1853), 101; Cornelius Mathews, *Pen-and-Ink Panorama of New-York City* (New York: John S. Taylor, 1853), 32–33, 203.

（3）Elliott Davis, "The Currency of Culture: Prints in New York City," in *Art and the Empire City: New York, 1825–1861*, ed. Catherine Voorsanger and John K. Howat (New York: Metropolitan Museum of Art, 2000), 189–225.

（4）ベネットについては、Gloria-Gilda Deak, *William James Bennett: Master of the Aquatint View* (New York: New York Public Library, 1988); Marilyn F. Symmes, *Impressions of New York: Prints from the New-York Historical Society* (Princeton, NJ: Princeton Architectural Press, 2004), 38–41. コルナーについては、Nicholas Wainwright, "Augustus Kollner: Artist," *Pennsylvania Magazine of History and Biography* 84 (1960): 325–51; Robert J. Olsen, *Drawn by New York: Six Centuries of Watercolors and Drawings at the New-York Historical Society* (New York:

New-York Historical Society, 2011), 247–49.

（5） Deak, *Bennett*, 30; Symmes, *Impressions of New York*, 38–41.

（6） Gloria-Gilda Deak, *Picturing America, 1497–1899: Prints, Maps, and Drawings Bearing on the New World Discoveries and the Development of the Territory That Is Now the United States*, 2 volumes (Princeton, NJ: Princeton University Press, 1988), I: 290–91.

（7） Deak, *Picturing America*, I: 391–92; Symmes, *Impressions*, 80.

（8） Richard Benson, *The Printed Picture* (New York: Museum of Modern Art, 2008), 50; Davis, “Currency of Culture,” 191; Sally Pierce with Catharina Slauterback and Georgia Barnhill, *Early American Lithography: Images to 1830* (Boston, MA: Boston Athenaeum, 1997), 12; Georgia Barnhill, “Transformations in Pictorial Printing,” in *An Extensive Republic: Print, Culture, and Society in the New Nation*, volume 2 of *A History of the Book in America*, ed. Robert A. Gross and Mary Kelley (Chapel Hill, NC: University of North Carolina Press, 2010), 433–34.

（9） George Brady Bumgardner, “George and William Endicott: Commercial Lithography in New York, 1831–51,” in *Prints and Printmakers of New York State, 1825–1940*, ed. David Tatham (Syracuse, NY: Syracuse University Press, 1986), 43–65.

（10） Olsen, *Drawn by New York*, 247–49.

（11） Kollner, *City Sights for Country Eyes* (Philadelphia: American Sunday School Union, 1856). 同じ年、コルナーは「デザイナー、銅版画家、リトグラフ制作家。銅板版画も石版画も」と、建築のデザインと牧歌的な都市情景図を添えて広告している (American Antiquarian Society, Library of Congress)。

（12） Reps, *Views and Viewmakers* の図像チェックリストを参照。

（13） “The Latting Observatory,” *American Farmers’ Magazine* 6 (1853): 313; I. N. Phelps Stokes, *The Iconography of Manhattan Island, 1498–1909*, 6 volumes (New York: R. H. Dodd, 1915–1928), III: 709; Hans Bergmann, *God in the*

Street: New York Writing from the Penny Press to Melville (Philadelphia, PA: Temple University Press, 1995), 46.

(14) Jules Arnout, *Excursions Aeriennes. Paris en Ballon* (Paris: Gambart, Junin & Co., 1846).

(15) Reps, *Views and Viewmakers*, 3–17; Bergmann, *God in the Street*, 47–48. Kollner, *Broadway, New York*, at http://www.metmuseum.org/collection/the-collection-online/search/421536（二〇一五年七月三日閲覧）

(16) John F. Kasson, *Rudeness and Civility: Manners in Nineteenth-Century Urban America* (New York: Hill and Wang, 1991), 73–77; Jonathan Prude, “Engaging Urban Panoramas: City Views of the Antebellum North,” *Common-Place* 7 (April 2007). ボーネットについて、http://digitalcollections.nypl.org/items/510d47d9-7a9f-a3d9-e040-e00a18064a99（二〇一五年七月三日閲覧）。

(17) Reps, *Views and Viewmakers*, 3; バックマンについては、160–161; Nat Case, “John Bachmann and the American Bird's Eye View Print,” *Imprint* 33 (Autumn 2008): 19–35; Erika Piola, *Philadelphia on Stone: Commercial Lithography in Philadelphia, 1828–1878* (College Station, PA: Penn State University Press, 2012).

(18) Deak, *Picturing America*, I: 387, 403; John Thorn, ed., *New York 400* (Philadelphia, PA: Running Press, 2009), 140; Ronald E. Grim, Roni Pick, and Eileen Warburton, *Boston & Beyond: A Bird's Eye View of New England* (Boston, MA: Norman B. Leventhal Map Center at the Boston Public Library, 2008), 38–41.

(19) Reps, *Views and Viewmakers*, 160–61; Deak, *Picturing America*, I: 403–04.

(20) リパードとジョージ・フォスターについては、Stuart M. Blumin, “Explaining the New Metropolis: Perception, Depiction, and Analysis in Mid-Nineteenth-Century New York City,” *Journal of Urban History* 11 (1984): 9–38.

(21) Case, “Bachmann,” 25.

(22) Deak, *Picturing America*, I: 416–17, 504–05. 以下を参照。*Brooklyn. Bird's eye view of the City of New York. Williams-Burg/entered...1859 by J. Bachmann...drawn from nature...* (1859) at http://digitalgallery.nypl.org/nypldigital/id?1659239.（二〇一三年一月五日閲覧）

(23) Bergmann, *God in the Street*, 48; Case, "Bachmann," 26; Symmes, *Impressions of New York*, 118–19; Mike Wallace and Edwin G. Burrows, *Gotham: A History of New York City to 1898* (New York: Oxford University Press, 1999), 673.

(24) M. Elen Deming, "The Country and the City: John Bachmann's Views of Manhattan & Central Park," *Landscape Journal* 19 (2000): 111–25; Bachmann, *Central Park*, at http://digitalgalley.nypl.org/nypldigital/id?ps_map_cd1_07 (二〇一三年二月五日閲覧)

(25) George Cruikshank, *All the world going to see the Great Exhibition of 1851* (London: s.n., 1851), http://images.library.yale.edu/walpoleweb/fullzoom.asp?imageid=lwlpr14421 (二〇一二年一月二六日閲覧); Tanya Agathocleous, *Urban Realism and the Cosmopolitan Imagination in the Nineteenth Century* (New York: Cambridge University Press, 2011), 38.

(26) John Reps, *Cities of the Mississippi* (Columbia, MO: University of Missouri Press, 1994), 4.

(27) Harry T. Peters, *Currier & Ives, Printmakers to the American People* (New York: Doubleday, 1942); Bryan F. LeBeau, *Currier & Ives: America Imagined* (Washington, D. C.: Smithonian Institution Press, 2001).

(28) Bernard F. Reilly, "Introduction," *Currier and Ives: A Catalogue Raissone* (Detroit, MI: Gale Research, 1984), xxiii.

(29) Peter C. Marzio, *The Democratic Art: Pictures for a 19th Century-America* (Boston: David R. Godine, 1979).

(30) Peters, *Currier & Ives*, 35.

(31) Peters, *Currier & Ives*, 53–54.

(32) "Labor in New-York: Its Circumstances, Conditions and Rewards. No. V ... The Map-Colorers," *New-York Daily Tribune* 25 (Aug. 25, 1845): 2; April Masten, *Art Work: Women Artists and Democracy in Mid-Nineteenth-Century New York* (Philadelphia, PA: University of Pennsylvania Press, 2008).

(33) LeBeau, *Currier & Ives*, 156–64; Reps, *Views and Viewmakers*, 3; E. McSherry Fowble, "Currier and Ives and the

American Parlor," *Imprint* 15 (Winter 1990): 14–19.

(34) Charlotte Streifer Rubinstein, *American Women Artists from Early Indian Times to the Present* (Boston, MA: G. K. Hall & Co., 1982), 68; Rubinstein, "The Early Career of Frances Flora Bond Palmer," *American Art Journal* 17: 4 (Autumn 1985): 71–88; Ewell L. Newman, *Currier & Ives, 19th Century Printmakers to the American People*, rev. by Ladd MacMillan (Sandwich, MA: Heritage Plantation of Sandwich, 1973); LeBeau, *Currier & Ives*, 26–27; Harriet Endicott Waite Papers, Archives of American Art, Smithonian Institution; *Fanny Palmer: A Long Island Woman Who Portrayed America* (Long Island, NY: Society for the Preservation of Long Island Antiquities, 1997), 8. *Across the Continent, Westward the Course of Empire Takes Its Way* (1868), at http://hdl.loc.gov/loc.pnp/ppmsca.03213 (二〇一一年一月二十六日閲覧)

(35) Scobey, *Empire City*, 62; Peters, *Currier & Ives*, 134–40. *City of New York / sketched and drawn on stone by C. Parsons*, at http://www.loc.gov/pictures/item/90715981 (二〇一一年一月二十六日閲覧)

(36) Scobey, *Empire City*, 62–65; Reps, *Views and Viewmakers*, 160–61; Julia Hollett Courtney, "The Artists Who Worked for Currier & Ives," in *The Legacy of Currier & Ives: Shaping the American Spirit* (Springfield, MA: Michele and Donald D'Amour Museum of Fine Arts, 2010), 22–24.

(37) Reps, *Views and Viewmakers*, 196–98; *The Wood, Struthers & Winthrop Collection of Currier & Ives* (New York: Wood, Struthers & Winthrop, 1996), 14; Marzio, *The Democratic Art*, 83.

(38) "Art Gossip," *Cosmopolitan Art Journal* 4 (September 1860): 126–28; Sally Lorenson Gross, *Toward an Urban View: The Nineteenth-Century American City in Prints* (New Haven, CT: Yale University Press, 1989), 22–26; Michael Clapper, "'I Was Once a Barefoot Boy!': Cultural Tensions in a Popular Chromo," *American Art* 16: 2 (Summer 2002): 17–39.

(39) David Tatham, *Winslow Homer and the Pictorial Press* (Syracuse, NY: Syracuse University Press, 2003), 24;

Joshua Brown, *Beyond the Lines: Pictorial Reporting, Everyday Life and the Crisis of Gilded Age America* (Berkeley, CA: University of California Press, 2002).

(40) Eugene Exman, *The Brothers Harper: A Unique Publishing Partnership and Its Impact Upon the Cultural Life of America from 1817 to 1853*, 1st edn. (New York: Harper & Row, 1965); Scott Casper, "Case Study: Harper Brothers," in *The Industrial Book, 1840–1880*, volume 3 of *A History of the Book in America*, ed., Scott E. Casper, Jeffrey D. Groves, Stephen W. Nissenbaum, and Michael Winship (Chapel Hill, NC: University of North Carolina Press, 2007), 128–37.

(41) "Publisher's Notices," *Harper's Weekly* 1 (May 2, 1857): 273.

(42) Tatham, *Homer and the Pictorial Press*, 68–69; "Broadway, Opposite Fulton Street," *Harper's Weekly* 4 (February 18, 1860): 106.

(43) "Up Among the Nineties," *Harper's Weekly* 12 (Aug. 15, 1868): 519–22.

(44) George G. Foster, *New York by Gas-Light and Other Urban Sketches*, ed., Stuart Blumin (Berkeley, CA: University of California Press, 1990); James Dabney McCabe, *The Secrets of the Great City: A Work Descriptive of the Virtues and the Vices, the Mysteries, Miseries and Crimes of New York City* (Philadelphia, PA: Jones, Brothers & Co., 1868).

(45) Peter Bacon Hales, *Silverv Cities: The Photography of American Urbanization, 1839–1915*, Revised and Expanded Edition (Albuquerque, NM: University of New Mexico Press, 2005), 162–66.

(46) William Marder, *Anthony: The Man, the Company, the Cameras* (Plantation, FL: Pine Ridge, 1982); John Werge, *The Evolution of Photography* (1890; New York: Arno Press, 1973), 199–200.

(47) Jeff L. Rosenheim, "'A Palace for the Sun': Early Photography in New York City," in *Art and the Empire City*, 218; William C. Darrah, *The World of Stereographs* (Gettysburg, PA: Darrah, 1977), 21–22; Robert Taft, *Photography*

and the American Scene: A Social History, 1839–1889 (New York: Dover Publications, 1964), 173–76.

(48) Oliver Wendell Holmes, *Soundings from the Atlantic* (Boston, MA: Ticknor and Fields, 1864), 232; Laura Schiavo, "'A Collection of Endless Extent and Beauty': Stereographs, Vision, Taste and the American Middle Class, 1850–1880" (Ph.D. dissertation, The George Washington University, 2003), 161.

(49) Marder, *Anthony*, 113, 122; Reese Jenkins, *Images & Enterprise: Technology and the American Photographic Industry, 1839 to 1925* (Baltimore, MD: Johns Hopkins University Press, 1975), 50–52; Rosenheim, "Palace for the Sun," 234–35.

(50) Hales, *Silver Cities*, 162–166; Marder, *Anthony*, 114–28; *New Catalogue of Stereoscopes and Views Manufactured and Published by E. Anthony, American & Foreign Stereoscopic Emporium* (New York: The Company, 1862). http://digitalgallery.nypl.org/nypldigital/id?G91F182_030F（二〇一五年七月三日閲覧）

(51) Jonathan Crary, *Techniques of the Observer: On Vision and Modernity in the Nineteenth Century* (Cambridge, MA: MIT Press, 1992), 124–36.

(52) Tony Bennett, "The Exhibitionary Complex," in *The Birth of the Museum: History, Theory, Politics* (London: Routledge, 1995), 59–86; T. J. Clark, *The Painting of Modern Life: Paris in the Age of Manet and His Followers* (New York: Knopf, 1984); M. Christine Boyer, *The City of Collective Memory: Its Historical Imagery and Architectural Entertainments* (Cambridge, MA: MIT Press, 1994), 250–57.

あとがき

本書は以下に記す二つの科学研究費助成研究の成果報告書に相当する。二〇〇七年度~二〇一〇年度・基盤研究（A）「公共文化の胎動：建国後の合衆国における植民地社会諸規範の継承と断絶に関する研究」（課題番号一九二〇二〇〇三）、二〇一一年度~二〇一五年度・基盤研究（A）「一九世紀前半のアメリカ合衆国における市民編成原理の研究」（課題番号二三二四二〇四四）。いずれも代表は遠藤泰生がつとめた。我が国におけるアメリカ合衆国近代史研究は昨今、必ずしも活発とはいえない。これではいけない、何か共同で討議できる課題をたて、大学横断的な研究活動を活性化させたいという思いからプロジェクトをスタートさせたのが二〇〇七年である。それから、はや十年が経ってしまった。もちろんこの間、両研究プロジェクトに研究分担者として参加した研究者は、国内外の学会における研究報告、著書、学術論文ほか、さまざまの場で自身の研究成果を公にしてきた。しかし、プロジェクトの輪郭を明らかにする成果をグループとして公にできたのは、あるいはこれが最初かもしれない。

ばらばらに研究を進めがちな一八、一九世紀のアメリカ史、アメリカ地域研究者が共有できる研究課題を探すことから二〇〇七年の研究プロジェクトは始動した。政治学、歴史学、文学、宗教学を専門とする集団がおよそ隔月のペースで顔を合わせ、互いの知見を高め合えるトピックを探すという、学術的には決して褒められない動機で研究プロジェクトは始まったことになる。したがって、「公共」や「市民」という争点は、参加を承諾した研究者と協議を重ねながら設定された課題であったという方が正しいかもしれない。

もちろん、課題を選択する際の前提となる問題関心は、いくつか代表者から提示してあった。例えば、一七世紀以来の植民地時代の歴史と南北戦争へ向かう一九世紀前半の歴史を専門にする研究者が、大雑把にいえば別れたまま独自に研究を行い、独立革命の時期を挟む歴史の連続性と断絶に十分な視野を持たずにいる状況を変えたいという思いが一つあった。アメリカ独立革命の歴史を、何を文脈に語り、何を争点に理解するのかという問題ともこのことは関わる。この問題が大きく研究者の前に立ちはだかり、ややもすれば独立革命を分水嶺にアメリカ史の研究が断絶している状況が続いてきたという印象を代表者は持っていた。例えば、いわゆる環大西洋史の試みもその状況を改善する力に必ずしもなり得ていないのではないだろうか。その二つの時期の歴史を繋ぎ合わせる、あるいは架橋する視点の一つとして「公共」に焦点をあて、そこから既存の研究よりは長い歴史的視野にたち、アメリカ合衆国の建国やナショナリズムの歴史を語り合ってみたい。アジアや西欧の歴史と比較する視点ももっと強く持ちたい。そのように声をかけ、「公共文化の胎動――建国後の合衆国における植民地社会諸規範の継承と断絶に関する研究」を動かし始めた。ただ、ある程度予期されたことではあったが、プロジェクトがスタートしてから暫くは、互いの関心や知識を確かめ合う、つたない研究会が続いたという印象を今でも強く持つ。各研究分担者が報告をする以外に、国内外の研究者を講師に招き議論をすることも多かったが、顔を揃えた研究者の関心が何とも統一されていないことに驚いた講師も多かった。それでも、研究分担者がほぼ全員、アメリカ学会会員であり、他分野の先生方の話に耳を傾けることに馴染みが深かったことが、プロジェクトを空中分解させずに続けることができた要因ではなかったかと今、振り返って思う。辛抱強く付き合ってくださった研究分担者、および招聘講師として報告をしてくださった研究者にあらためてお礼を申し上げる。各研究会の内容や各講師の報告の概要は、東京大学総合文化研究科附属アメリカ太平洋地域研究センター（The Center for Pacific and American Studies: CPAS）発行の『CPAS Newsletter』（八巻第一号・二〇〇七年九月号～一一巻第二号・二〇一一年三月）に随時紹介してある。ネット上で容易にアクセスできるので、ご関心の向きにはそれをお読みいただきたい。本書のいわばハウツーメイクに触れることができるはずである。

迎える研究者の関心のばらつきにもかかわらず、国内外から招聘した研究者の報告からは常に多くのことを学ぶことができた。いま、その報告者の氏名を記し謝意を表すことをお許し願いたい。所属は報告が行われた時のものを記す。報告が行われた順に、佐原彩子（東京大学・院）、斎藤純一（早稲田大学）、佐藤清子（東京大学・院）、大野誠（愛知県立大学）、奥山倫明（南山大学）、肥後本芳男（同志社大学）、藤本龍児（同志社大学）、鰐淵秀一（東京大学・院）、前川怜子（京都大学）、三牧聖子（東京大学・院）、西崎文子（成蹊大学）、山中美潮（京都大学・院）、森山貴仁（京都大学・院）、笠井俊和（名古屋大学・院）、金井光太朗（東京外国語大学）、土屋和代（神奈川大学）、上英明（東京大学・院）、庭山雄吉（東京大学・院）、および、David Jaffee (Bard Graduate Center, New York), Alan Taylor (University of California Irvine), David Hall (Harvard University), Laurel T. Ulrich (Harvard University), David Armitage (Harvard University), Joyce Chaplin (Harvard University), Ned Landsman (State University of New York, Stony Brook), Philip Bell (University of New South Wales), David Carter (Visiting Professor of Australian Studies, CPAS/ The University of Queensland) の方々である。加えて、本科研が共催した研究会で報告いただいた他の研究者からも本当に多くのことを学んだ。

さて、科研「公共文化の胎動」の成果は、短いものではあったが成果報告書『公共文化の胎動――建国後の合衆国における植民地社会諸規範の継承と断絶に関する研究』（二〇一一年五月）にまとめた。しかし、その内容はまだ煮詰まっておらず、植民地ごと、エスニック集団ごとの政治空間を、独立革命期を挟んでいくらか長期的に見ることができるようになったものの、多くの異なる政治空間がナショナルな政治体に接続されるダイナミズムやその過程で生まれる緊張や軋轢を共同研究の形で提示するにはいまだ不十分であった。後継プロジェクトとして二〇一一年に「一九世紀前半のアメリカ合衆国における市民編成原理の研究」を立ち上げた第一の理由はそこにあった。そこで、個別の政治空間をナショナルな政治体に繋ぎ合わせる視座として「市民編成原理」を掲げ、一九世紀前半におけるその原理の展開を追うことにしたのである。幸い再び科学研究費の助成を受けることができ、研究分担者には、第一期のプロジェクトに参加した者以外に、政治思想、環大西洋史などに興味を寄せる研究者を新たに加え、およそ隔月のペースで研究会を重ねていった。第二期プロジェクトでは第一期よりも研究の焦点が定まり、すでに複数年共同研究者として顔を合わせた者どうし、気心も知れ、毎回、活発な議論を行うことができた。研究分担者の報告以外に、国内外から招聘する講師の報告もいっそう豊かになり、主に研究会の会場となった東京大学アメリカ太平洋地域研究センターには学内外の院生を含めた多くの研究者に集まってもらうことができた。上智大学アメリカ・カナダ研究所や同志社大学アメリカ研究所との連携も深まり、大学横断的な研究活動を活性化させるという科学研究費助成申請に際し当初掲げた目的の一つが少しずつ達成されていった。それらの活動内容の詳細は再び東京大学総合文化研究科附属アメリカ太平洋地域研究センターが発行する『CPAS Newsletter』（第一一巻・二〇一一年三月号〜第一四巻・二〇一五年三月号）に随時紹介してある。

第二期プロジェクトの研究会で報告をしていただいた招聘研究者の名前を再び記し、謝意を表すことをお許し願いたい。報告順に、中野耕太郎（大阪大学）、佐藤清子（東京大学・院）、小原豊志（東北大学）、天野由莉（東京大学・院）、大鳥由香子（東京大学・院）、安武秀岳（愛知県立大学名誉教授）、矢島宏紀（東京大学・院）、遠藤寛文（東京大学・院）、高山裕二（明治大学）、金子涉（明治大学）、岩井淳（静岡大学）、藤本龍児（帝京大学）、高内悠貴（東京大学院）、森本あんり（国際基督教大学）、および Chris Dixon (The University of Queensland), Lon Kurashige (University of Southern California), Yen Espiritu (University of California, San Diego), John Brooke (Ohio State University), Edward J. Park (Loyola Marymount University), David Hall (Harvard University), David Jaffee (Bard Graduate Center, New York), Mae Ngai (Columbia University), Edward Gray (Florida State University), Joyce Chaplin (Harvard University), David Goodman (Melbourne University), Christopher Capozzola (MIT) の方々である。加えて、本科研共催の研究会で報告いただいた他の研究者からは第一期と同じく多くの刺激を受けた。一八、一九世紀を前後にまたぐ時代からこの時代を見直す作業もこれらの研究者と進めることができた。また、研究分担者でこそなかったが、第一期・第二期プロジェクトが進行している間、東京大学において代表者の同僚であった古矢旬氏からは、プロジェクト全体の方向に関する貴重な助言を再三いただいた。感謝申し上げたい。

本書にあたる最終成果論文集の刊行については、それが可能か否かを含め、両科研に参加した研究分担者と幾度か議論を重ねた。周知のとおり日本の大学はどこも大きな制度改革を進めており、研究分担者は誰もが学内業務に忙殺されがちで、とくにプロジェクト最後の一年間は主要な研究分担者が軒並み学内行政の重職についたため、議論を煮詰めなければならない肝心の時に顔を揃えられないことが逆に増えた。それでも、夏と春に開催し続けた合同研究会には九州や関西、中京、東北から研究分担者が足を運んでくれた。そこで幾度も話をするうち、しだいに議論の焦点を絞り込むことができた。にもかかわらず、本書にまとめた形で論集を刊行することに代表者自身はかなりの不安を抱き続けたことを告白しなければならない。一つには、本書序論にも記したとおり、本科研の成果が形を現してくるにつれ、そこで論じている関心を日本の他のアメリカ研究者と共有することの難しさが逆に際だつように思われたからである。代表者の不安の今ひとつは、これも序論で示唆したとおり、政治学や社会学、西欧史学では活発に語られてきた問題をもう一度語り直すことに大きな意義があるか、確信を持てなかったことである。ハンナ・アーレントらが説く、開かれた公共をより抽象的に吟味する論文集と本論文集は異なる。正義論やコミュニタリアニズムの議論で語られる正統の話をするわけでもない。であるなら、今敢えて公共圏の話をする意義は何に求められるか。なかなか答えが出なかった。しかし、自らの浅学を棚に上げれば、自分の周囲の例えば学生に本研究プロジェクトの意義を理解してもらうには、根源的な話から説明を始めなければならないことも次第に明らかになった。ならば、進めてきた議論の内容を里程標として公にしておくのが代表者の責任か。二〇一五年の三月の合同研究会で本書各論文の核となる報告は研究分担者それぞれが既に終えていたにもかかわらず、本書刊行にいたるまで予想外に時間がかかったのは、研究成果の公刊に対し代表者が右のような不安を抱き続け、どのような仕立てで成果を問えばよいか迷い続けたためである。論集を組むにいたる背景にあったそれらの事情を敢えて記しておく。お許し願いたい。幸いなことに、海外研究協力者の中でも複数回来日し、研究プロジェクトの参加者に大きな刺激を与え続けた三名の研究者からオリジナルな論考を寄せてもらうことができた。それがJoyce Chaplin, David Hall, David Jaffeeの三名である。その三名にはとくに名を記して感謝したい。もちろん、職場の異動を含め、時間の制約を受けたため最終論文集に論文を寄せることが出来なかった何名かの研究分担者にも、ここにいたるまで長く併走してもらったことに謝意を表したい。敢えて氏名は記さないけれども、科学研究費助成事業プロジェクトデータベースでその氏名を知ることができる。

研究プロジェクトを完結させるまでには多くの人の手を借りることになる。予想以上に力を借りることになる人も大勢いた。例えば、この二つの科学研究費プロジェクトの成果を最も貪欲に吸収し、新しいアメリカ史学の進捗に力を注いでいる多くの大学院生には、研究会における報告、討議への参加に対し何よりお礼を述べたい。その若々しい視野からの質問、批判がどれだけ研究会を活気あるものにしてくれたか、教員職につくものは皆よく理解している。また、科学研究費助成への応募段階から成果論文集の刊行にいたるまで、内外研究者の招聘、連絡書類や原稿の整理他で、廖利加子さんには欠くことのできない支援をいただいた。深甚のお礼を申し上げる。

「あとがき」を記している今、編者は研究専念期間を利用しアメリカ合衆国に滞在している。貴重な専念期間をいただいた東京大学総合文化研究科に感謝申し上げる。また、その専念期間を資金面で支えていただいた日米教育委員会、および研究に専念する場を用意していただいたハーバード大学チャールズ・ウォーレン・センター（The Charles Warren Center for Studies in American History）にも深く感謝申し上げる。二〇一六年、合衆国では大統領選挙が闘われた。そこで、ドナルド・トランプとバーニー・サンダースを核とする選挙の嵐が吹き荒れるのを眼にすることができた。いったいあのような激しいデモクラシーの政治文化はどこから受け継がれてきたのか。そう問うてみると、本書が取り上げた時代とそこで起きた歴史に今一度目を向けてみる必要があるとあらためて思う。その思いを読者に届けられたら嬉しい。

本書は東京大学大学院総合文化研究科附属アメリカ太平洋地域研究センター・センター叢書の一冊として刊行される。そのセンターの活動には、日本アメリカ研究振興会の支援を常に受けている。感謝申し上げる。

最後にひと言、付け加える。本書刊行の準備が大詰めを向かえた二〇一七年一月、本書第一一章の執筆者であるDavid Jaffeeが逝去した。半年足らずの闘病の末の急逝であった。日本におけるアメリカ近代史研究の発展を気にかけ、日本からの研究者や留学生に暖い支援の手を常に差し伸べてくれたDavidに本書は捧げられる。それを記し、あとがきを結ぶこととする。

二〇一七年一月

編者　遠藤泰生

執筆者紹介

遠藤泰生（えんどう・やすお）［編者、序章、第八章翻訳］東京大学大学院総合文化研究科附属グローバル地域研究機構／アメリカ太平洋地域研究センター教授。主要著書に『多文化主義のアメリカ――揺らぐナショナル・アイデンティティ』（共編、東京大学出版会、一九九九年）、『浸透するアメリカ、拒まれるアメリカ――世界史の中のアメリカニゼーション』（共編、東京大学出版会、二〇〇三年）、『アメリカの歴史と文化』（編著、放送大学教育振興会、二〇〇八年）、ほか。

中野勝郎（なかの・かつろう）［第一章］法政大学法学部教授。主要著書に、『アメリカ連邦体制の確立』（東京大学出版会、一九九三年）、『境界線の法と政治』（編著、法政大学出版局、二〇一六年）、『複数の近代』（分担執筆、北海道大学図書刊行会、二〇〇〇年）、ほか。

金井光太朗（かない・こうたろう）［第二章］東京外国語大学大学院総合国際学研究院教授。主要著訳書に、ゴードン・S・ウッド『ベンジャミン・フランクリン、アメリカ人になる』（共訳、慶應義塾大学出版会、二〇一〇年）、『国民国家と市民――包摂と排除の諸相』（共著、山川出版社、二〇〇九年）、『アメリカの愛国心とアイデンティティ――自由の国の記憶・ジェンダー・人種』（共編著、彩流社、二〇〇九年）、ほか。

佐々木弘通（ささき・ひろみち）［第三章］東北大学大学院法学研究科教授。主要著書・論文に、デイヴィッド・D・ホール「アメリカ史における女性と宗教――社会的な慣行＝実践と、ジェンダーの政治」（翻訳、『法学』七九巻六号、二〇一六年）、『現代国家と市民社会の構造転換と法――学際的アプローチ』（共著、日本評論社、二〇一六年）、『現代社会と憲法学』（共編著、弘文堂、二〇一五年）、ほか。

森　丈夫（もり・たけお）［第四章］福岡大学人文学部教授。主要著書・論文に『大学で学ぶアメリカ史』（分担執筆、ミネルヴァ書房、二〇一四年）、「北米植民地代理人ジェレマイア・

ダマーのイギリス帝国——一八世紀アングロ・アメリカ政治の一断面」(『アメリカ研究』四七号、二〇一三年)、「フロンティアとイギリス帝国の公共の利益——一八世紀前半マサチューセッツ東部メインの帰属をめぐる論理の相克」(『公共文化の胎動(科学研究費報告書・代表遠藤泰生、一九二〇二〇二二)』、二〇一一年)、ほか。

ジョイス・E・チャプリン(Joyce E. Chaplin)〔第五章〕ハーヴァード大学歴史学部教授。主要著書に *Subject Matter: Technology, the Body, and Science on the Anglo-American Frontier, 1500–1676* (Harvard University Press, 2001), *The First Scientific American: Benjamin Franklin and the Pursuit of Genius* (Basic Books, 2006), *Round about the Earth: Circumnavigation from Magellan to Orbit* (Simon & Schuster, 2012)、ほか。

橋川健竜(はしかわ・けんりゅう)〔第五章・第一一章翻訳〕東京大学大学院総合文化研究科附属グローバル地域研究機構／アメリカ太平洋地域研究センター准教授。主要著書に『農村型事業とアメリカ資本主義の胎動——共和国初期の経済ネットワークと都市近郊』(東京大学出版会、二〇一三年)、『南北アメリカの歴史』(共編著、放送大学教育振興会、二〇一四年)、『新しく学ぶ西洋の歴史——アジアから考える』(編集委員、共著、ミネルヴァ書房、二〇一六年)、ほか。

久田由佳子(ひさだ・ゆかこ)〔第六章〕愛知県立大学外国語学部准教授。主要著書に『アメリカ・ジェンダー史研究入門』(分担執筆、青木書店、二〇一〇年)、『大学で学ぶアメリカ史』(分担執筆、ミネルヴァ書房、二〇一四年)、『海のリテラシー——北大西洋海域の「海民」の世界史』(分担執筆、創元社、二〇一六年)、ほか。

中野(水野)由美子(なかの・ゆみこ)〔第七章〕成蹊大学文学部教授。主要著書・論文に『〈インディアン〉と〈市民〉のはざまで——合衆国南西部における先住社会の再編過程』(名古屋大学出版会、二〇〇七年)、『南北アメリカの歴史』(分担執筆、放送大学教育振興会、二〇一四年)、「法的概念としての『市民』と先住民——領土拡張期の土地と住民の法的地位をめぐるポリティクス」(『アメリカ史研究』三三号、二〇一〇年)、ほか。

デイヴィッド・D・ホール(David D. Hall)〔第八章〕ハーヴ

ァード・ディヴィニティ・スクール名誉教授。主要著書に *A Reforming People: Puritanism and the Transformation of Public Life in New England* (Knopf, 2011), *The Faithful Shepherd: A History of the New England Ministry in the Seventeenth Century* (Harvard Theological Studies; distributed by Harvard University Press, 2006), *Worlds of Wonder, Days of Judgment: Popular Religious Belief in Early New England* (Harvard University Press, 1990)、ほか。

肥後本芳男（ひごもと・よしお）〔第九章〕同志社大学グローバル地域文化学部教授。主要著訳書に『アメリカ合衆国の形成と政治文化——建国から第一次世界大戦まで』（共編著、昭和堂、二〇一〇年）、『現代アメリカの政治文化と世界——二〇世紀初頭から現代まで』（共編著、昭和堂、二〇一〇年）、ゴードン・S・ウッド『ベンジャミン・フランクリン、アメリカ人になる』（共訳、慶應義塾大学出版会、二〇一〇年）、ほか。

増井志津代（ますい・しつよ）〔第一〇章〕上智大学文学部英文学科教授。主要著書・論文に "Female Piety and Evangelical Ritualization of Death: Abigail Hutchinson's Conversion in 'A Faithful Narrative,'" (*Jonathan Edwards Studies*, 6(2), 2016)、『植民地時代アメリカの宗教思想——ピューリタニズムと大西洋世界』（上智大学出版会、二〇〇六年）、『北米研究入門——「ナショナル」を問い直す』（共著、上智大学新書、二〇一五年）、ほか。

デイヴィッド・ジャフィー（David Jaffee）〔第一一章〕元バード大学グラデュエート・センター教授。主要著書に、*People of the Wachusett: Greater New England in History and Memory* (Cornell University Press, 1999), *A New Nation of Goods: The Material Culture of Early America* (University of Pennsylvania Press, 2010), "West from New England: Geographic Information and the Pacific in the Early Republic," in *Global Trade and Visual Arts in Federal New England* (P. Johnston and C. Frank, eds., University Press of New England, 2014)、ほか。

索　引

あ　行

か　行

さ　行

た　行

な　行

は　行

索　引

[アメリカ太平洋研究叢書]
近代アメリカの公共圏と市民
デモクラシーの政治文化史

2017年4月25日　初　版

[検印廃止]

編　者　遠藤泰生《えんどうやすお》

発行所　一般財団法人　東京大学出版会
代表者　吉見俊哉
153-0041 東京都目黒区駒場4-5-29
http://www.utp.or.jp/
電話　03-6407-1069　Fax　03-6407-1991
振替　00160-6-59964

印刷所　株式会社理想社
製本所　誠製本株式会社

ISBN 978-4-13-026153-1　Printed in Japan